모든 사람을 위한 조직신학 I
계시, 성경, 삼위일체 하나님

© 2014 by Nathan D. Holsteen and Michael J. Svigel

Originally published in English as *Exploring Christian Theology, Volume 1: Revelation, Scripture, and the Triune God*

by Bethany House Publisher, Minn., U.S.A.

All right reserved.

This Korean translation edition © 2018 by Bible Baptist Theological Seminary Press, Icheon-si, Republic of Korea.

This Korean edition is published by arrangement of Steve Laube Agency
through rMaeng2, Seoul, Republic of Korea.

이 한국어판의 저작권은 알맹2 에이전시를 통해 Steve Laube Agency 와 독점 계약한 성서침례대학원대학교출판부에 있습니다. 신저작권법에 따라 한국에서 보호받는 저작물이므로, 무단 전재와 무단 복제를 금하며 저작권자와 성서침례대학원대학교출판부의 동의를 얻어야 내용 전부 또는 일부를 이용할 수 있습니다.

모든 사람을 위한 조직신학 I
계시, 성경, 삼위일체 하나님

네이선 D. 홀스틴
마이클 J. 스비겔 편집
곽철호 · 최정기 번역

성서침례대학원대학교출판부

모든 사람을 위한 조직신학 I:
계시, 성경, 삼위일체 하나님

초판발행   2018년 11월 1일
편 저 자   네이선 D. 홀스틴 · 마이클 J. 스비겔
공동저자   더글라스 K. 블라운트 · 글렌 R. 크라이더 · J. 스캇 호렐
번 역 자   곽철호 · 최정기

발 행 인   김택수
편 집 인   김광모
발 행 처   성서침례대학원대학교출판부
등록번호   제2015-4호
등 록 지   경기도 이천시 대월면 대평로 548-123
전화번호   031) 634-1258
누 리 집   bbts.ac.kr

ISBN   979-11-89118-13-6
ISBN   979-11-89118-12-9 (세트)

판   권   성서침례대학원대학교출판부, 2018

※ 파본은 교환해 드립니다.

목차

옮긴이 말   11

시작하는 말   15
감사하는 말   19

4막으로 구성한 기독교 이야기   21
   1막: 창조
   2막: 타락
   3막: 구속
   4막: 회복
   당신은 **여기에** 있다

1부 '견고한 토대: 계시, 성경, 진리'   33
   더글라스 K. 블라운트, 네이선 D. 홀스틴,
   글렌 R. 크라이더, 마이클 J. 스비겔

조감도   35
   하나님의 깊은 것을 탐색하기
   하나님은 알 수 있다… 그리고 자신을 알리셨다
   하나님의 영감된 말씀
   충만한 믿음으로 신학적 사유

반드시 알아야 할 성경 본문　　　　　　　　　　　43

1. 하나님은 창조세계를 통해 말씀하신다 (시편 19:1~6)
2. 인간은 하나님의 계시에 반기를 든다 (로마서 1~3장)
3. 하나님은 당신 선지자를 통해... 그리고 당신 아들을 통해 말씀하셨다 (히브리서 1:1~2)
4. 모든 성경은 하나님의 감동으로 기록됐다 (디모데후서 3:14~4:4)
5. 성령으로 감동된 선지자 (베드로후서 1:19~21)
6. 성령으로 가르치신 말씀 (고린도전서 2:10~13)
7. 하나님의 말씀은 진리다 (요한복음 17:17)
8. 구약성경 정경 탄생 (신명기 31:24~26)
9. 신약성경 정경 발흥 (베드로후서 3:15~16)
10. [좋은] 전통 지키기 (데살로니가후서 2:15)

역사로 회고한 성경　　　　　　　　　　　79

교부시대(100~500년)

중세시대(500~1500년)

종교개혁시대(1500~1700년)

현대시대(1700년~현재)

반드시 기억해야 할 사실　　　　　　　　　　　99

1. 우리가 하나님을 알 수 있으며, 하나님은 우리가 당신을 알게 하셨다
2. 하나님은 당신을 여러 가지 방법으로 계시하신다
3. 성경이 단언하는 모든 것은 참이다
4. 예수 그리스도는 성경의 중심이자 목표다
5. 신학의 목표는 (정보가 아니라) 변화다

피해야 할 위험　　　　　　　　　　　　　　　　107
1. 불필요한 선택적 절제술
2. 물 탄 포도주
3. 듣는 척하기
4. 차가운, 죽은 정통
5. 교만한 독서
6. 교리 없는 제자도
7. 기둥 성자 되기

실천해야 할 원리　　　　　　　　　　　　　　　　117
1. 성경을 하나님의 입에서 나온 말씀으로 받아들이라
2. 믿음을 굳세게 하길 배우라
3. 듣기만 하는 사람이 되지 말고 실천하는 사람이 되라
4. 진리의 자료에 균형 잡힌 식단을 유지하라
5. 믿음이라는 맥락에서 이해를 추구하라
6. 덕망 있는 신학자 성품을 기르라

과거와 현재의 목소리　　　　　　　　　　　　　　129
교부시대(100~500년)
중세시대(500~1500년)
종교개혁시대(1500~1700년)
현대시대(1700년~현재)

서재에 꽂아 두고 읽어야 할 책　　　　　　　　　149
신학 역사에 언급한 고전
현대 조직신학 책
하나님의 자기 계시에 관한 책
성경의 영감과 권위에 관한 책
성경의 정경에 관한 책
독서법과 신학적 사유에 관한 책

2부 '세 위격이신 하나님: 성부, 성자, 성령' 161
J. 스캇 호렐
네이선 D. 홀스틴, 마이클 J. 스비겔 공동저자

조감도 163
궁극적 질문에 대답
신사 숙녀 여러분, 당신의 창조주를 만나세요
우리는 이곳에서 어디로 가나요?

반드시 알아야 할 성경 본문 171
1. 태초에 하나님이... (창세기 1:1~3)
2. "우리 자신의 형상을 따라 사람을 만들자" (창세기 1:26~27)
3. 당신의 이름은 무엇입니까? (출애굽기 3:13~15)
4. 이름에는 무슨 의미가 있는가? (출애굽기 20:7)
5. 유일무이하신 하나님 (신명기 6:4)
6. 하나님의 큰 속성 분류하기 (시편 139)
7. 하나님이 거룩하시니, 우리도 거룩해야 한다 (이사야 6:1~8)
8. 하나님은 사랑이시다 (요한일서 4:7~16)
9. 성부 하나님 (에베소서 1:3~14)
10. 육신을 입으신 하나님 (요한복음 1:1~18)
11. 창조 이전 (그리고 창조세계 위에 계신) 성자 (골로새서 1:15~19)
12. 성육신하신 아들의 겸손 (빌립보서 2:6~11)
13. 성령은 하나님이시다 (요한복음 14~17장)
14. 아버지와 아들과 성령의 이름으로 (마태복음 28:19)

역사로 회고한 성부, 성자, 성령   223
    교부시대(100~500년)
    중세시대(500~1500년)
    종교개혁 시대(1500~1700년)
    현대 시대(1700년~현재)

반드시 기억해야 할 사실   247
    1. 모든 사람에게는 '하나님' 개념이 있다
    2. 기독교의 하나님은 무한하시며 인격이시다
    3. 하나님이 존재하신다는 외적 증거와 논증이 있다
    4. 예수 그리스도는 성육하신 하나님이시며 하나님의 절대적 계시이다
    5. 예수 그리스도는 한 위격으로서 온전한 하나님이시자 온전한 인간이시다
    6. 예수님은 신인(God-Man)으로서 완전한 구원자시다
    7. 성령님은 온전한, 구별된, 인격적인 하나님이시다
    8. 성삼위일체는 믿고 신뢰할 수 있는 진리다

피해야 할 위험   263
    1. 하나님에 관해 현혹하는 거짓된 담론
    2. 납치돼 왜곡되는 구절
    3. 단일-속성 과장
    4. 믿을 수 없을 정도로 축소된 신
    5. 거룩한 세쌍둥이(삼신론)
    6. 한 위격, 세 개의 이름(양태론[Modalism])
    7. 작은 하나님, 2세, 그의 애완용 새(종속론)
    8. 하나님을 프레첼화하고, 계란화하고, 물로 희석하기
    9. 기독론을 배수로에 빠뜨리기
    10. 신인(God-Man)이 아니라, 하나님 **아니면** 인간

실천해야 할 원리　　　　　　　　　　　　　　285
　1. 하나님을 알수록 그분을 더 배우게 한다
　2. 삼위일체 관점에서, 당신이 돼야 할 모든 것이 돼라
　3. 완전한 아버지에게서 부모가 되는 법을 배우라
　4. 우리 주님이시며 형제이신 예수님을 따르라
　5. 성령을 신뢰하라
　6. 친절하되 속이는 사람과 속은 사람에게는 단호하라
　7. 삼위일체 하나님을 영화롭게 하라

과거와 현재의 목소리　　　　　　　　　　　　299
　교부시대(100~500)
　중세시대(500~1500)
　종교개혁 시대(1500~1700)
　현대 시대(1700~현재)

서재에 꽂아 두고 읽어야 할 책　　　　　　　327
　신학 역사에서 나온 고전
　하나님과 삼위일체에 관한 일반 서적
　하나님의 존재에 관한 책
　하나님의 이름과 속성들에 관한 책
　삼위일체 하나님에 관한 책
　성자 하나님에 관한 책
　성령에 관한 책
　삼위일체, 인간, 사회, 문화에 관한 책

계시, 성경, 삼위일체 용어 해설　　　　　　339

미주　　　　　　　　　　　　　　　　　　　371

옮긴이 말

신학의 중요성을 의심하는 그리스도인은 거의 없습니다. 신앙의 뼈대를 잡아주는 일이 신학이기 때문입니다. "지식이 없는 열정은 좋지 못하다"(잠 19:2)라는 말씀과 같이, 신앙은 열정만으로 이루어지는 것이 아니라 신학의 도움과 지도가 꼭 필요합니다. 신학이 약하거나 잘못되어 있을 때 신앙의 열정은 왜곡되고 낭비되며 최악의 경우 이단에 빠질 수도 있습니다. 신앙의 열정에서는 어느 민족의 교회에도 뒤지지 않았던 한국 교회가 맞은 위기를 타개할 길을 신학에서 상당 부분 찾아볼 수 있지 않을까요.

'조직신학'이라고 하면 많은 그리스도인이 어렵고 지루하다고 흔히 생각합니다. 신학생이 아닌 이상, 조직신학이라는 제목을 가진 책을 집어 들기가 쉽지 않습니다. 그런데 여기에 조직신학을 쉽고 간결하게 풀어쓴 책이 있습니다. 직접 읽어보면 충분히 느낄 수 있겠지만, 저자들은 일반 성도들도 이해할 수 있게 재미있는 예화를 들어가면서 친절하게 각 주제를 자세히 설명합니다. **신학에 관심 있는 그리스도인이라면 누구나 읽을 수 있는 좋은 신학 입문서**라고 할 수 있습니다.

이 책이 읽기 쉽다고 해서 내용을 절대 허술하게 다루지 않습니다. 신학적으로 중요한 쟁점을 빼놓지 않고 다루기 때문입니다. 책을 읽다 보면 다년간의 가르침으로 숙성된 저자들의 신학적 지혜와 통찰력을 곳곳에서 발견할 수 있습니다. 저자들은 신학적 지식뿐만 아니라 실천을 위한 조언도 주는 목회적 배려도 잊지 않습니다. 주제에 대한 교리적 발전과 함께 역사적으로 중요한 저술가들의 인용문들을 모아놓은 부분이나 추천도서 목록까지 넣은 것도 이 책의 특징인데, 저자들이 얼마나 내용 면에서 충실히 하려고 애썼으며, 또 독자에게 진리를 전달하려는 열망을 가졌는가를 알 수 있습니다. (물론 어떤 인용문들, 예를 들어 어떤 교부들의 인용문들의 세부 내용이나 표현까지 역자들이 다 동의하는 것은 아닙니다.)

또한, 이 책은 조직신학이 어떻게 성경신학 바탕 위에 세워져야 하는가를 잘 보여줍니다. 이 책의 '반드시 알아야 할 성경 본문' 섹션은 핵심 논의가 이루어지는 곳인데, 논의에서 핵심이 되는 성경 본문을 잘 선정하여 자세히 설명하면서 신학적 체계를 세움이 신선한 시도입니다. 신학적 주장이 성경적이어야 한다는 것을 실증해 주는 훌륭한 예라고 할 수 있습니다.

이 책은 여러 저자가 참여하여 완성한 합작품인데, 저술 및 편집한 분들은 모두 달라스신학대학원의 신학부 교수입니다. 우리 두 역자가 공부한 이 신학대학원의 교수님들은 학문적으로 탁월하시며 신앙심에서도 본보기가 되는 훌륭한 스승입니다. 우리가 강의실과 세미나실에서 여러 교수님 그리고 동료 학생과 함께 배우고 토론한 내용이 이 책에 고스란히 담겨 있어 매우 기뻤고, 이제 그것을 한국 교회와 신학생 그리고 성도님 여러분에게 소개할 수 있어 너무도 감사합니다.

어떤 분은 한 신학대학원의 교수님들이 공저한 책이라 특정한 신학적 평향성이 있을까 우려할 수도 있습니다. 그러나 이 책을 읽어보면, 그 학교의 젊은 차세대 교수님들이 **교파를 초월하여 기독교의 가장 기본적이고 정통적인 내용으로** 책을 구성한 것을 알 수 있습니다. 아무쪼록 본서가 **신학생은 물론이고, 목사님과 열심 있는 평신도가** 함께 공부하는 조직신학 입문서로 널리 사용되길 바랍니다.

옮긴이 말 13

　본서의 발간에 힘이 되어 주신 많은 후원회원님께 감사드리고, 특별히 출판 사역의 신실한 후원자이신 조성택대표님(원주 백두산약국)께 감사드립니다. 여러모로 번역에 도움을 주신 김석근 교수님, 조윤주 자매님, 그리고 정재화 형제님에게도 감사의 마음을 전합니다. 또다시 시간의 압박에 쫓기면서도 편집을 훌륭하게 하신 김광모 교수님, 그리고 표지를 탁월하게 만드신 김효경 자매님에게도 특별한 감사의 말을 전합니다. 출판 사역을 늘 격려하시는 김택수 총장님과 후원을 아끼지 않으시는 박상복 사무처장님께도 심심한 감사를 드립니다.

모든 영광을 하나님께!

2018년 10월 19일
경기도 이천 대명동산에서
곽철호 · 최정기

밝힘.

❏ 한글 성경은 주로 『개역개정』을 인용하는데, 『새번역』을 인용하면 밝히고, 어느 성경이든 구두점은 추가합니다.

❏ 이 책에 언급한 문헌의 우리말 번역서를 아울러 소개합니다.

❏ 순바탕체를 사용합니다.

시작하는 말

　어떤 사람은 **교리**라는 말을 들으면 지루함에 하품을 하거나, 공포에 떨거나, 의심으로 얼굴을 찌푸린다. 교리 설교자들이 그들을 짜증이 나게 했고, 반목하는 교단들이 그들을 지치게 했으며, 단조로운 목소리의 많은 학자가 그들을 지루하게 했다.

　사람들이 **신학**이란 단어를 들으면 상황은 종종 더 악화한다. 그들은 전문적 논의, 그다지 중요하지 않은 자료, 이해할 수 없는 각주—그것은 하나님께 가까이 이끌어주기보다는 멀어지게 하는 쓸데없는 정보다—로 가득한 묵중한 책을 상상한다.

　신앙 성장을 추구하는 대다수 사람은 이론적 개념이 아니라 실제 원칙을 원한다. 그들은 하나님**에 관해서**(about God)만이 아니라 하나님을 **알고 싶어 한다**(know God).

　그렇지만 우리는 견고한 영적 진리 없이 진정한 영적 성장을 경험할 수 없다. 우리는 하나님을 진리를 통해(truly) 알기 전에는 참되신 하나님(the true God)을 알 수 없다.

　그렇다면 우리는 어디에서 출발해야 하는가? 우리는 어떻게 단순한 의견들과 특이한 견해들로 엉킨 덤불에 얽매이지 않고, 이 풍성한 들판에서 수확을 시작할 수 있을까? 서로 모순적인 수많은 이론으로 보이는 것들 중, 우리 믿음을 강화하고 실천하는 데 필요한 핵심 진리를 어떻게 가려내야 하는가?

　『모든 사람을 위한 조직신학』은 세부 묘사를 장황하게 늘어놓거나 논쟁에 휘말리지 않고, 핵심 정통 개신교 복음주의 교리를 소개하고 개관하며 복습한다. 간략하지만 실속 있는 이 시리즈 세 권은 주요 주제들에 관해 이해하기 쉽고 간편한 요약을 제공한다. 이 책들은 교회가 너무나도 오랫동안 피했던 바로 그 교리에 매우 굶주린 교회를 위한 안내서로 계획되었다.

각 권은 주요 성경 본문들, 각 주요 가르침의 역사, 적절한 도표와 그래프, 실제적 함의들, 그리고 여러분이 서재에 꽂아 두고 싶은 책 추천 등으로 구성되어 있다. 이 작업을 위한 우리 목표의 하나는 신학의 길로 접어들어 본 적이 없는 사람을 돕는 것이므로, 용어 해설집―이것은 매우 특별하고 중요하다―을 포함했다. 낯선 단어를 발견했거나 개념이 궁금할 때면 언제든 시간을 내서 그 항목을 찾아보라. 비슷한 방식으로, 무슨 내용이 나올지 곧바로 조직적으로 훑어보려면 목차를 보라.

또한, 각 부(parts) 또는 장(section; 예를 들면, 이 책은 두 부로 나뉘어 있다)은 독립적이다―따로 떼어서 읽거나 참고할 수 있다. 아니면 신학의 한 '분야'에 관련된 모든 장을 관통해 연구하고 성경적, 신학적, 역사적, 실천적 차원에 관한 쏠쏠한 지식을 가지고 나올 수도 있다. 다시 말해, 이 책들은 독자의 구체적 필요와 관심에 따라 다양한 방식으로 사용할 수 있다.

『모든 사람을 위한 조직신학』이 다른 작은 조직신학책과 달리, 한 특정한 복음주의 교사나 개신교 전통을 요약한 체계 모델을 따르지 않고, 전반적으로 동의할 만한 내용을 제공하려고 애썼다. 따라서 독자는 이 책들을 제자훈련, 교리 교육, 회원 교육, 교리 예시 또는 복습, 개인 참고서 등으로 사용할 수 있다. 복음주의 운동 자체와 마찬가지로, 우리는 고전적 동의 안에서 정통성과 초교파적 협력을 추구한다.

각 권을 더 상세한 신학 논의를 보충하는(억압하는 것이 아니라), 즉 중급이나 고급 신학 서적을 보완하는(그것들과 경쟁하는 것이 아니라) 입문서로 여겨주기 바란다. 그럼으로써 교단이나 신앙고백적 신념과 관계없이 사역 훈련 프로그램, 신학대학교, 또는 신학대학원에서 더 깊이 있게 연구하려고 준비하는 학생들이 사용할 수 있다. 독자의 배경, 관심 정도, 훈련 수준이 어떠하건, 우리는 이 책이 기독교 신학의 흥미진진한 세계로 들어가는, 가벼운 산책의 끝이 아니라 평생에 걸친 여정의 시작—혹은 독자의 지속적 탐구를 위한 유용한 도우미—이 되기를 바란다.

네이선 D. 홀스틴
마이클 J. 스비겔 편저자

감사하는 말

이 책을 기획하고 연구하며 쓰는 동안 관심을 기울여 주시고 유용한 도움을 주신 몇몇 분께 감사의 말을 전한다.

달라스신학대학원의 신학부 동료들께 마땅히 감사를 드린다. 그들은 동료 그 이상의 존재, 곧 형제, 조언자, 멘토, 그리고 친구이다.

나(마이크)는 내 딸 소피에게 감사한다. 내가 성경 구절 색인을 만드는 일을 도우면서 절반에 이르도록 "나한테 책 읽는 법을 가르쳐 주니까 좋죠?"라고 했다 (어떤 실수가 있다면 분명히 그녀의 탓이다.)

나(네이선)는 아내 재니스의 적극적 도움에 감사한다. 그녀는 요동치는 어지러운 세상에서 견고한 바위이며 하나님께서 내게 주신 선물이다.

4막으로 구성한 기독교 이야기

그때는 극장 연극이 개봉하는 밤이었다. 당신은 회중석이 아니라 무대 뒤에 있다. 공연관계자의 한 명이다(또는 적어도 그렇다고 생각하라). 이 경우, 무엇을 해야 하는가를 말하기가 좀 어렵다. 문제는? 감독이나 대본이 없음이다. 그런 것이 있었던 적이 없다. 무대 조명, 음향 장비, 무대 장식 몇 가지와 배경, 곳곳에 얽힌 한 무더기의 지지대, 그리고 무대 위와 아래로 몰려다니는 일부 단역 배우뿐이다.

그런데도 회중은 객석을 가득 채웠고 막이 열리며 연주가 시작한다. 물론 재앙이 뒤따른다. 대본이 없으니 등장인물도, 이야기도, 구성도, 시작도, 절정도, 끝도 없다. 감독이 없으니 당신은 누가 무엇을 언제 연기해야 하는지 알 길이 없다. 무대 위와 아래서 일어나는 아무렇게나 이어지는 무의미한 사건을, 아무리 폭넓고 가장 자유로운 영혼을 가진 **예술가**라 해도 '예술적'이라고 말하지 않는다. 무질서와 혼돈이 극장을 채우고 아수라장이 펼쳐진다.

누구도 개요, 플롯, 스토리 형태, 배역이 없는 상태에서 연극을 무대에 올리거나 영화를 찍거나 장면을 연출하려고 하지 않는다. 사실, 어떤 제작사도 잘 쓰인 대본, 유능한 작가, 믿을만한 감독, 그리고 이 모든 것에 생명을 불어넣을 압도적인 배우가 없이는 제작자의 번쩍이는 노란 불빛을 받지 못한다. 첫 번째 액션이 시작되기 전에 어떤 부분은 먼저 확정해야 한다.

성서 이야기를 무대 뒤에서 검토해 볼 때도 마찬가지다. 그것이 바로 기독교 신학 탐험하기이다. 이것은 이야기 뒤의 이야기이며, 무대 뒤에서 찍는 '다큐멘터리'로, 우리는 작가(the Author, 역주. 하나님을 의미)가 플롯과 배역을 짜고, 대본을 쓰고 나서, 이야기를 공연으로 바꾸면서, 정확한 시점에 자신이 무대 위에 올라가 주연 배우 역할을 하는 것을 본다.

우리 탐험에서 하나님 이야기가 고전적 '영웅 사이클'과 매우 비슷하게 전개함을 보는데,[1] 저자들은 역사적으로 다음의 보편적 경험—대다수 또는 모든 개인과 문화에 공통 요소들—을 다룸으로 청중을 사로잡는다.

- 선과 악 사이에서 개인적 투쟁 경험
- 현세에 좌절
- 미래를 염려
- 더 큰 목적과 의미에 대한 감각
- 이 세상이 원래 의도대로가 아니라는 확신
- 상황이 언젠가 현재보다 더 나아진다는 희망

우리에게 잘 알려진, 도입, 타락, 투쟁, 시험, 구속, 그리고 궁극적 승리 이야기에서 우리가 마음으로 느끼는 무의식적 실재를 말로 옮기거나, 무대에서 상연하거나, 영화에 투영한다. 우리가 좋아하는 영화나 책을 '좋아하는' 이유는 이것이 우리 경험과 공명하는, 이 사이클과 관련한 주제를 다루기 때문이다. 이것들은 우리에게 '말하며', 우리 외로운 개인주의와 우리 부패하는 세상을 초월하는 더 큰 이야기에 들어가도록 초청한다.[2]

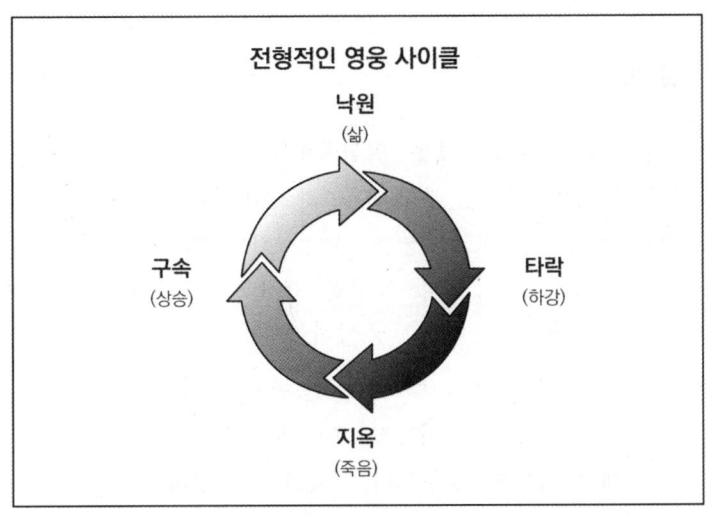

고전적인 기독교 신앙의 연대기는 영웅 사이클(몇 가지 놀라운 반전들과 함께)을 연상시키는 매력 넘치는 이야기로, 네 개의 막, 창조, 타락, 구속, 회복 등으로 요약할 수 있다.

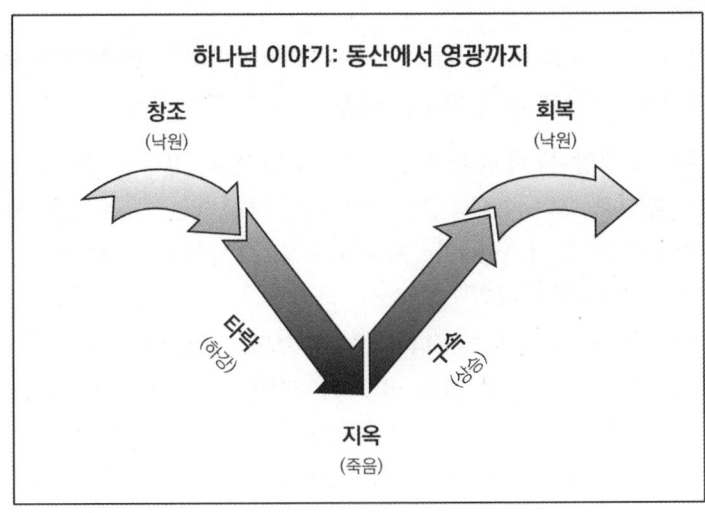

1막: 창조

어느 작곡가가 구약성경을 위한 곡을 써야 한다면, 어떤 종류의 악상을 살려야 할까? 부드러운 하프와 현의 가락? 장엄한 트럼펫? 맑은 목관악기 또는 쿵쿵거리는 타악기? 무슨 악기를 쓰든지 주제는 아마도 교향악의 장엄한 분출로 시작하여 천지창조의 영광스러운 완성을 상징하는, 풍성하게 짜인 선율로 이어진다.

그러나 이 대담한 서곡이 복스러운 발라드로 바뀌면서 어둡고 불길한 단조 화음이 선율에 스며들고, 마침내 장조에서 단조로 바뀐다. 아마도 오보에나 바순이 플루트나 피콜로를 대신하고, 베이스 드럼이 실로폰을 대신하며, 첼로와 콘트라베이스가 바이올린과 하프를 대신하고, 튜바가 트럼펫을 대신한다. 우리는 거친 불협화음을 듣는다.

그렇지만 이 불협화음에서 본래 아름다움과 장엄함과 힘에 대한 암시가 자주 뚫고 나와 다시 등장하며, 결국 궁극적으로 승리에 이른다고 약속한다.

구약성경 주제를 한마디로 말하면 무엇인가? **완전한 창조세계가 비극적으로 타락해 심판받고, 최종적 구속 약속으로 이어짐**이다.

창세기 1~2장은 하늘과 땅, 모든 생명체와 인간의 원래 창조를 놀라운 솜씨로 묘사한다. 그 이야기는 경쟁하는 신들이나 완전한 무로 시작하는 것이 아니라, **하나님**으로 시작한다. "태초에 하나님이 천지를 창조하시니라"(창 1:1). 하나님은 자기 영원하신 아들과 성령으로 존재하는 모든 것을 창조하셨다—하늘에 있는 것들이나 땅 위에 있는 것들, "보이는 것들과 보이지 않는… 것들."[3] 삼위일체 하나님은 창조와 구속 이야기에서 작가, 제작자, 감독, 주연배우이시다. 그리고 숙련된 이야기꾼으로서 자기 작품(시 19:1~2)과 말씀(딤후 3:16)으로 자신을 알리셨다. 그분은 자신의 능력, 계획, 목적 등을 보이시는 동시에 말씀하신다. 간단하게 말해서 위대하고 강하신 하나님은 알 수 있으며 또한 자신을 알리셨다.

> 옛적에 선지자들을 통하여 여러 부분과 여러 모양으로 우리 조상들에게 말씀하신 하나님이 이 모든 날 마지막에는 아들을 통하여 우리에게 말씀하셨으니, 이 아들을 만유의 상속자로 세우시고 또 그로 말미암아 모든 세계를 지으셨느니라.4

하나님은 당신 창조의 최고 작품으로 인간을 남자와 여자로 만드셨고, "생육하고 번성하여 땅에 충만하라, 땅을 정복하라"라는 명령(창 1:28) 말씀과 함께 그분이 만드신 모든 것을 다스리는 협력적 대리통치자(co-regents)로 삼으셨다. 하나님은 자신의 제작 무대를 흙으로 빚으신 피조물과 공유하기를 원하셔서 먼지를 스타로 바꾸어 주신다(시 8:3~6). 그들은 하나님의 형상으로 창조되었다—그분의 영광과 성품을 반영하여 그분의 대표자로 창조세계를 다스리도록 운명지어졌다(창 1:26~30). 인간은 하나님의 형상 보유자로서 에덴동산에서 일하기 시작했는데, 그것을 경작하고 궁극적으로 그 경계를 지구 전체의 경작되지 않은 곳까지 확장해야 했다(창 2:7~25).

2막: 타락

아, 그 순수한 무죄 상태는 지속하지 못했다. 자유의지가 부여된 지성적 피조물로서 최초 인간은 유혹에 굴복하여 자기 창조주께 등을 돌렸기에, 지구 통치자로서 자기 역할을 박탈당하고, 죄와 사망의 희생자로 전락했다(창 3장). 이 불순종의 맹렬한 파도가 모든 인간 역사를 관통하여 재생되며 그 파괴 여파가 창세기 4~11장에 살인, 무정부 상태, 파멸, 하나님께 반역 등으로 설명된다. 오늘날 모든 사람은 세상과 거기에 사는 인간이 뭔가 잘못됐다고 인정한다. 전도자가 말하듯이 "선을 행하고 전혀 죄를 범하지 아니하는 의인은 세상에 없고"(7:20), 또한 "인생의 마음에는 악이 가득하고 그들의 평생에 미친 마음을 품고 있다"(9:3).

이렇게 해서 이야기 사이클의 절반이 완성됐다—낙원과 생명으로부터, 비극적 타락을 통해, 저주받은 지상의 삶으로, 그리고는 보편적인 죽음.

3막: 구속

우리가 같은 작곡가에게 그 이야기의 구약성경 부분을 이어가는 신약성경의 곡을 써달라고 주문한다면, 우리는 어떤 주제를 기대할까? 신약성경으로 이어지는 그분 이야기는 구약성경의 시작과 어떻게 연결될까?

후속곡은 아마도 도입부 주제들의 거울 이미지처럼 대칭으로 보일 것이다. 어둠에서 빛으로, 타락과 심판과 연기된 약속들로부터 성취된 약속들로, 긍휼과 은혜가 펼쳐지며, 구속이 실현된다. 불협화음을 이루던 곡조와 화음은 우리 왕 하나님을 찬양하는 목소리와 악기들의 교향악으로 대체할 것이다. 거의 잊힌 전반부 도입 장면이 회복되고 더 나아가 뛰어넘을 것이다.

그렇다면 무엇이 신약성경의 주제인가? **오랫동안 기다린, 타락한 창조세계의 구속이 회복으로 이어지고 하나님의 모든 약속과 목적이 이뤄진다.**

하나님은 인류를 희망이 없게 버려두지 않으셨다. 창세기 3장에 따르면, 아담과 하와가 타락하자, 그분은 여자의 자손이 뱀 머리를 상하게 하며 죄와 악을 궁극적으로 멸하게 한다고 이미 공언하셨다(15절). 그리고는 하나님은 아브라함을 부르심으로 구속 계획을 이뤄가셨는데, 그에게 한 특정한 자손이 세상에 축복을 전달한다고 약속하셨다(창 13:15; 갈 3:15~16). 이 약속은 아브라함으로부터 이삭과 야곱을 지나 유다 지파로 이어지고, 그다음에는 다윗 왕가로 좁혀졌다. 이사야의 유명한 예언에서 구속자에 관한 같은 약속이 장차 임할 한 왕, 메시아에게로 좁혀진다.

> 흑암에 살던 백성이
> 큰 빛을 보고
> 사망의 그늘진 땅에 거주하던 자에게
> 빛이 비치도다...
> 이는 한 아기가 우리에게 났고 한 아들을 우리에게 주신 바 되었는데
> 그의 어깨에는 정사를 메었고
> 그의 이름은 기묘자라, 모사라, 전능하신 하나님이라, 영존하시는 아버지라, 평강의 왕이라 할 것임이라.
> 그 정사와 평강의 더함이 무궁하며
> 또 다윗의 왕좌와 그의 나라에 군림하며
> 그 나라를 굳게 세우고 지금 이후로 영원히
> 정의와 공의로 그것을 보존하실 것이라. (사 9:2, 6~7)

구속 계획은 구약 성경 전체를 통해 계시 됐다. 인간의 실패—심지어 그분 임재와 사랑에 관해 놀라운 보장을 해주신 사람들의 실패—에도, 하나님은 계속해서 자기 약속에 신실하셨고, 마침내 약속한 자손—자기 신성한 아들(요 3:16)—을 보내주셨다.

하나님의 아들이 구속 이야기에 들어오려고 했을 때, 하나님은 가브리엘 천사를 보내셔서 이름 없는 작은 마을의 가난한 가정에서 태어난 이 아기를 통해 옛 약속들이 이뤄진다고 확증하셨다.

> 보라 네가 잉태하여 아들을 낳으리니 그 이름을 예수라 하라. 그가 큰 자가 되고 지극히 높으신 이의 아들이라 일컬어질 것이요. 주 하나님께서 그 조상 다윗의 왕위를 그에게 주시리니 영원히 야곱의 집을 왕으로 다스리실 것이며, 그 나라가 무궁하리라. (눅 1:31~33)

하지만, 플롯이 전개할수록 하나님 이야기는 세상을 흔들어 놓을 반전을 맞는다. 사이클의 상승하는 길을 따르는 대신—영웅이 그분의 상을 향해 진격하는 동안 다양한 시련을 통과하고, 방해를 참아내며, 실패를 극복한다—하나님께 택함을 받은 사람은 **하강의 길로 되돌아가서** 자기 목숨을 십자가형 집행자에게 내맡긴다. 인간 역사에서 유일하게 하나님과 함께 불멸의 삶을 살기에 합당한 분이 자발적으로 잔인한 죽음을 맞았다(빌 2:5~8).

이사야는 이 아이러니한 운명조차도 예언했다.

> 그는 실로 우리의 질고를 지고
> 우리의 슬픔을 당하였거늘
> 우리는 생각하기를 그는 징벌을 받아
> 하나님께 맞으며 고난을 당한다 하였노라.
> 그가 찔림은 우리의 허물 때문이요.
> 그가 상함은 우리의 죄악 때문이라.
> 그가 징계를 받으므로 우리는 평화를 누리고
> 그가 채찍에 맞으므로 우리는 나음을 받았도다.
> 우리는 다 양 같아서 그릇 행하여 각기 제 길로 갔거늘
> 여호와께서는 우리 모두의 죄악을
> 그에게 담당시키셨도다. (사 53:4~6)

그런데도 죽음은 하나님의 비할 데 없는 영웅에게 끝이 아니었다. 그분에게 절망한 추종자들을 포함한 모든 기대와는 달리, 나사렛 예수는 무덤에서 다시 일어나서 단지 살아 있는 그 이상의 상태로 묘지 밖으로 걸어 나왔다—그분은 **영광스러워지셨다**. 그는 질병, 고통, 죽음을 겪는 몸으로 죽었지만, 질병에서 자유롭고, 상처를 입지 않으며, 영원한 생명이 넘치는, 물리적이지만 불멸의 몸으로 살아나셨다.

게다가, 하나님은 예수 그리스도를 통해 자기 이야기의 마지막 장을 쓰기 시작하셨다. 그리스도를 믿음으로 그와 연합된 사람은

이제 그분 영광에 참여하여 영웅의 보상을 공유하고 하나님이 오래전 에덴에서 세우신, 인류를 위한 본래 계획을 능가하신다.

영웅이 하늘 궁전에 승리 입성할 때 하나님의 드라마 전개에서 새로운 장이 펼쳐졌다. 부활하신 구주의 승천 후, 그리고 종말에 심판자와 왕으로 돌아오시기 전까지 그분은 자기 영을 보내셔서 예전 원수들의 마음을 움직이시고 그분 목적을 위해 부르신다. 모든 나라, 족속, 민족, 방언으로부터 무수한 회심자가 그분 편으로 몰려들었고 여전히 몰려든다(계 7:9~10). 그들 왕과 영적 연합으로 형성되는 이 왕국은 교회를 통해 영적 교통을 경험한다. 예수 그리스도의 인격과 사역에 중심을 두고, 하나님 아버지의 영광에 초점을 두는, 이 생명을 주는 영의 영적-물리적 공동체를 통해 그리스도의 몸의 지체들은 믿음, 소망, 사랑으로 자라간다. 성령께서 그들 안에 역사하셔서 여전히 타락한 이 세상에서 아버지의 구속 사명을 수행하게 하시는 중에 그들은 다 함께 점점 더 그들의 왕 예수를 닮아간다.[5]

4막: 회복

이것은 우리를 최종 해결책, 곧 처음 창조세계의 미래적 회복으로 인도한다. 태초에 인간은 에덴에서 쫓겨났기에, 고통, 좌절, 공포, 죽음이 없는 낙원에서 불멸을 경험할 수 없었다. 하나님은 현재 그리스도를 통해 성령을 매개로 당신 드라마의 마지막 장에 참가할 사람을 자기에게로 부르고 계신다. 예수께서 돌아오셔서 만물을 새롭게 하실 때, 창조물의 신음은 영광으로 바뀌고, 전 지구는 새로운, 심지어 더 나은 에덴으로 변하며, 그리스도와 연합한 모든 사람는 그분과 같이 된다(요일 3:2).

계시록 21:3~4은 장래의 영광스러운 실재를 묘사한다.

> 내가 들으니 보좌에서 큰 음성이 나서 이르되, "보라, 하나님의 장막이 사람들과 함께 있으매 하나님이 그들과 함께 계시리니, 그들은 하나님의 백성이 되고, 하나님은 친히 그들과 함께 계셔서 모든 눈물을 그 눈에서 닦아 주시니 다시는 사망이 없고 애통하는 것이나 곡하는 것이나 아픈 것이 다시 있지 아니하리니, 처음 것들이 다 지나갔음이러라."

이렇게, 창세기와 계시록 사이에—동산에서 영광까지—하나님의 비교할 수 없는 이야기가 펼쳐진다. 모든 사람과 사건이 최종 목표—회복—을 **향하여** 역사와 인류를 움직인다. 하나님의 창조, 타락, 구속, 그리고 회복의 장대한 이야기는 진정으로 목적과 의미를 향한 우리의 쉼 없는 갈망을 만족시키며 또한 의미 있는 관계로 받아들여 지고 싶은 우리 마음의 열망을 채워준다. 아우구스티누스는 언젠가 기도하기를, "당신 자신을 위해 우리를 만드셨으므로, 우리의 마음은 당신 안에서 쉴 때까지 쉬지 못합니다."라고 했다.[6]

또한, 시간을 초월한 그 이야기는 인간의 불의와 불평등에 관한 궁극적 해답을 제시하는데, 그리스도의 왕국은 모든 사람을 위한 평화와 번영의 영원한 황금시대가 되기 때문이다(사 11:1~9). 마찬가지로, 이것은 지금 상처 입고, 외로우며, 상실을 경험한 사람에게 결정적이고 흔들리지 않는 희망을 준다. 하나님께서 성경을 통해 우리에게 예비하신 구체적인 약속과 상세한 환상은 염려, 공포, 절망, 우울에 괴로워하는 사람에게 치유의 희망을 준다. 사람의 시선이 부활과 회복을 통해 자신의 일시적인 고통에서 확실한 미래의 영원한 영광으로 돌려질 때, 사도 바울의 말씀은 진실하게 들린다.

> 생각하건대 현재의 고난은 장차 우리에게 나타날 영광과 비교

할 수 없도다. 피조물이 고대하는 바는 하나님의 아들들이 나타나는 것이니, 피조물이 허무한 데 굴복하는 것은 자기 뜻이 아니요, 오직 굴복하게 하시는 이로 말미암음이라. 그 바라는 것은 피조물도 썩어짐의 종 노릇 한 데서 해방되어 하나님의 자녀들의 영광의 자유에 이르는 것이니라. 피조물이 다 이제까지 함께 탄식하며 함께 고통을 겪고 있는 것을 우리가 아느니라. 그뿐 아니라 또한 우리 곧 성령의 처음 익은 열매를 받은 우리까지도 속으로 탄식하여 양자 될 것 곧 우리 몸의 속량을 기다리느니라. 우리가 소망으로 구원을 얻었으매 보이는 소망이 소망이 아니니 보는 것을 누가 바라리요. 만일 우리가 보지 못하는 것을 바라면 참음으로 기다릴지니라. (롬 8:18~25).

누구나 하나님 이야기의 좋은 소식에 참여할 수 있다. 나사렛 예수는 참으로 육신을 입으신 하나님이다. 그는 진실로 죽으셨다가 다시 살아나셨고, 구원을 위해 그분만을 신뢰하는 모든 사람에게 진실로 새로운 정체성과 새로운 미래를 제공하신다. 그리고 이 이야기의 영웅을 믿음으로 감싸 안는 사람은 만물의 회복에 참여할 것이다.

보좌에 앉으신 이가 이르시되, "보라 내가 만물을 새롭게 하노라" 하시고, 또 이르시되, "이 말은 신실하고 참되니 기록하라" 하시고, 또 내게 말씀하시되, "이루었도다. 나는 알파와 오메가요 처음과 마지막이라. 내가 생명수 샘물을 목마른 자에게 값없이 주리니 이기는 자는 이것들을 상속으로 받으리라. 나는 그의 하나님이 되고 그는 내 아들이 되리라." (계 21:5~7)

당신은 여기에 있다

이 책 1부와 2부는 네 부분으로 구성한, 하나님의 드라마 무대를 놓는다. 이 장의 서두에서 상상한, 되는 대로의 불길한 '제작'과는 강렬한 대조를 이루는바, 그분 이야기(His-story)는 대본과 제작팀을 갖추고 있고, 어떤 부분도 되는 대로거나 우연에 맡겨 놓지 않는다. 이제 우리는 작가, 제작자, 감독, 그리고 주연 배우를 소개받는다. 곧, 세 위격이신 유일하시고 진실하신 하나님―성부, 성자, 성령―이시다.

1부 '견고한 토대: 계시, 성경, 진리'에서는 성경, 곧 그분 이야기의 기록된 대본(His-story's written script)에 초점을 맞추면서 다양한 방식으로 드러난, 하나님의 자기 계시 개념을 소개한다. 그 과정에서 우리는 기독교 신학을 탐구하는 기본 법칙―우리가 그분을 믿고 그분 앞에 바르게 살기를 추구할 때 하나님의 계시에 어떻게 접근할 것인가―를 다루겠다. 드라마의 과거, 현재, 미래 막(acts)을 위한 권위 있고 불변하는 대본으로써 성서는 그분이 펼치시는 창조-구속 이야기에서 우리가 자기 역할을 발견하려고 할 때 우리에게 결정적인 지혜를 주며 안내한다.

2부 '세 위격이신 하나님: 성부, 성자, 성령'에서 우리는 그분의 살아 있는 말씀에 제시된 천상과 지상의 드라마에 등장하는 작가, 제작자, 감독, 유명한 배우를 만난다. 하나님의 존재, 성품, 셋-안의-하나의 본질 탐구에 더해, 우리는 또한 오늘날 삼위일체의 믿음이 실제로 함축하는 바를 탐구한다.

계시, 성경(성서론), 삼위일체 하나님(신론, 기독론, 성령론) 교리의 성서적, 신학적, 역사적 토대를 탐험할 때, 우리는 모든 선한 것이 아버지에게서부터, 아들을 통해, 성령을 매개로 주어짐을 인정하는 기독교 세계관을 세울 견고한 토대를 마련한다.

견고한 토대: 계시, 성경, 진리

더글라스 K. 블라운트 Douglas K. Blount
네이선 D. 홀스틴 Nathan D Holsteen
글렌 R. 크라이더 Glenn R. Kreider
마이클 J. 스비겔 Michael J. Svigel

1부

조감도

애거서 크리스티의 제인 마플 여사와 품위 있는 헐큘 쁘와로로부터 대쉬엘 해멧의 노고가 깃든 컨티넨탈 탐정과 비정한 샘 스페이드—렉스 스타우트의 성마른 네로 울프, 도로시 세이어스의 귀족적인 피터 윔지, 혹은 G. K. 체스터톤의 경건한 브라운 신부는 말할 것도 없이—에 이르기까지 지난 100여 년 동안 주목할 만한 소설에 유명한 탐정이 있다.

그렇지만 아서 코난 도일 경의 셜록 홈즈만큼 괄목할 만한 사람은 없었다. 모호한 실마리들을 붙잡고, 겉보기에 사소한 사실을 활용하며, 거짓의 그물망으로부터 지도를 연역해 냄으로써 가장 영리한 범인까지도 잡아내는 능력은 변함없이 신실한 홈즈의 친구 존 왓슨 박사만큼이나 도일의 독자를 놀라게 한다. "당신은 내 방식을 알고 있어요."라고 홈즈는 말한다. "그것은 사소한 것을 관찰하는 데에 기초해 있습니다."[1] 다른 데서 그는 말한다. "물론 그것은 사소합니다만, 사소한 것들처럼 중요한 것은 없죠."[2]

사건 사건마다 이 자문 탐정은 한 무더기의 무관해 보이는 사실과 단서를 분명하고 일관된 그림으로 정리해 수수께끼를 풀어낸다. 모험의 시작점에서 그 비밀이 얼마나 깊고 어렵든 홈즈는 해결책을 발견할 뿐만 아니라 마지막에는 그렇게 하는 것이 쉬워—심지어 **초보적으로**—보이게 만든다. 그의 고객은 스스로 힘으로는 발견할 수 없는 진리로 이끄는 그의 능력을 확실히 신뢰할 수 있다.

하나님의 깊은 것을 탐색하기

이 책 첫 부분을 읽기 시작하려는 여러분은 지금 진리를 찾아가는 탐험을 출범하려 한다. 우리는 신학을 공부하면서 많은 탐정처럼 미스터리를 다룬다. 사실 우리는 사도 바울이 "하나님의 깊은 것"(고전 1:20)이라고 부르는 것을 다룬다. 그렇지만 다행스럽게도 이런 미스터리를 이해하는 것—그리고 우리 앞에 놓인 수수께끼를 꿰뚫는 것—은 실마리를 판별하거나 데이터를 분석하는 **우리** 능력에 달려 있지 않다. 우리 자신의 지혜에 의지하거나 우리 자신의 지성에 기대지 않겠다(잠 3:5). 나중에 토론할 이유로 인해, 하나님을 알려고 우리 자신의 능력을 의지한다면 하나님을 알 수 있다는 희망—영생의 성격을 고려할 때(요 17:3을 보라), 궁극적인 희망이 없다—을 잃는다.

홈즈의 고객처럼, 우리에게는 우리가 찾아가려는 진리로 인도할, 준비되고 믿을만한 안내자가 있다. 그러나 그들과는 다르게, 우리 안내자는 단순한 인간이 아니라 하나님 자신이시다. 예수께서 '진리의 영'이라고 부르신 그분 자신의 영이 우리를 안내하며,[3] 우리 눈을 열어 진리—**실재하는** 그것—를 보게 하신다.

이것은 우리 지성을 서랍에 넣고 중립 기어로 바꾸어 해변 길을 따라 신학의 목표지점을 향해 나아가야 한다는 뜻이 아니다. 그리스도께서는 자기 제자들에게 우리 모든 존재를 바쳐 하나님을 사랑하라고 명령하셨는데(마 22:37~40), 거기에는 우리의 지성도 분명히 들어간다. 요지는 하나님의 깊은 것을 주의 깊게 생각하는 수고를 그만두라는 말이 아니라, 우리 이해가 우리 자신 때문이 아니라 그의 영 덕분이라는 뜻이다. 더구나 우리 자신의 수단에 의존한다면 하나님의 신비를 측량할 수 없지만, 하나님은 우리를 홀로 내버려 두시지 않았다. 오히려 예수님 자신과 아버지는 우리에게 성령을 보내셔서 "[우리에게] 모든 것을 가르치시고"(요 14:26) "모든 진리 가운데로 [우리를] 인도하신다"(요 16:13).

하나님은 알 수 있다... 그리고 자신을 알리셨다

그렇다면 신학을 공부할 때, 우리 부적절함을 걱정할 필요가 없다. 우리 자신이 그 일에 적합하기 때문이 아니라, 성공에 대한 희망이 우리가 아닌, 자기를 찾는 사람에게 기꺼이 자신을 알게 하시는 하나님께 있기 때문이다(히 11:6). 또 하나님은 여러 방법으로 그렇게 하셨다!

첫째, 바울이 로마에 있는 교회에 썼듯이(롬 1:19~20), 하나님은 창조세계를 통해 자신을 알게 하셨다—자신을 계시하셨다. 다윗은 하늘 자체가 하나님의 영광을 증거한다고 말했다(시 19:1). 이것이 우리가 종종 '일반계시'라고 부르는, 모든 사람이 언제나 접근할 수 있는, 하나님의 계시다. 그렇지만, 불행히도 하나님께서 창조세계를 통해 분명하게 계시하신 것이 우리에게 모호해졌다. 여기서 문제는 계시에 있지 않고, 그것을 파악하는 우리 능력에 있다. 잘못된 행동으로 인류는—태양을 응시하는 사람의 눈이 타 버리듯—하나님께서 알게 하신 것에 눈이 멀었다. 성경은 하나님을 신뢰하고 순종하기를 거부하는 것으로 특징지어지는 그런 행동을 **죄**라고 부른다.

우리 죄로 창조세계가 하나님에 관해 명백하게 알린 것에 눈멀었지만—"그의 영원하신 능력과 신성"(롬 1:20)—하나님은 다른 여러 방법을 통해서도 자신을 알리셨다. 천사, 기적, 하나님의 현현, 예언자의 말씀, 그리고 가장 눈에 띄는 방법인 그분의 기록된 말씀, 곧 성경이다. 우리는 종종 이런 특별한 행동과 결과들을 '특별계시'—특정한 때 특정한 사람들에게 주어진 계시—라고 부른다.

하나님의 영감된 말씀

성경은 다른 어떤 책과는 달리, 수 세기에 걸쳐 다양한 문화적 환경을 배경으로 한 많은 저자가 기록한 본문들로 구성되어 있다. 그러나 이 본문들을 기록한 저자들은 성령께 감동을 받았으므로, 이 작품들에서 자신들의 말이 아니라 하나님의 말씀을 말한 것이다(벧후 1:19~21). 따라서 각 성경 본문 저자는 둘이다. 곧, 하나님(신성한 저자)과 하나님께서 자기 말씀을 기록하도록 사용하신 사람(인간 저자)이다. 그러므로 성경의 근원은 인간적인 동시에 신적이다.

그래서 인간 저자(예를 들어, 모세, 마태, 요나, 혹은 요한)가 기록한 말씀은 바로 하나님 자신의 말씀이다. 성경을 '영감되었다'라고 묘사할 때 그리스도인은 이 점을 강조한다. 곧, 우리는 단지—혹은 심지어 주로—하나님께서 선택하신 저자가 정신적으로 영감되었다는 뜻이 아니다. 성경 **말씀 자체**가 하나님의 말씀이라는 뜻이다. 그리고 '축자적 영감(verbal plenary inspiration)'으로 주장하는 바는 성경의 **모든 단어 하나하나**가 영감되었다는 주장이다. 이 교리의 간단한 근거는 바울이 그의 제자 디모데에게 선언한 말씀에서 확인할 수 있다. "모든 성경은 하나님의 영감으로 된[문자적으로는 '입김이 불어 넣어진'] 것이다"(딤후 3:16).

이것은 성경이 긍정하는 것은 하나님께서 긍정하신다는 뜻이다. 하나님은 잘못 말씀하실 수 없다. 따라서 성경은 잘못 말할 수 없다. 성경의 '무오성(inerrancy)'이라고 불리는 이 가르침은 기독교의 역사를 통해 압도적인 지지를 받는 견해였고, 지금도 그러하며, 정통 개신교 복음주의 전통에서 가장 분명한 형태를 띤다.

충만한 믿음으로 신학적 사유

『서섹스 뱀파이어』에서 셜록 홈즈는 밥 퍼거슨라는 영국인에게서 상담 요청을 받는다. 그의 페루인 아내는 그들 아기의 목구멍에서 피를 빠는, 분명히 위험하고 기이한 행동을 하고서는 심각한 병에 걸렸다. 퍼거슨은 "내가 무엇을 해야 하오?"라고 묻는다. "내가 어떻게 그런 이상한 이야기를 갖고 경찰서에 가겠소?" 합당하게 보이듯, 그는 그녀의 정신상태를 두려워한다. "이것은 광기요, 홈즈씨? 그 피에 뭔가가 있소?"

영감으로부터 추론한 무오성

1. 하나님은 진실하게 말씀하신다(민 23:19; 시 31:5; 사 65:16; 딛 1:2; 히 6:18).
2. 그러므로 하나님의 말씀은 진실하다(시 119:160; 요 17:17).
3. 하나님은 성경을 통해 말씀하신다(행 1:16; 롬 1:2).
4. 성경은 기록된 하나님의 말씀이다(요 10:35; 벧후 1:19 [참고. 롬 16:26]).
5. 그러므로 성경은 진실하다.

탐정은 즉시 명령을 내린다. 그는 "제가 확실히 말씀드립니다만"이라고 하면서, "나는 절대로 당황한 것이 아니고, 우리가 문제를 풀 수 있다고 확신합니다."4

자신의 말대로 홈즈는 퍼거슨의 집에 도착하여 주요인물을 차례로 인터뷰하고 그 문제를 하루 저녁 만에 풀어낸다. 그는 퍼거슨 부인이 그녀의 아기를 죽이려고 한 것이 아니라, 살리려고 했다고 판단한다. 범인은 가족의 다른 사람, 곧 그 아기를 질투하는 미친 형으로 밝혀진다. 그는 아기 목에 독을 주입했다. 퍼거슨 부인이 독을 맞은 아기를 발견하고 독을 상처에서 빨아낼 때 그녀 남편이 그 장면을 목격했다. 그녀는 독 일부를 흡입한 결과 및 그의 반응에 대한 충격으로 마비 상태가 됐다.

'뱀파이어'에 대한 진실은 처음에 그렇게 보인 것뿐이었다. 퍼거슨 씨는 그의 아내가 그가 생각했던 것과 정반대의 일을 한 것을 알았다. 마찬가지로, 신학을 이해하려는 과정을 짜면서 어떤 사람이 기대하는 것과는 정반대의 일을 우리가 하고 있음을 여러분도 알 것이다.

과학적 방법론에 사로잡힌 우리 문화는 우리에게 이성이 신앙보다 우위에 있다고 믿게 한다. 그러나 그렇게 서두르지 마라. 히브리서 11:3이 말씀하듯, "믿음으로 모든 세계가 하나님의 말씀으로 지어진 것을 안다." 이것을 잊지 말라. **우리는 이성을 통해 믿음으로 들어가지 않는다. 오히려, 믿음을 통해 우리는 이해한다.** 우리는 믿음으로 진리를 깨닫고 정확한 이해에 이른다.

11세기에 캔터베리의 안셀무스는 신학자의 임무를 고전적으로 기술했다.

> 주여, 저를 이렇게 당신의 형상을 따라 창조하셨음을 인정하며 당신께 감사드립니다. 그것은 제가 당신을 생각하고, 당신을 품고, 당신을 사랑하기 위함입니다. 그러나 그 형상은 악으로 너무나도 소진되고 허비되었고 그릇된 행동의 연기로 모호해져서 당신이 그것을 새롭게 하고 다시 창조하지 않으시는 한 그것이 지어진 목적을 성취할 수 없나이다. 오 주님, 제가 당신의 장엄함을 꿰뚫어 보려고 노력하지 않는 것은 제 지성을 그것과 결코 비교할 수 없기 때문입니다. 그렇지만 저는 제 마음이 믿고 사랑하는 당신의 진리를 어느 정도 이해하기를 원합니다. 저는 믿으려고 이해를 추구하지 않고 이해하려고 믿습

니다. 또 이것을 저는 믿습니다—제가 믿지 않으면, 저는 이해할 수 없다는 것을(강조 첨가).5

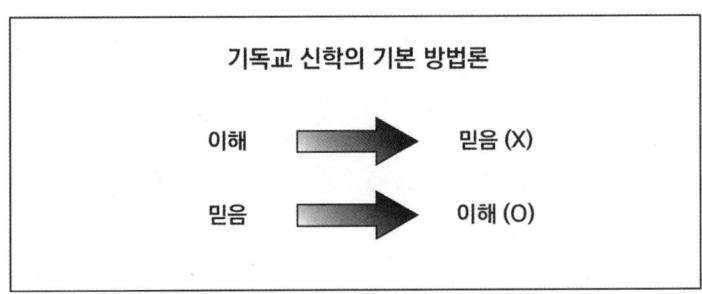

어떤 사람은 이 방법론을 기대하지 않는다. 어떤 사람은 이 방법론을 직관과는 정반대라고 생각한다. 신학자가 하나님에 관한 진리를 붙잡으려고 인간 이성—철학, 과학, 역사, 경험 등으로—을 최대한 활용하고 그 이성적 추구 결과로 강력한 확신으로 그것을 믿는다고 생각하기도 한다. 그러나 하나님께서 자신과 자기 창조, 그리고 구속 계획—하나님의 계시—을 알게 하신 것은 오직 믿음 상황(context)에서만 확실하다. **믿음이 이해에 선행한다.** 믿음 상황에서 그리고 믿음에 헌신으로, 이성을 끌어들여 계시를 **더 잘** 이해하는 수단으로 삼는다. 하지만 열차를 이끄는 엔진은 믿음이며, 그것은 궁극적으로 하나님 자신에게서 연료를 공급받는다(롬 10:17; 엡 2:8).

이 점이 여전히 모호해도 실망하지 마라. 우리가 진행하다 보면 이것은 더욱 분명해진다. 기독교 신학 탐구는 이성을 수단으로 믿음을 추구하는 것이 아니라, 믿음으로 이해를 추구한다. 아내의 올바른 행동이 매우 잘못된 것처럼 보였던 퍼거슨 씨처럼, 우리는 그 일을 설명해 줄 전문 탐정에게 자문하지 않아도 된다. 우리는 성경이 우리를 위해 이 딜레마를 풀어주게 하겠다.

너는 마음을 다하여 여호와를 신뢰하고,

네 명철을 의지하지 말라.
너는 범사에 그를 인정하라.
그리하면 네 길을 지도하시리라. (잠 3:5~6)

반드시 알아야 할 성경 본문

신학이 중요하지 않다고 생각하는 사람, 심지어 다른 그리스도인과 이야기해 본 적이 있는가? "나는 기독교가 아니라 그리스도를 원한다!"라고 그들은 말할지 모른다. "제게 교리 말고 예수를 말해주세요." 그런 정서가 아무리 옳게 느껴지더라도 그것이 결국 공허한데, 이 사람이 어떤 예수를 원하는가 하는 질문이 생기기 때문이다. 그들은 누구의 그리스도를 마음에 두고 있는가?

모르몬교의 예수? 이슬람의 예수? 불교의 예수? 거친 미국 개인주의의 예수? 이것을 좋아하건 말건, 이 사람의 어떤 것도 성경이 말하고 사도와 초대교회가 받아들여 가르친 주님과 구원자는 아니다. 누구도 진정한 역사적 기독교의 신인(God-Man)은 아니다.[1]

실제 예수님을 모든 가짜로부터 구별하는 것은 하나님 아버지께서 시몬 베드로에게 계시하셨듯이, 그분이 "그리스도시요, 살아계신 하나님의 아들"이라는 점이다(마 16:16). 이 진리는 부인할 수 없이 교리적이며, 분명히 신학적이다. 이른바 모든 '예수들'이 같지 않다. 진짜 예수님을 가짜들과 구별은 교리적 사실 또는 신학적 진리라고 부르는 것이다.

열매가 풍성한 그리스도인의 삶을 살려면, 정확한 기독교 신앙을 가져야 한다. 정확한 기독교 신앙을 가지려면 확실한 교리적 기반이 필요하다. 확실한 교리적 기반을 가지려면 신뢰할만한 진리의 근원이 필요하다. 하나님의 계시, 곧 자신의(of) 계시이자 자신에게서(from) 나온 계시로 들어가라.

하나님의 말씀을 열고 우리의 신앙을 더 잘 이해하려고 그분 세계를 탐험할 때, 어떤 교리적 내용, "성도에게 단번에 주신" 진리(유 3)로 시작해야 한다. 어떤 기본 교리들―기초들, 핵심들, 혹은 근본 진리들―은 하나님께서 성경과 자연을 통해 주신 계시를 이해하는 데 필요하다.

우리는 일반계시와 특별계시, 교리적 탐험('이해를 추구하는 믿음')에 관한 올바른 자세와 접근, 그리고 이성, 경험, 전통의 올바른 역할과 관련한 것을 잘 이해하게 도우려고 다음 본문을 주의 깊게 선택했다.

본문 1: 하나님은 창조세계를 통해 말씀하신다 (시편 19:1~6)

우리는 모두 어떤 노래를 듣거나 예술작품을 보고, 전에 듣거나 본 적이 없었어도, 바로 그 원작자(the source)를 인식한 경험이 있을 것이다. 그것이 밥 딜런의 뚜렷한 목소리건, 이글스의 화음이건, 팻츠 도미노의 리듬이건, 빈센트 반 고흐의 대담한 색채이건, 마이클 앗킨슨의 풍경화건, 예술적 창조물의 특징적인 세부 묘사와 패턴은 그것을 만든 사람의 정체성을 지시하거나 심지어 드러낸다.

그와 비슷하게 창조세계는 우리에게 천지를 창조하신 분을 가리킨다(창 1:1). "하늘이 하나님의 영광을 선포하고 궁창이 그의 손으로 하신 일을 나타내는도다"(시 19:1). '하늘'과 '궁창'은 제유법(부분을 사용하여 전체를 가리킬 때 사용)이라는 수사법 역할을 한다. 곧, **하늘과 거기에 있는 모든 것이 하나님을 가리킨다.** 같은 식으로 지구와 나머지 창조세계는 창조주의 영광을 계시한다. 다윗은 다른 수사법인 의인법으로 이런 형태의 계시를 묘사한다. "날은 날에게 말하고 밤은 밤에게 지식을 전하니... 그의 소리가 온 땅에 통하고 그의 말씀이 세상 끝까지 이르도다"(시 19:2, 4).

밤이건 낮이건, **하나님이 계시된다.**
관찰자가 있건 없건, **하나님이 계시된다.**
인간의 반응이 있건 없건, **하나님이 계시된다.**

물론 하늘에 계신 하나님의 계시는 문자적 말이 아니다. 하나님은 "나를 찾아라!"라고 궁창에 쓰시지 않았다. 우리는 별의 점을 이어서 '예수'라는 이름을 얻을 수 없다. 시편 기자의 수사법은 자연 계시의 성격을 표현하며, 요점은 창조세계에 나타난, 하나님의 계시가 마치 실제 음성이 우리에게 들리는 것처럼 확실하다는 것이다. 하나님의 지문이 그분의 모든 작품에 있고 그분의 영광은 그분이 만지신 모든 곳에서 빛난다. 다윗은 태양을 계시에 대한 은유로 써서 "그의 열기에서 피할 자가 없다."라고 주장한다(시 19:6). 창조주의 임재에게서 '달아날' 곳은 없다. 어떤 어둠도 우리를 그분에게서 숨기지 못한다(시 139:11~12).

일반계시는 구원을 경험하는 데 충분한가? 어떤 사람이 하늘을 쳐다보고 하나님의 장엄함을 깨닫고 믿음으로 반응함으로써 구원받을 수 있을까? 그렇게 반응하는 사람은 그 반응으로 구원받는가? 시편 기자는 그런 질문을 하지 않는다. 무수한 신학자들이 다른 방식으로 대답을 시도했지만, 그것은 본문의 요점이 아니다. 그보다 시편 19편은 창조물의 반응 (또는 반응 부족)보다 창조세계에 나타난, 하나님의 계시에 초점을 맞춘다.

성경 암송 1
시 19:1~2
1. 하늘이 하나님의 영광을 선포하고 궁창이 그의 손으로 하신 일을 나타내는도다. 2. 날은 날에게 말하고 밤은 밤에게 지식을 전하니

본문 2: 인간은 하나님의 계시에 반기를 든다 (로마서 1~3장)

복음 메시지를 나쁜 소식과 좋은 소식으로 전하기는 인기 있는 전도방법이다. 나쁜 소식은 우리에 관한 내용이고, 좋은 소식은 하나님에 관한 내용이다. 우리는 잃어버린 죄인이지만, 하나님께서는 우리를 찾아 용서하는 계획—그분 아들, 곧 예수 그리스도—이 있다.

창조세계를 통한 하나님의 일반계시에 관해서도 같게 말할 수 있다. 다시 한번, 나쁜 소식은 우리에 관한 내용이고, 우리가 앞으로 보듯이, 특별계시의 나쁜 소식은 일반계시의 나쁜 소식과 직접 관련 있다.

그러면 일반계시에 관한 **좋은 소식**은?
자, 좋은 소식은 **언제나** 하나님에 관한 내용이다.

시편 19편의 강해로 보이는(적어도 부분적으로) 로마서 1장에서 사도 바울은 창조세계를 통한 하나님의 일반계시와 관련하여 구원에 관해 질문한다. 그렇지만 먼저 그는 복음에 대한 자시 확신을 선언한다. "모든 믿는 자에게 구원을 주시는 하나님의 능력이 됨이라. 첫째는 유대인에게요, 또한 헬라인에게로다"(17절). 구원은 오직 은혜로, 오직 그리스도를 믿는 믿음으로 이뤄진다(엡 2:8~9).

바울은 그 후 인간의 죄성에 관한 상세한 논증—우리가 예수 그리스도를 필요로 하는 이유, **그리고** 그분에 대한 자신의 강한 확신—을 이어간다. 모든 인간이 구원받아야 하는 것은 "모든 사람이 죄를 범하였으매 하나님의 영광에 이르지 못하기" 때문이다(롬 3:23). 죄 때문에 "하나님의 진노가 불의로 진리를 막는 사람들의 모든 경건하지 않음과 불의에 대하여 하늘로부터 나타난다"(1:18).

하나님은 의로우시다. 그분의 진노, 즉 죄에 대해 올바르고 정당한 반응은 인간의 무지가 아니라 인간의 반역을 향한 것이다. 그분의 영광이 바로 우리 모두를 둘러싼 하늘에 계시 되어 있다. 우리는 그분의 계시에 어떻게 반응해야 하는지에 책임이 있다. 영원하신 창조자 하나님은 그분이 하신 일을 통해 계시 되어 있다.

> 이는 하나님을 알 만한 것이 그들 속에 보임이라. 하나님께서 이를 그들에게 보이셨느니라. 창세로부터 그의 보이지 아니하는 것들, 곧 그의 영원하신 능력과 신성이 그가 만드신 만물에 분명히 보여 알려졌나니, 그러므로 그들이 핑계하지 못할지니라. (롬 1:19~20)

하나님의 '보이지 않는 속성'이 눈에 보이게 됐다. 그분의 '영원하신 능력과 신성'이 그분이 '세상을 창조하신 이래' 현재까지 그가 만드신 만물에 계시 되어 있다. 창조와 섭리는 하나님을 계시한다(참고. 요 1장; 골 1장). 그런데 문제는 하나님의 계시가 충분하지 않다는 게 아니다.

창조 때부터 사람이 하나님을 아는 지식을 어떻게 다뤘는지 왔는지를 묘사하는 바울의 언어에 주의하라. 사람은 "진리를 막고"(롬 1:18), "하나님을 알되 하나님을 영화롭게도 아니하며 감사하지도 아니하고"(21절), "썩어지지 아니하는 하나님의 영광을 썩어질 사람과 새와 짐승과 기어 다니는 동물 모양의 우상으로 바꾸었으며"(23절), "하나님의 진리를 거짓 것으로 바꾸어 피조물을 조물주보다 더 경배하고 섬겼다"(25절). 사람은 우상숭배를 선택했다—창조된 존재와 창조된 것들을 섬긴 것이다(출 32:1~8; 참고. 사 44:9~20; 렘 10:1~10).

이렇게 사람이 고의로 하나님의 계시를 무시하고 반역했으므로, 하나님께서는 "그들을 내어주셔서"(롬 1:24, 26, 28) 자신의 길로 가서 그 결과를 감당하게 하셨다. 이 반역의 모습은 어떻게 드러났는가?

> 곧 모든 불의, 추악, 탐욕, 악의가 가득한 자요, 시기, 살인, 분쟁, 사기, 악독이 가득한 자요, 수군수군하는 자요, 비방하는 자요, 하나님께서 미워하시는 자요, 능욕하는 자요, 교만한 자요, 자랑하는

자요, 악을 도모하는 자요, 부모를 거역하는 자요, 우매한 자요, 배약하는 자요, 무정한 자요, 무자비한 자라. (롬 1:29~31)

아름답지 않은 인간 상태에 대한 그림이다.

아직도 확실하지 않은 것은 이 사람이 누구인가 하는 점이다. 바울은 우리의 첫 번째 부모를 언급하는가? 오래전 사람을 말하는가? 모든 사람을 말하는가? 어쩌면 아직도 거짓된 신에게 무릎을 꿇지 않은 사람이 있지 않을까?

그러므로 남을 판단하는 사람아, 누구를 막론하고 네가 핑계하지 못할 것은 남을 판단하는 것으로 네가 너를 정죄함이니 판단하는 네가 같은 일을 행함이니라. 이런 일을 행하는 자에게 하나님의 심판이 진리대로 되는 줄 우리가 아노라. (롬 2:1~2)

바울은 로마서 3:23의 고소에 해당하지 않고 무죄인 척하는 사람—누구든지—을 교정한다. 곧, **우리는 모두 죄인이다**. 우리 각자는 인간의 반역 목록에 해당한다.

그렇다면 일반계시는 분명하고, 명확하며, 확실하다. 하나님은 자신, 곧 '그분의 영원하신 능력과 신성'을 계시하셨다. 그러나 우리 스스로는, 우리의 누구도 그를 인정하지 않고, 예배로 반응하거나 그분께 순복하지 않는다. 우리는 모두 다 반역자이고, 모두 자신의 길로 치우쳤으며, 모두 구원이 필요하다.

일부 예외를 빼고 기독교인은 일반적으로 일반계시가 구원을 주기에 충분하지 않음에 동의했다(고전 2:6~14). 특별히 그리스도의 인격과 사역을 통해, 성령의 조명을 받는 특별계시가 필요하다. 심지어 최선의 자연신학—자연계시에만 의존한—조차 그릇된 신과 오류가 있는 실재로 끝난다.[2]

그렇지만, 특별계시의 빛에 따라 인식하고 해석하는 일반계시는 하나님과 그분의 창조에 관한 더 온전한 지식을 보충한다. 그것은 믿음으로 더 나은 이해를 추구하는 신앙을 가진 신자에게 좋은 소식이다. 눈이 활짝 열려 깨닫고, 성령의 조명을 받으며, 믿음으로 해석할 때, 일반계시는 우리가 하나님을 더 잘 이해하도록 돕는다. 균형 잡힌 기독교 방법론을 사용하여 신학을 공부할 때 일반계시와 특별계시는 서로—경쟁하지 않고—보충한다.

성경 암송
로마서 1:19~20
19. 이는 하나님을 알 만한 것이 그들 속에 보임이라. 하나님께서 이를 그들에게 보이셨느니라. 20. 창세로부터 그의 보이지 아니하는 것들, 곧 그의 영원하신 능력과 신성이 그가 만드신 만물에 분명히 보여 알려졌나니, 그러므로 그들이 핑계하지 못할지니라.

본문 3: 하나님은 당신 선지자를 통해... 그리고 당신 아들을 통해 말씀하셨다 (히브리서 1:1~2)

소비자 대부분은 중개인만 없애면 더 저렴한 가격에 거래할 수 있음을 잘 안다. 중개인은 일을 더디게 하고, 이윤을 가로채며, 분배에 영향을 끼쳐 가격을 올리는 사람으로 알려져 있다.

자, 중개인이 그런 골치 아픈 장애라면, 하나님은 왜 예언자를 통해 자기 백성에게 말씀하셨을까? 그들은 기본적으로 종교적 중개인이 아닌가? 분명히 그분은 스스로 힘으로 말씀하실 수 있다—왜 인간 대변인을 사용하실까? 왜 하나님은 당신 메시지가 오염되거나 오해될 위험을 감수하시는가?

한 가지 이유는 하나님께서 시내산에서 백성에게 말씀하실 때 경험에 비롯한 것으로 보인다. 간단히 말해, 그들은 겁에 질렸다! 그들은 매개자 역할을 할 사람이 필요함을 깨닫고 모세에게 중보자가 되어 하나님을 대신해 자신들에게 말하고 자신들을 위해 하나님께 말해달라고 부탁한다(출 20:18~19). 하나님은 동의하신다(신 5:24~33을 보라). 이윤만 추구하는 중개 도매상과는 다르게, 모세와 그 밖에 하나님께서 선택하신 예언자는 종으로서, 아니 그보다는 대변자, 변호사, 또는 대리인으로서 역할을 감당했다.

구약성경에서 거짓 예언자를 가려내는 두 가지 시험

성취되지 않은 예언

"네가 마음속으로 이르기를 그 말이 여호와께서 이르신 말씀인지 우리가 어떻게 알리요 하리라. 만일 선지자가 있어 여호와의 이름으로 말한 일에 증험도 없고 성취함도 없으면 이는 여호와께서 말씀하신 것이 아니요. 그 선지자가 제 마음대로 한 말이니 너는 그를 두려워하지 말지니라." (신 18:21~22)

잘못된 신학

"너희 중에 선지자나 꿈꾸는 자가 일어나서 이적과 기사를 네게 보이고, 그가 네게 말한 그 이적과 기사가 이루어지고, 너희가 알지 못하던 다른 신들을 우리가 따라 섬기자고 말할지라도, 너는 그 선지자나 꿈꾸는 자의 말을 청종하지 말라. 이는 너희의 하나님 여호와께서 너희가 마음을 다하고 뜻을 다하여 너희의 하나님 여호와를 사랑하는 여부를 알려 하사 너희를 시험하심이니라." (신 13:1~3)

모세는 하나님께서 선발하신, 하나님 자신과 자기 백성 사이에 여러 많은 중보자의 첫 번째 인물이며, 그 계열은 구원자의 오심에서 절정을 이루었다(신 18:15~18). 하나님께서 예언자를 부르신 후, 그들을 통해 말씀하신 모든 것은 신적 권위를 가졌다(19절). 하나님은 진리이므로 그분의 예언자가 그분을 대신해 말한 것도 진리다. 그것은 결코 다른 방법으로 계시하신 진리와 모순되지 않는다. 무엇을 요구하건 순종하느냐 불순종하느냐, 무엇을 선포하건 믿느냐 거부할 것이냐 문제는, 곧 하나님께 순종하느냐 불순종하느냐, 하나님을 믿느냐 거부하느냐의 문제이다.

어떤 복음주의 그리스도인은 진정한 예언자가 지금도 여전히 있다고 믿으며, 하나님께서 자기 대변자를 통해 새로운 계시를 계속해서 주신다고 믿는데, 그 대변자의 예를 들면 예언의 은사를 받은 사람이다.[3] 다른 사람은 예언이 사도가 사라짐과 동시에, 즉 정경의 완성과 함께 중지했다고 주장한다.[4] 어떤 사람은 이 두 입장 사이의 어딘가에 매개적 입장을 취한다. 하나님께서 기록된 말씀 밖에 오늘날 어떻게 또 정말로 예언적으로 말씀하시는가에 관한 논쟁은 복음주의 진영에서 오랫동안 계속했고 끝이 보이지 않는다. 그러나 모든 복음주의자는 성경의 정경이 종결되었고, 성경은 모든 신앙과 실천의 문제에 유일한 최종 권위이며, 그런 것이 현재 있어도 어떤 새로운 계시도 성경의 예언과 모순되거나 예수 그리스도를 가리키는 데 실패하지 않아야 함에 동의한다.

히브리인에게 보낸 편지의 저자는 이것을 다음 말로 표현했다. "하나님께서 옛날에는 예언자들을 통하여, 여러 번에 걸쳐 여러 가지 방법으로 우리 조상들에게 말씀하셨으나"(1:1). 하나님께서는 오랜 시간, 곧 모세부터 말라기까지 사람을 통해 말씀하셨는데, 그 일부는 정경의 일부가 된 책을 썼고(예를 들면, 사무엘, 이사야, 예레미야), 다른 사람은 말씀은 전했으나 하나님의 말씀을 기록으로 남기지 않았다(예를 들어, 엘리야와 엘리사). 어느 편이건, 하나님은 자기 뜻을 직접 임명하신 선지자를 통해 백성에게 전달하셨다.

하나님은 때로 환상과 꿈으로, 때로는 강력하고 장려한 이적으로, 다른 때는 조용한 음성으로—한 번은 당나귀를 통해!(민 22:21~39)—말씀하셨다. 하나님의 예언자는 가장 위대한 예언자(신 18:15)를 기대하며 가리켰는데, 그분은 하나님 자신의 아들, 곧 예수 그리스도이시다. 예전에 하나님의 중보자는 하나님께서 자기 백성에서 일으키신 사람이었다. "옛적에 선지자들을 통하여 여러 부분과 여러 모양으로 우리 조상들에게 말씀하신 하나님이" 이제는 마침내 "이 모든 날 마지막에는 아들을 통하여 우리에게 말씀하셨다"(1:1~2).

말씀이신[5] 예수님은 하나님의 마지막이며 최종적인 말씀이다(요 1:1; 히 1:2). 그분은 세상의 창조주시며(2절; 창 1:1), "하나님의 영광의 광채"이시고, "하나님의 본체대로 모습"으로서 "자기의 능력 있는 말씀으로 만물을 보존하시는" 분이시다(히 1:3). 그분은 창조물이 아니며, 하나님보다 열등하지 않으시다. 그는 하나님**이시며** (요 1:1~2), 하나님과 인간 사이의 궁극적 중보자시다(딤전 2:5). 그분이 이 땅을 새롭게 재창조하시려고 다시 오실 것을 고대하며 십자가에서 당신 사역을 완성하셨을 때(계 21장), "높은 곳에 계신 지극히 크신 이의 우편에 앉으셨다"(히 1:3). 그분은 만유 위에 계셨고, 지금도 계시며, 앞으로도 영원히 계신다.

예수님은 성경의 어떤 책도 쓰시지 않았지만, 구약성경(요 5장; 눅 24장)과 신약성경의 주제다. "예수의 증언은 예언의 영이라"(계 19:10). 그는 다락방에서 제자들에게 약속하시기를, "내가 아버지께로부터 너희에게 보낼 보혜사, 곧 아버지께로부터 나오시는 진리의 성령이 오실 때에 그가 나를 증언하실 것이요. 너희도 처음부터 나와 함께 있었으므로 증언하느니라"(요 15:26~27). 그는 또한 보증하셨다. "보혜사, 곧 아버지께서 내 이름으로 보내실 성령 그가 너희에게 모든 것을 가르치고, 내가 너희에게 말한 모든 것을 생각나게 하리라"(14:26).

하나님의 모든 일반계시와 특별계시는 예수 그리스도 안에서, 그분을 통해 성취되고 해석된다.

성경 암송 3
히브리서 1:1~2
1 옛적에 선지자들을 통하여 여러 부분과 여러 모양으로 우리 조상들에게 말씀하신 하나님이 2 이 모든 날 마지막에는 아들을 통하여 우리에게 말씀하셨으니 이 아들을 만유의 상속자로 세우시고 또 그로 말미암아 모든 세계를 지으셨느니라.

본문 4: 모든 성경은 하나님의 감동으로 기록됐다
(디모데후서 3:14~4:4)

손을 펴서 여러분 입에 대 보라—가장 가까이 댈 수 있는 만큼 대서 그 상태로 말해 보라. 그리고 다음 구절을 크게 읽으라. "모든 성경은 하나님의 감동으로 된 것으로 교훈과 책망과 바르게 함과 의로 교육하기에 유익하니"(딤후 3:16). 무엇을 느꼈는가? 만약 아무리 작게 읽었어도, 당신의 호흡을 손으로 느꼈을 것이다. 문자적 의미로, 당신은 이 종이에 적힌 말씀을 '불어내어(breathed out)' 그것을 살아나게 했다.

성경 **영감** 교리는 이 핵심 구절 또는 증거 본문의 표현에서 나왔다(3:16~17). **하나님이 불어넣으셨다**(God-breathed, 보통 '영감됐다[inspired]'로 번역)는 단어는 신약성경에서 여기에만 나온다. 그렇지만 그 개념은 성경 전체에서 찾아볼 수 있다. 예언자가 하나님을 대신해 말할 때, 그 말은 하나님의 영을 통해 하나님에게서 나온 것인데, 이것이 **하나님이 불어넣으셨다**가 의미하는—바로 하나님의 '숨결'인 성령으로 감동된—바이다.

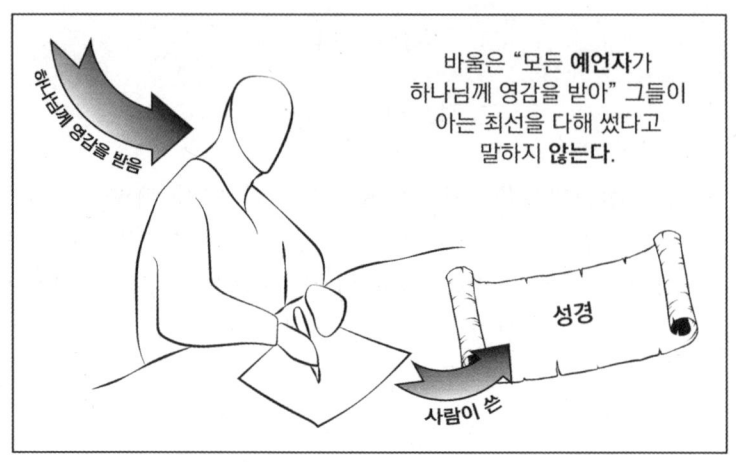

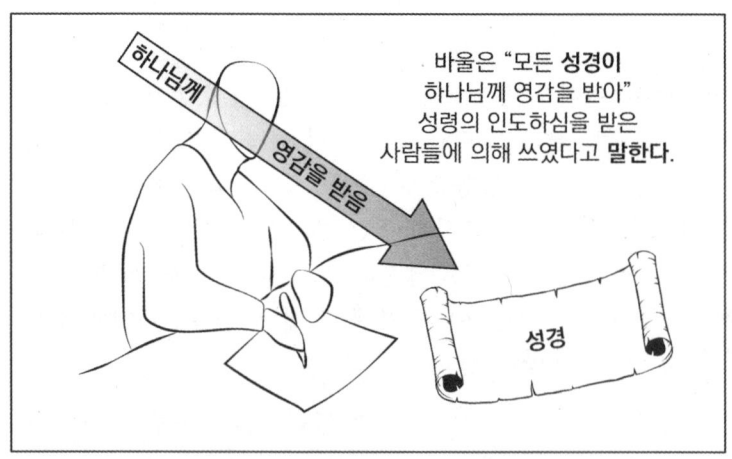

바울은 이 서신을 믿음의 아들, 디모데에게 썼다(1:2; 2:1~2). 박해받는 상황("무릇 그리스도 예수 안에서 경건하게 살고자 하는 자는 박해를 받으리라" [3:12])에서도, 디모데는 자신이 배운 신앙의 길에서 떠나 진리를 거부하고 바울이 아닌 다른 사람을 따르고 싶은

유혹을 받았을 수 있다. 그래서 바울은 그에게 "악한 사람들과 속이는 자들"을 피하라고 경고하면서(13절), 그들 특징이 자기애, 탐욕, 교만, 그리고 "경건의 모양은 있으나 그 능력은 부인하는 것"이라고 경고한다(3:2~5).

긍정적으로, 바울은 그의 제자에게 "너는 배우고 확신한 일에 거하라. 너는 네가 누구에게서 배운 것을 알며"라고 권면한다(14절). 그는 디모데에게 자신의 본을 따라 자신이 인내하고 견딘 것을 보았듯이, 박해받는 상황에서도 인내하라고 격려한다(10~11절).

그러나 바울은 디모데가 따라야 할 유일한 모델이나 본보기는 아니었다. "또 어려서부터 성경을 알았나니, 성경은 능히 너로 하여금 그리스도 예수 안에 있는 믿음으로 말미암아 구원에 이르는 지혜가 있게 하느니라"(15절). 디모데는 어려서부터 성경을 신뢰하도록 가르침을 받았다. 사도를 만나기 오래전부터, 디모데의 어머니와 할머니는 그에게 하나님 말씀을 사랑하라는 기운을 불어넣었다(1:5). 얼마나 귀한 신앙의 유산인가! 너는 그들 경건한 삶의 방식을 보았으므로, 너에게 전한 가르침, 곧 성경을 신뢰하라고 바울은 말한다. 하나님의 말씀이 그리스도를 통해 구원에 이르게 한다는 것을 믿으라—너는 너의 교사가 자기 일상에서 복음을 살아내는 것을 보았다.

바울은 바로 그 개인적 상황에서 썼다. "모든 성경은 하나님의 감동으로 된 것으로 교훈과 책망과 바르게 함과 의로 교육하기에 유익하니"(3:16). 성경은 하나님께서 숨결을 불어넣으셨다(그리스어 *theopneustos*)—이것은 성령(그리스어 *pneuma*)의 역사를 통해 하나님을 근원으로 한다. 인간 저자가 썼어도 하나님의 숨결로 전달한, 하나님의 말씀이다.

성경은 마치 하나님께서 저자의 귀에 쓰여야 할 모든 단어를 말씀해 주시기라도 한 것처럼 **구술**한 것이 아니다. 그렇다고 해도 성경은 하나님께서 인간 저자의 경험, 단어 선택, 그분의 뜻을 성취하려는 의도를 사용하시는 과정을 통해 나온 결과다. 찰스 라이리는 영감을 인상적으로 정의했는데, "하나님께서 성경 저자가 원본에 있어서 오류가 없이 그분 메시지를 작성하고 기록하도록 감독하신 활동"이다.6

디모데후서 3:16을 대다수 영어 성경이 '모든 성경(all Scripture)'으로 번역하지만, 헬라어 본문은 '각 성경(every Scripture)'으로 번역할 수 있다. 하나님의 숨결이 **각** 성경에 불어 넣어졌기 때문에, 하나님의 숨결이 **모든** 성경에 불어 넣어졌다고 말할 수 있다(참고. 마 5:18~20; 요 10:35). 부분이 하나님에게서 나왔으므로 전체 역시 하나님에게서 나왔다고 할 수 있다. 물론 담화의 어떤 말은 하나님**에게서** 나오지 않았다. 예를 들면, 성경은 아담과 하와에게 하나님의 말씀을 모순되게 말한 뱀을 인용하면서 말하기를, "네가 결코 죽지 아니하리라"(창 3:4)라고 한다. 또한, 성경은 하나님이 존재함을 부인하는 "어리석은 자"의 말도 인용한다(시 14:1; 53:1). 성경은 이런 그릇된 진술을 승인하지 않는다. 다만 정확하게 인용할 뿐이다. 이것이 우리가 성경은 그것이 긍정하는 모든 것에서 진실하지만, 그것이 정확히 보고하는 모든 것을 긍정하는 것이 아님을 분명히 하는 이유다.

바울은 하나님의 말씀이 성취하는 것을 종류대로 열거한다. 그것은 "교훈과 책망과 바르게 함과 의로 교육하기에" **유익하다**(딤후 3:16). 그는 디모데에게 "말씀을 전파하라... 범사에 오래 참음과 가르침으로 경책하며 경계하며 권하라"(4:2)라고 훈계한다. 성경이 이것들을 성취하려는 유익한, 유일한 도구는 아니지만, 이것은 하나님에게서 나왔으므로 특별히 효과적이다. 이것의 영감성은 그 유용성의 근원이다.

이 문맥에서 바울은 성경의 두 가지 목적을 열거한다. 그것은 "능히 너로 하여금 그리스도 예수 안에 있는 믿음으로 말미암아 구원에 이르는 지혜가 있게" 하며(3:15), 또한 "온전하게 하여 모든 선한 일을 행할 능력을 갖춘", 하나님의 백성을 만들어내는 것이다(3:17). 이것은 성경의 충분성이라는 교리다. 자, 성경은 모든 일을 위해 충분한 것은 아니다. 그것은 우리가 어디에 살아야 할지, 어떤 학교에 가야 할지, 혹은 어떤 차를 몰아야 할지를 말해주지는 않는다. 성경은 현명한 결정을 내리도록 도움을 주지만, 그 질문들에 직접적인 대답을 주지는 않는다.

성경은 그것이 쓰인 목적을 이루는 데 충분하다. 이것은 복음의 내용, 우리의 가장 중요한 필요에 대한 해답, 그리고 하나님을 영화롭게 하는 삶을 위해 필요한 것을 제공한다. 웨인 그루뎀은 설명한다.

> 성경의 충분성은 성경이 구원사의 각 단계에서 하나님의 백성에게 의도하신 모든 말씀을 갖추고 있고, 이제는 우리의 구원을 위해, 또 그분을 온전히 신뢰하고 온전히 복종하기 위해 우리가 필요한 모든 말씀을 갖추고 있음을 의미한다.[7]

충분성은 하나님이 우리에게 성경만을 주셨더라도 이 필요가 채워졌다는 뜻이다. 물론 그분은 자신의 은혜의 풍성함을 따라 우리가 필요한 것보다 훨씬 더 많은 것을 주셨다.

마지막으로 바울은 성경의 진실성을 분명하게 말한다. 그는 때가 되면 거짓 교사들이 나타날 것이고, 많은 사람이 그들을 따르며 "또 그 귀를 진리에서 돌이켜 허탄한 이야기를 따르리라"라고 경고했다(4:4). 디모데가 신뢰한 사람에게서 배운 진리에서 떠날 가능성이 정말로 컸다. 그와 함께 진리 말씀을 들은 모든 사람은 이 실제 위험을 깨닫고 그들이 배운 신뢰할만한 메시지를 굳게 붙들어야 했다. 성경이 긍정하는 모든 것은 진리다. 즉, 그것은 무오하다.

> **성경 암송 4**
>
> 디모데후서 3:16~17
>
> 16 모든 성경은 하나님의 감동으로 된 것으로 교훈과 책망과 바르게 함과 의로 교육하기에 유익하니 17 이는 하나님의 사람으로 온전하게 하며 모든 선한 일을 행할 능력을 갖추게 하려 함이라.

본문 5: 성령으로 감동된 선지자 (베드로후서 1:19~21)

나(네이선)는 좋은 다큐멘터리 애호가이고 디스커버리 채널은 내가 손꼽아 보는 방송이다. 예를 들어, 나는 '그들은 그것을 어떻게 하는가?(*How Do They Do It?*)' 프로그램 배후에 있는 아이디어에 완전히 넋을 잃었다. 각 일화는 일상 사물을 택해 그것이 만들어지는 방법 (혹은 그들이 사용되는 방법)을 전혀 뜻밖의 사실로 보여준다. 나는 특히 평범한 연필이 대량생산되는 과정에 들어간 비상한 창의성을 보여준 초기 일화에 빠져들었다.

예전 같았으면 그 문제를 놔두고 지나갔을 텐데, 그날 나는 공식적인 얼간이로 인준받았다.

"그것이 어떻게 작용하는가?"라는 성경과 관련한 신적 영감의 개념을 대하는 많은 사람에게 떠오르는 질문이다. 다음 본문은 예언—인간 대리인을 통한 하나님 발화의 산물—이 사람의 바람이나 선택으로 일어난 것이 아니라고 설명하면서 거기에 대해 최소한 부분적으로나마 대답한다. 예언은 하나님의 활동에서 나온다.

베드로후서 1장은 간단한 서론에 이어, 길게 탄원한다. 베드로는 독자에게 신실함 가운데 인내할 것을 강권하면서, 그들이 믿음을 실현할 때 경건한 성품을 계발하고 유지할 것을 당부한다.

그러고 나서 이 세상에서 떠날 날이 임박했음에 주목하면서 절대 필요한 진리를 다시 강조할 기회로 삼는데, 그것은 예수의 사도들이 전달한 모든 메시지의 신뢰성이다.

그는 뜨겁고 열정적으로 그 주제로 들어간다. 그는 말하기를, 우리의 메시지는 영리한, 혹은 인간이 만들어낸 것이 아니다(16절). 대신, 우리는 마치 변화산에서 나타난 하나님 자신의 능력처럼, 우리 눈으로 본 사건을 여러분과 나누었다.[8] 그날 '거룩한 산'에서 베드로와 그의 친구들은 또 다른 초자연적 확증, 곧 예수님은 하나님의 사랑하시는 아들임을 확인하는 목소리를 하늘에서부터 듣는 경험을 했다(17~18절).

사도가 예수님에 관한 메시지의 진실성을 확신한 이유가 이것이다. 그들은 하늘의 확증을 직접 받았다. 그는 그것이 구약성경 예언자의 메시지와 같고 이제 이것을 확신한다고 말한다(19절). 하나님께서 보내기로 약속하신 기름 부음 받은 분에 관해서는 의심의 여지가 없다. 그 인물, **그리스도**는 예수님이시다. 사도들은 그것을 알았고, 그것을 너무나도 확신하여 모든 사도는 그 메시지를 위해 자기 목숨을 바쳤다.

그리고 이 문맥에서 베드로는 예언의 성격에 관한 빛을 던져준다. "예언은 언제든지 사람의 뜻으로 낸 것이 아니다"(20절). 말하자면, 하나님의 예언자는 메시지를 생각해 낸 것이 아니라 하나님에게서 받은 것으로 묘사한다. 그것은 결코 인간의 뜻이나 충동을 통해 나오지 않았다—대신 "성령의 감동하심을 받은 사람들이 하나님께 받아 말한 것이다"(21절).

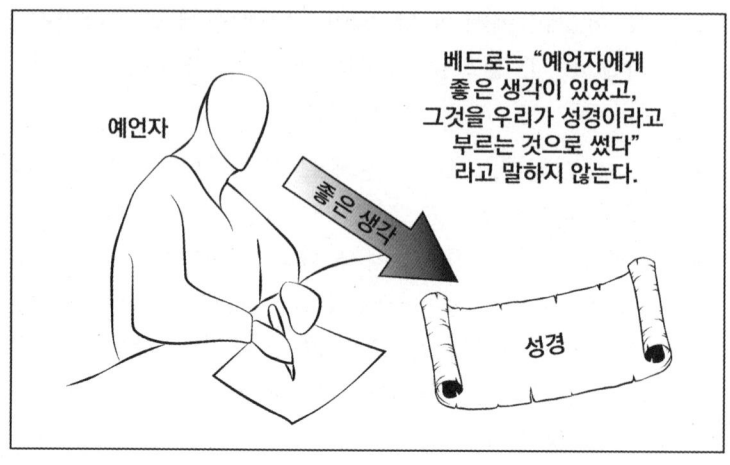

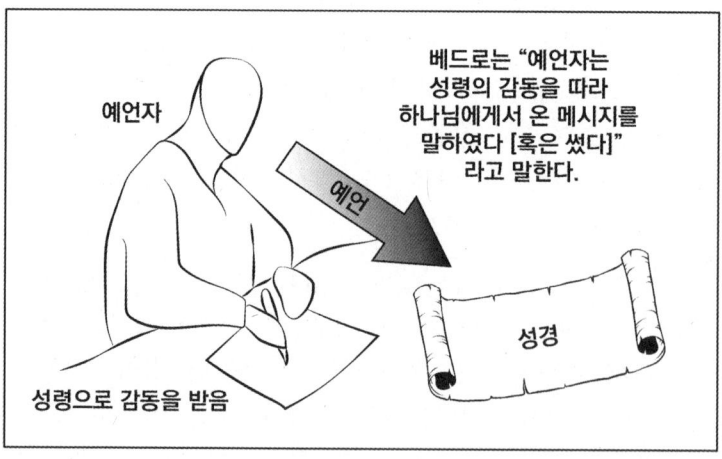

이 본문에는 진정한 예언의 근원은 사람이 아니라 하나님임을 보여주는 반복하는 표지가 있다. 베드로는 이 기본 메시지를 명백하고도 암시적으로 못 박아 둔다. 한 가지 예는 그가 '감동하심을 받아'(carried 혹은 borne)라는 단어를 그가 거룩한 산에서 하늘에게서 들은 음성과("이 소리는 우리가 그와 함께 거룩한 산에 있을 때에 하늘로부터 난 것을 들은 것이라", 18절) 성령이 선지자들을 쓰셔서 하나님이 의도하신 메시지를 전달하게 하신 방식("오직 성령의 감동하심을 받은 사람들이 하나님께 받아 말한 것임이라," 21절) 모두에 적용한다. 이 공문은 미묘하지만 강력하다. 거룩한 산에서 하나님의 메시지가 우리에게 초자연적 음성으로 전달되어 명료해진 것과 같이, 너희에게 닿은 하나님의 메시지도 예언 메시지의 형성과정에서 성령께 감동한 사람에 의해 전달됨으로써 명백해졌다.

연필 생산보다 훨씬 더 놀랍다! 하나님의 메시지는 우리에게 믿을만한 방식으로 전달되었고 "우리에게는 확실한 예언의 말씀이 있다"(19절을 보라).

우리는 거기에 하나님 말씀을 갖고 있다.

성경 암송 5
베드로후서 1:20~21
20 먼저 알 것은 성경의 모든 예언은 사사로이 풀 것이 아니니, 21 예언은 언제든지 사람의 뜻으로 낸 것이 아니요. 오직 성령의 감동하심을 받은 사람들이 하나님께 받아 말한 것임이라.

본문 6: 성령으로 가르치신 말씀 (고린도전서 2:10~13)

"너는 **어디서** 그것을 얻었니?"라고 내(네이선의) 대학원 수업에서 한 학생이 다른 학생에게 물었다. 그들은 친구였다. 한 친구가 심오한 영적 통찰력이 있는 말을 조금 전에 했고, 그의 친구는 그가 어딘가 다른 데서 도움을 받지 않고는 그렇게 지혜로울 수 있을 거로 생각하지 않은 것이 분명했다. "지혜를 빌렸다"라고 의심받던 친구가 돌아서 "믿기 어렵겠지만... 나는 이것은 네게서 얻었어"라고 말했을 때 모든 학생이 폭소를 터뜨렸다.

사도의 가르침에 관해서도 비슷한 질문을 하는 것이 완전히 합당하다.

당신은 그것을 어디서 얻었는가?

성경에서 그 답을 직접 얻을 수 있음이 얼마나 축복인가? 사도 바울은 고린도에 있는 교회에 보내는 첫 번째 편지에서 아주 만족스럽게 사도의 메시지 출처를 묘사한다.

바울은 2장에서 사도로서 자기 권위를 변호하면서 고린도 그리스도인에게 자기 사역을 흥미롭게 변호한다. (그는 그들을 위한 메시지 전체에서 자기 사역을 비슷하게 변호한다. 이 교회의 일부는 목소리를 내서 그의 권위에 도전하고 다른 지체를 파벌이나 분열로 이끈 것으로 보인다.) 여기서 그는 자신이 가르친 내용을 자신이 만들지 않았다고 설명한다. 그 모두가 하나님에게서 나왔는데, 그분의 지혜는 예수 그리스도, 곧 '영광스러운 주님'을 통해 계시 되었다(8절).

더욱이, 바울은 성령으로 그들에게 계시한, 사도의 가르침 내용(10절)이 실제로 '하나님의 생각'이고(11절), '하나님의 깊은 것'(10절)이라고 말했다. 이것들이 오직 하나님의 영으로부터 나올 수 있는 것은 다른 누구도 그분 생각과 그분의 깊은 것을 알 수 없기 때문이다.

바울은 전체 상황을 요약하며 이어간다. 사도들은 하나님의 생각을 "인간의 지혜가 가르친 것이 아닌 성령께서 가르친 말씀"으로 전달했다(13절). 바로 그 **말씀**은 하나님의 영으로부터 나왔다. 바울이 하나님의 생각, 곧 그의 가르침 내용과 성령께서 가르친 영적인 말, 곧 그의 가르침 형태를 조심스럽게 구별함에 주목하라. 사도의 교리는 하나님의 영이 가르친 말로 된, 하나님의 생각이다("영적 진리를 영적인 사람에게 해석하다"[13절]).

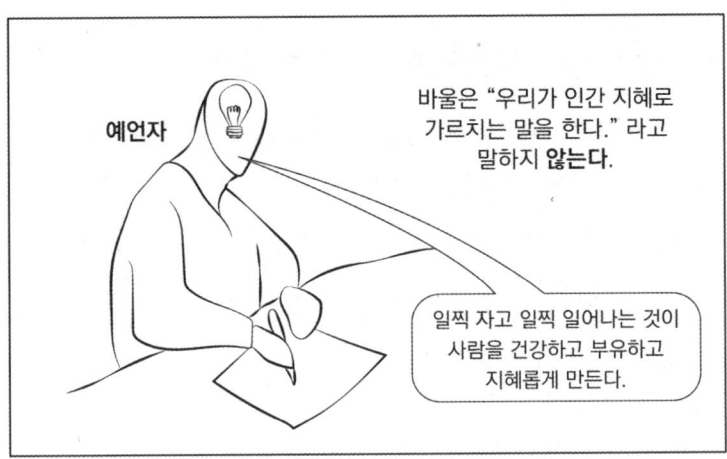

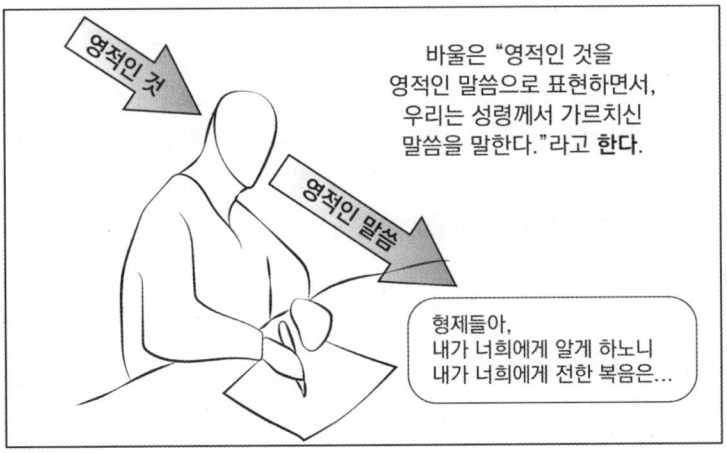

이것을 달리 말하면, 사도의 가르침은 성령의 사역을 통해 하나님에게서 나왔고, 성령의 계시와 가르침은 하나님의 생각을 표현하는 단어 선택에까지 확장한다. 칼 헨리가 표현했듯이, "영감은 신성하게 선택한 대리인에게 임한 성령의 초자연적 영향력이며, 그 결과 그들 글은 신뢰할만하고 권위가 있다."[9]

> **영감에 관한 정통적 견해**
>
> 우리는 교회의 역사적 가르침에 일치하여 성경의 영감에 관한 다음 세 가지 사실을 인정한다.
>
> 1. 하나님이 근원이시다.
> 2. 바로 그 말씀이 결과물이다.
> 3. 성령께서 대리자이시다.

그래서 **거기**가 당신이 그것을 얻은 장소다!

이제, 성경이 무엇인가에 관한 우리 이해에 대단히 중요한 장면이다. 사도의 메시지는 하나님의 영이 그들을 가르친 말을 통해 전달되기에, 교회는 언제나 성경을 영감하시는 하나님의 사역에 관해 삼중 결론을 끌어냈다. 하나님이 근원이시다, 성경의 바로 그 말씀이 그 결과물이다, 성령께서 그 대리자시다. 이 말이 역사적으로 정확히 사용되지는 않았지만, 이것이 모든 시대 교회의 공통 증언이다('과거 그리고 현재에게서 듣는 목소리'에서 교회사에서 나온 인용이 이 증언 일부를 보여준다).

더욱이 고린도전서 1장은 논리적으로 영감에 관한 일련의 역사적 가르침으로 인도한다. 우리가 이 교리를 긍정하면, 우리가 바로 다음에 이르는 결론은 이것이다. 곧, 하나님의 말씀은 오류가 없다.

관계성에 주의하라. 성령께서 사도들이 가르친 **바로 그 말**을 전달했다면, 성경의 **바로 그 말**은 하나님의 영이 흠이 없듯이 흠이 없다. 여기서 우리가 **무오성**이라고 부르는 성경의 선언을 다시 한번 만난다.

> ## 성경 암송 6
>
> ### 고린도전서 2:13
>
> 우리가 이것을 말하거니와 사람의 지혜가 가르친 말로 아니하고 오직 성령께서 가르치신 것으로 하니, 영적인 일은 영적인 것으로 분별하느니라.

본문 7: 하나님의 말씀은 진리다 (요한복음 17:17)

나(네이선)는 1976년 몬트리올에서 여름 올림픽이 열렸을 때 청소년이었는데, 그 모든 경기가 평생 나를 사로잡았다. 나는 모든 경기가 다 좋았다. 나는 육상경기부터 체조까지, 수영에서부터 권투까지 올림픽 전체 경기를 섭렵했다.

그동안 있었던 많은 인상적인 경기와 결과 가운데 결코 본 적 없는 것을 목격했다. 루마니아 출신인 14살의 나디아 코마네치가 여자 2단 평행봉 단체전 경기에서 올림픽 최초로 만점을 받았다. 이렇게 될 것을 누구도 예측하지 못했기에, 점수 계기판은 '10.00'을 표기할 수 없어서 대신에 '1.00'이란 기록을 표시했다. 순간 혼란이 있었고, 실상을 깨닫고 나서 실황을 지켜보던 청중은 박수갈채를 터뜨렸다.

아주 다른 방식으로, 또 다른 무결점, 곧 성경의 무결점도 어느 정도의 혼란을 일으켰다. 우리는 이미 성경의 무오 논리를 토론했고,[10] 복음주의는 성경의 완전한 진실성에 관한 합리적인 결론을 인식하고 긍정한다. 이제 우리는 성경 자체도 동일하게 확증함을 살피겠다.

그에 앞서 명확성을 위해 **무오성**을 정의해 보자. 폴 파인버그에 따르면,

무오성이란 모든 사실이 알려졌을 때, 성경은 그 원본에 있어서 그리고 올바르게 해석되었을 때 완전히 진실하고, 교리나 윤리 혹은 사회적, 물리적, 혹은 생명 과학에 관련된 무엇이건 그것이 긍정하는 모든 것에 있어서 결코 오류가 없음을 보여줄 것이라는 견해다.11

'대제사장의 기도'로 흔히 불리는 요한복음 17장은 이 교리를 떠받치는 본문이다. 예수님은 제자들을 위해 기도하시면서 아버지께 그들을 거룩하게 하시고 그들을 구별, 또는 성별해 달라고 요청하신다. 이것은 포괄적이고 평범한 성화가 아니다. 예수님은 아버지 하나님께 "그들을 진리로 거룩하게 하옵소서. 아버지의 말씀은 진리니이다"라고 기도하신다(17절).

구체적으로, 예수님은 우리가 현재 구약성경이라고 부르는 기록된, 하나님의 말씀을 언급하신다. 유대인은 많은 사람에게 율법, 선지자, 글들이라고 알려진 작품들이 하나님에게서 나왔으며 이 글 모음집을 '하나님의 말씀'으로 여겼다.

그렇다면 무오성 교리를 위해 그리스도의 단순한 선언—"아버지의 말씀은 진리니이다"—은 심오한 의미를 함축한다. 문맥(이 경우는 중보 기도)과 상관없이, 이것은 예수님 자신의 성경에 관한 견해를 드러내고, 또 성경의 진실성 또는 권위를 부정하려는 사람들의 옆구리를 찔러대는 가시이다. 우리가 예수님을 따른다고 하면서, 성경에 관한 그분 자신의 확신을 받아들이기를 어떻게 꺼릴 수 있을까? 내가 "나는 예수님을 따르지만, 내가 그분보다 더 잘 안다."라고 말한다면, 얼마나 영적으로 교만하며 잘못되어 있는가?

동시에 성경의 완전한 진실성에 관한 이 주장은 적절한 의문을 일으킨다. 예를 들어, 가장 이른 필사본으로부터 오늘날에 이르기까지 신약성경의 전달과정을 관찰할 때 필사자가 초래한 의도치 않은 (또는 의도적인) 변화가 있음을 관찰하는데, 우리는 이것을 어떻게 해야 하는가?

> **무오성이 의미하지 않는 것**
>
> 1. 무오성은 문법 규칙을 엄격하게 고수하기를 요구하지 않는다.
> 2. 무오성은 수사법이나 문학 장르 사용을 배제하지 않는다.
> 3. 무오성은 역사적 또는 의미적 정확성을 요구하지 않는다.
> 4. 무오성은 현대과학의 전문적, 또는 관찰 언어를 요구하지 않는다.
> 5. 무오성은 신약성경이 구약성경을 인용할 때 문자적 정확성을 요구하지 않는다.
> 6. 무오성은 예수님의 말씀이 예수님이 발설한 정확한 단어를 포함할 것을 요구하지 않고, 오히려 그분 뜻을 신실하게 보고함을 의미한다.
> 7. 무오성은 어떤 한 사건 또는 연결 사건이 연루될 때 철저한 이해를 보장하지 않는다.
> 8. 무오성은 성경 저자가 사용하는 영감되지 않는 자료의 무류성을 요구하지 않는다.

이런 이유로 (또한, 다른 비슷한 이유로) 복음주의자는 무오성의 교리가 주장하지 않는다는 이른바 제한조건을 제시한다. 위에 제시한 목록(폴 파인버그의 논의를 각색함)은 무오성이 의미하지 않는 것에 관한 표준이다.[12]

여기에서 하한선은 중요하다. 성경에 대한 예수님 자신의 태도는 "당신의 말씀은 진리입니다"라는 단순한 진술에서 포착할 수 있다.[13]

> **성경 암송 7**
>
> 요한복음 17:17
>
> 그들을 진리로 거룩하게 하옵소서. 아버지의 말씀은 진리니이다.

본문 8: 구약성경 정경 탄생 (신명기 31:24~26)

누군가 "어떻게 이 구약성경의 책들이 당신 성경에 들어왔나요?"라고 물으면, 무엇이라고 대답하겠는가?

많은 그리스도인이 이 문제를 생각해 본 적이 거의 없다. 어떤 사람은 예를 들면, "확실하지 않지만—어떻게든 하나님께서 의도하셨겠죠."라고 대답한다. 그것이 꼭 나쁜 대답은 아니다. 주일학교, 강단, 또는 유명한 교사에게 들어본 것에 만족하면, 다음 말을 한다. "어떤 현명하고 경건한 사람의 회의에서 구약성경에 어떤 책들이 들어가야 하는지를 결정했어요. 그리고 우리는 하나님께서 주권적이시기 때문에 올바른 결정을 내리게 하셨다고 알아요. 하나님은 그들이 그것을 망쳐놓게 하지 않으셨을 거예요."

이 대답의 한 가지 문제는 우리에게는 그 회의에 관한 어떤 역사적 기록도 없다는 것이다. 또 다른 문제는 어떤 책이 정경에 들어가야 하느냐 문제로, 초대교회 시대에 완전히 그리고 즉시 해결되지 않았다. 초기 신자는 구약성경의 어떤 책(에스더나 전도서)의 영감성을 확신하지 못한 채 받아들였다. 그들은 또 다른 몇 권의 책(「마카비 1서」나 「솔로몬의 지혜서」 등)이 정경에 포함해야 하는지 그때까지 완전히 확신하지 못했다. 어떤 책이 **영감 되었고**(inspired) 따라서 절대적으로 권위 있으며, 어떤 책이 단지 **영감을 주고**(inspiring), 따라서 개인 독서에 도움이 되는지 합의에 이르기까지 거의 두 세기나 걸렸다. 그렇다, 하나님은 우리 시간표에 따라서가 아니라, 그리고 경건한 사람 무리라는 단순한 방법을 통해서가 아니라, 그분 뜻에 따라 이 일을 이루셨다.

그래서 어떻게 구약성경 정경이 **나왔는가**? 정경의 성장과 발전, 그리고 최종 형태에 이르기까지 역사는 모세의 시대(BC 1500년 즈음)부터 교회의 중세시대 초(AD 500년 즈음)에 이르기까지 거의 2천 년에 걸쳐 있다. 이 역사의 많은 부분이 신비에 가려있다. 우리는 언제 이 글이 모여졌고, 누가 처음에 그것들을 모았으며, 또 어떻게 그 과정에서 어떤 일이 있었는지에 관한 직접적인 기록이 없다. 우리가 가진 것은 그 과정의 최종 결과뿐이다.

그렇지만 신명기는 원래 정경과 이것이 하나님의 백성에게 어떤 역할을 할 것인가를 살짝 보여준다. 그 본문과 그 역사적 성경적 문맥 역시 나중에 바울이 "하나님이 숨결을 불어넣었다"(딤후 3:16)라고 묘사할, 정경의 미래 발전을 암시한다.

모세의 생애 마지막 즈음, 그는 "이 율법의 말씀을 다 책에 써서 마쳤다"(신 31:24). 즉, 그는 첫 번째 다섯 권의 책—창세기, 출애굽기, 레위기, 민수기, 신명기—을 완성했다. 그리고 이 책들은 단지 역사적 기록으로만 기능하지 않을 것이다. 그가 그것들을 왜 썼으며, 어떤 기능을 할지를 설명하면서 "모세가 여호와의 언약궤를 메는 레위 사람에게 명령하여 이르되, '이 율법책을 가져다가 너희 하나님 여호와의 언약궤 곁에 두어 너희에게 증거가 되게 하라'"라고 했다(25~26절).

다른 말로 하면, 그것들을 쓴 즉시 이 책들은 정경—모든 신앙과 실천을 측정하는 기준—으로 기능하기 시작한다. 중요한 것은 첫 번째 성경 정경이 하나님의 백성 가운데 하나님의 임재를 대표하는 언약궤 옆에 놓인 점이다. 이것이 의미하는 바는 분명하다. 곧, 이 본문에는 그분 권위가 있다. 이 책의 말씀을 읽음은 곧 하나님 자신에게 들음이다—그것은 하나님의 말씀이다.

이스라엘 장로가 정경을 선택하지 않았다. 모세는 성경을 정경화하려고 레위인에게 투표를 하라고 하지 않았고, 그 책들의 지위를 거룩한 경전으로 선언하지도 않았다. 백성은 그것을 모세 자신과 같은 권위—**하나님의** 권위—로 다뤄야 했다. 이 본문은 믿음의 공동체가 어떤 글을 정경으로, 즉 권위를 가진 것—저자의 예언자 권위—로 받아들여야 하는 근본 이유를 드러낸다. 하나님의 예언자로서 모세 권위는 의심의 여지가 없으므로, 그의 책들은 하나님의 입에서 나온 것으로 받아들여 졌다.

여호수아 시대에, 우리는 구약성경이 모세가 신명기 31장에서 명령한 방식대로 기능하는 것을 본다. 하나님은 여호수아에게 말씀하셨다.

> 이 율법책을 네 입에서 떠나지 말게 하며, 주야로 그것을 묵상하여 그 안에 기록된 대로 다 지켜 행하라. 그리하면 네 길이 평탄하게 될 것이며, 네가 형통하리라. (수 1:8)[14]

또한, 여호수아가 신명기 27:2~8의 명령에 순종은 모세의 다섯 권 책을 백성이 믿고 순종해야 할 의무를 지우는 정경으로 즉시 받아들였음을 증명한다(수 8:30~35).

최초 다섯 권의 책은 미래에 하나님이 보내신 예언자가 모세와 같은 권위를 가진다는 약속을 포함했다. 하나님은 어떤 특정 예언자를 보내실 텐데(신 18:15~22), 그는 하나님의 말씀을 "그의 입에" 갖고 하나님이 명령하신 모든 것을 "말할 것이다"(18절). 거짓 예언자도 일어날 것인데, 그들은 주님의 이름을 빙자해 말하지만, 그들 예언은 이뤄지지 않겠고, 그런 사기꾼은 거부해야 한다(22절). 그러나 하나님이 부르신 진정한 예언자가 일어났을 때 그가 기록하고 말한 말씀은 즉시 정경적—신앙과 실천에 권위 있는—으로 받아들여야 한다. 하나님 자신이 진실한 예언자를 통해 말씀하고 계시므로, 그분 백성은 그들 말과 그들 글을 하나님에게 영감받은 것으로 인식하고 포용해야 한다.

> **성경 암송 8**
>
> 신명기 31:26
>
> 이 율법책을 가져다가 너희 하나님 여호와의 언약궤 곁에 두어 너희에게 증거가 되게 하라.
>
> 여호수아 1:8
>
> 이 율법책을 네 입에서 떠나지 말게 하며, 주야로 그것을 묵상하여 그 안에 기록된 대로 다 지켜 행하라. 그리하면 네 길이 평탄하게 될 것이며, 네가 형통하리라.

그래서 정경적 형태로 된 계시는 예언적 직무 혹은 여호수아, 사무엘, 다윗, 이사야, 예레미야, 에스겔, 그리고 하나님의 또 다른 거룩한 자들과 같은 사람에게서 증명된 예언의 특별 은사와 연결되어 있다. 예언자가 사라지고 그 시대가 끝났다는 것은, 따라서 구약성경 정경의 마침을 표시했다. 마지막 정경적 글이 나타남은 주전 5세기 말라기를 통해서이다. 유일한 한 사람의 예언자 침례자 요한만이 말라기를 따르는 것으로 알려졌고, 그는 구약성경 정경에 어떤 기록된 작품도 더하지 않았다.

유대인 역사가 요세푸스 역시 이것을 인정했는데, 주후 1세기 즈음에 주전 5세기 페르시아의 아닥사스다의 통치 이래 작성된 유대인의 글이 "우리 조상들에게 그 전 시대의 것들과 같은 권위를 얻지 못한 이유는 그때 이후 예언자의 정확한 계승이 없었기 때문이다."[15]

첫 번째 정경의 권위를 즉각적으로 인식은(신 31:24~26) 그 예언의 질이 미래 정경의 근거가 됨을 보여준다. "어떻게 구약의 책들이 성경에 들어왔는가?"에 대한 대답은, "그것들은 하나님께 검증받은 예언자에 의해 역사에서 쓰였고, 그들 글은 신신할 사람의 공동체가 하나님 자신의 말씀으로 즉시 받아들였다."

본문 9: 신약성경 정경 발흥 (베드로후서 3:15~16)

여덟 번째 본문인 신명기 31:24~26에서, 우리는 구약성경 글이 하나님께서 임명하신 예언자에 의해 쓰이자마자 하나님의 백성이 권위 있는 책으로 받아들였음을 살폈다. 신약성경의 글에도 이야기는 비슷하다.

영감된 글은, 그것이 쓰이고 전달됐을 때 처음 수신자(개인과 교회)에게 인정받았다(살후 2:15). 이것은 예수 그리스도께서 교회에 세우시고 은사를 주신 진짜 사도와 예언자의 이미 인정된 권위 때문이다(엡 4:11). 이것은 이런 가르침의 요동하지 않고 오류가 없는 교리적 근간으로, 그 위에 교회의 신학과 실천이 지어질 터였다(2:20). 사도 시대 아주 초기부터 교회는 사도와 예언자의 글을 구약성경과 병행하는 표준으로 복사하고, 나누며, 모으고, 사용하기 시작했다.

이런 인정의 가장 이른 증거—신약성경 정경의 모음집이 늘어나는 것과 구약성경과 똑같은 권위—가 사도 베드로의 서신에 있다. 이 본문과 관련하여 네 가지 서로 연관된 요점을 말할 수 있다.

첫째, 베드로는 자신이 서신을 쓰는 교회에게 바울이 그들에게 "그에게 주신 지혜를 따라"(벧후 3:15), 곧 아마도 성령에게서 받은 신성한 지혜(고린도전서 2:12~13을 보라)에 따라 썼다고 말한다.

둘째, 그는 바울이 "그의 모든 서신에서"(벧후 3:16) 같은 방식으로 썼다고 말한다. 이것은 베드로가 이미 확립한, 바울의 글 모음집을 돌려 보고 있고, 또한 그의 청중도 같은 글을 알고 또 소유함을 보여준다.

셋째, 그는 거짓 교사도 바울의 글을 이용하고 있음에 주목한다. 그것들을 잘못 해석하는 이 사람들은 문자적으로 "배우지 못했다"(16절). 이것은 초대 그리스도인이 바울의 글을 건전한 교리를 위한 훈육을 사용하고 있었다면, 바울의 더 어려운 글이 의미하는 바를 배우지 못한 거짓 교사는 그 의미를 곡해하고 있었다.

넷째, 베드로는 말씀을 왜곡하는 사람이 "다른 성경과 같이 그것을 억지로 풀다가 스스로 멸망에 이른다"(16절)라고 말함으로, 바울의 권위 있는 글을 구약성경의 책과 동일시했다. '다른(헬라어 *loipos*)'은 같은 범주에 속하는 나머지 것을 가리킨다.16 따라서 이미 주후 65년에, 베드로는 바울의 글을 구약성경의 책 범주에 뒀다.

구약성경 시대의 글과 같이 사도 시대도 영감된 신약성경 책의 끝이 있었다. 이 특별계시는 사도와 예언자와 연결되어 있다(엡 2:20). 사도와 예언자가 사라짐은 정경의 마침을 가리킨다. 그것은 어떤 사도에 의해 저술되고 성별된 마지막 책과 함께 닫혔을 것인데,17 대다수 그리스도인은 요한이 계시록을 아마도 1세기가 끝날 무렵 썼다고 믿는다.

성경 암송 9

베드로후서 3:15~16

16 또 우리 주의 오래 참으심이 구원이 될 줄로 여기라. 우리가 사랑하는 형제 바울도 그 받은 지혜대로 너희에게 이같이 썼고, 17 또 그 모든 편지에도 이런 일에 관하여 말하였으되, 그 중에 알기 어려운 것이 더러 있으니 무식한 자들과 굳세지 못한 자들이 다른 성경과 같이 그것도 억지로 풀다가 스스로 멸망에 이르느니라.

본문 10: [좋은] 전통 지키기 (데살로니가후서 2:15)

어떤 목사님이 한번은 자매 교회를 돕고 있었는데, 그 회중이 담임목사님을 찾는 동안 매주 설교하고 있었다. 이 기간에 그는 그 교회가 주의 만찬을 기념할 때 뭔가 이상한 점을 눈치챘다. 물론 그 행습은 교회마다 아주 다를 수 있었지만, 여기서는 이전에 그가 보지 못했던 일을 하고 있었다.

그가 성찬으로 인도하는 개회 말씀을 하고 있을 때, 젊은 보조 사역자(acolyte)가 제단 위에 있는 떡과 포도주를 덮은 천을 걷었다. 그 후 그 보조사역자는 떡과 잔 위를 맴돌면서 여러 천의 하나를 세 번을 흔들고 한 번 쉬었다가 또다시 흔들었다. 방문 목사가 주의 만찬 기도하는 동안에도 이 행동을 간격을 두고 계속했고, 그리고는 떡과 잔을 회중에게 나눠주기 시작했다.

그는 궁금해서 그 의미를 나중에 물어보았다. 약간 수줍어하고 조금 당황하면서 수석 장로는 다음 말로 설명해 주었다.

수년 전에 그 교회 예배실이 불탄 적이 있었습니다. 몇 달 동안 새로운 건물을 짓고 있을 때, 회중은 부지에 큰 열린 천막을 치고 모였습니다. 별문제가 없던 어느 날, 성찬에 문제가 터졌습니다. 떡과 포도주를 덮은 흰 천이 벗겨지자마자, 파리 떼가 그리스도의 몸과 피에 몰려드는 게 아닙니까! 그때 목사님이 문제를 해결하려고 그 젊은 사역자를 시켜 파리를 쫓게 했습니다. 이것은 야외 예배의 표준이 되어 그 보조사역자는 천을 흔들 때마다 실제로 임시 예식 기도를 중얼거리기 시작했다. "성부, 성자, 성령... 성부, 성자, 성령... 성부, 성자, 성령...."

교회가 마침내 새로운 예배실에서 예배할 때도 떡과 잔 위에 천을 흔드는 풍습은 예상대로 그 보조사역자의 의무가 됐습니다. 사실 "성부, 성자, 성령"은 그 행동에 밀착되어 천 흔들기를 빼는 것은 성찬에서 삼위일체를 제거하는 것처럼 되었습다! 평화를 위해 교회 지도자들은 그 해가 없는 전통을 지켜서 거기에 주의를 끌지 않기로 했습니다.

좋다, 이것은 우리가 전통에 주의하도록 전해진 외경 이야기의 하나다.[18] (그것을 인정하지만, 당신은 이 예화를 사용해도 좋다!) 이것은 우리가 주장하려는 요점의 한 부분을 설명한다.

전통이 좋은가 나쁜가에 대한 질문을 받은 복음주의 교회출석자 대부분은 아마도 즉시 "나빠요!"라고 대답하면서, 예수님께서 어떤 관습을 비판하신 말씀의 몇 가지를 바꾸어 말할 것이다. 곧, "당신의 전통으로 하나님의 말씀을 무효로 만들었다"(마 15:6), "당신은 하나님의 계명을 버리고 사람의 전통을 붙들었다"(막 7:8).

그런데도 아주 드물게 어떤 교회출석자는 "좋다"라고 반응하면서, 바울의 말을 인용한다. "내가 너희에게 전하여 준 대로 그 전통을 너희가 지키므로 너희를 칭찬하노라"(고전 11:2), "형제들아 우리 주 예수 그리스도의 이름으로 너희를 명하노니 게으르게 행하고 우리에게서 받은 전통대로 행하지 아니하는 모든 형제에게서 떠나라"(살후 3:6).

분명히 성경은 질적으로 다른 '전통'이 있다고 가르친다. 우리가 성경과 전통의 관계를 생각할 때, 어떤 전통은 나쁘고, 다른 것은 중립이지만, 어떤 것은 좋고 긍정적임을 깨달아야 한다.

세 가지 전통

- **나쁜 전통**: 사람들에 의해 도입된 교리나 행습으로 하나님의 계시를 방해하거나 대체한다.
- **중립적 전통**: 사람들에 의해 도입된 행습이지만, 하나님의 계시를 특정한 역사적 배경에서 효과적으로 전달한다.
- **좋은 전통**: 사도와 예언자에 의해 계시된 교리들과 행습들로 하나님의 계시를 구성한다.

바울이 데살로니가 그리스도인에게 말했다. "그러므로 형제들아 굳건하게 서서 말로나 우리의 편지로 가르침을 받은 전통을 지키라"(2:15). **전통**이란 단어는 단순히 '전수한 것'을 말한다. 이 전통의 근원이 사도 자신의 말로 한 가르침이거나 (그들 서신에) 기록한 말씀임을 기억하라.

이것은 성경 교리와 신학을 수행하는 데 두 가지 핵심 요소를 증명한다. 첫째, 우리는 성경에 관해 신약성경의 틀을 사도가 썼거나 승인했으므로 권위 있는 것으로 받아들임을 이미 살폈다. 바울의 가르침을 보면(2:15), 최초 그리스도인 공동체에서 사도의 가르침과 글이 가진 이런 권위적 성격은 더욱 확고하다. 그들이 교회사에서 그렇게 빨리 이 글들을 복사하고, 나누고, 모은 것은 놀랄 일이 아니다!

둘째, 데살로니가 그리스도인은 이미 받은 구전 가르침('바른 교리')과 일치해 사도의 글을 읽어야 했음을 주목하라. 사실, 몇 구절 앞에서 바울이 예언적 사건들에 관해 상세히 전하면서 "내가 너희와 함께 있을 때에 이 일을 너희에게 말한 것을 기억하지 못하느냐?"(5절)라고 했다. 다른 말로 하면 그들은 좋은 신학의 조명하에—선하고, 바르며, 신뢰할 만한 구전 전통(15절)의 조명하에—바울의 글을 읽기로 충분히 기대되었던 (그리고 격려받았던) 것이다. 그럴 때만 그들은 그 글을 더 잘 이해하고, 거짓된 가르침과 글에는 현혹되지 않는다.

이것은 오늘날 신학을 하는 사람들에게도 해당한다. 사도와 예언자에게 은사를 주신 같은 성령께서 교회에 복음 전도자, 목사와 교사를 주셔서 그들 가르침으로 그리스도의 몸을 세우게 하신다(엡 4:11~12). 교회 역사에서, 성령의 은사를 받은 교사가 진리를 위해 살다가 죽었고, 시행착오를 겪으면서 배운 방대한 분량의 신학적, 실제적 지혜를 미래의 세대에게 선사했다. 이런 종류의 '전통'은 비록 사도 자신의 글과 같이 영감되었거나 무오하지는 않아도, 그리스도인이 더 잘 생각하고 생활하도록 도울 수 있다. 그런 긍정적 전통에 관한 다음 정의를 생각해 보라.

> '전통'이란 수 세기를 거쳐 전해진, 성경 밖의 비밀스러운 가르침을 의미하지 않는다. 그보다 '전통'은 성경에 관한 교회의 해석과 적용의 역사를 의미하며, 그것은 우리가 성경의 진리를 어떻게 읽고 살아내야 하는가를 더 잘 이해하도록 도와준다. 사실, 이것은 성경을 책임 있게 읽으려는 시도로써 어떤 교리적 또는 실제적 쟁점을 성서적으로, 역사적으로, 또한 신학적으로 성숙하게 이해하는 것을 추구한다.[19]

전통에 관한 성경적 가르침—좋거나 나쁜—을 고려하면, 신학적 사고를 위한 자료로써 전통에 합당한 반응을 생각해야 한다. 우리는 어떻게 독이 든 전통을 삼키거나 건전한 전통을 외면하지 않으면서, 지혜롭고 책임감 있게 전통을 다룰 수 있을까?

첫째, 바울서신을 읽은 데살로니가 그리스도인처럼, 우리는 전통이 신학 활동의 필수적이고 기대되는 한 부분임을 인정한다. 이것을 손쉽게 배제해서는 안 된다.

둘째, 우리는 성경을 적절히 해석하고 신학을 오늘날에 맞게 상황화하는 노력의 하나로 전통을 신학으로 비평해야 한다.

셋째, 우리는 주기적으로 중립적 전통과 관습을 점검하고 수정할 생각을 해야 한다. 그것들이 한때는 아무리 유용했더라도, 부적절해졌거나 심지어 정신을 산란하게 하는 것이 되었을 수 있다(파리를 성찬 요소들에서 쫓아내려고 쓴 천처럼).

마지막으로, 어떤 전통적 신학 견해나 행습(특히 정통 개신교 복음주의의 핵심으로 간주하는 것)이 거의 혹은 전혀 변하지 않는다고 예상한다. 다른 것들은 천천히(아마도 수 세대가 지나서 교회의 믿음에 어떤 결정적인 순간에) 재형성할 것이다. 다른 것들은 더 자주 바뀐다.

그래서 전통은 좋은가, 나쁜가?

그것은 전통에 달려 있다.

성경 암송 10
데살로니가후서 2:15
그러므로 형제들아 굳건하게 서서 말로나 우리의 편지로 가르침을 받은 전통을 지키라.

역사로 회고한 성경

마이클 J. 스비겔 Michael J. Svigel

예수님 승천 후 약 15년, 예수님의 직계 제자가 최근 세운 소수 회중으로 구성한 1세기 교회의 새 신자라고 상상해 보라. 당신의 지도자—베드로 자신의 손으로 뽑은—는 정기적으로 성경을 가르치고 설교함으로써 당신 믿음을 강하게 해주는데, 특별히 당신이 쉽게 이해할 수 있는 헬라어 번역(70인역, 줄여서 LXX라고 함)을 사용한다. 그러나 당신 목회자는 유대인이 시내 회당에서 하듯 율법을 따르게 만들기보다는 그리스도를 믿게 한다. 그분 십자가, 그분 부활, 그리고 성령에 의한 새로운 삶—이것이 구약성경의 책, 곧 하나님의 영감된 말씀의 중심 내용이다.

새로운 공동체가 생기고 다음 몇 년 동안, 사도들과 예언자들은 여전히 교회에서 교회로 여행하면서, 예수님이 성경이 여러 예언, 모형, 그림자, 그리고 상징으로 약속한, 오랫동안 기다린 구원자라고 가르친다. 여러 해 동안, 고대의 이 신성한 책들은 당신의 회중이 사용할 수 있는 유일한 기록된 권위다. 그렇다—하나님의 아들에 의해 임명되고 하나님의 영에 의해 은사를 받은—살아 있는 사도들은 교회에서 하나님의 입술 역할을 감당하지만, 그들 수는 제한적이어서 당신의 지역 교회에 할애하는 시간은 점점 더 적어지고 뜸해진다.

그러다가 어느 주일 아침, 당신의 침례 받은 동료 신자들이 기도하고, 성경 읽고, 주의 만찬을 나누려고 모였을 때 사회를 보는 장로가 새로운 두루마리를 펼쳐서, "우리는 바로 이번 주에 디모데가 가져온 바울의 편지를 받았습니다!"라고 알린다.

그가 천천히 읽기 시작할 때, 당신은 사도 자신이 당신 곁에 서서 개인적으로 당신을 가르치는 것과도 같은 신적 권위를 음미한다. 이제 하나님께서 호흡을 불어넣은 예언적 히브리 성경에 더해서 당신의 교회는 신약성경 예언자에 의해 쓰인, 동일하게 권위 있는 글을 가진 것이다.

50년이 빠르게 지나갔다. 당신의 교회는 이제 바울의 글들, 베드로의 편지, 그리고 세 개의 복음서—마태, 마가, 누가의 것—의 작고 소중한 모음집을 가지고 있다. 마지막 책은 후편을 포함하는데, 오순절 때부터 바울의 투옥 때까지 사도들의 경험을 기록한다. 그리고 당신의 장로들은 최근에 에베소에서 쓰인 요한의 복음서 사본을 받았고, 당신은 그 진실성이 나이든 사도 자신과의 서신 왕래로 확증되었다고 들었다! 당신의 목회자는 이번 주일 아침에 당신과 당신의 동료 신자들이 정기 강독하기로 한 글들과 나란히 여기에서도 한 부분씩 읽기 시작한다.

당신은 또 그 모음집에 아직도 사도들과 선지자들에 의해 쓰였거나 지지되었다는 확증을 기다리는 책들도 있음을 안다. 야고보의 서신… 각각 베드로와 유다의 이름을 가진 유사한 내용의 두 편지… 바울의 사역팀에서 나왔다고 하는 히브리 그리스도인에게 쓴 무명의 글… 바울이 빌레몬에게 개인적으로 보낸 서신… 그리고 열두 사도의 가르침이라고 불리는 어떤 책 등이다. 이것들은 다른 교회들과 서신 왕래(특히 그것들이 최초로 보내진 사람들과)를 통해 진짜로 판명할 때까지 당신 지도자들이 '보류 중'에 둔다. 너무나도 많은 거짓 선지자와 교사가 돌아다니는 요즘 누구도 지나치게 조심한다고 할 수 없다.

성경의 기능을 이렇게 최초 그리스도인 공동체 시각에서 바라봄으로 두 가지 핵심 사항을 설명할 수 있다. 첫째, 교회는 그 시작부터 창세기부터 말라기까지 하나님께 영감받고 권위 있는 구약성경의 책들을 받았다(딤후 3:16). 어떤 지역에 있는 일부 사람은 외경 몇 권(마카비서 같은 역사적 해설, 다니엘서에 대한 보충자료, 혹은 솔로몬의 지혜 같은 시가서 등) 역시 성경으로 간주했지만, 그들의 구약성경은 오늘날 우리가 가진 성경과 매우 흡사하다.[1]

주요 외경의 역사: 정경/비정경

	150년경 히브리성경과 현재 개신교 성경	150년경 헬라어 70인역(LXX)	400년경 롬의 라틴어 벌게이트 (비정경 외경)	제 동방 정교회 구약(정경)	1546년 이후 로마가톨릭 구약 성경	1611년 킹제임스 버전(비정경 외경으로 분류)
에스드라1(혹은 3)서	No	Yes	Yes	Yes	Yes	Yes
에스드라2(혹은 4)서	No	No	Yes	No	Yes	Yes
토빗 (혹은 토비아스)	No	Yes	Yes	Yes	Yes	Yes
유딧	No	Yes	Yes	Yes	Yes	Yes
솔로몬의 지혜	No	Yes	Yes	Yes	Yes	Yes
집회서(혹은 시락의 지혜서)	No	Yes	Yes	Yes	Yes	Yes
바룩과 예레미야의 편지	No	Yes	Yes	Yes	Yes	Yes
마카비1서	No	Yes	Yes	Yes	Yes	Yes
마카비2서	No	Yes	Yes	Yes	Yes	Yes
마카비3서	No	Yes	No	Yes	No	No
마카비4서	No	Yes	No	Yes	No	No
에스더 외전	No	Yes	Yes	Yes	Yes	Yes
세 아이의 노래 (다니엘 외전)	No	Yes	Yes	Yes	Yes	Yes
수잔나이야기 (다니엘 외전)	No	Yes	Yes	Yes	Yes	Yes
벨과 용 (다니엘 외전)	No	Yes	Yes	Yes	Yes	Yes
므낫세의 기도	No	Yes	Yes	Yes	Yes	Yes

주요 외경의 역사: 정경/비정경

시편 151	No	Yes	No	No	No	No
솔로몬의 노래	No	Yes	No	No	No	No
솔로몬 시편	No	Yes	No	No	No	No

"No" = 본문이 그들 정경에 비포함   "Yes" = 본문이 그들 정경에 포함

둘째, 1세기 교회의 사도와 예언자는 개인 해설, 서신, 혹은 교리 강해, 연설을 썼고, 최초 교회들은 그것들을 신적 권위를 가진 것으로 받아들였는데, 그것은 구약성경의 글과 마찬가지로 하나님께서 부르신 사람의 손에서 나왔기 때문이다. 주후 100년(사도의 시대가 거의 끝날 때)쯤 되어서 신약성경을 이루는 모든 글이 이미 쓰였다. 비록 이 책들은 **어디에선가** 교리와 실천을 위한, 하나님이 주신 표준으로 기능하고 있었지만, 어떤 한 교회가 **모든** 신약성경 책 사본을 다 가지지는 않았다. 결국, 여행은 발로, 말로, 또는 배로 이루어졌다. 자매 교회들과 서신 왕래하는 데 시간이 걸렸고, 합당하게 주의 깊은 지도자들은 그들이 받은 글의 진정성을 확증하거나 거부하려고 기록물의 기원을 확인하고 다른 교회가 그것들을 받아들이는지 알아보는 동안 더 많은 시간이 걸렸을 것이다.

하지만 기독교회들이 더 안정된 구약성경과 완전한 신약성경을 위한 모든 요소를 갖추고 나서 무슨 일이 벌어졌을까? 성경에 대한 그들 견해는 무엇이었는가? 그들은 그 성경을 신앙과 실천을 위한 최종 권위로 받아들였는가, 아니면 그것은 삶을 위한 일반적 안내서나 다른 자료들로 수정할 수 있는 자료, 다른 교회 권위자들에 의해 보충해야 하는 것으로 생각했는가?

간단히 말해, 우리가 1세기부터 21세기까지 여행하면서 교회가 성경을 믿고 사용하는 데 일관성과 지속성을 지닌 노선이 무엇인가? 초대교회의 믿음에 불일치, 발전, 심지어 이탈한 것은 무엇인가?

대답을 시작하면서 교부시대, 중세시대, 종교개혁시대, 그리고 현대 시대를 거쳐 성경 교리에 영향을 끼친 주요 사건을 추적해 보자.

교부시대(100~500년)

사도 시대인 주후 60년대부터 베드로는 바울 저작물 모음을 '성경'으로 이미 언급했다(벧후 3:16). 그리스도인이 구약성경의 책들을 하나님께서 '호흡을 불어넣으신' 또는 '영감된' 것으로 받아들였듯이, 그들도 교회의 사도와 예언자 글을 성령으로 주어진 것으로 간주했다. 로마의 클레멘스(AD 90년 즈음)는 고린도인들에게 보낸 편지에서 "복된 바울 사도의 서신을 집어라... 진실로 그는 너희에게 성령으로 썼다."라고 했다.[2] 그리고 안디옥의 이그나티우스(110년 즈음)도 마그네시아에 있는 교회에게, "그러므로 주와 사도들의 교훈에 굳게 서기를 열망하라."라고 썼다.[3] 비슷한 시기에 서머나의 폴루카르포스도 빌립보의 그리스도인에게 그들 신앙을 세우는 수단으로 바울이 빌립보 그리스도인에게 보낸 편지에 주의를 기울이게 했다.[4]

100년과 200년 사이에, 그 믿음이 로마 세계와 그 너머까지 퍼져나갈 때, 교회는 구약성경과 신약성경 책 모두를 복사하고 전달하며 모았다. 이 그리스도인은 사도 자신의 때와 매우 가까이 있었으므로, 대부분 그들 교회의 모음집에서 어떤 글이 사도에게서 성경으로 주어졌는지, 또한 어느 것이 늦게 쓰였는지 말할 수 있었다. 사도와 예언자의 손에서 나온 것으로 알려진 글은 그들 설교와 가르침의 자료가 되었고, 그들은 그 성경을 그리스도의 인격과 사역과 성부, 성자, 성령의 창조와 구속 이야기에 비추어 해석하려고 노력했다.

개 교회의 구약성경과 신약성경 목록이 현재 66권 성경에 매우 근접하는 모음집으로 발전하고 있을 때, 이탈자와 공격자가 무대에 등장했다. 이 거짓 교사는 성경의 권위와 발전하는 정경의 합법성에 의문을 던졌다. 그 하나가 마르키온인데, 그는 예수님을 세상에 보내신, 신약성서의 하나님은 순종할 수 없는 율법을 주시고 그것을 지키지 못한 백성을 벌하는 구약성경의 하나님과는 완전히 다른 '하나님'이라고 가르쳤다. '두 하나님'을 구분하고 율법과 복음을 철저하게 구분하는 자기 가르침을 강조하려고 마르키온은 책을 제거하는 작업을 수행했는데, 특별히 구약성경의 책과 신약성경에서 지나치게 '유대적'으로 보이는 책을 잘라냈다. 결국, 그의 "마르키온 정경"판 성경은 사도와 예언자에 의해 전수한, 온 교회의 모음집과 전혀 닮지 않았다.

마르키온과는 달리, 2, 3세기에 여러 이단이 교회에 큰 해를 끼쳤지만, 그들의 그릇된 가르침은 그리스도인이 구약성경에 헌신을 재승인하고 어떤 글이 사도 시대로부터 영감 되고 권위 있게 받아들였지 분명하게 하도록 촉구했다. 지도자는 왜 그들이 그들 목록에 있는 책들을 받아들이고, 왜 거짓 교사의 책을 거절하는지 점점 더 지혜롭게 설명했다. 180년 즈음, 로마 교회는 가르침과 설교에 사용하는 신약 정경 목록을 작성했는데, 여전히 논쟁과 불일치가 있는 책을 언급하면서도 분명하게 이단적 책을 거부한다. 무라토리안 정경으로 알려진 이 목록은 현존하는 형태에서는 그 시작 부분(그리고 아마 마지막 부분도)이 상실되었지만, 그것이 언급하는 책들은 우리 신약성경 책 대다수를 포함한다.

무라토리안 정경 단편

1740년 즈음, 안토니오 무라토리라는 학자는 북이탈리아의 한 수도원에서 필사본 하나를 발견했다. 학자들은 이 중세 초기(7세기) 라틴어 본문이 원래 2세기 후반(AD 180 즈음) 로마에서 쓰인, 헬라어 원문에 대한 비교적 조야한 번역이라고 결론지었다. 우리가 가진 문서는 처음 부분과 아마도 마지막 부분이 없지만, 그 모든 문제점에도 이것은 사도 시대 이후 80년 즈음 로마에 있던 교회에서 사용한 신약성경 책들의 가장 초기 묘사라고 할 수 있다. 이것은 당시 통용된 상당히 완전한 신약 정경을 묘사하고 권위가 의심스러운 글들을 논의하며, 비정경적이거나 완전히 이단적인 것으로 간주하는 것들을 제외한다.

... 복음서의 세 번째 책인 누가복음은 그 이름대로 의사 누가에 의해 순차적으로 수집되었는데, 그리스도의 승천 후 바울은 그를 율법의 학생처럼 데리고 다녔다. 그러나 그도 역시 주님을 육체로 보지 못했고, 그도 [사건들을] 확증할 수 있는 대로 [기록했다]. 그래서 그는 자기 이야기를 [침례자] 요한의 탄생부터 시작했다.

복음서의 네 번째는 제자의 하나인 요한[에 의해 쓰였다]. 그의 동료 제자와 감독에게 권유를 받았을 때, 그는 "나와 함께 사흘 동안 금식하시오. 우리의 누구에게나 계시해 주시는 것을 서로에게 말합시다."라고 말했다. 그 날 밤 사도의 하나인 안드레에게 계시가 주어졌는데, 그것은 요한이 자기 이름으로 모든 것을 쓸 것이고 그들은 모두 확증할 것이라는 계시였다.

그러므로 복음서의 여러 책은 다양한 요소를 가르치고 있어도 그리스도인 믿음을 흔들지 못하는 것은 한 분이 지도하는 영에 의해 모든 것이 그들 모두에게 선언되기 때문이다. 즉, 그분 탄생, 고난, 부활, 그의 제자들과 대화, 그리고 그의 두 번 오심 등에 관한 것으로, 첫째는 낮아짐과 멸시로 오시는 것인데 이미 지나갔고, 두 번째는 왕의 권세로 영광스럽게 앞으로 이루어질 것이다.

요한이 그의 서신에서도 자신에 관해 말하면서 "우리 눈으로 보았고 우리 귀로 들었고 우리 손으로 다룬 것들을 너희에게 썼다."라고 하면서 그렇게 확고하게 각 문장을 적었다니 얼마나 놀라운가. 그는 그렇게 자신을 목격자나 청취자로서뿐만 아니라 주의 모든 경이를 순서대로 기록한 자로 선언한다.

그러나 모든 사도의 행전은 한 책으로 쓰였다. 누가는 이것을 가장 존귀한 데오빌로에게 간단히 말하면서 몇 가지 일이 자기 눈앞에서 일어났다고 하는데, 그것은 그가 베드로의 고난과 바울이 마을을 떠나 스페인으로 가는 여정을 제외한 데서도 명백히 볼 수 있다.

그러나 바울의 서신들은 그 자체로 그것을 이해하려는 사람에게 그가 어떤 서신들을 보냈으며 어디에서 어떤 목적으로 썼는가를 명확히 보여준다. 그는 먼저 고린도 그리스도인에게 상당한 분량의 서신을 쓰면서 분열과 이단을 피하라고 명한다. 다음으로 갈라디아 그리스도인에게 할례를 금하라고 한다. 그리고 로마인 그리스도인에게는 성경의 계획과 그 첫째 원리가 그리스도임을 인상적으로 가르친다. 그것을 우리가 여러 가지로 논의할 필요가 [없는] 것은 사도 바울 자신이 선임자 요한의 순서에 따라 이름별로 일곱 교회에게 다음 순서로 썼기 때문이다—처음에 고린도 그리스도인에게, 둘째로 에베소 그리스도인에게, 셋째로 빌립보 그리스도인에게, 넷째로 골로새 그리스도인에게, 다섯째로 갈라디아 그리스도인에게, 여섯째로 데살로니가 그리스도인에게, 일곱째로 로마 그리스도인에게. 교육을 위해 고린도 그리스도인과 데살로니가 그리스도인에게는 후서가 있으나, 하나의 교회가 전 세계에 퍼져있는 것으로 생각할 수 있다. 요한에게는 계시록도 있는데, 일곱 교회에게 썼지만, 모두에게 말한다. 그러나 빌레몬에게 하나, 디도에게 하나, 디모데에게 두 개 보낸

> 서신 모두는 개인적 관심과 애착에서 보편 교회의 명예를 위해 교회적 삶의 방식을 정돈하려고 쓰였다. 라오디게아 그리스도인에게 보낸 서신과 알렉산드리아 그리스도인에게 보낸 또 다른 서신이 [둘 다] 바울의 이름으로 위조되어 말키온 이단을 다루지만 보편 교회에 받아들일 수 없는데, 담즙을 꿀과 섞음이 바람직하지 않기 때문이다.
>
> 유다서는 의심할 바 없이 요한의 이름을 가진 두 서신과 함께 보편 [교회에] 받아들여야 한다. 지혜서는 솔로몬의 친구들이 그의 명예를 위해 썼다. 또한, 요한의 계시록과 베드로의 [서신] 하나만을 받았다. [또한, 두 번째 서신을] 우리 친구 일부는 교회에서 읽지 못하게 한다. 그러나 목자서는 상당히 최근 우리 시대에 헤르마스에 의해 쓰였는데 그의 형제 피우스 감독은 로마에 있는 교회의 감독직에 앉아 있다. 그러므로 이것은 참으로 읽혀야 하지만, 수적으로 완전한 예언서나 사도들과 나란히 종말 때까지 교회에서 공적으로 사람들에게 읽혀서는 안 된다.
>
> 또한, 긴 새로운 시편 책을 작성한 알시노이테의 발렌티누스와 그의 친구들, 그리고 바실리데스와 몬타누스파의 아시아 설립자에 관해 아무것도 받아들이지 않는다.[5]

정통교회가 구약성경과 신약성경 책들을 모으고, 검증하고, 변호하는 작업을 했다면, 2~3세기의 변증가는 다른 비판자에 대항해 신앙을 변호하려고 애썼다. 그들은 자주 그리스 철학 범주에 의지했지만, 이것을 그리스도의 인격과 사역 및 삼위일체의 창조와 구속 이야기에 비추어 읽었다. 이 신학·철학적 상호작용으로 나중에 신학연구에서 비성경적 권위의 적절한 사용에 관한 학파가 생겼다. 알렉산드리아의 오리게네스(185~254년 즈음)은 철학을 빌려 그 지혜를 성경의 기독교 계시와 융합하는 방법을 대표하는데, 그런데도 성경에 항상 우선순위를 두었다. 그의 한 제자는 회상했다.

> 그는 우리가 다음 방식으로 철학 공부하는 것이 옳다고 보았다. 우리는 철학자나 고대의 시인이 쓴 무슨 작품이든 최대한 부지런히 읽고 아무것도 배척하거나 거절하지 말아야 한다... 단지 자신의 오류 가운데 인간의 보편적 지성으로부터 낙오하여 하나님이나 섭리가 있다는 사실을 부인하는 무신론자의 작품만 제외하고... 그는 이 교사들에 관해 모든 사람이 가장 지혜롭다고 말해도 그들과 상종하지 말고 우리 자신을 오직 하나님께, 그리고 예언자에게 헌신하도록 권유했다.[6]

카르타고의 테르툴리아누스(160~225년 즈음)은 그 반대의 접근법을 대표하는데, 철학과 상관없이 성경과 교리의 충분성을 강조했다.

> 실로 이단은 철학에 의해 부추겨진다... 아테네가 도대체 예루살렘과 무슨 관계가 있는가? 아카데미와 교회 사이에 무슨 조화가 있는가? 이교도와 그리스도인 사이에 무슨 상관이 있는가? ... 스토아, 플라톤, 그리고 변증법적 작법으로 얼룩진 기독교를 만들려는 시도를 그만두라! 우리는 그리스도 예수를 갖고 나서 호기심 어린 논쟁을, 복음을 향유하고 나서 심문을 바라지 않는다. 우리 믿음 외에 다른 믿음을 갖기를 열망하지 않는다.[7]

초대교회 때부터 신앙과 이성, 철학과 신학, 세속적 글과 신성한 경전의 균형 잡힌 사용에 관한 질문이 계속해서 기독교 사상가를 괴롭혔다. 대다수가 성경을 철학과 학문에 종속시키는 데 내재한 위험을 보면서도, 이 세상에서 지혜롭게 믿고 살기를 원하면서 이성과 일반 계시를 통해 얻은 통찰력을 완전히 제쳐두어야 한다고 믿은 사람은 거의 없다. 불경건한 철학은 건전한 교리의 적이지만, 경건한 철학은 신학의 동료가 될 수 있다는 데 동의했다.

나머지 교부시대에도 교회는 삼위일체, 그리스도의 신성과 인성, 인간의 타락한 상태, 그리고 은혜의 필요성과 같은 교리를 가르쳤다. 정통을 위한 투쟁에서 그리스도인은 계속 성경에 호소했고, 굳건한 신앙고백으로 성경에서 예언자를 통해 말씀하시고, 그 진실성을 보장하시며, 오류가 없도록 지키신 분이 하나님의 영이심을 믿었다. 간단히 말해, 이단과 무법자들을 제외하고 성경의 영감과 무오성은 비록 그 해석은 종종 신자들 간에 논쟁이 되었다고 해도 전제되었다. J. N. D. 켈리는 "교부들이 성경 전체를 영감된 것으로 보았다는 것은 두말할 나위도 없다... 그들의 일반 견해는 성경이 오류가 없을 뿐 아니라 잉여적인 곳도 없다는 것이었다."8

> **내적 · 외적 문제: 신약성경 정경의 발전에 관한 사실**
>
> 1. 우리 정경의 몇 권이 어떤 사람들에 의해, 어떤 장소들에서, 가끔 의심받았다.
>
> - **히브리서**: 저자의 이름이 나와 있지 않아서 사도 권위가 의심받았다.
> - **야고보서**: 어떤 주장이 바울의 글과 양립하기 어려워 보였다.
> - **베드로후서**: 베드로전서의 문체와 상당히 달라 보였다.
> - **요한2, 3서**: 저자가 분명하게 사도 요한이라고 밝혀지지 않았다.
> - **유다서**: 내용이 논란이 되는 베드로후서와 너무나 유사했다.
> - **계시록**: 천년왕국 신학이 후대의 어떤 교회 가르침과 일치하지 않았다.
>
> 2. 우리 정경이 아닌 몇 권이 어떤 사람에 의해, 어떤 장소에서, 어떤 때 정경으로 간주되었다.
>
> - **디다케**(12사도의 가르침): 사도가 아직 살아 있을 때 쓰였다.

- **'바나바' 서신**: 저자가 명시되지 않았지만, 어떤 사람은 바울의 동료인 바나바가 썼다고 그릇되게 믿었다.
- **헤르마스의 목자**: 환상 설명이 선지자의 작품처럼 보이고 도덕적 원리가 교회에서 환영받았다.
- **베드로의 묵시록**: 어떤 사람은 베드로가 썼다고 착각했고, 그 내용이 초대교회 신학과 일치했다.

먼 후대까지 영향을 끼칠 또 다른 주요 발전은 제롬이 불가타(벌게이트)로 알려진 성경을 번역하고 편집한 일이다. 제롬(347~420년)은 히브리어와 그리스어 자료들과 초기 라틴어 사본들을 가지고 로마 가톨릭교회를 위해 라틴어 성경을 표준화했고, 그것은 중세 시대에 사용할 정경이 됐다. 이 라틴어 번역은 궁극적으로 교회의 위대한 사상가를 성경 원어에서부터 분리하는 데 이바지했고, 그로 인해 일부 이질적 개념과 교리가 신앙에 유입하는 결과를 초래했다.[9]

교부시대가 끝날 즈음에는 신약성경 책들이 완전한 정경, 우리가 오늘날 가진 27권으로 표준화되었다. 어떤 세계적 규모의 종교회의가 책을 선정하거나 어느 책을 넣고 뺄지를 투표한 적이 없다. 몇 번의 지역적 회의에서 공식적 성경으로 가르침과 설교를 위해 사용하는 구약성경과 신약성경의 책을 나타내는 공식적인 목록을 발표했다. 대부분 내용이 거의 비슷했지만, 가끔 (비정경적인 책이므로) 빼야 한데도 넣고, 다른 때는 넣어야 할 책인데 빼기도 했다. 그렇지만, 교회들은 일반적으로 같은 구약성경과 신약성경 모음집을 사용했는데, 그것은 2세기 이래 자리 잡혀 있었고 우리 시대에 이르기까지 계속해서 권위 있는 성경으로 역할을 감당했다.

중세시대(500~1500년)

교부시대가 저물고 중세시대가 시작하자, 성경은 계속해서 기독교 신앙과 실천을 형성하는 역할을 감당했다. 서방의 로마 가톨릭 교회에서 제롬의 라틴어 불가타는 표준 역본으로 남아서 점점 더 히브리어 구약성경과 헬라어 신약성경 문헌에서 멀어지게 했다. 그 역본은 대체로 원어에 충실했으나 어떤 문제에 있어서 성경의 의미에서 이탈함으로써 오해를 불러일으켰다.[10] 예를 들어, 마태복음 4:17에서 "회개하라"라는 예수님 명령(헬라어 *metanoete*)은 '마음이나 지성의 변화'—새로운 습성—를 강조했다. 그러나 불가타의 '고해하라(do penance, 라틴어 *poenitentiam agite*)'는 외적인 행동을 강조했고, 고해 성사가 구원에 필요하다는 개념을 떠받혔다.

그릇된 번역에 의존하는 데서 생기는 문제에도, 그리스도인은 성경이 하나님의 영감된 말씀이며, 따라서 신앙을 위한 무너뜨릴 수 없는 표준으로 이해했다. 한 역사가는 "성경의 권위는 이성의 권위보다 우월하고 다른 권위들보다도 더 우월하다... 하나님의 영감받은 말씀으로서 성경은 진실하고 전적으로 일관되다."라고 썼다.[11] 그러나 성경을 적절하게 해석하기가 점점 교회의 공식 교사의 영역으로 여겨지기 시작했다. 성경 자체가 교회의 지도자와 학자에게만 접근 가능했고, 그것은 특히 공식적 언어—우선적으로 라틴어—을 일반인이 사용하지 않으면서부터 그렇게 되었는데, 그들은 영어, 독일어, 스페인어, 이탈리아어 같은 언어를 사용했다. 교부의 글과 공의회의 교리적 결정, 교황의 칙령은 성경에 대한 권위 있는 해석으로 기능하기 시작했다.[12] 그 결과 성경의 의미는 자주 분명해지지 않고, 오히려 간결한 메시지는 흐려졌다. 사실상, 12세기에는 '어록(glosses)'이라고 불리는 해석적 주석집이 점점 불어나 라틴어 성경에 덧붙여졌고, 성경은 공식적 교회 교리의 관점으로 읽혔다.[13]

더 발전한 해석 방법이 이미 교부시대 때부터 시작되어 중세 학자는 성경의 문자적·역사적 의도 이상의 다양한 의미 층을 가정하는 해석학을 개발했다.14 주석가 역시 '더 깊은' 의미—풍유적(상징적), 비유적(tropological, 도덕적 원리를 말함), 영적(anagogical, 영해, 특히 영원/내생과 관련하여)—를 찾으려 했다.15 이 접근법은 교부시대에도 사용되어 성경의 다른 곳에서 가르친 교리를 단순히 강조하고 예시하는 데 쓰였지만, 마침내 교회 지도자는 풍유적 방법을 완전히 새로운 교리들을 지지하는 데 사용했다. 예를 들면, 교회는 이제 종교적 정치적 힘을 둘 다 행사할 권리가 있다고 주장했는데, 그것은 베드로가 '칼 두 자루'를 가졌다는 추측에 근거하여 교황이 신성하고 세속적 문제에 보편적 권세를 가졌다는 상징으로 해석한 것이었다(눅 22:38을 보라). 물론 구약성경과 신약성경을 하나님의 영감된, 권위 있는 말씀으로 계속 여겨졌으나, 그 분명한 목소리는 지도자가 높이 평가한 다른, 그리고 때로는 더 큰 소리의 권세들—교부, 철학자, 교회법, 교황의 칙령, 그리고 커지는 '전통'의 다른 요소—에 의해 억제되었다.

성경의 유일한 권위와 관련한, 이 시대의 어둠은 르네상스가 동트면서 걷히기 시작했다. 그리스어를 말하는 그리스도인이 동유럽으로 밀려든 모슬렘을 피하려고 서쪽으로 피난 올 때, 원어 헬라어 성경과 초기 교부의 문헌을 가져왔다. 새로운 고대 자료의 저장물은 라틴어를 구사하는 학자들에게 그들이 보유한 일부 문헌과 교리의 정확성과 진정성을 재고하게 했다. 그러므로 르네상스의 이런 면은 중세 후기의 토양에서 종교개혁의 씨를 뿌렸다.

영국의 존 위클리프(1320~1384년)와 보헤미아의 존 후스(1370~1415) 같은 초기 개혁가들은 하나님의 말씀의 권위의 수위성을 근거로 교황, 공회, 교회 전통의 권위에 직접 도전했다. 어떤 교회사가가 주목했듯이, 위클리프는 "최종 권위로 가시적이고 역사적인 교회에 대한 호소를 집어던지고 그는 기록된 성경에서 대안을 찾았다."16 그 비판은 그들과 그들 추종자에게 가혹한 결과를 초래했지만, 성경의 권위로 회귀함에 따라 불붙은 이 작은 개혁의 불길은 감당할 수 없는 화염으로 불타올랐다.

종교개혁시대(1500~1700년)

앞에서 언급한 유럽의 르네상스로 '원전으로 돌아가고', 인쇄기의 발명으로 오랫동안 잊힌 문헌에 점점 더 접근할 수 있어서(1450년 즈음), 많은 가톨릭 사제와 학자는 중세 로마가톨릭 교리에 일어난 변화를 점점 더 의심하고 비판했다.17 그 비판자에는 독일의 마틴 루터(1483~1546)와 스위스의 울리히 츠빙글리(1484~1531)가 있었는데, 그들은 많은 동료 및 지지자와 함께 최근에 점화된 성경의 빛을 로마의 타락한 교리와 행습에 비추려고 애썼다.

교황제의 권세에 맞서는 가운데 개신교도들은 **오직 성경으로**—'성경만이'(공회나, 교황이나, 황제나, 왕이 아니라) 신앙과 실천의 최종 권위라는—의 교리를 강조했다. 1521년, 루터는 보름스 제국회의에서 하나님 말씀에 근거를 두고, 자기 가르침을 부인하려는, 교황의 하수인에게 유명한 도전을 했다. 그를 심문하는 사람의 질문, 곧 "그대는 철회하는가, 하지 않는가?"에 응답으로 루터는 다음 대답을 한 것으로 알려졌다.

> 성경의 증거와 분명한 추론에 압도되지 않는 한—내가 믿기로 교황이건 공회건 홀로는, 왜냐하면 그들은 종종 오류를 범했고 자기들끼리 모순됨이 대낮처럼 확실하므로—나는 내가 인용한 성경에 압도되어 있습니다. 내 양심은 하나님의 말씀에 포로가 되어 있습니다. 나는 어느 것도 철회할 수 없고 하지도 않을 텐데, 양심을 거스르는 일은 불안하고 위험하기 때문입니다. 여기에 내가 서 있습니다. 나는 달리 행동할 수 없습니다. 하나님이여, 나를 도우소서! 아멘.18

라틴어 불가타를 제쳐두고 원어 히브리어와 헬라어 성경으로 돌아감으로써 개혁자는 은혜로 믿음을 통한 구원 복음의 빛을 거의 꺼버린 수 세기의 교리적 혼란을 벗겨냈다. 그들은 또한 성경을 일반인의 언어로 번역을 장려했고, 그래서 점점 더 많은 평신도가 성경을 읽을 수 있었다.

성경의 수위권을 다시 강조함으로 개신교 종교개혁은 그리스도에 초점을 맞춘, 복음-중심적 해석으로 돌아가게 되었다.[19] 초대 교회와 마찬가지로 그리스도의 인격과 사역(복음)은 성경을 올바로 읽는 렌즈가 되었다. 중세시대의 풍유법 남용과 모호한 철학적 질문에 대한 학자의 망상은 주 예수님께 중심을 둔 성경의 선포로 바뀌었다.

16세기, 가톨릭 대 개신교 교리 전쟁의 열기에서 성경의 정경은 각 전통에서 교조적으로 정의되었다. 교부시대와 중세시대에 로마가톨릭과 동방정교회는 외경으로 알려진 문헌의 정경적 지위를 공식적으로 결정한 바가 없었다. 이제 프로테스탄트가 영감되고 권위 있는 성경을 위해 그것들을 제외해야 한다고 주장한 데 반작용으로 로마 교회는 트렌트 공회(1545~1563년)에서 공식적으로 외경을 정경에 추가했다.

현대시대(1700년~현재)

야로슬라브 펠리칸은 이 마지막 시대를 잘 요약한다. "현대 시대는 기독교 교리의 역사에서 교회사 대부분 동안 논쟁하기보다는 가정한 교리—계시, 그리스도의 유일성, 성경의 권위, 죽음 이후의 삶, 심지어 하나님의 초월성 관념까지—을 의문에 부친 때라고 정의할 수 있다."[20] 현대 시대의 변화는 철학과 과학의 발전에서 비롯했다. 1784년 영향력 있는 독일 철학자 임마누엘 칸트(1724~1804)는 현대 지적 의제를 위한 무대를 놓은 계몽주의를 정의했다.

계몽주의(Enlightenment)는 인류가 스스로 초래한 미성숙에서 탈출하는 것이다. **미성숙**이란 다른 사람의 안내를 받지 않고는 자신의 이성을 사용할 줄 모르는 상태이다. **자신이 초래한**이라는 말은 이해력의 부족보다는 다른 사람의 안내를 받지 않고 그것을 사용할 결단과 용기가 부족한 데서 기인한 무능력이다. 스스로 **생각하라**(*sapere aude*)! 네 **자신의** 이성을 사용할 용기를 가져라, 이것이 계몽주의 신조이다.21

이런 분위기에서 인간의 이성, 개인주의, 그리고 옛 권위를 담대하게 시험으로써 인간 이성에 근거하지 않고 하나님의 계시에 근거한 성경의 수위권은 거절될 운명이었다. 이성에 대한 자신감이 대학교, 대학원, 교회를 정복하면서 현대 자유 신학이 탄생했다. 한 역사가는 "자유주의 신학의 핵심 관념은 다른 학문에서와 마찬가지로 신학에서도 모든 진리 주장가, 외적 권위에 호소가 아니라 이성과 경험에 근거하여 이루어져야 한다는 것이다."라고 말했다.22

인간의 지혜에 늘어나는 자신감과 고전적 기독교 교리와 제도에 대한 의심으로, 학자들은 성경을 다른 여느 책과 마찬가지로 다루기 시작했다. 역사비평적 연구로 많은 사람이 교리적 권위뿐 아니라 저자, 연대, 역사성 문제에 도전했다. 곧, 모든 교회와 기관이 성경의 영감성과 무류성에 대한 수천 년의 신뢰를 버리고 철학적 가정, 과학적 방법, 역사적 연구, 그리고 문예비평과 맞바꿨다.

기독교라는 이름을 계속 주장하는 사람들 가운데 놀랍게도 하나님의 특별 계시와 성경의 영감 및 권위 교리를 버리므로 커다란 논쟁이 벌어졌다. 한편으로 현대주의자는 교단과 교육기관을 성경의 영감을 포함한 고전적 정통 교리에서 이탈시키려 했다. 대표 인물인 헨리 워드 비처(Henry Ward Beecher, 1813~1887년)는 자유주의 의제를 다음 말로 요약했다. "목회자가 자기 신학 체계를 있는 그대로 사실에 맞추지 않고, 사람들이 연구하는 것을 인정하지 않는다면, 강단은 광야에서 외치는 목소리와 같아질 때가 머지않을 것이다."23

반면에 근본주의자는 신앙의 근본적 또는 기초적 교리를 거듭 강조했다. 그들은 철학, 과학, 이성, 그리고 계시를 통해 개신교 전통에 속한 기독교 신학의 신뢰성을 하나님의 영감된 말씀으로서 성경의 완전한 무오성과 함께 변호하고자 했다.24 현대주의-근본주의 논쟁으로 불린 이 논쟁으로 19세기 말과 20세기 초에 주요 교단이 갈라져 새로운 교단과 독립 교회, 그리고 새로운 대학과 대학교, 신학교와 사역이 생겼다. 20세기 중반에 같은 생각을 하는 보수적 개신교인의 느슨한 연합은 점차 **복음주의자**라는 이름으로 알려졌다.

교부시대 (100~500년)	중세시대 (500~1500년)	종교개혁시대 (1500~1700년)	현대시대 (1700년~현재)
• 사도와 예언자가 신약을 권위 있는 것으로 인정하다(100년 즈음).	• 라틴어 불가타가 서방교회에서 표준판이 되다.	• 개혁자는 가톨릭 교회에 **오직 성경으로**—신앙의 문제에 있어서 공회나 교황이 아니라 성경만이 최종 권위를 지닌다—의 교리로 답하다.	• 본문연구의 역사비평적 방법으로 많은 사람이 성경의 권위에 도전하다.
• 교부가 성경을 그리스도의 인격과 사역의 관점에서 해석하다(100~500년).	• 그리스어 구약·신약성경이 동방정교회의 표준판이 되다.		• 자유주의 진영에서 인간의 이성, 도덕성, 경험, 감정에 의존하는 '자연신학'이 전통 성경신학을 대체하고 고전적 정통 교리에 반발하다.
• '무라토리안 정경'은 로마 교회가 인정하고 거부한 신약성경 책을 묘사하다(175년 즈음).	• 성경의 해석은 점차 공식적 교사, 특히 교황의 영역으로 여기다.	• 성경을 히브리어와 그리스어 원어에서 몇 가지 대중언어로 번역하다.	
• 변증가는 기독교를 설명하고 변호하려고 철학의 통찰력을 끌어들이다(150~300년 즈음).	• 학자는 성경에 더하여 철학과 교부를 사용해 신앙을 이해하려고 시도하다.	• 개신교인은 성경의 문자적, 그리스도-중심적 해석을 재주장하다.	• 성경의 무오성과 고전적 정통성의 위치에 현대주의-근본주의 논쟁으로 주요 교단은 쪼개지고 새로운 교단들과 독립 교회가 생기다(1850~1950년).
• 교부가 성경의 일부를 더하거나 빼거나, 성경을 잘못 해석하는 이단과 싸우다(150~400년 즈음).	• 성경에 문자적 층위 외에도 다양한 층위가 있다고 생각하다.	• 로마 가톨릭은 외경을 공식적으로 트렌트 공회(1545~1563)에서 정경에 더하다.	• 성경의 영감과 무오성은 현대 비평가의 점증하는 공격과 의심에 비
	• 외경의 정경적 위치에 불확실성이 지속하다.	• 개신교 신앙고백은 외경을 거부하고 신구약 66권	
	• 르네상스가 오랫		

• 외경에 의문이 지속했지만, 교회는 구약성경과 신약성경 정경에 안정된 합의를 이뤘다. • 성경의 영감과 무오성이 전제되다.	동안 잊힌 본문을 재발견하게 하다. • 성경의 영감과 무오성이 전제되다.	을 영감되고 권위 있는 책으로 공식적으로 열거하다. • 성경은 교회의 교리와 실천을 개혁하는 우선적인 기초가 되다. • 성경의 영감과 무오성이 전제되다.	추어 옹호되고 규정되다.

반드시 기억해야 할 사실

우리 교수들은 어떤 과목에서건 제일 중요한 것을 기억하게 하려 할 때 **반복**이라는 아주 오래된 방법을 사용한다. 그런데 좀 냉소적인 학생은 우리가 반복하는 것을 보고, (1) 우리가 너무 늙어서 자신이 이미 말한 것도 기억하지 못한다, (2) 다른 것들은 잘 모른다는 사실을 감추고 있다, 또는 (3) 특정한 쟁점에만 강박적으로 사로잡혀서 반복한다고 생각할지도 모른다.

그렇지만 사실 우리가 반복하는 것은 그것들을 반드시 기억해야 하기 때문이다. 그것들은 그만큼 중요하다. 그것들은 종종 나머지 전체 강의, 과목, 혹은 커리큘럼의 기초이다. 그래서 우리는 학생이 늘 기억하기를 바라면서 그 사실들을 반복한다.

우리가 반복한다고 내가 말했던가?

이제 이야기할 "반드시 기억해야 할 사실"의 일부는 책의 앞부분에서 이미 나왔고, 일부는 나중에 다시 나온다. 그렇지만 그것들은 계시, 성경, 그리고 진리를 연구하는 데 너무나도 중요한 기초를 제공하기에 각각을 다루는 섹션에서 다시 강조한다.

사실 1: 우리가 하나님을 알 수 있으며, 하나님은 우리가 당신을 알게 하셨다

하나님은 자신을 감추고 침묵하며 멀리 떨어져 계실 수도 있었지만, 일반적이고 특별한 두 가지 방식으로 자신을 사람에게 알리기로 선택하셨다. 하나님은 인간 역사에 인격적으로 자신을 알리셨다. 그리고 인류를 돌보셨다. 하나님은 우리에게 가까이 다가오셔서 자신을 드러내기를 열망하신다.

하나님은 아담과 이브 때부터 계속해서 이 세상 역사 속에 들어오셨다—때로는 은혜로, 때로는 경고로, 때로는 심판으로. 하나님은 아브라함을 부르시고 그의 믿음을 축복하셨다. 모세에게 나타나 그를 통해 히브리 민족을 애굽의 속박에서 자유롭게 하셨다. 무력한 자들을 구하시려고 홍해를 가르셨으며 지상 최강의 군대를 멸하셨다. 하나님은 그의 주권적이며 예측할 수 없는 방식으로 가장 이상한, 가장 예상 밖의 사람들을 찾아오셨다. 겁 없는 드보라, 우유부단한 기드온, 미성숙한(man-boy) 삼손, 끈덕지게 충성스러운 룻, 어린 양치기 소년 다윗 등이다.

하나님이 우리 세상에 들어오신다. 그분이 우리에게 오신다. 그분께서 자신을 알게 하신다.

이 사실 때문에 하나님은 하늘에서 그저 책 한 권을 떨구어 주지 않으셨다. 오히려 그의 영으로 인간 저자를 인도하여 그들 자신의 개성과 단어들을 사용하여 진리를 표현하도록 전 과정을 오류가 없게 감독하셨다(벧후 1:19~21). 심지어 욥의 질문이나 하박국의 불평, 다윗의 구원 요청까지도 우리에게 **하나님의** 말씀이 되었다. 성경에 영감을 불어넣으시는 행동에서 우리는 인간의 고투를 통해서조차 말씀하시는 하나님을 가까이에서 본다. 무한히 인격적이신 성경의 하나님은 멀리 떨어져 계시지 않고, 너무 중요해서 언약을 맺지 못하거나, 너무나도 위엄있으셔서 단순한 믿음을 가진 사람과는 교제를 못 할 분이 아니다.

우리 하나님은 기꺼이 다가오신다. 그분은 자신을 위해 우리를 만드셨다. 그분은 자기 형상대로 우리를 창조하심으로(창 1:26~27) 우리가 그분을 알 수 있게 되도록 우리를 설계하셨다. 속속들이, 완벽하게는 아니지만, 정말로, 그리고 진실로 하나님을 **알게** 하셨다. 그분은 모든 창조세계를 다스리시는 주권자 하나님이신 동시에, 우리가 기도할 때, 우리에게 도움이 필요할 때, 우리에게

다가오셔서 세미한 음성으로 말씀하신다.

하나님을 알 수 있으며 하나님은 우리에게 자신을 알리셨다는 사실을 절대 잊지 말라.

사실 2: 하나님은 당신을 여러 가지 방법으로 계시하신다

우리가 하나님이 누구신지 알 수 있는 것은 하나님의 직접 개입 때문이다. 성경이 증거하듯, 하나님은 다양한 방법으로 자신을 계시하시는데, 예를 들면 신적 현현(theopanies)이나, 꿈과 환상, 인류 역사에서 직접 일하시는 것 등이다. 이뿐 아니라, 모든 창조세계에서 자신을 드러내신다. 하나님은 자신을 예수 그리스도의 인격과 사역에서, 그의 성령으로 인친 교회를 통해, 그리고 그의 말씀, 곧 언어 형식으로 주신 메시지를 통해 자신을 계시하셨다.

이 마지막 형태—명제적인 계시—가 성경의 교리를 생각할 때 우리 주의를 끈다. 성경에 따르면, 하나님은 자신에게서 직접 나온 메시지 안에서 자신을 드러내셨다. 한 가지 예는 십계명이다(출 20장). 그러나 명제적 계시에는 또 다른 분명한 범주도 있는데, 하나님께서 선택하신 인간 대리인을 통해 소통하실 때이다. 구약에서 선지자들은 하나님께 말씀을 받아 말했다. 또 하나님의 백성을 위해 메시지를 전할 때마다 하나님을 **위해** 말했다.

그런데, 이렇게 보는 방식은 분명히 오용될 가능성이 있다. 우리 대다수는 자신의 유익을 위해 하나님의 권위를 이용하려는 유혹을 이겨내기 어려울 것이다. ("주께서 당신이 올여름 내 에어컨 요금을 내야 한다고 내게 말씀하셨어"). 그러나 하나님은 그분의 지혜 가운데 원칙을 세우셔서, 하나님의 자기 계시가 인간 대리인을 통해 나타날 때에는 하나님의 백성들이 이것이 하나님의 계시라는 것을 확신할 수 있게 하셨다.

이 확신은 **검증한 메신저**라는 원칙에서부터 시작한다. 하나님께서 역사에 만들어놓으신 패턴을 보면, 하나님께서 사람을 통해 자신을 계시하실 때는 오직 검증한 전달자만 사용하신다. 예를 들면, 구약성서는 예언자들에 의해 기록되었는데, 그들은 모세와 하나님께서 그들 각자에게 두신 **초자연적 확인**(혹은 또 다른 원칙인 인증)을 통해 진짜로 입증받았다.[1]

이처럼 주님의 사도들도 예수님과 그들 권위의 초자연적 인증 둘 다를 통해 입증받았다. 우리는 이와 관련하여 앞서 고린도전서 2장을 읽으면서 바울이 사도적 소명에 의해 부여된 신적 권위를 증언하는 것을 살펴보았다. 또한, 히브리서 2:4, "하나님도 표적들과 기사들과 여러 가지 능력과 및 자기의 뜻을 따라 성령이 나누어 주신 것으로써 그들과 함께 증언하셨느니라"에서 동일한 원칙의 증거를 볼 수 있다.

이 모든 사실로, 우리는 하나님의 입증과 검증을 통과한 성경이 가장 객관적으로 검증 가능한 신적 계시의 형태라고 확신한다. 복음주의자는 성경 전체가 하나님의 참된 말씀이며, 특별계시에 대한 모든 주장의 잣대며 규준이라는 확신을 공유한다. 하나님을 알기에 충분하고, 권위 있으며, 오류가 없는 하나님의 말씀은 우리로 하나님을 알게 하기에 충분하며, 권위 있고 오류가 없다. 이 말씀은 우리가 그분을 인격적으로 알도록 초대하며 그 존재의 깊은 것들로 우리를 인도한다.

사실 3: 성경이 단언하는 모든 것은 참이다

진실을 말한다고 믿을 수 있는 사람을 대할 때와 그렇지 못한 사람을 대할 때는 차이가 크다. 최근 자동차 정비기사를 대하는 운전자의 태도를 조사한 결과를 봤는데, 대부분 운전자는 진실하다고 믿을 만한 업체에서 서비스를 받는다면 최저가보다 비싸다고 해도 기꺼이 돈을 지급할 의사가 있다고 말했다. 예를 들면,

지금 당장은 사실 급하지 않은 일을 지금 꼭 **해야 한다**고 말하지 않는 정비사처럼 정직하게 일하는 사람들을 만나면 부인할 수 없는 확신이 생긴다.

우리 믿음과 교리에도 중대한 영향을 끼치는 비슷한 확신이 있다. 앞서 언급했듯이,2 이것은 절대로 잊지 말아야 할 것은, 성경은 그것이 긍정하는 모든 것에 있어서 진실하다는 점이다.

복음주의 전통의 주춧돌이 되는 이 기본적인 교리에서 엄청난 결과가 나온다. 성경이 진리라고 단언하는 것은 성경의 메시지를 확신하게 하고, 우리 믿음과 실천에 권위가 되는 성경의 역할을 분명하게 한다.

그리스도인 학자와 목사 일부는, 혹 성경이 진리라는 교리가 거짓으로 판명될까 (혹은 이미 판명되었다고) 두려워하여, 성경이 무오하다는 주장에서 복음주의자가 신중하게 물러서야 한다고 제안한다. 그러나 이 책의 저자나 편집자, 참여한 모든 사람은 성경의 무오성을 포기할 합당한 이유가 없으며, 오히려 이를 긍정할 수많은 이유가 있다고 생각한다.3

여기서는 한 가지 이유를 집중해서 살펴보겠다. 성경의 무오성 교리를 포기해야 한다고 주장하는 사람은 대개 성경이 권위 있는 책이 아니라고 이미 판단했다. 그래서 그들 주장은 헛되다. 이는 마치 헬스장이 집에서 너무 멀다며 회원자격을 포기하고는, 자기 집 근처로 헬스장을 옮기라며 압력을 행사하는 가족과 같은 일을 하는 격이다. 일단 회원자격을 포기했다면, 헬스장이 어떤 결정을 내리든 전(前)회원이 목소리를 내서는 안 된다.

'조감도' 부분에서 다루었듯이, 한편으로 **이해를 추구하는 신앙** (faith seeking understanding)과 다른 한편 **신앙을 추구하는 이해** (understanding seeking faith) 사이에는 커다란 차이가 있다. 신앙을 추구하는 이해가 신앙을 찾는 경우는 거의 없다. 그러나 믿음을 가지고 이해하려는 태도는 성경에 기초하며 유서 깊은 접근법이다.

성경은 그 자체가 하나님의 진리라고 인정한다. 역사적으로 정교회, 개신교, 복음주의 그리스도인 대다수가 이를 변치 않는 믿음의 신조로 받아들였다. 우리는 이를 기억하고, 이 원칙을 소중히 견지하는 교회와 사역에 참여하기를 힘써야 한다.

사실 4: 예수 그리스도는 성경의 중심이자 목표다

이 책의 편집자, 저자, 모든 기고자는 "우리는 모든 성경은 주 예수 그리스도, 곧 그분 인격과 사역, 그분 초림과 재림에 중심을 두며, 따라서 구약성경을 포함한 성경의 어떤 부분도 그리스도에게로 귀결되지 않는다면 제대로 읽고 이해한 것이 아니라고 믿는다."라는 교리적 신조를 지닌 신학대학원에서 가르친다. 4

우리는 모두 이 조항을 자랑스럽게 여긴다. 이는 성경적이고 역사적인 기독교의 공통된 가르침일 뿐 아니라, 5 성경에 있는 하나님의 계시에 복종할 때 절대 잊지 말아야 할 사실이기도 하다. 우리는 그리스도를 신학, 성경, 그리고 삶의 중심에 두어야만 한다. 많은 사람이 그리스도인을 부르듯 '그 책의 사람'은 모든 일에 그리스도를 첫째 자리에 놓는 사람이 되어야 한다.

"제자들에 안디옥에서 비로소 그리스도인이라 일컬음을 받게 되었더라." (행 11:26)

사도행전은 '그리스도인'이라는 용어를 처음 사용하는데, 학자 대부분은 안디옥 사람이 제자들을 헐뜯고 경멸하려고 이 말을 지어냈다고 생각한다. 그러나 당시 그리스도인은 이 용어를 곧바로 받아들여 자신을 표현하는 말로 사용하기 시작했다. 그들 스스로가 자신을 그리스도를 따르는 사람으로 이해했는데, 이는 우리 정체성을 이해하는 최고의 방법이다. 우리는 그리스도를 따르는 사람이며, 성경을 읽는 방법에서조차 언제나 영원히 그리스도에게 첫째 자리를 내어드린다.

많은 교회가 이 초점을 잃고 있다. 성경이 우리에게 주 예수의 인격과 사역, 하나님의 위대하심, 성령의 변화시키는 능력을 나타내도록 하는 대신, 종종 성경이 결코 의도한 적 없는 문제, 예를 들면 "어떻게 하면 오늘 내가 최고의 삶, 가장 성공적인 삶을 살 수 있을까?", "나 자신을 더 낫게 여기는 법", "나와 내 감정, 나의 복지… 이것이 나 자신에게 무엇을 의미하는가?"와 같은 질문에 대답하려고 성경을 이용한다.

성경의 주된 내용은 자기 계발이나 재정 자문, 결혼생활에 관한 조언이나 액자에 걸어 놓는 데 필요한 영적 격언들이 아니다. 성경은 영원하고 거룩하신 하나님의 아들에 관한 책이다. 그분은 아버지의 뜻을 계시하셨고, 우리 죄를 위해 죽으시려고 참 사람으로 성육신하셨으며, 죽은 자 가운데서 다시 살아나셨다. 그분은 우리 안에서, 그의 교회에서 그의 뜻을 이루시려고 성경과 기록된 말씀을 통해 일하신다. 그분께서 모든 창조세계를 자신의 완전한 다스림 아래 두시려고 다시 오신다.

우리는 성경을 읽거나, 신학을 하거나, 그리스도인으로 살 때, 예수 그리스도를 그 중심에 두려고 애써야 한다는 사실을 결코 잊어서는 안 된다.

사실 5: 신학의 목표는 (정보가 아니라) 변화다

어떤 현대 교회에서 일어나는 '교리'에 관한 모든 부정적 말에도, 그 단어는 실제로는 단순히 '가르침(헬라어 *didache*)'이나 성경적 진리를 뜻한다. 예수님 자신은 최고의 선생이셨다. 성경에서는 다섯 번이나 그분에 대해 "그의 가르침에 놀랐다"라고 기록했다.[6] 당연하게도, (교회들에 보낸) 몇몇 신약 서신서는 심오한 교리로 시작하는데, 그것은 기쁨과 감탄이 뒤섞인, 하나님에 관한 가르침이다. 왜냐고? 로마서 1~11장과 에베소서 1~3장에 있는 것과 같은 교리는 행실이 **빚어지는** 기반이 되는 진리를 세우기 때문이다.

사도들은 반복해서 '바른 교훈'(딛 1:9; 2:1)을 믿고 지키라고 권면한다. "네가 네 자신과 가르침[교리]을 살펴 이 일을 계속하라. 이것을 행함으로 네 자신과 네게 듣는 자를 구원하리라"(딤전 4:16). 우리는 진리이거나 오류를 가르치며, 그밖에 아무것도 없다.

좋은 신학은 살아계신 하나님과 행복한 관계로 인도하는 연속된 표지판처럼 기능한다. 분명히 그 길에는 위험도 있다. 우리는 이 주제에 관한 지적 위대함으로 무장할 수 있다. 어떤 성도가 '신학 연구'는 무익할 뿐만 아니라 심지어 하나님에게서 멀어지게 한다고 의심하는 것도 이유가 없지 않다. 때로 신학을 가장 잘 아는 사람이 거룩함이나 기도, 복음전파에는 관심이 가장 적고, 오만하고, 논쟁하기 좋아하며, 감사하지도 않기 때문이다. 우리 대부분은 신학 공부를 시작하고 나서 하나님의 임재보다 자기 자신으로 더 충만해져서 돌아온 사람 여럿을 알고 있다. 그들은 도로 표지판들에 매료되어 본래 가려고 했던 곳에서 벗어나 헤맨다.

우리가 바른 교리를 추구할 때, 신학의 목적이 단순히 정보를 얻는 것이 아니라 변화에 있음을 절대로 잊어서는 안 된다.

반드시 기억해야 할 다섯 가지 사실

1. 우리가 하나님을 알 수 있으며, 하나님은 우리가 당신을 알게 하셨다
2. 하나님은 당신을 여러 가지 방법으로 계시하신다
3. 성경이 단언하는 모든 것은 참이다
4. 예수 그리스도는 성경의 중심이자 목표다
5. 신학의 목표는 (정보가 아니라) 변화다

피해야 할 위험

영화 「프린세스 브라이드(The Princess Bride)」에는 '거인' 페직이 버터컵, 비치니, 이니고 몬토야 셋을 데리고 '미친 절벽'(cliff of insanity)을 오르는 장면이 있다. 흑가면의 추격이 점점 더 가까워지자 비치니는 페직 목에 바짝 매달려서 말한다. "너는 이렇게 거대해져야 했어. 너는 이렇게 위대한 전설적인 인물이었어. 그런데, 그가 다가오고 있잖아."[1] 잡힐 수도 있고 떨어질 수도 있는 위기가 임박했고 느낄 수 있었지만, 비치니는 잡힐 수 있는 위험만을 인지하며 거인의 팔 힘을 확신한다.

우리도 역시 복스럽게도 인지하지 못하는 위험을 직면한다. 곧, 성경의 진짜 정체가 일으키는 위험이다. 하나님 말씀의 진리를 부인함으로써 영적 파멸에 빠질 위기를 초래할 위험이다.

위험 1: 불필요한 선택적 절제술

수술을 다 받았는데 그 수술이 필요 없었다는 사실을 나중에서야 안 불운한 사람 이야기를, 우리 모두 들어봤고, 우리의 어떤 사람은 한두 명 그런 사람 이름으로 알고 있다. 때로는 그 결과가 좌절하고 상당히 불편할 때가 있다. 다른 경우에 그들은 비극적이다.

우리는 성경에 이런 일을 저지르는 선생을 조심해야 한다. 바울은 에베소 교회의 장로들에게 고별 설교를 하면서 "이는 내가 꺼리지 않고 하나님의 뜻을 다 여러분에게 전하였음이라"(행 20:27)라는 말로 자기 사역을 변호하는 중요한 주장을 했다. 우리 또한 꺼리지 않고 하나님의 '모든 뜻'을 가르치는 친구, 선생, 교회를 힘써 찾아야 한다.

어떤 '선택적 절제술'은 성경의 완전한 무오성을 부인하는 형태로 나타난다. 거짓 교사는 우리에게 예수님의 말만, 또는 "예수께서 가라사대"로 시작하는 본문이나, 신약성경만 신뢰할 수 있다고 전할지 모른다. 이들은 말씀의 부분을 떼어 장식용 둘째 선반에 올려놓고, 자신이 선택한 부분에만 집중하면서 일종의 '정경 안에 정경'을 만들어낸다.

다른 형태의 수술은 특정 교사가 싫어하는 교리를 무시하거나 도려낼 때 일어난다. 술 취하지 말라는 명령에 관해… 성적 순결에 관해… 십일조에 관해… 하나님을 거절한 자들에게 임할 영원한 고통에 관해… 한 남자와 한 여자 사이에서 평생 지켜야 하는 결혼에 관해… '계몽된' 정신을 지닌 사람들을 당황케 하는 기적들에 관해, 왜냐하면, 그것들은, 글쎄, 초자연적(기적적)이니까!

성경에 불필요한 선택적 절제술을 행하는 교수와 목사, 교사나 설교자를 조심하라.

위험 2: 물 탄 포도주

오랫동안 계속 이야기되어온 술 문제를 여기서 얘기하려는 게 아니다. 그 문제에 대한 사람들의 생각을 바꾸지 않아도 '포도주'에 물을 타는 것은 나쁘다는 비유적 표현은 반박의 여지가 없어 보인다. 이사야 1:21~23을 보라.

> 신실하던 성읍이 어찌하여 창기가 되었는고
> 정의가 거기에 충만하였고
> 공의가 그 가운데에 거하였더니
> 이제는 살인자들뿐이로다
> 네 은은 찌꺼기가 되었고
> 네 포도주에는 물이 섞였도다
> 네 고관들은 패역하여

도둑과 짝하며
다 뇌물을 사랑하며
예물을 구하며
고아를 위하여 신원하지 아니하며
과부의 송사를 수리하지 아니하는도다

이 본문에서 물 탄다는 말을 어떤 것의 힘이나 효력을 약화한다는 의미로 분명하게 표현한다. 사실, 오늘날 성경의 가르침에 이렇게 하는 일이 흔히 일어난다. 우리는 성경의 성격이 어떤지 배우고 나서도 하나님의 말씀을 희석하는 사람들로 말미암아 나타나는 위험을 어리석게도 무시해 버린다.

어떤 설교자는 교묘하고도 끈덕지게 성경이 하나님 말씀이 아니라 '좋은 책'이라고 은연중에 전한다. 문화적으로는 용인하더라도, 그런 믿음은 성경이 그 자체에 주장한 것을 말살한다. 다시 말하지만, 성자 하나님 자신이 성부 하나님께 말했듯이 "당신의 말씀은 진리입니다"(요 17:17).

또 어떤 사람은, "성경이 하나님 말씀은 아니지만, 하나님의 말씀이 될 수 있다."라고 말한다. 이 경우는 앞의 예보다 훨씬 더 교묘하긴 하지만, 그에 못지않게 파괴적이다. 성경이 하나님의 말씀이 아니라면 사람은 부득이 그 가르침에서 자신을 면제할 방법을 찾아낼 것이다. 안타깝게도 우리는 우리 자신의 이기심과 범법 행위를 정당화하는 수단을 만들어내는 일에 선수여서, 하나님 말씀이 아니지만, 말씀이 될 수 있다는 식의 구별은 우리를 지독히 타락시키기 충분한 조건이 될 뿐이다. 다른 요소가 섞여 들어올 때[2] 성경이 하나님의 말씀이 '되는' 것이라면, 말씀에 순종을 아주 쉽게 토론 거리로 삼고, 결과적으로 순종하기를 꺼린다.

그런데도 여전히 어떤 이는 다른 권위들, 즉 화석화된 교회의 신조, 가차 없는 율법주의적 전통, 유행하는 문화적 요구나 심지어는 개인의 행복을 우선순위에 놓는 것과 성경의 권위를 동등하게 놓아 성경의 권위를 약화한다. 참된 제자도를 따르라는 직설적인 요청이 우리에게 도전이 된다는 이유로, 개인적 안위에 방해가 된다는 이유로 우리는 얼마나 자주 이 요청에서 도망치는가. "성경이 뭐라고 하는지는 알지만…"이라는 말이 나온다면 이는 순결한 진리에 우리가 결함을 섞인다는 신호다.

순종하기를 피하기보다 하나님 말씀이라는 포도주에 물 타는 자를 피하라.

위험 3: 듣는 척하기

이런 일은 너무 자주 일어난다.

내(네이선의) 아내는 다가올 가족 행사에 관해 내게 뭔가를 말하려 한다. 아내가 내게 전하는 메시지는 내 신체 청각 시스템에서 온전히 처리한다. 음파가 내 귓구멍으로 들어와 고막을 꼼지락대며, 이소골(중이에 있는 세 개의 작은 뼈, 진동을 속귀로 전달한다)이 진동한 후, 달팽이관이 음파를 전기신호로 변환해서 청각 신경이 이를 뇌로 전달한다.

여기서 문제가 발생한다. 내 뇌가 이를 허락하지 않는다.

내가 의도적으로 그러는 것은 아니다. 사실 내 아내 말을 듣는 것은 내 건강과 온전함을 위해 내가 세운 장기 계획이기도 하다. 하지만 이 경우, 아내의 말은 내 머릿속에서 '(골) 비었음'이라는 작은 표시를 보고는 저 멀리 대기로 날아간다. 어림쳐서 헤아려 보건대 볼펜이나 양말 한 짝 행방에 관한 생각이 머물 법한 미확인 거주지로.

성경은, 우리가 하나님의 메시지를 들을 때에도 이와 유사한 문제가 발생함을 보여준다. 구약성경의 예언자가 하나님의 메시지를 전달했지만, 사람들은 듣지 않았다. (그 사람들보다는 어쩌면 우리가 낫다는 자기 합리화로 도망갈 수는 없다.) 예언자는 이스라엘 백성을 향한 하나님의 계획을 생생하게 전파했다. 그런데도 그들은 듣지 않았다.

이런 관점으로 에스겔서 예언을 읽으면 유머러스하다. 하나님의 명령으로 에스겔은 쇠똥으로 보리 떡을 구웠는데, 이는 다가올 예루살렘 포위 기간에 유다 백성이 원치 않지만 그렇게 할 수밖에 없다는 진술이었다(겔 4:12~15를 보라). 그러나 그들은 듣지 않았다. 그다음에 에스겔이 칼로 머리와 수염을 깎아, 이것으로 임박한 예루살렘 포위에 대해 경고하려 했으나, 여전히 그들은 듣지 않았다(5:1~17).

오늘 우리도 이와 같은 위험에 맞닥뜨린다. 우리는 성경이 하나님의 참된 말씀임을 알면서도 듣는 척만 할 뿐 정말로 듣지는 않는다. 말씀을 들을 때 우리는 온전히 집중해서 들어야 한다. 그리고 우리가 하나님 말씀이 명령한 것을 정말로 들었다고 확증하려고, 해야 할 일이라면 무엇이든 할 준비를 해야 한다.

너무 자주, 정말이지 너무나 자주 우리는 듣는 척만 할 뿐 실제로는 듣지 않는다.

위험 4: 차가운, 죽은 정통

덴마크 철학자 쇠렌 키르케고르는 당시 교회에서 그가 목격한 생명력 없는 관습을 신랄하게 비난한 것으로 유명하다.[3] 그는 '기독교인인 척하는' 사람을 혹평하면서 그들 겉모습을 '위선'이라 불렀다.[4]

우리도 성서론과 관련하여 비슷한 위험에 처해있다. 우리는 성경을 속속들이 알 수 있고, 모든 핵심 구절을 암송할 수 있고 최고의 주석을 사들일 수도 있다. 그러나 그런 후에, 그 결실이어야 하는 생활양식은 완전히 놓쳐버린다. 바른 진리를 온전히 가르치면서 거짓되게 살 수 있는 것이다. 키르케고르는 이를 잘 표현했다. "기독교가 원하는 것(다시 말해 부족한 것)은 그리스도를 따르는 것이다."⁵ 달리 말하면, 우리가 성경이 진리라고 단언하면서도 그 진리로 우리 자신을 변화시키지 못함이 위험이다.

이것은 한 경찰관의 실화를 떠올리게 한다. 그 경찰관은 어린이들이 성경적 진리를 듣고, 성경을 암송해서 시상식을 하는 어와나(AWANA) 프로그램에 깊이 참여했는데, 거기서는 모임이 없는 한 주 내내, 성경을 공부하고, 성경 학습장을 살펴보는 등 계속해서 말씀이 넘쳐났다.

어느 해, 그 경찰관은 범죄에 깊이 연루된(마약 관련 폭력과 다른 파괴적 행동들) 한 청년을 체포했다. 수색영장을 얻어 용의자의 집에 들어간 경찰관은 무언가를 발견하고 비탄에 잠겼다. 용의자의 침실 선반에는 수년 동안 받아온 어와나 공로상이 줄지어 있었다. 이 청년은 성경 구절을 암송했다. 그 모든 영예를 얻었다. 그러나 그것은 그의 마음에 감동을 주지 못했다.

하나님 말씀의 진리를 보고 아는 우리가 그 말씀을 가장 신실하게 따르는 사람이 되어야 한다. 실수를 저지르고 여러 모양으로 넘어지기도 하겠지만, 그러면서도 그리스도를 따르는 사람이 되어야만 한다.

위험 5: 교만한 독서

나(네이선)는 우리 가족이 사는 집 대출계약을 마무리 짓던 때를 생생하게 기억한다. 상자들 가득 쌓인 서류에 서명을 다 마친 후에(동의하거나 거절할 서류, 수락하거나 피할 것들), 우리는 각 서류의 사본 하나씩 소유한 자랑스러운 주인이 됨과 **동시에** 다가올 몇십 년 동안은 돈을 갚아야 할 권리도 얻었다.

내가 이 이야기를 하는 이유는 저 자신이 발명한 심원한 해석 법칙으로는 그런 법률 문서를 제대로 읽어 낼 수 없음을 말하기 위해서다. 할 수 있었다면 나는 결코 다시 집값을 내지 않을 것이다! 하지만 사실, 이 서류들은 기존의 언어 규칙으로 세워진 **의미를** 담고 있다. 그렇다. 법적 서류를 읽을 때도 해석적 규칙이라는 게 있다. 누군가 변호사에게 "*Heu, modo itera omnia quae mihi nunc nuper narravisti, sed nunc Anglice?*"6(라틴어로 "이봐요, 방금 내게 말한 것 전부를 이번에는 영어로 다시 해주겠소?")라고 말할 수도 있다.

우리가 서명한 무수히 많은 서류에는 다 논쟁의 여지 없이 분명한 의미(내게는 이 집 구매를 위해 대출한 모든 금액을 갚을 채무가 있다는)가 있다. 내게는 저당권자에게 돌아가 내 재정적 혜택의 전체 사항을 재설정할 기회가 없다. 이런 것을 정말 시도한다면 내 시간과 에너지 낭비는 물론 제정신도 잃어버리는 것이다. 게다가 이건 그저 사람이 만든 서류들일 뿐이다.

어떤 사람은 성경을 독특한 방식으로, 규칙에 어긋나지만, 자기에게 이득을 주는 방식으로 읽으려 든다. 독자에게 본문을 넘어서는 권위를 부여하는 해석이론에서 종종 이 같은 모습이 나타나는데, 특히 저자가 '전문가'의 증언이나 지론을 사용하여 본문에 담긴 메시지를 필사적으로 피하려 드는 학술 저작물에서 흔하게 볼 수 있다.

말도 안 되는 일이다. 성경의 의미는 우리 의도나 목적에 따라 바뀌지 않기에, 우리는 성경의 독자이지 의미를 창조해내는 사람들이 **아니다**. 성경은 궁극적 저자인 하나님의 뜻에 따라 그분의 영감으로 저술되었기에 성경의 의미는 성경 안에 있다.

신앙 공동체에서 오랜 세월을 걸쳐 입증된 성경 해석 방법은 '문법적-역사적' 해석법이다. 우리는 성경의 문학적 문맥과 문법적 문맥, 역사적 상황 안에서 성경을 이해하려 한다. **하나님**께서 말씀하셨으므로, 우리는 그 말씀이 정말로 의미하는 것이 무엇인지 실제적이고 종합적으로 이해해야 한다. 문법이나 문학 장르, 문체, 수사학적 장치나 배경을 무시하는 것은 위험하다.

조금 조심스러운 사항이 하나 더 있는데, 예를 들면 우리가 성경공부 하려고 모여서 "이 본문이 당신에게 어떤 의미인가요?"라고 묻는 상황에도 위험은 등장한다. 대부분 경우 진짜 물으려고 한 것은 "이 본문이 당신에게 도전을 준다고 생각해요?"이거나 "이 본문의 의미를 어떻게 당신 삶에 적용할까요?"이다. 우리가 성경의 의미를 **만들어내는 것이 아님**을 기억해야 한다. 하나님 말씀의 의미는 하나님에게서 온다. 우리는 그 진리에 **반응하는 것**이다.

성경을 읽는 그릇된 접근방법			
에비온주의 (EBIONISM)	양자론 (ADOPTIONISM)	네스토리우스주의 (NESTORIANISM)	유티케스주의 (EUTYCHIANISM)
예수는 단지 한 인간이었다고 주장하는 기독론적 이단	예수가 성령으로 하나님의 양자가 되었다는 기독론적 이단	예수의 인성과 신성을 엄격히 분리하면서 예수가 신이기도 하고 인간이기도 하다고 주장하는 기독론적 이단	예수는 하나님도 인간도 아닌 '제3의 존재'라고 주장하는 기독론적 이단
성경을 '그저 인간의 책'이라 하는 병행적 오류	성경을 신적인 영향을 받은 인간의 책으로 보는 병행적 오류	성경을 읽을 때 인간적 측면과 신적 측면을 분리해야 한다고 가르치는 병행적 오류	성경 읽기에 있어 인간의 의미가 신적 의미에 흡수되었다고 가르치는 병행적 오류
예. '자연적' 영감, 역사비평적 해석, 의심의 해석학, 반초자연주의적 전제	예. 오류가 있는 '사람의 글'에서 무오한 '하나님의 말씀' 찾기, 하나님의 말씀이 '되는' 성경, 신(新)정통주의	예. 신적 의미와 인간적 의미를 분리하는 관점, 메시지(내용)과 매체(형식)을 분리하는 해석	예. 성경의 권위는 인정하나 성경의 원의미와 인간적 활동을 상대화하는 견해, 포스트모더니즘의 '독자 반응' 해석

위험 6: 교리 없는 제자도

인생의 어떤 것(혹은 사람)은 항상 함께한다. 고기와 감자, 애봇과 코스텔로(역자주. 미국 코미디 시리즈의 주인공으로 미국판 맹구와 오서방), 소금과 후추, 버트와 어니(세서미스트리트의 인형 콤비), 로저와 해머스타인(미국 뮤지컬 작품을 만들어낸 콤비 로저스와 해머스타인).

교리와 제자도(훈련) 역시 이와 같다. 교리가 빠진 제자도는 위험하다.

나는 현대 복음주의 진영에 풍부한 제자훈련 프로그램이 있는 것을 감사하는 사람이다. 우리가 제자훈련을 추구하는 것은 성경적이다. 예수께서 제자들을 훈련하셨고, 사도들도 제자들을 훈련했으며, 대위임령(the Great Commission)으로 알려진, 예수님의 명령에서도 우리에게 제자를 삼아 가르치라고 말씀하신다.

우리는 종종 제자 삼는 일에 교리가 기본이 된다는 사실을 망각한다. 다른 사람에게 '도덕적으로 행동하는 법'을 보여주는 것은 기독교만의 독특성이 아니다. 수많은 종교에서 대다수 사람이 자신들의 사회적 행동을 개선하고 도덕적 행실을 선양하려 한다. 독특하게 그리스도인들에게서만 두드러지는 것은 하나님 말씀의 교훈을 받은 후 하나님께서 우리에게 원하시는 것이 무엇인지를 알아 그분께 순종하기 위해 어떻게 예수를 따르는지 보여주는 것이다.

위험 7: 기둥 성자 되기

400년대 중반으로 돌아가 시리아를 방문한다면, 높이 15m가 넘는(성자가 아니라 기둥이) 기둥 꼭대기에 몇십 년 동안 사는 시므온(Simeon Stylites)이라는 성자의 이야기를 듣는다.[7] 그는 성스러운 사람으로 명성이 자자했다. 당대 사람들은 그가 하나님께 얼마나 헌신했는지에 경외감을 느꼈고, 심지어 황제도 그를 찾아와 조언을 구하고 축복받기를 원했다.

이때는 수도원 운동의 발전에 있어 독특한 시기로, 성경 연구나 교리 형성에 있어 우리가 무엇을 하지 **말아야** 할지에 대한 좋은 예이다. 홀로 고립되어 성경을 읽고 해석하는 일은 위험하다. 종종 우리는 편견과 별난 점들에 지배된다. 성경을 공부하는 지혜로운 방법은 믿음 공동체의 일원이 되는 것이다.

물리적으로 **혼자** 성경을 읽을 때도 절대로 **고립**된 채 성경을 읽어서는 안 된다. 지금까지 존재했던 모든 이단은 다른 사람들과 책임성 있는 관계 가운데 성경을 읽지 않았으므로 이단이 됐다. 그것은 신자들을 지지해 주는 공동체로서 함께 자라가며 "성도에게 단번에 주신"(유 3) 믿음에 충실하게 서 있으려고 서로를 권면하는 목표를 갖고 있다. 거짓 교사와 그릇된 제자는, 개인주의와 분리주의, 고립주의의 관점으로 믿음과 실천에 접근하는 토양에서 생겨난다.

자신을 기둥이나 높은 받침대 위에 올려두는 이들을 삼가라. 놀라운 모습으로 시작된 것이 종종 극적인 재앙으로 끝나기도 한다. (여기에 대해 더 알기 원한다면, '실천해야 할 원리'에서, 원리 5: 믿음이라는 맥락에서 이해를 추구하라"를 보라.)

피해야 할 일곱 가지 위험
1. 불필요한 선택적 절제술
2. 포도주에 물타기
3. 듣는 척하기
4. 차가운, 죽은 정통
5. 교만한 독서
6. 교리 없는 제자도
7. 기둥 성자 되기

실천해야 할 원리

어렸을 때부터 나(더글라스)는 켄터키 농구팀 팬이었고, 지금까지 빅 블루 네이션(Big Blue Nation, 역주. 켄터키대학교에서 팬을 위해 운영하는 스포츠 프로그램)의 일원이다.

자유투 라인에 서면 늘 기계처럼 흐트러짐 없이 자유투를 던지는 미국 최고 포인트 가드인 카일 메이시(Kyle Macy)가 와일드캣(Wildcats, 켄터키대학교 남자 농구팀)에 들어왔을 때를 기억한다. 그의 한 시즌 자유투 성공률은 영국에서 30년이 넘게 기록을 세웠고, 그의 경력 수익의 일부도 거의 30년 동안 기록을 유지했다.[1] 육안상 메이시의 움직임은 늘 똑같았고 그 결과도 늘 같아 보였다.

메이시는 렉싱턴에서 활약한 4년(하고 3시즌)동안 331개 자유투에 성공했다.[2] 요즘은 그가 **훈련하면서** 자유투에 얼마나 많이 성공하는지 궁금하다. 몇 시간이고 계속해서 연습하지 않았더라면 실전 게임에서 득점에 성공할 수 없으므로, 그가 수천수만 번 골을 던지는 훈련을 했을 것이라는 추측을 하지 않을 수 없다.

이처럼 성경을 대할 때에도 우리가 훈련해야 할 것이 많은데, 이것이 영적 생명력과 영적 실패의 차이를 가른다.

원리 1: 성경을 하나님의 입에서 나온 말씀으로 받아들이라

혹시라도 내게 묻는다면, 오늘날 제일 흥미진진한 운동의 하나는 대학농구라 답하겠다. 한 해 전국 챔피언을 가리는 토너먼트로 막을 내리는 '3월의 광란'(역주. 3월에 열리는 미국 대학농구 선수권 대회) 같은 열기는 어디에도 없다. 이 분야에 꽤 있어 본 사람으로 하는 말이지만, 1986~87년 시즌 이전보다 요즘이 훨씬 더 흥미진진한데, 그 해에 3점 슛이라는(대학시합에는) 완전히 새로운 요소를 도입했다.

3점 슛 제도의 도입은 안 그래도 광란적 흥분을 더 뜨겁게 했는데, 예를 들면 종종 실력이 얕은 팀인데도 성공 득점 수 덕분에 예상 밖의 승전을 여럿 거뒀다. 실은, 바로 그 시즌에 프로비던스(Providence Friars, 대학 농구팀 이름)가 빌리 도노반의 정확한 슛 덕분에 역전승을 거두고 4강까지 진출할 수 있었다.

농구 해설가 딕 바이텔(Dick Vitale)에게 3점 슛에 관해 물어보면, 그가 열성적으로 말하다가 "3점이라고요(trifecta)!"라는 말하는 것을 들으리라. 나는 성서론을 생각할 때 다른 종류 3점 슛을 생각한다. 교회는 그 역사를 통틀어 성경을 하나님의 영감으로 된 것으로 보았고, 우리는 그 영감을 세 가지로 이해한다. (1) 영감의 원천은 하나님이시다. (2) 영감의 산물이 바로 말씀이다. (3) 영감의 중재자는 성령이시다.

우리가 성경을 하나님의 영감으로 기록한 것으로 받아들이고 이 믿을 만한 렌즈 세트로 영감을 볼 때, 훈련할 가치가 있는 원리를 얻는다. 즉, 우리는 성경을 하나님의 입에서 나온 말씀으로 받아들여야 한다는 것이다. **그분** 메시지이기에 성경은 가장 중요하다. 그분 말씀은 그분 메시지로써 그분 권위를 지닌다. 우리가 하나님의 권위인 성경의 권위에 복종해야 하는 것은 그 권위가 하나님의 권위이기 때문이다.

마지막으로, 성경의 권위에 복종하는 것이 복음주의 지형도를 구체화한다. 성경의 지위를 영감된 것으로 두었을 때 일어날 실제적인 결과를 성경 자체가 설명한다. 성경은 하나님의 감동으로 된 것이기 **때문에** "교훈과 책망과 바르게 함과 의로 교육하기에"(딤후 3:16)에 유익하다.[3] 성경이 하나님의 감동으로 된 것이기 **때문에** 우리는 이것을 하나님의 입에서 나온 말씀으로 받아들이며,

이 때문에 우리가 그리스도 안에서 자라가면서 우리 자신을 성경의 가르침에 맞춰간다.

원리 2: 믿음을 굳세게 하길 배우라

성경을 이해하기 어려운가? 뭐, 그렇기도 하고 아니기도 하다.

성경이 3D로 만들어졌다면, 하나님이 만물을 창조하셨다... 예수께서 우리 죄를 위해 돌아가시고 죽은 자 가운데서 살아나셨다... 결국, 하나님이 승리하신다 등의 몇몇 진리는 아주 명확하고 분명해서 책에서 튀어나와 당신의 호흡을 멎게 하리라.

그러나 모든 것이 다 명확하지는 않다. 실은 안간힘을 써야 할 만큼 이해하기 어려운 것도 있다. 불가능하지는 않지만, 쉽지도 않다. 또 사도 베드로도 바울의 글에 대해 말하면서 동일하게 "그중에 알기 어려운 것이 더러 있으니 무식한 자들과 굳세지 못한 자들이 다른 성경과 같이 그것도 억지로 풀다가 스스로 멸망에 이르느니라"(벧후 3:16)라고 말했다. 게다가 이 중에는 잘못 다뤄지면 정말로 위험한 것이 있다. 자신은 물론 다른 사람들까지 멸망에 이르게 하는 성경 왜곡을 어떻게 방지할 수 있을까? 자, 베드로는 그들이 "무식하고" "믿음이 굳세지 않은" 것이 문제라고 말했다. '무식하고'로 번역한 헬라어는 문자적으로는 "(제자로) 훈련된(discipled)"의 반대말이다. 고대 사회에서 제자(disciple)는 여러 해를 걸쳐 스승에게 훈련받은 도제를 의미했다. 따라서 성경을 왜곡하는 사람이 되는 한 가지 방법은 **'무식한'**, 다시 말해 훈련된 누군가에게 **'배우지 않는'** 것이다. 결국, 의미하는 바는 분명하다. 훈련받은 사람만이 하나님께서 계시하신 것을 엮어 그리스도를 중심에 두게 하고 신실하게 진리의 종합적 패턴을 정확하게 보여줄 수 있다. 바울은 이 기술을 "진리의 말씀을 옳게 분별하는" 것이라고 표현했다(딤후 2:15).

우리가 성경을 어떻게 읽는지 주의해야 한다. 독학만 하는 것은 배우지 않는 것과 같다. 당신만의 개인 해석을 해내기 전까지는 주석을 참고하지 말라는 조언을 받아본 적이 있는가? 베드로가 심각하게 경고한 관점에서 볼 때 이런 권고는 그리스도인들에게 독학(다른 말로 "무식하라")하라고 권하는 것이다.

다시 말하지만, 스스로 읽지 말라는 말이 절대로 아니다. 거듭 말하는데, 절대로 **고립한 채** 성경을 읽어서는 안 된다. 솔선하여 성경을 읽고 연구하는 것은 올바르다. 그러나 훈련된 선생의 지도 아래서 배우기를 거부하고, 그러면서 다른 믿는 자들에 대한 책임을 회피하는 것은 잘못된 일이다.

그렇다면 성경을 정확하게 다루려면 우리는 무엇을 해야 하는가? 베드로의 말에 답이 있다. **믿음을 굳세게 하려고 배우라**. 어떻게? 간단하다. 성령께서 거주하시는 공동체에서 성령의 은사를 받은 교사들을 통해 성령께서 일하실 때, 그 성령의 가르치심에 복종하는 것이다. 에베소서 4:11~16은 우리가 어떻게 그리스도의 몸의 활동을 통해 가르침을 받고 믿음을 굳세게 할 수 있는지를 가장 분명하게 표현한다.

> 그분이, 어떤 사람은 사도로, 어떤 사람은 예언자로, 어떤 사람은 복음 전도자로, 또 어떤 사람은 목회자와 교사로 삼으셨습니다. 그것은 성도들을 준비시켜, 봉사의 일을 하게 하고, 그리스도의 몸을 세우게 하시려는 것입니다. 그리하여 우리 모두가, 하나님의 아들을 믿는 일과 아는 일에 하나가 되고, 온전한 사람이 되어, 그리스도의 충만하심의 경지에까지 이르게 됩니다. 우리는 이 이상 더 어린 아이로 있어서는 안 됩니다. 우리는 인간의 속임수나 간교한 술수에 빠져서, 온갖 교훈의 풍조에 흔들리거나 이리저리 밀려다니거나 하지 말아야 합니다. 우리는 사랑 안에서 진리를 말하면서, 모든 면에서 자라나서, 머리이신 그리스도에게까지 이르러야 합니다. 그리스도

가 머리이시므로, 온몸은 여러 부분이 결합되고 서로 연결되어서, 각 부분이 그 맡은 분량대로 활동함을 따라 각 마디로 영양을 공급받고, 그 몸을 자라게 하여, 사랑 안에서 스스로를 세우게 합니다.『새번역』

이 모든 요소를 다 파악했는가? 교사들에게 배워... 서로 결합하고... 각 부분이 맡은 분량대로 활동하며... 어린 아이에서 온전한 사람으로 자라... 믿음의 하나됨을 이룬다.『해설 성경』을 버리지 말고, 그것들로 우리 지식의 빈틈을 메워야 한다. 주석 참고하는 일을 마지막으로 미뤄두지 말고, 경건한 학자에게 배워야 한다. (이미 있는 것을 다시 만드느라) 쓸데없이 시간 낭비하거나 최신 유행만 찾지 말고, 우리 보다 앞서간 그리스도인의 풍부한 유산을 탐색해야 한다. 개인적 이해를 신뢰하지 말고, 우리 주위의 다른 믿는 사람의 통찰력에서 얻을 수 있는 것을 얻어야 한다.

성경을 왜곡하고 싶지 않다면, 개인적인 성경 읽기과 숙련된 교사가 지도하는 공동체 성경 연구 사이의 균형을 이뤄야 한다. 우리는 훈련된 지도자가 지도하는, 성경을 믿는 공동체의 환경 안에서만 배우고 믿음을 굳세게 하여 "진리의 말씀을 옳게 분별" 할 수 있다(딤후 2:15).

원리 3: 듣기만 하는 사람이 되지 말고 실천하는 사람이 되라

얼마 전 나(네이선)는 이-메일로 엄청난 식이보충제 광고를 받았다. 광고 말대로라면, 상상도 못할 만큼 내 삶을 좋게 해줄, **대단히 특별한 물건**을 단돈 49.99달러에 얻을 수 있었다. 모든 것이 다 좋아진단다. 나는 상온 핵융합의 난제를 풀면서 낮은 건물들을 단번에 뛰어넘는 자신을 상상했다.

나중에 밝혀졌지만, 그 링크는 악성 소프트웨어를 전염하는 미심쩍은 사이트로 연결했다. 그때의 실망감이라니! 이 상품 보증서에서 말하는 유일한 '인생의 변화'는 컴퓨터 감염을 처리하는 고통과 좌절감뿐이었다.

성경에는 이와 정반대의 약속이 있다. 당신의 인생을 틀림없이 더 좋게 **바꿀** 약속이 야고보서 1:22~25에 있다.

> 여러분은 말씀을 실천하는 사람이 되고, 그저 듣기만 하여 스스로를 속이는 사람이 되지 마십시오. 말씀을 듣고도 실천하지 않는 사람은, 있는 그대로의 자기 얼굴을 거울 속으로 들여다보기만 하는 사람과 같습니다. 이런 사람은 자기의 모습을 보고 떠나가서, 그것이 어떠했는지를 곧 잊어버리는 사람입니다. 그러나 완전한 율법, 곧 자유를 주는 율법을 잘 살피고, 또 그 안에서 사는 사람은, 율법을 듣고 나서 잊어버리는 사람이 아니라, 그것을 실천하는 사람입니다. 이런 사람은 실천함으로 복을 받을 것입니다. (야고보서 1:22~25 『새번역』)

이 본문은 성서론에서 우리가 실천해야 할 핵심원리를 제공한다. **그저 듣기만 하지 말고 실천하는 자가 되라.** 실천하는 사람이 되는 것은 하나님께서 당신의 행하는 일을 축복하시리라는 것을 의미한다.

헬라어로 신약성경 전체를 외웠던 영국의 설교자 프레드릭 로버트슨(Frederick W. Robertson)은 우리에게 듣기만 하는 사람이 되는 것의 위험을 경고한다.

> 바르게 생각하는 것과 행함을 분리하는 것은 심각하게 위험한 일이다. 진리를 알면서 행하지 않는 사람은 이미 절반은 거짓된 자다. 진리는 사색하라고 주신 것이 아니라 행하라고 주신 것이다. 삶은 생각이 아니라 행동이다. 진리를 알기만 한 사람이 치를 형벌은, 그가 붙드는 바로 그 진리가 점차 거짓이 되어간다는 것이다.[4]

그러니, 그저 듣기만 하는 사람이 되지 말고 행하는 사람이 되라. 그래도 당신이 건물을 여전히 뛰어넘지는 못할 것이며, 하나님께서 당신을 부자로 만들지도 않으실 것이다. 그러나 하나님께서 당신의 행하는 일을 축복하신다. 당신은 하나님께서 그의 자녀에게 원하시는 순종의 길에 서고, 하나님의 축복이 당신의 순종에서 그리고 그 순종을 통해 나타난다.

원리 4: 진리의 자료에 균형 잡힌 식단을 유지하라

내(마이클)가 어렸을 때 전문가가 건강한 식단으로 묘사한 것을 현대 식단과 비교하면 이전 것이 훨씬 쉽다. 그때는 곡류, 육류, 유제품류, 채소류(과일)의 네 식품군까지만 분류했다. 균형 잡힌 식사를 하려면 어느 한 식품군이 다른 것보다 너무 많지도 적지도 않아야 함을 알았다. 무청을 안 먹겠다고 하면 엄마는 늘 균형식단의 예로 네 번째 식품군을 가리키곤 했다. 우리는 절제와 다양성으로 이뤄내는 균형이 핵심이라는 것을 알았다.

그리스도인의 길도 마찬가지다. 믿거나 말거나, 잘 균형 잡힌 신앙생활에서 그리스도인이 한 부분에만 지나치게 집중하면 그 균형을 잃어버릴 수 있다. 성경공부만 지나치게 많이 하면 자기만의 개인 성경 읽기를 과신하고, 사소한 정보가 머리에 가득 차 진리가 머리에서 가슴으로, 가슴에서 실천으로 이르지 못한다. 지나치게 학문적이기만 한 신학은 **열정**(passion)만 많고 **동정심**(compassion)이라곤 없는, 교리만 아는 사람을 양산해낼 수 있다. 실용적인 일 처리 안내서만 너무 다루면, 온갖 유행 사조에 이리저리 흔들리거나 각종 기이한 해석적 유행에 따라 사방으로 흩날리는 얄팍한 실용주의자를 길러낼 수 있다.

나아가 신자가 이 세 '식품군(성경, 신학, 실천적 삶)'의 알맞은 균형을 유지하려면, 역사적 관점 또한 필요하다. 해석의 역사를 알면 균형 잡힌 성경 읽기를 할 수 있다. 신조의 발달, 논쟁과 합의의 과정을 제대로 이해하면 우리 신앙 고백(doctrinal confession)은 균형 잡힌다. 또한, 각양각색의 독특한 문화 상황에서 믿음의 선배가 어떻게 믿음을 살아냈는지 배우는 것은 21세기 문화적 상황에서 믿음으로 살고자 하는 우리에게 도움을 준다.

다리가 네 개인 탁자처럼, 완전하고 균형 잡힌 믿음은 성서적이고 신학적이며, 실제적이고 역사적인 자료들에 근거한다. 균형을 잡아주는 이러한 지식과 지혜의 요소는, 하나 또는 두 가지 요소에만 탐닉하거나 다른 사람의 조언을 무시하는 대신, 절제와 다양성을 가지고 적용해야 한다.

성경을 성실히 공부하는 학생으로서 우리는, 진리의 원천을 대체하려는 게 아니라, 그분의 특별계시를 **보충**하려고 성경 자체가 성경 외부에 있는 진리의 자료들을 언급하고 있음을 알아야 한다. 우리는 개미에게서조차 삶의 교훈을 배울(잠 6:6) 정도로 하나님의 창조를 곰곰이 생각해야 한다(시 19:1~2; 롬 1:20)! 성경을 바르게 이해하기는 실재와 조화를 이루므로, 필연적으로 실재와 실재 안의 우리 위치를 더 선명하게 그려내는 과학, 경험, 신학, 철학, 역사와 같은 다른 자료들에서 확립한 사실들과 연관한다.

성경이 영감받은 진리의 원천임을 절대로 포기해서는 안 된다. 또한, 진리의 다른 자료를 가지고 우리 그리스도인의 삶의 균형도 이루어야 한다. 성경 안의 모든 것이 다 진리이지만, 모든 진리가 성경 안에 있는 것은 아니라는 사실을 기억하라.

원리 5: 믿음이라는 맥락에서 이해를 추구하라

1부에서 반복해 살펴보았듯이, 신학의 고전적 정의는 '이해를 추구하는 믿음'이다. 어떤 사람은 이를 단순히 믿음의(믿는) **태도**로 성경을 이해하려는 것을 의미한다고 생각했다. 취해야 할 좋은 태도인 것은 맞지만, 그게 전체 그림은 아니다. 앞의 정의는 또한

"성도들이 단번에 받은 그 믿음"(유 3)이라 한 것과 같이 믿음의 내용을 뜻하기도 한다. 달리 표현하면, 성경이 신학의 기초이며 우리의 시작점이 되지만, 동시에 성경을 연구하는 사람은 교회가 완성된 성경을 가지기 전부터 믿음이 무엇인지를 규정했던 중심 교리를 고려하여 성경을 읽어야만 한다. 모든 성경을 고려하며 말씀을 읽을 뿐 아니라 바른 신학에 비추어서 신학을 하라.

그러나 성경 읽기가 바른 신학에 도달하는 방법이라면, 바른 신학도 성경을 더 잘 읽게 할 수 있을까? 아니면 그것은 당신 자신의 부모가 되는 것과 같은가? 아니면 일종의 꼬리잡기인가?

답은, 성경에 있는 **모든 것**이나, 성경, 역사, 이성, 그리고 경험을 통해 그리스도인이 발견하는 것 **모두**가 다 '믿음'의 내용은 아니라는 것이다. 믿음이라는 맥락에서 이해를 추구한다는 말은, 핵심적인 신조(beliefs)—중심(근본) 교리나 기본적 진리—에서 시작하는 것이 기독교를 기독교답게 만들어 준다는 뜻이다. 이런 교훈들을 정확하게 이해하면, 그 믿음(the faith)을 반박하고 무너뜨리는 방식으로 무지하게 혹은 거만하게 성경을 읽는 것을 방지할 수 있다. 최악의 상황에도 성경 연구자는 완전히 길을 잃지는 않는다.

언젠가 C. S. 루이스는 그가 쓴, 하나님에 관한 '잘 정리된 짧은 신조나 문구'를 비난한 한 영국 공군 장교에게 대답하면서, 건강한 신학은 세계의 지도와 같다고 논증했다.

> 그 지도는 그저 색칠된 종이에 불과하지만, 꼭 기억해야 할 두 가지 사항이 있습니다. 첫째로, 셀 수 없이 많은 사람이 실제 대서양을 항해해서 찾아낸 것에 기초한 것임을 기억해야 합니다. 따라서 그 지도에는 당신이 직접 해변을 걸어서 찾은 것과 똑같은 경험이 무수히 들어 있습니다. 그저 차이가 있다면, 당신의 경험은 단지 한 번 짧게 바다를 경험한 것이지만, 그 지도에는 서로 다른 경험들이 모두 잘 맞물려 있다는 사실입니다. 둘째로, 당신이 어디든 가기를 원한다면, 당신에게 이 지도가 꼭 필요하다는 것을 기억해야 합니다.[5]

기독교 신앙이 늘 비본질적인 것에 있어서 다양성으로 특징지어졌다면, 정통신앙의 본질에서 일치 역시 잘 알려져 있는데, 그것은 '언제나, 어디서나, 모든 사람이' 믿은 것을 말한다.[6] 이 '믿음'을 구성하는 기초적 교리의 몇 가지를 모든 그리스도인은 성경을 이해하려고 시작하기 전부터 붙들어야 하는데, 창조주이며 구세주이신 삼위일체 하나님, 타락과 그로 인한 인류의 상실성, 그리스도의 완전한 신성과 인성, 그분의 속죄 죽음과 부활, 믿음을 통해 은혜로 얻는 구원, 성경의 영감과 권위, 인류에 대한 최후 심판과 미래에 다시 오실 그리스도와 연관된 회복 등이다.

하나님의 계시를 더 잘 이해하고 싶다면, 다시 말해 더 나은 신학자가 되려면, 성도에게 단번에 주신 그 믿음의 내용에 초점을 맞추고 이를 굳게 잡으라. 언제나 중요한 것은 중심에, 부차적인 것은 주변에 두라.

원리 6: 덕망 있는 신학자 성품을 기르라

성경? **좋다.** 교회사 서적들? **좋다.** 사전류 및 백과사전? **좋다.** 사역 경험? **좋다.** 신학적 참고문헌들? **좋다.** 성품과 덕성? 글쎄...

신학을 잘하려고 좋은 도구에 집중하거나, 우리가 처한 문제에 최적의 답을 얻으려고 확실한 방법을 따르려고 하면서도 여전히 우리는 뭔가 중요한 것을 놓치고 있다. 도구와 기술은 훌륭하고 필요하지만, 필수적인 영적 덕목을 갖추지 않는다면 우리는 결코 진정으로 훌륭한 신학도가 될 수 없다.

그렇다면 우리는 어떻게 덕망 있는 신학을 하는 덕망 있는 신학자가 될 것인가? 이것을 요약하는 네 가지 짝으로 된 글귀를 나누고자 한다.

겸손함과 기도로 신학하라. 기도란 우리의 무능력을 받아들이고 겸손히 하나님의 권능을 의지하는 것이다(고전 3:14; 엡 1:17~19; 유 20). 덕망 있는 신학자는 무릎 꿇기부터 시작한다.

믿음과 순종으로 신학하라. 진리를 추구할 때 응답하는 믿음의 습성이 전제된다(히 11:3, 6; 딤후 3:16~17; 요 14:21). 덕망 있는 신학자는 그저 정보(information)만 좇는 것이 아니라 변화(transformation)를 추구한다.

부지런함과 훈련으로 신학하라. 하나님께서는 우리가 이해하고, 믿고, 순종할 수 있게 하시지만, 이를 통해 우리가 적극적으로 참여하도록 이끄신다(딤전 4:13~15; 딤후 2:15; 3:15; 벧후 3:16). 덕망 있는 신학자는 오랜 시간의 고된 노동을 감당해낸다.

신중하고 분별력 있게 신학하라. 인간으로서의 연약함 때문에 우리는 속고, 속이며, 자신을 속일 수 있다(렘 17:9; 빌 1:9; 살전 5:21; 요일 4:1). 덕망 있는 신학자는 조심스럽게 전진해 나간다.

실천해야 할 원리

1. 성경을 하나님의 입에서 나온 말씀으로 받아들이라.
2. 믿음을 굳세게 하길 배우라.
3. 듣기만 하는 자가 되지 말고 행하는 자가 되라.
4. 진리의 자료들에 대해 균형 잡힌 식단을 유지하라.
5. 믿음이라는 맥락 안에서 이해를 추구하라.
6. 덕망 있는 신학자의 성품을 기르라.

과거와 현재의 목소리

교회는 늘 외부의 적과 내부의 현혹하는 마귀에게 공격당하면서도 정통 그리스도인은 언제나 "모든 성경에는 하나님의 숨결이 불어 넣어졌다"(딤후 3:16)라는 믿음을 지켜왔다. 신적인 기원으로 성경이 온전히 진리라는 교리는, 오랜 시간의 시험을 견디어 냈다. 1세기 로마의 클레멘스부터 지금 이 책의 저자에 이르기까지, 교회의 목사와 교사는 늘 성경의 권위와 영감을 견지했으며, 심지어 그것에 대한 해석이 다를 때조차 그러했다.

아래는 교부시대, 중세시대, 종교개혁 시대, 현대시대라는 교회사의 네 시기에 성경의 영감, 무오성, 권위, 충분성, 해석, 적용과 관련한 발췌문과 인용문 모음이다. 이 글은 교리 연구자에게, 신앙의 역사와 이것을 풍성하게 한 다양한 의견을 묶어주는 일관된 주제를 관찰할 수 있게 한다.[1]

교부시대(100~500년)

로마의 클레멘스(Clement of Rome, 95년 즈음)

"당신은 진실하며, 성령께서 주신 성경을 찾아보았습니다. 당신은 거기에 기록된 것에 불의한 것이나 거짓이 없다는 것을 알고 있습니다."[2]

"복되신 사도 바울의 서신을 취하십시오. 그는 복음을 시작하면서 당신에게 맨 처음 무엇을 썼습니까? 참으로 그는 성령으로 당신에게 썼습니다."[3]

서머나의 폴리카르푸스(Polycarp of Smyrna, 110년 즈음)

"나 또는 나 같은 사람 그 누구도 복되시고 영광스러운 바울의 지혜를 따라갈 수 없습니다. 바울이 당시 사람과 함께 있었을 때, 그는 정확하고 확실하게 진리의 말씀을 가르쳤습니다. 바울이 함께 있지 않을 때면 편지를 썼습니다. 그 편지를 신중히 공부하면, 당신이 받은 그 믿음으로 자신을 굳게 세울 수 있을 것입니다."[4]

아테네의 아테나고라스(Athenagoras of Athens, 177년 즈음)

"지식에 큰 열심과 대단한 학식을 가진 당신은 모세나 이사야, 예레미야나 다른 예언자의 글을 모를 리 없습니다. 그들은 거룩한 영의 충동에 따라 자연적인 이성의 작용을 뛰어넘어 황홀경의 상태에서 그들이 영감받은 것을 말했고, 성령께서 마치 플롯에 숨을 불어넣는 연주자처럼 그들을 사용하셨습니다."[5]

리용의 이레나이우스(Irenaeus of Lyons, 180년 즈음)

"우리가 연구 주제로 삼은 모든 것에 관한 설명을 성경에서 찾지 못해도, 그 이유로 참으로 살아계신 분 외에 다른 하나님을 찾지는 맙시다. 이것이야말로 가장 나쁜 불경건이기 때문입니다. 우리는 그런 성격 문제를 우리를 지으신 하나님께 맡기고 성경이 참으로 완전함을 가장 적절하게 확신합니다. 성경은 하나님의 말씀과 성령으로 기록되었기 때문입니다. 우리는 하나님의 말씀과 성령보다 열등하고 존재적으로 나중이니만큼, 그 이유로 하나님의 신비를 아는 지식을 소유하지 못합니다.[6]

알렉산드리아의 클레멘트(Clement of Alexandria, 215년 즈음)

"확실한 판단으로, 하나님의 성경을 믿는 사람은 성경을 주신 하나님의 음성을 받으며, 그 증거는 배격할 수 없다."[7]

카르타고의 테르툴리아누스(Tertullian of Carthage, 220년 즈음)

"특정한 시기에 앞날의 일이 걱정되거나 회상이 필요할 때면 언제라도 우리는 거룩한 글을 읽으려 모인다. 그 관점에서 상황이 어떻든 우리는 거룩한 말씀으로 믿음을 북돋고, 소망에 생기를 불어넣으며, 우리의 확신을 더욱 굳세게 한다. 게다가 하나님의 계율을 익혀서 바른 습관도 확립한다."8

"그러나 성경의 표현은 절대로 진리를 거스르지 않는다. 썩은 나무는 더 나은 품종이 접붙여지지 않는 한 결코 좋은 열매를 맺지 못하며, 좋은 나무도 나쁜 나무와 접붙여지지만 않는다면 결코 나쁜 열매를 맺지 않는다."9

"그렇다면 전체적으로 앞선 것이 분명히 더 진실하다면, 앞선 것이 맨 처음부터 있던 것이라면, 처음부터 있던 것이 사도를 저자로 한다면, 사도에게서 전수한 것은 사도의 교회에서 신성한 위탁물로 지켜왔음이 아주 명백하다.

고린도 그리스도인이 바울에게서 어떤 젖을 받아먹었는지, 갈라디아 그리스도인이 잘못을 바로잡으라고 어떤 믿음의 규범에 부쳐졌는지, 빌립보인 그리스도인, 데살로니가 그리스도인들, 에베소 그리스도인은 무엇을 읽었는지, 로마 그리스도인은 무슨 말을 했는지 보자. 그들은 (사도와) 상당히 가까워서, 바울과 베드로가 자신들의 피로 인친 복음을 연합하여 물려주었다. 게다가 우리에게는 사도 요한이 양육한 교회가 있다. 마르키온(Marcion)은 그의 묵시록을 거부했지만, (거기의) 감독의 서열을 기원까지 추적해 보면, 그들 기원은 요한에게 있다. 마찬가지로 다른 교회도 탁월한 근원에서 나왔음을 알 수 있다. 따라서 나는 그들(사도가 세운 교회뿐만 아니라, 그리스도의 복음의 신비 가운데 교제로 연합한 모든 교회) 중 우리가 온 힘을 다해 방어하는 누가복음은 그 책이 처음 나오던 그 근거가 확실했다... 같은 권위를 가진 사도적 교회가 다른 복음서에 대해서도 증거를 제시할 것이다. 우리도 동일하게 그들의 수단을 통해 그들 용법에 따라—나는 요한복음과 마태복음을 의미한다—증거를 갖고 있다. 마가가 쓴 것을 베드로의 것으로 볼 수 있는 것은 마가가 그의 해석자였기 때문이다. 심지어 누가의 복음서 양식조차도 사람들은 통상 바울에게 돌린다."[10]

알렉산드리아의 오리게누스(Origen of Alexandria, 220년 즈음)

"그러나 우리는, 신성하게 영감되었다고 확실하게 붙드는 그 교리에 대한 우리의 믿음에 따라, 예수 그리스도께서 선언하셨듯, 성령의 감동으로 쓰인 성경, 즉 복음서와 서신서들, 율법과 예언서들을 통해서가 아니면 하나님의 아들 같은 더 고상하고 신성하신 이성을 설명하고 인간 지식의 범위 안으로 가져올 만한 다른 방법은 결코 없을 것이라 믿는다."[11]

"우리가 열거한 입장을 확립하려면 성경의 증거를 제시해야 한다. 이 증거는 우리가 앞으로 개진해야 할 것에 관해서든, 이미 진술한 것에 관해서든 확실하고 망설일 필요 없는 믿음을 낳을 것인데, 우선 성경 자체가 신성하다, 즉 하나님의 영으로 감동된 것임을 보여줄 주어야 한다."[12]

로마의 히폴리투스(Hippolytus of Rome, 235년 즈음)

"성경은 그 어떤 일에도 우리를 그릇되게 인도하지 않는다."[13]

"그렇다면 성경이 무엇을 말하든 최소한 우리는 이를 살펴보고, 성경이 무엇을 가르치든 우리는 배우자... 우리 자신의 뜻이나 우리 자신의 논리에 따라서가 아니라, 하나님께서 주신 그러한 것들을 난폭하게 사용하지도 말고, 이 성경을 통해 그것을 가르치시려고 택하신 방식대로, 우리도 그것들을 분별하자.[14]

1부 견고한 토대: 계시, 성경, 진리   133

노바티아누스(Novatian, 250년 즈음)

"우리가 하늘의 경전 어떤 부분도 건너뛰어서는 안 되는데, 성경이 규정한 그리스도의 신성 특징을 절대로 거부하면 안 되기 때문이다. 성경의 권위를 훼손함으로써 우리 거룩한 믿음의 진실성을 훼손하지 않기 위해서다… 그러므로 우리가 성서의 권위에 합당한 존경과 합법적 논증으로 이 모두를 붙들지 않는다면, 우리는 이단에게 스캔들을 제공한 셈이다. 그것은 확실히 절대 속이지 않는 성경의 오류 탓이 아니라, 인간의 그릇된 자만 탓이며, 그로 인해 그들은 이단이 되기를 선택했다."15

락탄티누스(Lactantius, 300년 즈음)

"그[히에로클레스]는 이 글에서 마치 성경 자체가 전반적으로 모순이라도 되는 것처럼 오류를 증명하려고 애썼다. 그는 그 자체로 상이하게 보이는 몇몇 장을 설명했다… 그러므로 아무에게서도 설명을 들어본 적 없는 것을 감히 파괴하려는 것은 얼마나 성급한 일인가! 그는 아무것도 배우지 않았거나 아무것도 이해하지 못했거나 둘 중의 하나임이 분명하다. 그가 믿음과 진리에서 동떨어져 있는 것처럼 모순은 성경과 거리가 멀다."16

알렉산드리아의 아타나시우스(Athanasius of Alexandria, 367년 즈음)

"또한, 내가 보기에는… 정경에 포함되어 전수되며 신성하다고 여겨지는 책을 당신 앞에 제시하는 것이 좋을 듯하다. 오류에 빠진 사람 누구나 그렇게 인도한 사람을 정죄하기 위해서이다. 또 순결을 굳게 지키는 사람이 이런 일을 상기하며 다시 기뻐하게 하려 함이다…

"이런 것이 구원의 기반이며 목마른 사람은 거기에 담긴 살아 있는 말씀으로 만족할 것이다. 이것에만 경건한 교리가 선포되어 있다. 아무도 이것에 더하지 못하게 하고 이것에서 빼지 못하게 하라. 이것들에 관해 주님은 사두개인을 부끄럽게 하시며 말씀하셨다. '너희가 성경을 알지 못하는 고로 오류를 범했다.' 그리고 그분은 유대인을 꾸짖으셨다. '성경을 찾으라, 이것이 바로 나를 증거 한다.'"[17]

나지안주스의 그레고리(Gregory of Nazianzus, 380년 즈음)

"그러나 성령의 정확성을 가장 단순한 일점일획까지 확장하는 우리는, 성경을 기록한 사람이 가장 사소한 문제를 경솔하게 다루었다는 불경건한 주장을 절대 승인하지 않는다."[18]

히포의 아우구스티누스(Augustine of Hippo, 420년 즈음)

"첫째로 예언자를 통해, 다음에는 자기 입술로, 다음에는 사도를 통해 충분하다고 말씀하신 이 중보자[예수 그리스도]는 그 외에도 정경으로 불리는 성경을 만들어내셨는데 이것은 총체적 권세를 지니며, 우리가 반드시 알아야 할 모든 문제에 있어서 우리는 성경에 동의한다. 그러나 우리 자신의 힘으로는 이것을 알 수가 없다."[19]

"나는 이런 측면을 양보하고 성경의 정경만을 존중할 것을 배웠다. 이 책의 저자만이 오류가 없음을 나는 확고하게 믿는다. 그리고 만약 이 책에서 진리에 반하는 것처럼 보이는 부분에 당황하게 되면, 나는 주저함 없이 사본에 오류가 있든가, 아니면 번역자가 의도된 의미를 포착하지 못했던가, 아니면 내가 이해하지 못했다고 추측한다. 다른 모든 글을 읽을 때는 저자가 경건함이나 학식에 있어서 아무리 탁월하게 느껴져도 나는 그들이 견지하는 견해라는 단순한 이유로 그들 가르침을 받아들이는 것이 아니라, 그들이 정경에 속한 책들 자체를 통해 진리에 대한 나의 판단을 설득하는 데 성공했거나, 아니면 내 이성에 호소하는 논증을 했기 때문이다."[20]

"내가 볼 때 성경에 무언가 잘못된 곳이 있다고 믿을 때 아주 불행한 결과가 따른다. 말하면, 우리에게 성경을 전달해 주고 글을 쓰는 데 헌신한 사람이 무언가 잘못된 것을 이 책들에 집어넣었다는 것이다. 선한 사람의 의무가 어느 때든 속이는 것인가를 질문할 수 있지만, 성경 저자의 의무가 속이는 것인가는 또 다른 문제다. 당신이 만약 일단 그토록 거룩한 권위에 의무적으로 잘못된 진술을 넣었다고 인정한다고 해보자. 누군가에게 실천하기 어렵고 믿기 어려워 보이는 진술이 있다면, 같은 치명적 법칙에 따라서 저자가 고의로, 또한 의무에 따라 저자가 사실이 아닌 것으로 선언하는 진술이라고 설명하지 못할 구절이 하나도 없다."[21]

"만약 그[성경 해석자]가 읽는 저자가 의도하지 않은 의미를 성급하게 취한다면, 그는 자주 이 의미와 조화시킬 수 없는 다른 진술에 맞닥뜨린다. 그가 이 진술들이 진실하고 확실하다고 믿는다면, 앞선 본문에 부여한 의미가 진리일 수 없다는 것이 따라온다. 그러고 나면 본인 의견에 대한 애정으로 그는 자신에게 화가 나기보다는 성경에 더욱 화가 나기 시작함을 좀처럼 분별하지 못한다. 일단 그런 악이 기어들어 오면 그는 철저히 파멸할 것이다. '우리는 보이는 것으로가 아니라 믿음으로 행합니다'. 성경의 권위가 흔들리기 시작하면 믿음이 휘청거린다. 믿음이 휘청거리면 사랑 자체가 차가워진다."[22]

중세시대(500~1500년)

대 그레고리(Gregory the Great, 600년 즈음)

"하나님의 말씀은 그 안에 담긴 신비로 지혜로운 사람의 오성에 역사하듯, 보통은 겉으로 드러난 표현을 통해 단순한 사람을 양육한다. 이것은 어린이도 먹을 것을 대낮처럼 밝게 제시하고 고상한 수준의 사람도 경탄해 마지않을 것을 숨겨두고 있다. 이것은 비유하면 마치 강과 같아서 얕고도 깊어서 저는 사람도 발을 담글 수 있고 코끼리 전체도 띄울 수 있다."23

다마스쿠스의 요한(John of Damascus, 740년 즈음)

"성경 탐구하기는 가장 온당하고 영혼에 유익한 일이다. 시냇가에 심긴 나무처럼 신성한 말씀으로 젖은 영혼은 풍요로우며, 시절을 따라 열매, 곧 바른 믿음을 갖고, 항상 푸른 잎, 곧 하나님을 기쁘시게 하는 활동으로 장식한다. 성경을 통해 우리는 하나님을 기쁘시게 하는 활동과 흔들리지 않는 관상을 하도록 훈련받는다... 영원한 정원의 샘과 영생하도록 솟아나는 순수한 물을 길어 올리자. 여기에서 즐기며 끝없이 향락하자. 성경은 고갈되지 않는 은혜를 소유하기 때문이다."24

캔터베리의 안셀무스(Anselm of Canterbury, 1077년 즈음)

"당신의 질문에 대답하려고, 내가 어떤 조건을 취했는지 기억하십시오. 곧, 내가 더 큰 권위에 지지받지 않는 어떤 것을 말하면, 하나님께서 내게 더 확실한 어떤 계시를 주실 때까지 당장은 나의 사견 이상의 확실성을 갖지 않는 것으로 받아들여야 합니다. 내가 만약 성경을 명백히 거슬러서 어떤 것을 말한다면 그것은 잘못임을 확신합니다. 또한, 그것을 알면 더는 그것을 붙들지 않을 것입니다."25

클레르보의 베르나르두스(Bernard of Clairvaux, 1150년 즈음)

"이것은 하나님의 말씀이며, 의심이나 망설임은 용납하지 않는다."26

토마스 아퀴나스(Thomas Aquinas, 1265년 즈음)

"신성한 계시에 근거한 권위에서 나온 논증이 가장 강력하다. 그러나 신성한 교리는 인간 이성을 사용하지만 믿음을 증명하려는 데는 결코 그렇게 하지 않는다... 그러나 이 교리가 말하는 다른 것을 분명하게 하려함이다... 신성한 교리는 또한 자연적 이성으로 진리를 알 수 있는 문제에 있어서 철학자의 권위를 또한 사용한다... 그렇지만 신성한 교리는 이런 권위를 외적이며 가능한 논증으로 사용한다. 그러나 이와는 대조적으로 정경 말씀의 권위는 논쟁의 여지가 없는 증명으로 사용하고, 교회 박사의 권위는 적절하게 사용될 수 있으나, 다만 가능한 것으로만 여긴다. 우리의 신앙은 정경 책을 기록한 사도와 예언자에게 알려진 계시에 의존하고 다른 박사에게 알려진(그런 것이 있다면) 계시에 의존하지 않기 때문이다."[27]

"성경의 저자는 하나님이시고 그의 능력으로 (사람도 할 수 있듯) 말로만이 아니라 사물 자체로 그의 뜻을 지시하신다(signify). 다른 모든 학문에서 사물은 단어에 의해 지시되지만, 이 학문에서는 단어 자체가 지시하는 사물이 지시성(signification)을 가지는 특성이 있다. 그러므로 단어가 사물을 지시하는 첫 번째 지시성은 첫 번째 해석인 역사적 또는 문자적 해석에 속한다. 단어에 의해 사물이 지시되는 그 지시성은 또한 영적 해석이라는 지시성을 지니는데 그것은 문자적 해석에 근거하며 그것을 전제한다. 이 영적 해석은 삼중적으로 구분된다... 옛 법에 속한 것이 새 법의 것을 지시한다면 풍유적(allegorical) 해석이 존재한다. 그리스도로 성취되거나 그리스도를 지시하는 것이 우리가 실천해야 하는 것들의 모형이라면 그것은 도덕적(moral) 해석이다. 그것들이 영원한 영광과 관련된다면 거기에 영적(anagogical) 해석이 있다. 문자적 의미가 저자가 의도하는 것이고 성경의 저자가 하나님이시며 그분은 단번에 그의 지성으로 모든 것을 이해하시므로... 문자적 의미에 따를 때조차도 성경의 한 단어를 여러 의미로 해석해도 부적절하지 않다."28

보나벤투라(Bonaventure, 1270년 즈음)

"성경 전체가 하나님의 마음이고, 하나님의 입이며, 하나님의 혀고, 하나님의 펜이며, 안과 밖으로 쓰인 두루마리다."29

리하르트 롤레(Richard Rolle, 1340년 즈음)

"그대가 하나님의 사랑에 다가가고 그대 열망이 하늘의 기쁨을 향해 일어나며 세상의 것을 멸시하기를 바라면, 성경을 읽고 묵상하는 일을 게을리하지 말라. 대부분 그런 곳에서 태도를 배우고 마귀의 속임수를 피하며 하나님의 사랑과 관상의 삶을 안다. 어려운 말은 논쟁가와 오랫동안 거룩한 교리에 익숙해진 지혜로운 사람에게 맡겨라."30

토마스 아 켐피스(Thomas à Kempis, 1400년 즈음)

"성경을 읽을 때는 우아함이 아니라 진리를 찾아야 한다. 모든 부분에서 그것이 쓰인 정신에 따라 읽어야 한다. 성경에서 우리는 잘 닦인 문장보다 유익을 찾아야 한다.

"마찬가지로 우리는 단순하고 경건한 책을 학식 있고 심오한 사람처럼 기쁘게 읽어야 한다. 우리는 저자가 위대한 문필가이건 하찮은 사람이건 권위에 휘둘리지 말고 단순한 진리를 사랑함에 이끌려야 한다. 우리는 누가 말하고 있는가를 묻지 말고 무엇이 진술되었는가에 주목해야 한다. 사람은 없어져도 주님의 진리는 영원히 남는다. 하나님은 사람에게 영향받지 않으시고 많은 방법으로 우리에게 말씀하신다.

"우리가 단순히 읽고 지나가야 할 것을 이해하려고 곰곰이 생각할 때, 종종 호기심이 생겨 성경 읽기를 방해한다.

"그러므로 거기에서 유익을 얻으려면 겸손과 단순함, 믿음으로 읽고 결코 학식으로 유명해지려고 하지 말라. 성도의 말을 기쁘게 찾고 주의해서 들어라. 옛사람의 말에 짜증 내지 말라. 그것은 목적 없이 만들어진 것이 아니기 때문이다."[31]

종교개혁시대(1500~1700년)

마틴 루터(Martin Luther, 1520년)

"우리는 또한 신학책의 수를 줄이고 최고의 책을 선택해야 한다. 우리를 학식 있는 사람으로 만드는 것은 책의 숫자가 아니고, 많은 독서도 아니다. 좋은 책을 자주 읽을 때, 그 양이 많지 않아도 우리는 진정으로 성경을 잘 알며 경건한 사람이 될 수 있다. 우리는 교부들 역시 성경에 대한 서론으로 잠깐이라도 읽어야 한다. 사실상 우리는 그 외의 것을 읽지 않고 그들에게서부터 성경으로 들어가지 않는다. 그것은 마치 표지판을 보고 길을 가지 않는 것과 마찬가지다. 이 선한 교부들은 그들의 글을 통해 우리를 성경으로 인도하기를 원하지만, 우리는 그들에게 인도받기를 원한다. 성경이야말로 우리가 모든 힘을 다해 일하며 연습해야 할 포도원인데도 말이다."[32]

장 칼뱅(John Calvin, 1560년 즈음)

"그러므로 성령에게 내적 가르침을 받은 사람은 성경을 잠자코 받아들인다는 점을 확고하게 붙들자. 성경은 그 자체의 증거를 가지며, 논증이나 증명에 의존하지 않고, 그것에 대한 완전한 확신은 성령의 증거에 따라 받아야만 한다. 그분의 조명에 따라 우리는 더는 우리 자신의 판단이나 다른 사람의 판단에 따라 성경이 하나님에게서 나온 것임을 믿지 않는다. 인간의 판단을 뛰어넘는 방식으로—마치 우리가 신성한 이미지가 가시적으로 거기에 찍힌 것처럼—이것은 인간의 매개를 통해 하나님의 바로 그 입에서부터 우리에게 다가온다. 우리는 우리 판단을 의지할 증명이나 개연성을 요청하지 않고 너무 높아서 측량할 수 없는 그것에 우리의 지성과 판단을 종속시킨다."33

"게다가 최고의 이성적 판단을 위해 교회의 동의도 무시할 수 없다는 점도 추가한다. 성경이 처음 출판된 이래 매우 오랫동안 이것에 순종해야 한다는 점에 만장일치가 이루어졌다. 사탄과 온 세상이 성경을 억누르고 전복하거나 인간의 기억에서 완전히 지워 버리려는 수많은 비상한 시도에도, 이것은 종려나무처럼 번성했고 넘어뜨릴 수 없었다. 옛적에 이것을 반대하려고 애쓴 유명한 궤변가와 연설가가 있었지만, 그들 노력은 수포가 되었다. 이 땅의 세력은 이것을 파괴하려고 무장했지만, 그 모든 노력은 물거품이 되어버렸다. 그렇게 사방으로 강력한 공격을 당했어도, 이것이 인간의 도움에만 의지했다면 어떻게 저항할 수 있었겠는가? 이것의 신성한 기원은 모든 인간의 욕망이 이것을 대적했을 때도 이것은 자신의 능력으로 전진했다는 사실에서 더 확실하게 세워진다."34

"사도와 그들 후계자 사이에는 차이가 있는데, 그것은 사도가 성경의 확실하고 진정한 구술자[서기관]이었다는 점이다. 그러므로 그들 글은 하나님의 말씀으로 간주되지만, 다른 이들은 성경에 전수되고 봉인된 것을 가르치는 것 외의 다른 직분을 가지지 않았다."35

"많은 사람이 성경의 저자를 의심하는 것은 놀랄 일이 아니다. 하나님의 장엄함이 거기에 드러났어도, 성령께 조명을 받은 사람만이 모든 사람에게 명백해야만 하는 것을 볼 수 있는 눈을 가진다. 그것은 사실상 선택받은 사람에게만 보인다. 따라서 첫 번째

요지는 우리가 성경을 하나님을 경외하는 경외심으로 대해야 한다는 것이다. 이것은 하나님에게서만 왔고 어떤 인간적인 것과도 섞이지 않았기 때문이다."36

2차 헬베수스 신앙고백(Second Helvetic Confession, 1566년)

"우리는 두 언약서를 기록한 거룩한 예언자와 사도의 정경적 성서가 하나님의 진실한 말씀이며, 사람에게서 나온 것이 아닌, 그 자체로 충만한 권위를 가짐을 믿고 고백한다. 하나님 자신께서 족장과 예언자와 사도에게 말씀하셨고 여전히 우리에게 성경을 통해 말씀하신다."37

영국 성공회(The Church of England, 1571년)

"성경에는 구원에 필요한 모든 것이 있다. 따라서 거기에서 읽을 수 없는 것 또는 거기에서 증명할 수 없는 것을 신조나 구원에 필요한 필수항목으로 여기도록 요구해서는 안 된다."38

제임스 아르미니우스(James Arminius, 1605년 즈음)

"만약 성경에 있는 어떤 것이 모순처럼 보인다면, 올바른 해석으로 쉽게 조화할 수 있다. 이 교리의 모든 부분은 서로 조화할 뿐만 아니라 철학 전체를 통해 퍼진 보편적 진리와도 조화한다고 덧붙이고 싶다. 따라서 철학에서 발견하는 어느 것도 이 교리와 상응하지 않는 것은 없다. 그런 정확한 상응성을 갖지 못한 것으로 보이면, 그것은 분명히 진정한 철학과 올바른 이성으로 반박할 수 있다."39

웨스트민스터 신앙고백(Westminster Confession, 1646년)

"우리가 믿고 순종해야 할 성경의 권위는 어떤 인간이나 교회의 증언에 의존하지 않고 완전히 그 저자이신 (진리 자체이신) 하나님께 의존한다. 그러므로, 이것은 하나님의 말씀이므로 받아들여야 한다."[40]

"종교의 모든 논쟁을 결정하고 모든 공의회의 칙령과 고대 저자의 견해와 인간의 교리와 개별 영혼을 검증하실 최고 재판관이며, 그의 판단에 우리가 안식할 분은 성경을 통해 말씀하시는 성령 외에 다른 것이 있을 수 없다."[41]

존 번연(John Bunyan, 1688)

"그러면 먼저 그대는 하나님의 말씀을 가까이하라. 그것은 하나님의 마음과 뜻의 계시로서 하나님 자신 안이나 [그의] 길에 있는 진리에 관한 것이다. 그리고 그가 그렇게 계시하신 것에 대한 믿음 혹은 순종과 관련하여 그대에게 요구하시며 기대하시는 것에 관해 다룬다. 이것을 더 잘 실천할 수 있도록 나는 그대에게 다음의 지침을 간략하게 제시한다.

"1. 말씀의 권위에 의해 성경이 진실로 하나님의 말씀, 진리의 성경, 거룩하신 분의 말씀이라는 것을 스스로 확신하라. 그러므로 그것은 모든 부분이 진실하고, 순수하며, 영원히 하늘에 거한다고 확신하라.

"2. 앞의 교리로부터 거기에 있는 모든 말씀이 아무리 그대에게 모호하고 거칠고 어둡고 모순되어 보여도, 그분 말씀은 조율될 수 있고 가장 달콤하고 조화로운 일치가 이루어질 수 있다고 결론지으라....

"3. 말씀의 한 부분만을 취하지 않게 조심하라. 그렇지 않으면 그대는 진리를 저버리고 그것을 조각조각 난도질한다."42

현대시대(1700년~현재)

존 웨슬리(John Wesley, 1776년)

"그[Soame Jenyns]는 의심할 여지 없이 훌륭한 작가지만, 그가 그리스도인인지, 이신론자인지, 혹은 무신론자인지 나는 알 수 없다. 그가 그리스도인이라면 그는 '모든 성경이 하나님의 영감으로 된 것이 아니다. 그 저자들은 때로 자신의 본래 상태로 남겨졌고 그래서 일부 실수를 저질렀다.'라고 주장함으로 그 자신의 목적을 배신한다. 그렇지 않다. 만약 성경에 어떤 실수가 있다면 또한 천 가지가 있을 것이다. 그 책에 하나의 오류라도 있다면 진리의 하나님에게서 온 것이 아니다."43

종교에 관한 감리교 신앙고백(Methodist Articles of Religion, 1784년)

"성경에는 구원에 필요한 모든 것이 있다. 따라서 거기에서 읽을 수 없는 것 또는 증명하지 못하는 것을 신앙의 항목으로 믿어야 한다거나 구원에 필요하거나 필수적이라고 누구에게도 요구해서는 안 된다. 우리는 성경의 이름으로 구약과 신약의 정경을 이해하며 그 권위를 교회에서 절대 의심하지 않는다."44

루이스 고센(Louis Gaussen, 1859년)

"하나님의 영감은... 체계가 아니라 사실이며 그 사실은 하나님께 검증되어 우리 교의가 되었다. 하지만 영감된 것은 책이다. 무엇보다 우리가 관계하는 것은 저자가 아니라 책이다. 우리는 거의 사고의 영감을 믿지 않아도 좋지만, 언어의 영감을 믿는 것은 없앨 수 없다. 책의 말이 하나님의 말씀이라면 나에게 중요한 것은 결국 저자의 생각인가? 저자의 정신적 요건이 무엇이건 그의 손에서 나온 것이 언제나 성경이다. 반면에 말이 아니라 사고가 주어진 것이라면, 그가 나에게 준 것은 성경이 아니라 설교 이상의 어떤 것일 뿐이다."45

"성경은 완전히 사람의 말이며 성경은 완전히 하나님의 말씀이다. 인간이여, 우리가 말했듯, 그대가 놀라고 감탄할 곳이 바로 여기다! 이것이 그대를 위해, 그리고 그대처럼 말씀했다. 이것은 완전한 인간성을 입고 그대에게 자신을 제시한다."46

J. C. 라일(J. C. Ryle, 1860)

"우리는 성경 어떤 부분의 축자적 영감성(plenary inspiration)을 의심할 때 가장 위험하게 하나님의 말씀을 오염시킨다. 이것은 물 바가지만이 아니라 샘 전체를 오염시킨다. 이것은 우리가 사람들에게 제공하는 생수의 한 바가지를 오염시키는 것이 아니라 우물 전체에 독을 넣는 것이다. 이 점에서 잘못되면 우리 종교 전체가 위험에 빠진다. 이것은 기초의 결함이다. 이것은 우리 신학의 뿌리에 있는 벌레다. 이 벌레가 뿌리를 갉아먹게 하면 우리는 줄기와 잎과 열매가 조금씩 조금씩 썩어간다고 해도 놀라서는 안 된다. 영감의 주제 전체가 문제에 둘러싸여 있음을 나는 잘 알고 있다. 내 하찮은 판단으로는, 우리가 현재는 풀 수 없는 문제에도, 유일하게 안전하고 지지할 수 있는 토대는 성경의 모든 장, 모든 구절, 그리고 모든 단어가 '하나님의 영감으로 주어진' 것이라는 점이라고 말하고 싶다. 과학에서도 우리가 현재 해결할 수 없는 어떤 명백한 어려움 때문에 큰 원칙을 버리지 않는 것처럼, 우리는 신학의 대원칙을 결코 포기해서는 안 된다."47

미국 개혁 감독교회(Reformed Episcopal Church in America, 1875년)

"모든 성경은 하나님의 영감으로 됐다. 하나님의 거룩한 사람은 성령에 의해 감동을 받아 말했기에 성경은 하나님의 말씀이다. 이것은 단지 하나님의 말씀을 포함하는 것이 아니라 그 자체가 하나님의 말씀이다. 그러므로 이것은 구원에 필요한 모든 것을 담고 있어서 거기에서 읽을 수 없고 증명할 수 없는 것은 무엇이든 신조로 믿어야 한다거나 구원에 필요하거나 필수적이라고 생각하도록 강요해서는 안 된다."48

아브라함 카이퍼(Abraham Kuyper, 1900년)

"확실히 성경은 하나님의 영감으로 됐다. 우리 도덕적 신학자는 이 진술을 '예언자와 사도는 성령에 의해 개인적으로 활력을 얻었다'라는 말로 이해함으로, 인식할 수 없을 정도로 왜곡하고 뒤틀었다. 이것은 '조명(illumination)'과 '계시(revelation)'를 혼동하고, 계시를 '영감(inspiration)'과 혼동한다. '조명'은 성령께서 자신의 때에 모든 하나님의 자녀에게 다소간 주시는 것으로 영적인 의식을 청결하게 하는 것이다. '계시'는 하나님 생각의 전달로서, 예언자와 사도에게 기이한 방식으로, 기적에 의해 주어진다. 그러나 '영감'은 이 두 가지와 완전히 구별되는, 성령의 특별하고 독특한 작용으로서 성령은 성경 저자들의 마음에 역사하여 쓰는 **행위**를 지시한다. '모든 성경은 하나님의 영감으로 되었다.' 이것은 일반 조명이나 특별 계시를 언급하는 것이 아니라 그것들로부터 완전히 독립된 작용이며 교회가 언제나 영감의 이름으로 고백해 온 것이다. 따라서 영감은 교회에 완전하고 무류한 성경을 제공하시는 성령의 총체적 역사의 이름이다."49

아더 핑크(Arthur Pink, 1917년)

"성경의 신적 영감 교리의 중요성은 아무리 강조해도 지나치지 않다. 이는 어떤 대가를 치르더라도 지켜내야만 하는, 기독교 신학에 있어 전략적 핵심 교리이다. 이 교리는 우리 적 사탄이 끊임없이 지옥의 군대를 던져대며 공격하는 지점이며, 에덴에서 '하나님께서 그렇게 말씀하셨다고?'라고 물으며 첫 공격 대상으로 삼은 것이다. 그리고 지금도 사탄은 같은 전술을 계속 사용한다. 여러 시대를 통틀어 사탄은 성경을 중점적으로 공격해왔다. 하나님의 진리의 성전을 무너뜨리려 사탄은 완강하고 끊임없이 노력하며 자신의 무기고에서 온갖 무기를 다 사용해왔다. 초기 기독교 시대에 사탄은 주로 불을 사용하여 대놓고 공격해왔으나, 지금의 '말세'에 이르러서는 전보다 더 의외의 사람을 사용하여 더 교묘한 방법으로 공격한다. 성경의 신적 영감 교리는 이제 성경의 친구요 대변자라고 주장하는 사람에 의해 '학문'과 '과학'이라는 이름으로 논쟁한다."[50]

루이스 벌코프(Louis Berkhof, 1938년)

"성령의 영감에 대한 올바른 이해는, 성령께서 성서 저자에게 영향을 주시되 각 저자 속사람의 법에 조화하도록 유기적으로 일하셨다고 생각함이다. 즉, 각 저자의 성격과 기질, 은사와 재능, 교육과 문화, 그가 사용하는 어휘와 문체를 포함하여 그 모습 그대로를 성령께서 사용하셨다고 이해함이다. 성령께서 각 저자를 조명하셔서 깨닫게 하시고 기억나게 하시며 기록하게 하셨다. 또한, 그 글이 죄악에 영향을 받지 않도록 금하시고 저자가 단어를 선택하는 일까지 도우셔서 생각하는 바를 표현하게 하셨다."[51]

제임스 패커(J. I. Packer, 1958년)

"성경 본문은 한 글자도 틀리지 않게 하나님이 주신 것이다. 그 메시지는 유기적으로 통일성을 지니며, 실수가 없으신 하나님의 무오한 말씀이며, 그리스도를 중심으로 드러난 진리로 짜인 이야기이다. 따라서 성경 자체의 논리에서, 성경의 다른 책과 조화를 이룬다는 전제에 기초하여 해석해야 한다. 또 겸손히 성령의 도우심에 따라 이를 감사함으로 받는 사람만이 성경의 의미를 이해할 수 있다."[52]

버나드 램(Bernard Ramm, 1959년)

"천 번도 넘게 성경에 사망 선고를 내렸고, 장례행렬이 지났으며, 묘비명도 새겨졌다. 매장 글도 낭독했으나, 어째서인지 그 시신은 결코 무덤에 가만히 머물러 있지 않다."[53]

성경 무오성에 관한 시카고 선언문
(Chicago Statement on Biblical Inerrancy, 1978년)

"성경 전체가 하나님께서 언어로 주신 것으로, 각 개인의 생명을 구원하는 하나님의 은혜에 대한 증언 못지않게, 하나님의 창조행위나 세계사의 사건들, 하나님의 간섭하에 있는 문헌적 원본에 관한 진술에 오류가 없다."[54]

밀라드 에릭슨(Millard Erickson, 1998년)

"우리가 성서의 영감이라 말하는 바는 성서 저자의 글을 정확한 계시의 기록으로 만들거나, 저자의 기록물이 실제 하나님의 말씀이 되도록 성령께서 성경 저자에게 행하신 초자연적인 힘을 의미한다."[55]

찰스 라이리(Charles Ryrie, 1999년)

"하나님께서 성경의 인간 저자를 지휘하셔서 그들 원저작의 글에서 하나님의 메시지를 인류에게 오류 없이 작성, 기록하게 하셨다."[56]

서재에 꽂아 두고 읽어야 할 책

이 책은 광범위한 정통 개신교 복음주의적 관점에서 중요한 기독교 교리에 관해 기초적 오리엔테이션과 중심주제 및 필수 본문을 알려준다. 이 여러 주제를 더 세밀하게 연구하려면 평생을 써도 모자랄 것이다. 그래서 심층 연구를 하려는 사람이 자기 서재에 꽂아 두고 반드시 읽어야 할 책을 추천한다. 책마다 간략하게 내용 소개와 함께 독서 난이도도 표시한다(초급, 중급, 고급). 독자는 다양한 복음주의 관점… 그리고 계시, 성경, 진리를 더 잘 이해하는 데, 주류에 들지 못해도 유익한 몇몇 외부자의 대표적 목소리를 듣는다.

신학 역사에서 나온 고전

Augustine. *The City of God*. Marcus Dods, George Wilson, and J. J. Smith, trans. Peabody, MA: Hendrickson, 2009. 『하나님의 도성(신국론)』. 조호연·김종흡 공역. 세계기독교고전 26. 서울: CH북스. 2016. 이 서방 라틴 교부 신학의 고전은 '조직신학'이라 말하기는 부족하지만, 인간의 영혼 내부에서는 물론 인간 사회와 문화에서 벌어지는 하나님과 인간의 도성 사이의 갈등이라는 관점에서 하나님의 구속 계획을 체계적으로 제시한다. [고급]

Barth, Karl. *Church Dogmatics*. Study ed. G. W. Bromiley, T. F. Torrance, and Harold Knight, trans. New York: T.&T. Clark, 2010. 어떤 사람이 토마스 아퀴나스 이래, 가장 영향력 있는 신학자로 손꼽는 칼 바르트는, 스위스 태생 독일 신학자로 19세기 독일 자유주의 신학에서 신정통주의로 넘어가는 시작점이다. 기존 14권 총서가 더 저렴하지만, 영어권 독자들이 가장 이해하기 쉬운 판본은 새로 나온 학생용 판본이다. [고급]

Bavinck, Herman. *Reformed Dogmatics*. 4 vols. John Bolt, ed., John Vriend, trans. Grand Rapids: Baker, 2008. 『개혁교의학』. 박태현 옮김. 서울: 부흥과개혁사. 2011. 완벽하며 상당한 영향력 있는, 네덜란드의 개혁 조직신학 저작물로 지금은 영어 및 한국어로 번역되어 있다. 학자라면 서재에 꼭 갖춰야 할 책이다. [고급]

Calvin, John. *Institutes of the Christian Religion*. 2 vols. John T. McNeill, ed. Ford Lewis Battles, trans. The Library of Christian Classics, vol. 21. Philadelphia: Westminster, 1960. 개혁주의 전통의 산과 역할을 한 이 중대한 저작물이 빠졌다면 고전 도서관이라 할 수 없다. 이 저작물의 영어 역본은 1559년 칼뱅의 최종원고를 기초로 한다. [고급]

Origen. *On First Principles*. G. W. Butterworth, trans. Notre Dame: Ave Maria, 2013. 흔히 첫 번째 조직신학자로 여기는 오리게네스는 중요한 '믿음의 규범'의 권위를 존중할 뿐 아니라, 때로는 플라톤 철학에 힘입어 극단적 추측을 하는 성향도 보인다. [고급]

Schleiermacher, Friedrich. *The Christian Faith*. H. R. Mackintosh and J. S. Stewart, eds. Edinburgh, Scotland: T. &. T. Clark, 1928. 『기독교신앙』. 최신한 옮김. 서울: 한길사, 2006. '자유주의 신학의 아버지'가 1821년에 쓴 이 고전을 추천하는 이유는, 정통 개신교 복음주의 신앙을 고수하고 있기 때문이 아니라, 계몽주의가 참된 기독교를 훼손하면서, 그 과정에서 어떻게 믿음을 근대적 이상에 순응시키려 했는지를 보여주는 초기 예시이기 때문이다. [고급]

Thomas Aquinas. *Summa Theologica*. 5 vols. Fathers of the English Dominican Province, trans. Westminster, MD: Christian Classics, 1981. 이 유명한 학술 저작물의 범위, 깊이, 넓이를 이해하려고 한다고 해서 중세 로마가톨릭 신자가 되지는 않는다. 개신교 복음주의자는 아퀴나스의 많은 주장에 이의를 제기하겠지만, 그래도 트렌트 공의회(1545~1563)가 이 작품을 성경에 덧붙인 데는 이유가 있다. [고급]

현대 조직신학 책

Allison, Gregg R. *Historical Theology: An Introduction to Christian Doctrine*. Grand Rapids, MI: Zondervan, 2011. 기본지식이 있는 독자가 쉽게 접근할 수 있는 신학사 종합적 개관서이다. [중급]

Berkhof, Louis. *A Summary of Christian Doctrine*. Grand Rapids, MI: Eerdmans, 1938. 『기독교 교리 요약』. 2판. 박수준 옮김. 서울: 소망사, 2005. 개혁주의 관점에서 쓴 간결하고 읽기 쉬운 안내서이다. [초급]

_____. *Systematic Theology*. Grand Rapids, MI: Eerdmans, 1996. 『벌코프 조직신학』. 이상원·권수경 옮김. 서울: CH북스, 2017. 보수적 네덜란드 개혁주의 전통의 권위 있는 저작물로, 이 판본은 두 권의 합본이다. [고급]

Bird, Michael. *Evangelical Theology: A Biblical and Systematic Introduction*. Grand Rapids, MI: Zondervan, 2013. 복음주의 신약 신학자의 철저한 연구 저작물이다. [고급]

Chafer, Lewis Sperry. *Systematic Theology*. 8 vols. Dallas: Dallas Seminary, 1947~48. 세대주의 관점으로 최초로 완성한 신학책으로, 개정판과 요약판도 있다. John F. Walvoord, ed. Wheaton, IL: Victor, 1988. [중급]

Erickson, Millard J. *Christian Theology*. 3rd ed. Grand Rapids, MI: Baker, 2013. 『복음주의 조직신학』. 3권. 신경수 옮김. 서울: CH북스, 1995. 중도 칼빈주의 침례교의 관점에서 기록한 자세하고 균형 잡힌 보수적 복음주의 신학책이다. [고급]

_____. *Introducing Christian Doctrine*. L. Arnold Hustad, ed. 2nd ed. Grand Rapids, MI: Baker, 2001. 『조직신학개론』. 나용화 옮김. 서울: 기독교문서선교회, 2013. 『복음주의 조직신학』의 요약본으로 일반 신학 수준의 독자에게 적합하다. [중급]

Grenz, Stanley J. *Theology for the Community of God*. Grand Rapids, MI: Eerdmans, 2000. 『조직신학: 하나님의 공동체를 위한 신학』. 신옥수 옮김. 서울: CH북스, 2017. 폭넓은 복음주의 침례교도의 관점에서, 창조에서 하나님의 핵심 계획인 공동체 수립을 강조하는 책이다. [중급]

Grudem, Wayne. *Bible Doctrines: Essential Teachings of the Christian Faith*. Jeff Purswell, ed. Grand Rapids, MI: Zondervan, 1999. 『성경핵심교리: 기독교 신앙의 필수 가르침』. 박재은 옮김. 서울: 솔로몬, 2018. 일반 독자가 읽기 좋은 『웨인 그루뎀의 조직신학』의 요약본이다. [중급]

_____. *Systematic Theology: An Introduction to Biblical Doctrine*. Grand Rapids, MI: Zondervan, 1994. 『웨인 그루뎀의 조직신학』. 노진준 옮김. 서울: 은성, 2009. 저자는 역사적 전천년설에 가까운 견해를 밝히며, 은사가 중단되지 않았다고 보는 견해로, 독특한 칼빈주의 관점에서 대중적이면서도 자세하게 쓴 책이다. 합당한 다른 관점들을 공정하고 포괄적으로 다룬다. [고급]

Hodge, Charles. *Systematic Theology*. 3 vols. New York: Scribner's, 1877. 『조직신학』. 김귀탁 옮김. 서울: CH북스. 2002. 19세기 프린스턴의 칼빈주의자가 자세하게 쓴 조직신학이다. [고급]

Horton, Michael. *The Christian Faith: A Systematic Theology for Pilgrims on the Way*. Grand Rapids, MI: Zondervan, 2011. 『언약적 관점에서 본 개혁주의 조직신학』. 이용중 옮김. 서울: 부흥과개혁사, 2012. 개혁주의 언약신학을 자세히 소개한다. [고급]

Lewis, Gordon, and Bruce A. Demarest. *Integrative Theology*. 3 vols. in 1. Grand Rapids, MI: Zondervan, 1996. 『통합신학』. 김귀탁 옮김. 서울: 부흥과개혁사, 2009. 복음주의적으로 성서적, 역사적, 조직적, 변증적, 실천적 관점에서 신학을 통합하려고 노력한다. [고급]

Little, Paul E. *Know What You Believe*. 5th ed. Downers Grove, IL: InterVarsity, 2008. 평신도를 독자로 상정하고 저술한 정통 개신교 복음주의의 기본원칙을 다룬 고전 안내서이다. [초급]

1부 견고한 토대: 계시, 성경, 진리   153

McGrath, Alister E. *Christian Theology: An Introduction*. 5th ed. Oxford, England: Blackwell, 2010. 『신학이란 무엇인가: 알리스터 맥그래스의 기독교 신학 입문』. 김기철 옮김. 서울: 복있는사람, 2014. 강력한 역사적 강조점을 가지고 능숙하게 요약한 잘 정리되고 균형 잡힌 신학 입문서이다. [중급]

Oden, Thomas C. *Classic Christianity: A Systematic Theology*. San Francisco: HarperOne, 2009. 3권인 조직신학의 개정증보판은 정통 복음주의 개신교 전통의 다양성을 인정할 뿐 아니라 특히 초기 교부시대에 나타난 일치한 믿음을 제시하고자 한다. [고급]

Pieper, Francis. *Christian Dogmatics*, 4 vols. St. Louis, MO: Concordia, 1950~1953. 보수적이고 고백적인 루터교의 고전이다. [중급]

Ryrie, Charles C. *Basic Theology*. Chicago: Moody, 1999. 『평신도 신학입문』. 이한규 옮김. 서울: 두란노, 2002. 칼빈주의자이며 전천년주의자인 저자가 세대주의적 관점에서 쓴 포괄적이지만 읽기 쉬운 안내서이다. [초급]

Shedd, W. G. T. *Dogmatic Theology*. 3rd ed. 3 vols. New York: Scribner's, 1891. 보수 장로교 관점에서 쓴 19세기 고전이다. [고급]

Strong, A. H. *Systematic Theology, A Compendium*. 3 vols. Valley Forge, PA: Judson, 1962. 북침례교 관점에서 자세하게 논의한 신학책이다. [고급]

Thiessen, H. C. *Lectures in Systematic Theology*. Vernon Doersken, ed. Grand Rapids, MI: Eerdmans, 1979. 『조직신학강론』. 권혁봉 옮김. 서울: 생명의말씀사, 1992. 중도 칼빈주의에 가까운 입장에서 읽기 쉽게 포괄적으로 신학을 논의한다. [초급]

Warfield, Benjamin B. *Biblical and Theological Studies*. Philadelphia: P & R, 1952. 보수적 장로교의 시선으로 다양한 주제를 다룬 논문 모음집이다. [고급]

하나님의 자기 계시에 관한 책

Bavinck, Herman. *The Philosophy of Revelation*. New York: Longmans, Green, & Co., 1909. 『계시철학』. 위거찬 옮김. 서울: 성광문화사. 1990. 네덜란드 개혁주의 신학자가 하나님의 계시를 자세히 소개한다. [고급]

Berkouwer, G. C. *General Revelation*. Grand Rapids, MI: Eerdmans, 1955. 개혁주의적 관점에서 일반적으로 논의한다. [고급]

Demarest, Bruce A. *General Revelation*. Grand Rapids, MI: Zondervan, 1982. 복음주의의 일반 논의로 Berkouwer의 책보다 더 이해하기 쉽다. [중급]

Dulles, Avery. *Models of Revelation*. New York: Doubleday, 1983. 역사적 기독교에 널리 퍼진 계시 모형에 관한 로마가톨릭 학자의 연구로, 교리, 역사, 내적 경험, 논리적 존재, 새로운 인식이라는 다섯 가지 모형으로 계시를 다룬다. [고급]

Gunton, Colin. *A Brief Theology of Revelation*. Edinburgh, Scotland: T.&T. Clark, 1995. 일반계시와 특별계시를 짧지만, 종합적으로 논의한다. [중급]

Henry, Carl F. H. God, *Revelation and Authority*. 6 vols. Waco, TX: Word, 1976~83. 성경의 영감과 권위에 관한 고전적 복음주의로, 명제적 계시와 진리를 변호한다. [고급]

_____. ed. *Revelation and the Bible*. Grand Rapids, MI: Eerdmans, 1958. 복음주의 학자의 논문 모음집이다. [고급]

Jensen, Peter. *The Revelation of God*. Contours of Christian Theology. Downers Grove, IL: InterVarsity Press, 2002. 신적 계시를 복잡하면서도 읽기 쉽게 저술한 복음주의 개론서이다. [중급]

Latourelle, Rene. *Theology of Revelation*. New York: Alba, 1966. 계시 교리에 관한 기독교의 다양한 관점과 그 발달을 자세히 논의한다. [고급]

성경의 영감과 권위에 관한 책

Achtemeier, Paul J. *Inspiration and Authority: Nature and Function of Christian Scripture*. Rev. ed. Grand Rapids, MI: Baker, 1998. 보수적이지 않은 입장에서 성경의 영감과 권위를 변호한다. [고급]

Carson, D. A., and John Woodbridge, eds. *Scripture and Truth*. Grand Rapids, MI: Zondervan, 1983. 성경과 진리의 본질을 다루는 논문 모음집이다. [고급]

Cowan, Steven B., and Terry L. Wilder, eds. *In Defense of the Bible: A Comprehensive Apologetic for the Authority of Scripture*. Nashville: B&H Academic, 2013. 보수적 남침례교회 관점의 논문 모음집이다. [중급]

Dockery, David S. *Christian Scripture: An Evangelical Perspective on Inspiration, Authority and Interpretation*. Nashville: B&H, 1995. 성서론을 복음주의 관점으로 완벽히 옹호한다. [중급]

Geisler, Norman L., ed. *Inerrancy*. Grand Rapids, MI: Zondervan, 1980. 성경 무오성에 관한 시카고 선언문과 그 적용을 옹호하는 '성경 무오성에 관한 국제 협회(International Council on Biblical Inerrancy)'의 논문 모음집이다. [중급]

Hannah, John, ed. *Inerrancy and the Church*. Chicago: Moody, 1984. 『성경무오와 교회』. 정규철 옮김. 서울: 그리심. 2009. 교회가 그 초기부터 성경이 무오하다는 입장이었다고 논의하는 '성경 무오성에 관한 국제 협회(International Council on Biblical Inerrancy)'의 논문 모음집이다. [중급]

Harris, Laird. I*nspiration and Canonicity of the Bible: An Historical and Exegetical Study*. Grand Rapids, MI: Zondervan, 1957. 『성경의 영감과 정경』. 박종칠 옮김. 서울: 개혁주의출판사. 2012. 역사적이고 주경신학적 접근법으로 완전 축자 영감설을 옹호한다. [중급]

Hodge, A. A., and Benjamin B. Warfield. *Inspiration*. Reprint. Grand Rapids, MI: Baker, 1979. 성경 무오성을 변호한다. [중급]

Lewis, Gordon, and Bruce Demarest. *Challenges to Inerrancy: A Theological Response*. Chicago: Moody, 1984. 성경 무오성에 반대와 도전에 대응하며 변호한다. [중급]

Lindsell, Harold. *The Battle for the Bible*. Grand Rapids, MI: Zondervan, 1976. 성경 무오성에 대한 헌신을 잃으면, 신학적으로 정통성에서 서서히 떠나게 됨을 증명하려는 목적을 지닌 책이다. [중급]

Marshall, I. Howard. *Biblical Inspiration*. Grand Rapids, MI: Eerdmans, 1982. 성경적 영감을 다양한 관점으로 논의하고 성경의 무류성(infallibility)을 옹호한다. [중급]

Nichols, Stephen, and Eric T. Brandt. *Ancient Word, Changing Worlds: The Doctrine of Scripture in a Modern Age*. Wheaton, IL: Crossway, 2009. 성서론을 명확하고 이해하기 쉽게 변호하고 설명한다. [초급]

Rogers, Jack B., and Donald K. McKim. *The Authority and Interpretation of the Bible: An Historical Approach*. San Francisco: HarperCollins, 1980. 교회의 역사적 견해가 성경의 무오성이 아니라 무류성이었다고 도발적으로 주장한다. (우리는 1부 '역사로 회고한 성경'와 '과거와 현재의 목소리'에서 반박하니, 참고하라.) [고급]

Ryrie, Charles. *What You Should Know About Inerrancy*. Chicago: Moody, 1981. 성서론을 대중적 차원에서 변호한다. [초급]

Warfield, Benjamin B. *The Inspiration and Authority of the Bible*. 2nd ed. Philadelphia: Presbyterian & Reformed, 1948. Reprint, 1980. 성서론에 관한 개혁주의의 고전적 논의이다. [고급]

Woodbridge, John. *Biblical Authority: A Critique of the Rogers/McKim Proposal*. Grand Rapids, MI: Zondervan, 1982. 성경 무오성을 기독교 전통의 역사적 견해라고 변호한다. [고급]

성경의 정경에 관한 책

Beckwith, Roger T. *The Old Testament Canon of the New Testament Church and Its Background in Early Judaism*. Eugene: Wipf & Stock, 2008. 구약 정경성을 자세히 논의한다. [고급]

Bruce, F. F. *The Canon of Scripture*. Downers Grove, IL: InterVarsity, 1988. 정경인준 과정을 자세하며 탁월하게 논고한다. [고급]

Comfort, Philip, ed. *The Origin of the Bible*. Carol Stream, IL: Tyndale, 2003. 『성경의 기원』. 김광남 옮김. 서울: 엔크리스토. 2010. 성서의 영감, 권위, 정경성, 해석과 번역에 관한 논문 모음집이다. [중급]

Kruger, Michael J. *Canon Revisited: Establishing the Origins and Authority of the New Testament Books*. Wheaton, IL: Crossway, 2012. 주의 깊고 세심한 접근으로 신약 정경에 대한 흔한 오해를 바로잡는다. [중급]

Metzger, Bruce M. *The Canon of the New Testament: Its Origin, Development and Significance*. Oxford, England: Oxford University Press, 1987. 정경화 과정을 학술적으로 논의한다. [고급]

독서법과 신학적 사유에 관한 책

Charry, Ellen. *By the Renewing of Your Minds*. New York: Oxford University Press, 1997. 기독교 전통과 성서를 통해, 지혜를 행하는 것이 신학의 목표라고 논증한다. [고급]

Clark, David K. *To Know and Love God*. John S. Feinberg, ed. Wheaton, IL: Crossway, 2003. 복음주의 신학의 본질, 자료 및 방법론과 완벽하게 상호작용한다. [고급]

Crouch, Andy. *Culture Making: Recovering Our Creative Calling*. Downers Grove, IL: InterVar- sity Press, 2013. 『컬처 메이킹:

문화 창조자의 소명을 찾아서』. 박지은 옮김. 서울: IVP. 2016. 문화적 참여의 신학적 토대를 탐구한다. [중급]

Dyck, Elmer, ed. *The Act of Bible Reading: A Multi-Disciplinary Approach to Biblical Interpretation*. Downers Grove, IL: InterVarsity Press, 1996. [고급]

Franke, John R. *The Character of Theology: An Introduction to Its Nature, Task, and Purpose*. Grand Rapids, MI: Baker, 2005. 성서, 전통, 문화를 통합할 복음주의적 방법을 제시한다. [중급]

Frykenberg, Robert Eric. *History and Belief*. Grand Rapids, MI: Eerdmans, 1996. 역사기록학(historiography)을 학문적으로 설명한다. [고급]

Grenz, Stanley J., and Roger E. Olson. *Who Needs Theology?* Downers Grove, IL: InterVarsity Press, 1996. 『신학으로의 초대』. 이영훈 옮김. 서울: IVP. 1999. 신학 훈련에 관한 대중적 소개서이다. [초급]

Hart, Trevor. *Faith Thinking*. Downers Grove, IL: InterVarsity Press, 1996. 신학적 방법을 종합적으로 기술한다. [고급]

Kapic, Kelly M. *A Little Book for New Theologians: Why and How to Study Theology*. Downers Grove, IL: InterVarsity Press, 2012. 신학적 과제 개론서이다. [초급]

Lints, Richard. *The Fabric of Theology: A Prolegomenon to Evangelical Theology*. Grand Rapids, MI: Eerdmans, 1993. 신학의 본질과 목적에 관한 포괄적 복음주의 논의이다. [고급]

McGrath, Alister E. *A Passion for Truth*. Downers Grove, IL: InterVarsity Press, 1996. 『복음주의와 기독교적 지성』. 김선일 옮김. 서울: IVP. 2001. 신학이 곧 진리 추구임을 변호한다. [중급]

Moreland, J. P. *Christianity and the Nature of Science: A Philosophical Investigation*. Grand Rapids, MI: Baker Academic, 1999. 과학에 관한 복음주의 철학을 설명한다. [고급]

Niebuhr, H. Richard. *Christ and Culture*. San Francisco: HarperCollins, 1951. 『그리스도와 문화』. 홍병룡 옮김. 서울: IVP. 2007. 비복음주의적 관점에서 바라본 기독교와 문화의 상관관계에 관한 고전적 논의이다. [중급]

Noll, Mark. *Jesus Christ and the Life of the Mind*. Grand Rapids: Eerdmans, 2011. 『그리스도와 지성: 학문 연구를 위한 기독론적 토대와 방법』. 박규태 옮김. 서울: IVP. 2015. 그리스도를 중심에 두고 지성을 추구하는 삶을 논증한다. [중급]

O'Keefe, John J., and R. R. Reno. *Sanctified Vision: An Introduction to Early Christian Interpretation*. Baltimore, MD: Johns Hopkins, 2005. 초기 기독교 해석에 관한 역사 신학이다. [고급]

Pelikan, Jaroslav. *The Vindication of Tradition: The 1983 Jefferson Lecture in the Humanities*. New Haven, CT: Yale University Press, 1984. 신학 방법론에 전통이 필요하다고 강력히 주장한다. [고급]

Piper, John. T*hink: The Life of the Mind and the Love of God*. Wheaton, IL: Crossway, 2010. 『존 파이퍼의 생각하라: 하나님과 이웃을 더 깊이 사랑하기 위한 성경적 사고법』. 전의우 옮김. 서울: IVP. 2011. 개혁주의 목사가 복음주의에서 지성의 중요성을 변증한다. [초급]

Plantinga, Alvin. *Where the Conflict Really Lies: Science, Religion, and Naturalism*. New York: Oxford University Press, 2011. 복음주의 철학자가 과학과 종교 사이 갈등의 근원을 논한다. [고급]

Treier, Daniel J. *Introducing Theological Interpretation of Scripture: Recovering a Christian Practice*. Grand Rapids, MI: Baker Academic, 2008. 신학적 해석으로 알려진 해석학적 접근법의 입문서이다. [고급]

Vanhoozer, Kevin. *The Drama of Doctrine: A Canonical-Linguistic Approach to Christian Theology*. Louisville, KY: Westminster John Knox, 2005. 『교리의 드라마』. 윤석인 옮김. 서울: 부흥과 개혁사. 2017. 신학의 거룩한 드라마에 기초한 복음주의 신학 방법을 설명한다. [고급]

Woodbridge, John D., and Thomas Edward McComiskey, eds. *Doing Theology in Today's World*. Grand Rapids, MI: Zondervan, 1991. 기독교 신학의 다양한 접근법에 관한 연구조사를 제공하는 케네스 칸저 기념 논문 모음집이다. [고급]

세 위격이신 하나님:
성부, 성자, 성령

J. 스캇 호렐 Scott Horrell

공동저자
네이선 D. 홀스틴 Nathan D Holsteen
마이클 J. 스비겔 Michael J. Svigel

2부

조감도

어릴 적 태평양 연안 북서부의 시골 소년이었던 나(스캇)는, 해질 무렵이면 풀밭에 누워 별들을 쳐다보면서 궁금해하곤 했다. 그저 궁금했다.

우리가 곰곰이 생각하는 가장 중요한 문제는 종종 그늘에 가리고 침묵에 싸여 있다. 물론 매일매일 일상적인 것을 생각할 때도 있지만, 빛과 소음에 삼켜지거나 잠기지 않는 인생의 더 깊은 의미를 생각할 때면, 잠시 멈춰서 더 큰 문제들을 헤아려보는 편이 더 쉽다.

- 나는 누구인가?
- 나는 왜 여기 존재하는가?
- 인생이란 무엇인가?
- 하나님은 계시는가?

그 시절 이후, 나는 꽤 크고, 밝고, 시끄러운 몇몇 대도시에서 살았다. 10년 넘게 지낸 브라질 상파울루에서는 한 번도 별을 보지 못했다. 뿌연 불빛이 밤하늘을 뒤덮었다. 버스와 개의 끊임없는 소음, 그리고 이따금 들리는 총소리 때문에 그저 생각에 잠기려고 야외에 홀로 앉아 있을 수 없었다. 물론 여전히 거기에도 별은 있었다. 그러나 별을 보기 어렵게 만드는 것이 너무나 많았기에, 무시되기 쉬웠다.

이 문제에 직면하자. 종종 의미 있고 달처럼 큰 문제는 **여기** 하찮은 일로 안개에 싸이고 산만한 **지금** 때문에 쓸려나간다. 수많은 시끄러운 세상 **걱정**이 계속해서 우리 주의를 끈다. 우리 인생 전체가 TV를 시청하는 날처럼 될 수 있다. "시선 고정!", "다음 순서는!" "놓치지 마세요!" 그러면 우리는 기꺼이 손쉬운 먹잇감이 될 수도 있다.

그렇지만 문제는 실제로 절대 사라지지 않는다. 비록 드물기는 하지만, 비교적 차분하고, 적당히 조용하며, 희미한 빛이 비치는 때가 오면, 이 진지하고 깊이 있는, 심오한 심문관이 우리 영혼에 속삭인다. 왜 아무것도 없는 게 아니라 무언가 존재할까? 하나님이 있다면, 그는 누구인가? 그는 어떤 분인가? 혹은, 하나 이상의 신이 있는가? 셋? 수없이 많이? 아니면 아무도 없는가?

궁극적 질문에 대답

불가지론자(agnostics)는 이런 문제에 대한 확실하고 만족스러운 대답을 찾아내지 못했다. 무신론자에게 그 답은 더 확실하긴 해도 더 확정적이지는 않다. 오늘날에는 무신론자가 멋져 보이고, 우리는 종종 세상에서 가장 똑똑한 사람이 '별(Brights)'이라는 것을 규칙적으로 상기한다. 그러나 나이 들고, 인생 쇠퇴기에 접어들면, 한때 빛나 보이던 것도 희미해진다. 찰스 다윈은 말년에 이르러 자연이 더는 기쁘지 않다고 투덜댔다. 버트란드 러셀은 그가 알았던 최고 지성 모두 비참했다고 말했다. 앤디 워홀은 섹스야말로 가장 큰 '허무(nothing)'라고 말했다.

범신론자는 이 궁극적 문제에 "신은 모든 것이고, 모든 것이 신이다. 당신이 신이고 나도 신이다. 저 우주의 먼지인 별도 다 신이다."라고 대답한다. 누구나 무엇이나 다 신이거나, 아니면 최소 신의 일부이다. 그러나 진정한 범신론자는 최종 실재와 진정한 지복을 신에게 흡수되는 것이 아니라 무(無)로 흩어지는 것으로 여긴다. **절대적인 무**(Absolute Nothingness) 말이다.

이제 유신론자 차례다. 당신은 질문하는가? 유신론자에게는 답이 있다. 그렇다, 최소한 하나의 인격적 신이 존재하며, 신이 있다면 세상에는 눈에 보이는 것 이상이 있다. 이 잡음과 번쩍이는 불빛, 대도시 저편에, 아니 별들 너머 저편에 분명 인생의 의미가 있을 것이다. 이는 충분히 가능성이 있다. 유신론은 반복되는 불확실성과 서서히 빠져드는 실의, 근본적인 무관성을 피한다.

그러나 유신론들이라고 해서 모두 다 같지는 않다.

이슬람에서 알라는 냉담하게 홀로 존재하는 초월자로, 어떤 언약이나 약속을 맺지 않는다. 알라는 인격적 관계에는 관심이 없다. 인류는 알라에게 복종하기 위해 존재할 뿐, 그 밖의 것은 별로 중요하지 않다.

다신론의 신은 우리와 같다. 단지 좀 더 크고 능력이 있으며, 더 탐욕스럽고 더 위험하다. 우주 드라마의 막이 내린 무대 뒤의 장면처럼, 연애문제로 싸우고, 권력 다툼을 일으키며, 힘없는 인간들을 강간하면서, 일을 아주 엉망진창으로 만들어놓는다.

유대교에서 하나님은 명령을 내려서 따르게 하고, 전통을 주어 지키게 하며, 이야기를 주어 전하게 하신다. 그분은 명령하고 바로 잡으신다. 그분은 창조하고, 명령하며, 규정하고, 심판하신다. 게다가 자신을 위해 특정한 사람을 선택하여, 다른 사람이 좀 이상하다고 생각하는 온갖 일을 시킨다. 그러나 결국 유대교에서 알려지고 나타난 하-님(G-d, 역주. 유대교는 거룩한 이름을 다 부르지 않는다)은 본질상 관계적이지 않다.

신사 숙녀 여러분, 당신의 창조주를 만나세요

불가지론, 무신론, 범신론, 유신론 등의 어떤 형태와도 구별되는 기독교 신앙은 하나님과 우주에 관한 궁극적 질문에 완전히 독특하게 대답한다. 실은 그 대답이 너무 독특해서 다 이해할 수 없어도 받아들일 수 있다. 한 분이시며 유일하게 참되신 하나님은 영원히 공존하고, 동등하며, 온전한 하나님인 성부, 성자, 성령의 세 위격으로 영원히 존재한다. 하나님은 침묵하거나 숨지 않고 세상에 들어오신다. 성부께서는 성자인 주 예수 그리스도를, 인류의 비참한 타락으로 비롯한 고난에 들어가도록 보내신다. 하나님은 성부로부터 시작하여 아들을 통해, 성령의 힘으로 용서해 주시고, 화해케 하시며, 하나님 자신과 친밀한 영적 관계를 맺게 하신다.

신학의 기본적 의미는 하나님에 관한 학문이다. 우리의 주된 자료는 하나님의 영감받은 말씀(1부에서 훨씬 더 상세히 다룬)인 성경이다. 우리는 그리스도인으로서 특별히 시간·공간 역사에서 일어난, 예수 그리스도의 삶과 가르침, 그분 죽음과 부활 때문에, 하나님과 우주에 관해 성경이 우리에게 가르치는 바를 신뢰한다. 예수님은 구약성경은 물론, 그 자신의 말씀과 성령께서 그의 제자를 통해서 하실 말씀 또한 무오하다고 말씀하셨다. 성경은 마치 엄청난 이력서를 쓰듯 삼위일체 하나님을 소개하고 그분 본성과 속성을 묘사할 뿐 아니라, 창조의 시작으로부터 종말에 이르기까지 하나님의 목적과 계획도 묘사한다.

그리스도인은 올바르게 이천 년 기독교 신앙의 역사에서 배우면서 성경에 접근했다. 물론, 교회사에서 신학적 실수나 교리적 참사가 일어난 적도 있다. (이것도 살피겠다.) 또 세계 곳곳에서 발생한 전통이 늘 조화를 이루지도 않는다. 그러나 어떤 교리도 장소와 시대, (때로는 더 인상 깊게) 교파를 통틀어 성부 성자, 성령의 성삼위일체 신학보다 더 교회를 잘 나타내는 개념은 없다. 우리는 앞서간 수많은 믿음의 선배들에게서 많은 것을 배울 수 있다.

마지막으로, 다른 신자가 성부, 성자, 성령이신 하나님을 경험함이 삼위일체 하나님을 더 잘 이해하게 한다. 구약성경과 신약성경 모두 삼위일체 하나님과 개인적 만남을 진술한다. 현대의 수많은 그리스도인을 포함해 교회사 전체에 있는 그리스도인을 통해서도, 우리는 삼위일체 하나님과 관계에서 삶을 이해하는 법을 배운다. 사실 더 개인적이고 친밀한 수준에서 구원 자체가 지닌 아름다움이, 성부 하나님께서 우리를 하나님께로 다시 이끄시려 아들과 성령을 보내셨다는 사실을 우리에게 떠올려 준다. 믿

음의 삶을 살아내면서 경험하는 우리의 삼위일체적 경험은 삼위일체 신학을 요구한다.[1]

이제 시작해보자. 그러나 유한한 존재는 무한하신 분을 결코 완전히 이해할 수 없으므로, 인간 지식의 한계에 이르면 어떤 신비는 그대로 받아들일 준비를 해라. 무한한 하나님이 계신다면, 그 하나님이 자신을 알리셨다면, 그렇다면 (1) 우리가 이해하고 받아들이려 노력할 수 있는 놀라운 진리가 있으며, (2) 우리의 머리와 팔로 결코 다 포용할 수 없는 훨씬 더 놀라운 진리도 있다.

우리는 이곳에서 어디로 가나요?

이제부터 살필 내용은 삼위일체 하나님에 관한 기독교 교리의 입문서에 해당한다. 하나님이 누구시며 어떤 분이신지, 하나님의 이름, 속성, 성부, 성자, 성령의 삼위일체적 본성의 중심 진리를 분석하는 성경 핵심 구절로 시작하려 한다. 완전한 인성을 취하셔서 죄를 위해 죽으셨다가 다시 사신 영원한 아들의 성육신이라는 핵심 신비를 빚어내고 마무리하는 본문을 탐구하겠다. 이런 결정적 본문을 통해 삼위일체 교리의 근본자료를 제공하는 기본 진술을 다루겠다.

- 하나님은 한 분이시다(신 6:4).
- 아버지는 하나님이시다(요 6:27).
- 아들은 하나님이시다(요 1:1).
- 성령은 하나님이시다(행 5:3~4).
- 아들은 아버지가 아니다(요 20:17).
- 아들은 성령이 아니다(요 14:16).
- 성령은 아버지가 아니다(요 14:26).
- 세 분 하나님이 아니라 한 분 하나님이시다(고전 8:6).

성경의 이 주장은 아주 단순해서 어린아이라도 이해할 수 있다. 물론, 아이가 이 주장이 어떻게 함께 맞물리는지는 다 이해하지 못하지만, 그건 나도 마찬가지다! 성삼위일체 교리의 의미를 헤아리기는 쉽지 않다.

삼위일체라는 정통 기독교 신앙의 핵심 진리가, **한 신적 본질 안에 세 위격이 구별되어 존재하는** 아버지와 아들과 성령에 관한 성경의 가르침을 요약하는데, 쉬운 개념이 아니다. 언젠가 C. S. 루이스는 다음과 같이 묵상했다.

> 우리가 기독교를 만들어냈다면 당연히 더 쉽게 만들었을 것이다. 그러나 우리는 기독교를 만들지 않았다. 단순성에 있어서 우리는 종교를 **발명하는** 사람과 경쟁할 수 없다. 그렇다면 우리는 어떻게 경쟁할까? 우리는 사실을 다루고 있다. 우리를 괴롭히는 사실들만 없다면, **당연히** 누구나 단순할 수 있다!²

우리는 하나님의 삼위일체성 연구와 함께, 예수 그리스도의 인격이라는, 복음 메시지의 심장이며 영혼인, 신앙의 또 다른 핵심 교리도 살펴보겠다. 성경은 그리스도를 완전하신 하나님(그러나 성부나 성령과는 다른 위격)으로, 그리고 완전히 우리와 같은 인간(그러나 죄는 없으신)으로 그린다. 예수님은 참 하나님이며 참 사람(God-Man)이시다. 성령 교리가 그리스도인(개인적으로)과 교회(공동체적으로)에 하나님께서 개별적으로 임하심을 시사하듯이, 그리스도에 관한 이 진리 역시 우리의 영원한 삶과 일상의 삶 모두를 비추어주는 의미를 함축한다.

사실 부차적이긴 하지만 중요한 마지막 의견이 있다. 니케아 신조로 알려진 강력한 진술은 역사적 기독교 신앙의 최종적인 선언문이다.³ AD 150년경으로 추정하는, 같은 내용을 다른 말로 기록한 초기 이문(異文)과 유사하게, 이 신조도 "우리는 믿는다."라는 말로 시작하는데, 이것이 **크레도**(*credo*)라는 단어에서 나온 라틴어 **크레디무스**(*credimus*)의 뜻이다.

참혹한 박해에서 교부와 신앙의 영웅이 말한 것이다. 그들은 그들 신조(credo)를 자신들 피로 인쳤다. 이 초대 시기 이후로도 수백만 명의 그리스도인이 기독교 침례로 성부, 성자, 성령과 자신을 연합했다는 이유로 죽임당했고, 가장 최근에는 아시아와 북아프리카, 중동에서 그런 일이 일어났다.[4] 지금도 언제나처럼 여전히 예수 그리스도를 하나님의 아들로 고백하는 그리스도인은 엄청난 결과를 감당해야 한다. 우리가 그분을 위해 죽도록 부름을 받지 않았다면, 우리는 그분을 위해 살 수도 없을 것이다.

우리 대다수는 책상 앞이나 푹신한 의자에 편안하게 앉아 이 책을 읽고 있다. (내가 글을 쓰는 동안에도 내 발치에는 강아지가 달라붙어 있다.) 이렇게 편안하게 공부할 수 있음에 우리는 모두 감사한다! 그러나 그 신앙고백의 "나는 믿는다."라는 말은 우리가 하나님으로 고백하는 분을 향해 우리 삶을 내어드릴 것을 요구한다. 하나님에 대해 공부하려, 세세한 사항들을 토론하려, 참된 믿음으로 '신뢰하고 순종'하지 않으면서 생각을 상세히 설명하려는 시도는 실망스러운 정도를 넘어 처참한 일이다. 4세기 중반 인물로, 신학과 철학 모두에 고도로 훈련되었던 대 바실(Basil the Great)은 우리에게 권면한다.

> 하나님에 관한 가르침으로 믿음이 가득하게 합시다. 증명이 아니라 믿음입니다. 아주 정확한 필연성이 아니라 성령의 내적 역사에서 나오는 이 믿음이, 이성적 논증보다 더 우리 생각을 찬성[하나님을 신뢰]으로 이끕니다.[5]

반드시 알아야 할 성경 본문

기독교의 가장 중요하고 심오한 기독교 교리의 어떤 들은 우리 사고로는 이해하기 힘든 미스테리로 보인다. 우리 인간은 그런 진리를 일부는 이해할 수 있지만, 그 모든 조각이 어떻게 정확히 맞춰지는지는 이해할 수 없다. 다음을 생각해 보라.

- 그리스도는 어떻게 한 인격으로 온전히 하나님인 동시에 온전히 사람일 수 있는가?
- 성경이 말하는 유일하신 하나님은 어떻게 성부, 성자, 성령이라는 구별된 세 위격일 수 있는가?
- 하나님은 어떻게 초월적(창조세계 바깥에, 위에)인 동시에 내재적(창조세계 안에, 함께)이실 수 있는가?

하나님께서 영원한 실재와 창조세계에서 일하시는 방법이 언제나 인간의 사고 범주에 맞지는 않는다. 모세는 "감추어진 일은 우리 하나님 여호와께 속하였거니와 나타난 일은 영원히 우리와 우리 자손에게 속하였나니 이는 우리에게 이 율법의 모든 말씀을 행하게 하심이니라."(신 29:29)라고 기록했다. 이사야는 "진실로 주는 스스로 숨어 계시는 하나님이시니이다."(사 45:15)라고 했으며, 고통 문제에 답을 찾지 못한 욥은 "우리의 이해를 뛰어넘는, 위대하신 하나님!"(욥 36: 26)이라고 고백했다.

우리는 하나님의 계시가 드러낸다고 말할지 몰라도 하나님은 여전히 숨어 계시다. 우리가 부분적으로 이해할 수 있는 것이 많기는 하지만, 하나님은 무한하시고, 우리는 명백히 그렇지 못하다. 하나님의 신비는 교활한 창조주가 게임말을 가지고 노는 심리게임이 아니다. 더 정확히 말하면, "신비란 의미의 없는 것이 아니라, 우리가 이해할 수 있는 것보다 더 많은 것을 뜻한다."[1]

솔직히, 어떤 말도 무한하신 삼위 하나님을 다 설명하기에는 부족하다. 하나님 영광의 제일 작은 조각이라도 접하면, 우리는 언어 차원을 넘어, 무지함이라는 지적 암흑에 처한다. 이것이 역사를 통틀어 많은 그리스도인을 이른바 '부정신학(*via negativa* 혹은 apophatic theology)'으로 향하게 했다. 이 신학은 언어로는 하나님의 궁극적 실재를 다 표현할 수 없다는 인식에서 출발하여, 하나님의 속성이 **아닌** 것을 진술하게 한다. 예를 들면, 하나님은 끝이 없으시며, 신체가 없으시고, 시간제한을 받는 존재가 아니며, 변하지 않으신다는 진술이다.

우리가 하나님을 **완전하게** 진술할 수 없지만, 하나님께서 자신을 알 수 있게 충분히 드러내기로 선택하셨기에 하나님이 누구이신지는 **충분하게** 말할 수 있다. 하나님께서는 창조세계와 역사 속에서 다양한 방법으로 자신을 드러내시지만, 성경 말씀이 가장 확실하고 분명한 기반을 제공한다.

성경은 하나님이 어떤 분이신지에 관해 수많은 긍정적인 진술을 한다. 따라서 이에 적합한 본문을 조사하여, 우리도 그 일을 하려고 한다. 역사에서 하나님의 백성은 다음 본문에 근거하여 하나님을 생각했다. 그러나 이 성경 본문을 모두 완전히 안다해도, 무한한 하나님의 신비에 대해서 여전히 초보로 남는다.

본문 1: 태초에 하나님이... (창세기 1:1~3)

성경을 여는 말은 다른 모든 것을 위한 기틀을 마련한다. "태초에 하나님이 천지를 창조하시니라"(창 1:1). 기독교 배경에서 자란 사람에게 이것은 친숙한 바탕, 실은 너무나 익숙한 바탕이리라. 우리는 모든 것이 무(無)에서 창조를 당연하게 여기면서 건성으로 지나쳐 버린다. 그러나 다른 종교나 철학은 이 근본 진리에

이의를 격하게 제기하면서 속도를 늦추고 자세히 살펴보게 한다.

'태초에, 하나님이'는 최고로 지적인 설계자의 존재를 선언한다. 창조주는 창조한 물리적 우주와 분리되어 있으나, 우주는 그의 능력으로 존속한다. 모든 피조물은 매 순간 하나님께 의존한다. 하나님께서 눈을 돌리시거나 '깜빡거리기'라도 하신다면, 우주 전체가 단번에 분해되는 건 아닐까 궁금해하는 것이 당연하다.

하나님은 비인격적 우주의 힘이 아니다. 우주는 (범신론에서 말하듯) 만물로 쏟아져 나온 하나님의 유출물이 아니며, (무신론에서 말하듯) 목적 없이 무질서한 우주에서 우연히 발생한 세계도 아니다. 지구는 1조분의 1로 당첨될 거액 복권이 아니다. 그와 달리 창조주는 인격적이시며 목적을 갖고 계시다.

'하나님'(창 1:1)으로 번역된 히브리 단어는 **엘**(*El*)의 복수형인 **엘로힘**(*Elohim*)으로, 문자적으로 직역을 하면 '지극히 높으신 분들'이나 '가장 강력한 분들'이다. 그러나 **엘로힘**이 유일한 참된 창조주 하나님을 의미하는 말로 사용될 때는 단수 동사와 단수 형용사가 동반한다.

어떤 신학자는 엘로힘을, 성경에서 나중에 등장할 삼위일체 하나님의 세 위격을 암시한다고 보기도 한다. 오늘날 거의 모든 해석자는, 다른 여러 나라의 유한한 '신들(gods)'(출 20:2~3; 신 10:17)과 대조하여 주권자 하나님으로서의 신적 주체를 높이는 방법으로 하나님에 대해 복수형을 사용한 것이라고 본다. '하나님'(히브리어 '엘로힘')을 우리말 번역으로 읽을 때 온 세상의 창조자, 유지자, 주권자, 심판자이신, 뛰어나신 하나님을 떠올려야만 한다.

'하늘과 땅(the heavens and the earth)'은 창조된 우주를 가리킨다. 과학자들은 우주가 수천억 개의 은하계를 포함한다고 추정한다. 또한 물리적 우주라 하면 물질과 빛의 재료가 되는, 쿼크, 보손(bosons), 양자, 중성자 등의 아원자적 활동도 포함된다. 과학자들은 우주에 대해 새로운 자료를 주기적으로 발표하거나, 종종 최고 지성인들의 흥미를 끌고 또 종종 혼동시키는 새로운 통찰력들을 내놓는다. 우리는 우주의 광대함과 정교함에 놀란다.

50여 년 전 인류가 달에 첫발을 내디뎠을 때, 500여 년 전 코페르니쿠스가 지구가 태양 주위를 돈다고 주장했을 때, 혹은 수천여 년 전 성령께서 모세를 감동하셔서 이 말들을 처음 기록하게 하시던 그때, 지금 우리가 '하늘들과 땅'의 범위와 규모에 대해 아는 것을 누가 상상이나 할 수 있었을까? 게다가 새로운 지식은 계속해서 새로운 신비를 더 많이 가져올 것이다. 창세기 1:1은 우리가 별들, 바다, 혹은 기러기 떼 그 무엇을 보든, 하나님께서 우주의 질서를 유지하시는 분이란 사실을 상기시킨다.

"태초에, 하나님이 천지를 창조하시니라." 이 첫 단어들이 다 함께 전체적인 그림을 설정한다. 2절에서는 창조의 과정이 시작된다. "땅이 혼돈하고 공허하며, 어둠이 깊음 위에 있었다." 학자들은 이것이 하나님께서 덜 형성된 세상을 이미 창조하셨고 그 후에 이를 다듬기 시작한 것을 의미하는지, 아니면 단순히 창조 이전의 상태로 이야기를 시작하는 것인지를 놓고 논쟁한다. 이에 관해서는 히브리어 본문 자체 의미가 명확하지 않다. 분명한 것은 하나님께서 흑암, 혼돈, 생명 없는 세상을 취하셔서 이것을 경이로운 질서와 숨 막히는 아름다움을 지닌 것으로 만드셨다는 점이다.

인간이 무언가를 만들 때는 이미 있는 형태, 물질, 생각을 사용한다. 그러나 하나님께서는 '무(無)에서(라틴어로 *ex nihilo*)' 존재를 만들어내셨다. "믿음으로 모든 세계가 하나님의 말씀으로 지어진 줄을 우리가 아나니, 보이는 것은 나타난 것으로 말미암아 된 것이 아니니라"(히 11:3). 하나님께서는 명령을 통해 창조하셨고, 사실 '만물'의 절대적 시작은 말씀이신 하나님의 아들을 통해서였다(요 1:1~3; 골 1:16~7; 히 1:2~3).

이 모두가 우리를 최종 주장으로 이끈다. 성경의 첫 단어들은 우리에게 다음을 알려준다.

1. 엘로힘(*Elohim*)이 하늘과 땅을 창조했다.
2. 하나님의 영이 태고의 흑암 수면 위를 운행했다.
3. 하나님께서 "빛이 있으라"라고 말씀하시니 빛이 있었다.

역사를 통틀어 많은 창세기 해석자는 1장에서 삼위일체 하나님에 관한 힌트를 발견했다. 창조행위는 하나님이 시작하셨고, 하나님의 영이 참여하셨으며, 하나님의 언어(그의 '말씀')에서 절정에 이르렀다.2 이 해석을 지지하면서, 학자들은 종종 이 본문에 대한 시편 기자의 해설을 언급한다. "여호와의 말씀으로 하늘이 지음이 되었으며 그 만상을 그의 입 기운[히브리어로 '영'을 의미하는 *루아흐 ruach*]으로 이루었도다"(시 33:6).

물론 삼위일체로서의 하나님에 대한 보다 완전한 계시는 성자의 성육신, (오순절) 성령의 침례, 그리고 신약성경의 여러 구절에서 결정적으로 확실해질 것이다. 예수님은 구약성경이 자신에 관해 말하고 계시하셨고(눅 24:25~27, 44~45; 참고. 요 5:39~40), 여기에서 성자 하나님은 우리에게 히브리 성경을 더 충만하게 읽는 법을 가르쳐 주셨는데, 그것은 신약성경에서 드러난, 더 깊은 구약의 진리를 보는 새로운 렌즈라고 할 수 있다. 이는 만물을 창조하신 말씀(the Word, 헬라어로 '로고스')이신 아들을 통하여 읽는 것이다(요 1:1~3; 골 1:16~17).

따라서 한편으로는 창세기 1:1~3이 명확하게 삼위일체를 가르쳐준다는 주장은 과장일 수 있다. 모세와 그의 원 독자들이 이 구절을 그렇게 이해했다고 생각하기는 어렵다. 다른 한편으로, 성경의 이 첫 말들은 하나님의 일하시는 방식의 구조를 설정하고, 이를 확대하여 더 먼 후대의 삼위일체에 대한 계시의 가능성을 열어주었다. 성경의 첫 단어들에서 이미 우리는 앞으로 일어날 일에 대한 암시를 본다.

> ### 성경 암송 1
>
> #### 창세기 1:1~3
>
> 1 태초에 하나님이 천지를 창조하시니라. 2 땅이 혼돈하고 공허하며 흑암이 깊음 위에 있고, 하나님의 영은 수면 위에 운행하시니라. 3 하나님이 이르시되, "빛이 있으라." 하시니 빛이 있었고

본문 2: "우리 자신의 형상을 따라 사람을 만들자"(창세기 1:26~27)

"하나님이 이르시되, '우리의 형상을 따라 우리의 모양대로 우리가 사람을 만들고….' 하나님이 자기 형상, 곧 하나님의 형상대로 사람을 창조하시되 남자와 여자를 창조하시고." 1세기부터 교회는 '우리가 사람을 만들자.'라는 표현이 인간 창조에 대해 성부가 성자에게 말씀하신, 신격의 복수성을 시사한다고 만장일치로 믿었다. 또한, 많은 교부는 '하나님의 형상'이 신약성경에서 "보이지 않는 하나님의 형상"(골 1:15)이라 부른 예수 그리스도에 관한 예언적 언급이라고 생각했다. 따라서 인류는 '하나님의 형상'을 따라 창조되었다는 것은, 언젠가 예수의 인격에서 보일 인류의 이상적 모델에 따라 지음을 받았다는 것이다.

그렇게 고대로부터 계속 이어진 해석적 계통 외에도, 이 삼위일체적이며 기독론적 해석은 그들에게 유익한 점이 많다. 여기서 하나님은 하나(그)인 동시에 다수(우리)로 말씀하시는 것 같다. 분명 삼위일체(trinity)라는 말은 본문에 등장하지 않고, 하나님께서 누구에게 말씀하고 있는지도 분명치 않다. 그런데도 초기 교부들과 무수한 강해자는 신약성경의 렌즈로 구약을 읽어왔다. 그들은 우리가 신약성경의 계시에 근거하여 하나님이 성부, 성자, 성령

이신 것을 안다면, 창세기 1:1~3과 1:26~27에서 시사한 것과 같이 성경 맨 처음부터 이 진리에 대한 암시를 보지 못할 이유가 없다고 생각했다.

오늘날 많은 복음주의 학자가 복수로 사용된 엘로힘이 한 분이신 하나님을 지칭한 것과 마찬가지로, 창세기 1:26의 복수인 '우리'는 '장엄성의 복수'를 지칭한다고 간주한다. 이러한 해석자들은 대개, 원독자가 이를 단수적 의미로 이해했으리라는 것과 우리는 신약성경에 이르러서야 삼위일체라는 분명한 표현을 본다는 점을 강조한다.

그러나 근대 이전의 그리스도인 독자는 원래 독자에게는 명확하지 않았을 수 있는, 하나님께서 의도하신 의미를 담는 본문을 순순히 받아들였다. 그렇다면 이 수준에서 그 본문은, 신약성경 이전까지는 분명하지 않았다고 하더라도, 그리스도나 삼위일체를 말했을 수 있다.

성경 암송 2
창세기 1:26~27
26 하나님이 이르시되, "우리의 형상을 따라 우리의 모양대로 우리가 사람을 만들고…." 27 하나님이 자기 형상, 곧 하나님의 형상대로 사람을 창조하시되 남자와 여자를 창조하시고

본문 3: 당신의 이름은 무엇입니까? (출애굽기 3:13~15)

모세는 바로의 딸의 양자라는 특권을 받고 생활하다, 히브리인 동료를 구타하는 이집트인을 살해했다. 그는 동쪽으로 도주했다.

시간이 흘렀다. 도망자로 지내는 미디안 광야에서 삶에는 별다른 일이 일어나지 않았는데, 어느 날 광야에서 양 떼를 돌보다 불타는 덤불을 보았다. 그때 "여호와의 사자가... 불꽃 안에서 그에게 나타나셨다"(출 3:2).

고대와 현대의 많은 주석가는 '주의 사자'라는 칭호를 천사처럼 창조된 존재가 아니라, 성육신 이전의 하나님 아들의 나타나심, 즉 그리스도의 현현(Christophany)이나, 적어도 일종의 신적 현현, 곧 사람이 알아볼 수 있는 형태로 나타나신 하나님의 현현(theophany)도 본다. 어느 경우건 불꽃에서 나온 음성이 말했다. "나는 네 조상의 하나님이니, 아브라함의 하나님, 이삭의 하나님, 야곱의 하나님이니라"(3:6).

이어진 말은 억눌린 히브리 민족과 **더불어** 강력한 이집트의 완고한 마음을 가진 지도자에게 하나님의 대언자가 되도록 모세를 부르신 것이다. 모세가 준비되지 않았던 것은 당연하다. 사실 모세는 심히 혼란스러웠다. 그는 자신이 이집트로 돌아가 진짜로 하나님께서 명령하신 대로 말한다면 이스라엘 사람들이 "그분의 이름이 뭔데요?"라고 물을 거라 답했다.

> 하나님이 모세에게 이르시되, "나는 스스로 있는 자이니라." 또 이르시되, "너는 이스라엘 자손에게 이같이 이르기를 스스로 있는 자가 나를 너희에게 보내셨다 하라." 하나님이 또 모세에게 이르시되, "너는 이스라엘 자손에게 이같이 이르기를 너희 조상의 하나님 여호와, 곧 아브라함의 하나님, 이삭의 하나님, 야곱의 하나님께서 나를 너희에게 보내셨다." 하라. 이는 나의 영원한 이름이요 대대로 기억할 나의 칭호니라."

여기 14~15절에서 우리는 구약성경을 통틀어 가장 거룩한 계시, 곧 하나님의 개인적 이름을 안다. 약속의 하나님, 언약의 하나님은 아브라함, 이삭, 야곱에게 가까이 임하신 하나님은 이제 자신의 온전한 이름을 모세에게 나타내신다.

'여호와'에 해당되는 히브리어 글자들은 YHWH인데, 종종 '거룩한 네 글자(tetragrammation, 문자적으로는 '네 글자')'라고 불린다. 엘로힘이 주로 주권적 창조주의 개념을 나타낸다면, YHWH는 하나님의 개인적 이름으로서 특히 그의 백성과 맺은 언약 관계를 가리킨다. 위의 본문에서 하나님은 세 번이나 기본동사 '이다/존재하다(to be; 히브리어 hayah)'를 사용하셔서 자신을 '스스로 있는 자('I am')'라고 선언하신다. 사실 YHWH와 '스스로 있는 자'의 뜻은 너무나도 가까워서 브루스 윗키(Bruce Waltke)가 그의 저작 『구약신학』 내내 일관되게 YHWH를 단순히 "I AM"으로 바꿨다.3 자존하시는 유일하신 하나님은 언제나 영원토록 '존재하시는(IS)' 분으로서 자신을 위해 한 민족을 선택하셨고 그들을 통해 자신을 알리기를 원하셨다.

구약성경에서만 거의 6천 번이나 쓰인 YHWH는 의미가 여러 가지다.4 첫째, 이것은 하나님께서 선호하시는 개인적 이름으로서, 엘로힘보다 두 배('하나님', 2,570회)나 더 자주 등장하며, 세 번째 거룩한 이름인 아도나이('주', 449회)보다는 열 배는 더 빈번하게 등장한다. 주께서 우리 이름을 아시듯이, 그분은 우리도 그분의 이름을 알도록 부르신다. 신자는 하나님과 특별한 관계를 맺도록 선택받고 초청받았는데, 그것은 형용할 수 없이 고귀한 특권이다.

둘째, 하나님은 단순한 우리의 '친구'가 아니다. 그분은 전능하신 하나님이다. 너무나 거룩하시고 경배받으실 이름이기에 유대인은 하나님의 이름을 직접 부르는 대신, '아도나이('주')'나 '하쉠('그 이름')'같은 단어로 에둘러 불렀다. 유대인은 혹 불순한 마음으로 YHWH의 이름을 불렀다가 심판을 초래할까 두려워했다.5

셋째, YHWH라는 말은 거의 확실하게 히브리어 '이다, 있다(to be)'에서 나왔다. YHWH는 우리에게 그분은 "이제도 있고 전에도 있었고 장차 오실"(계 1:8; 참고. 4:8; 22:13) 절대적인 하나님으로 존재하심을 상기시킨다. 그분보다 더 큰 존재는 없다. 그분이 우리를 예배하고 순종하라고 부르시지만, 자신의 창조물에 의존하시지는 않는다. 우리가 그분의 찬양을 불러서 하나님을 응원하거나 우리가 특별히 순종할 때 그분의 날을 행복하게 해 드리지 않는다. 이런 의미에서 YHWH는 영향받지 않으시는(impassible) 동시에 그의 만드신 것들을 돌보시면서 관계를 맺는다.

성경 암송 3

출애굽기 3: 14

"하나님이 모세에게 이르시되, '나는 스스로 있는 자이니라.' 또 이르시되, '너는 이스라엘 자손에게 이같이 이르기를 스스로 있는 자가 나를 너희에게 보내셨다.' 하라."

본문 4: 이름에는 무슨 의미가 있는가? (출애굽기 20:7)

요즘 대부분 사회에서는 아기 이름을 임의로 또는 심지어 무작위로 선택하기도 한다. 어떤 사람은 할머니나 삼촌 또는 부모님이 존경하는 사람의 이름을 따서 짓기도 한다. 그래서 세대에 따라 선호하는 이름도 다르다. 많은 사람에게(분명 다는 아니지만) 이름은 '우리가 좋아서 지은 것' 이상의 큰 의미는 없다.

내 이름은 스캇(Scott)인데, 이 이름이 나를 설명하는 것은 별로 없다. 뭐, 우리 가문의 누군가는 스코틀랜드 출신이라는 정도는 예상할 수 있겠지만, 내 성을 듣는 순간 예상이 빗나가 혼란스러울 것이다. 한번은 나와 이름은 물론 성(姓)까지 똑같은 남자를 만난 적이 있다. 그는 실력 있는 아프리카계 미국인 농구선수였는데, 국제적인 팀에서 여행하고 있었으며 나보다 30cm는 족히 더 컸다. 만약 우리 둘이 시합 중 벤치에 같이 앉아 있다가 코치가 "스캇 호렐!"하고 호명했고, 내가 이 선수를 제치고 경기장에 들어섰다면, 그 팀은 참패를 당해야 했으리라.

우리 대부분의 이름은 다른 사람들에게 우리가 누구인지를 제대로 알려주지 않는다.

다른 시대, 다른 문화에서는 이름으로 그 사람의 가족 그리고/또는 출생지까지 식별했다. 교회사에는 나사렛 예수, 다마스커스의 요한, 아시시의 프란시스코 같은 이름이 잔뜩 있다. 또는 아기에게 복이나 덕을 빌어주는 것 같은 효과를 내는 이름도 있다. 이를테면, 현대 아프리카의 일부 지역에서는 아기들에게 Beauty('아름다움'), Goodluck('행운'), Precious('소중한') 같은 이름을 지어준다. 어떤 이름은 활동이나 잘 알려진 행동 하나를 반영하기도 한다. 북미 원주민들이 '늑대와 춤을'이라는 이름을 붙여준 육군 중령의 이야기를 담은 영화를 기억하는가? 아브라함과 사라가 그들의 첫아들 이름을 '이삭'이라 지었을 때, 이 이름은 무엇을 의미했는가?6

성경에서 이름은 무언가를 **의미한다**. 그래서 하나님의 이름을 보면, 우리가 하나님을 이해하는 데 핵심 역할을 한다. 하나님의 다양한 이름이나 호칭이 그분에 관한 모든 것을 알려주지 않지만, 마치 복잡한 예술작품의 정교한 붓놀림처럼, 하나님의 이름은 한 아름다운 그림으로 절정을 이루어 우리가 하나님을 더 잘 이해하고, 감사하며, 그분께 응답하게 한다. 우리가 기독교 신앙의 하나님을 더욱 잘 이해하도록 멀리까지 인도해 줄 세 가지 기본 원리가 있다.

첫째, 하나님의 이름은 하나님의 인격(person)**을 나타낸다.** 이 이름들은 하나님의 성품을 드러내고, 그분의 속성을 강조하며, 그분을 다른 모든 것으로부터 구별한다. 엘(*El*)과 엘로힘(Elohim)의 이름은 하나님을 전능하신 분으로 찬양한다. 야웨(*YHWH*)는 그의 백성과 인격적인 언약 관계로 연합하시는 영원하신 '자존자(I AM)'를 가리킨다. 성경은 존귀한 이름들을 보여준다: 엘 올람(*El Olam*), '영원하신 하나님'(창 21:33; 시 100:5; 사 40:28); 엘 엘리온

(*El Elyon*), '지극히 높으신 하나님'(창 14:17~22; 신 32:8; 시 78:35); 엘 샤다이(*El Shaddai*), '전능하신 하나님'(창 17:1~3), '판토크라토르'(*pantokrator*)는 '전능자'를 의미한다(계 1:8; 4:8; 11:17; 16:7), '만군의 주(LORD of hosts)' 같은 이름은 엄청난 하늘 군대를 거느리신 그분의 통치를 나타낸다(삼상 1:3, 11; 시 24:10; 사 1:9).

하나님의 이름은 보통 하나님의 정체성과 그분의 활동을 연결한다. 주님은 '온 세상의 심판자'(창 18:25), '이스라엘의 반석[보호자]'(49:25), 선한 '목자'(시 23:1), '구속자(Redeemer)'(사 44:6), '남편'(54:5), '구주'(63:8), '만왕의 왕이시며 만주의 주'(딤전 6:15; cf. 계 19:16)이시다. 하나님의 수십 가지 다채로운 이름은 다 함께 그분의 속성과 활동을 보여주는 눈부신 초상화를 그려낸다.

또한, 하나님의 이름은 성경의 점진적 계시에서 다양성과 세밀함이 늘어가고 많아진다. 한 예로, 히브리 성경에서는 **아버지**라는 이름이 하나님께 아주 드물게 사용되지만,[7] 예수님께서는 하나님을 그의 아버지라 부르시며, 그 아버지에게서 보냄을 받은 아들이라는, 자신과의 독특한 관계를 말씀하신다. 요한복음서에서는 실제로 아버지가 하나님의 주된 이름으로 등장한다.

주, 구주, 구속자, 이스라엘의 거룩한 자와 같은 칭호는 구약에서 하나님을 설명하는 이름이다. 따라서 신약성경이 같은 용어를 예수님에게 돌리고, 심지어 아버지 하나님께 사용하는 것보다 더 자주 사용한다는 사실은 엄청나게 중요하다. 성서의 역사를 여행하면서 우리는 점점 더 하나님을 알아간다. 성부 하나님께서는 계시록 1:8에서 "나는 알파요 오메가이다."라고 선언하셨는데, 예수님께서 그 책을 마무리하시면서 "나는 알파와 오메가요, 처음과 마지막이요, 시작과 마침이라"(22:13)라고 말씀하실 때, 우리는 '하나님과 어린양'이 새 땅의 보좌를 공유하신다(22:1)는 사실에 놀라서는 안 된다. 하나님의 이름은 점진적 계시를 통해 하나님의 삼위적 성품과 사역을 더욱더 계시한다.

둘째, 하나님의 이름은 하나님의 임재를 나타낸다. 시편 8:1에서는 "오 주여, 우리 주여, 주의 이름이 온 땅에 어찌 그리 아름다운지요!"라 외치며, 시편 75:1에서는 "하나님이여 우리가 주께 감사하고 감사함은 주의 이름이 가까움이라."라고 기록했다. 하나님 이름에는 분명 무언가 더 의도하는 바가 있다. 학자들은 이 언어사용을 '환유법(metonym)'이라고 부르는데, 그것은 한 단어나 표현이 그것과 밀접한 관계가 있는 다른 어떤 것을 가리키는 것이다. 하나님의 이름과 호칭은 종종 하나님의 인격적 임재와 그분의 가까이 계심을 표현한다.

거룩한 이름은...
하나님의 위격을 나타낸다
하나님의 성품을 드러낸다. 하나님의 정체성과 그분의 역할을 연결한다. 점진적 계시를 통해 밝혀진다.
하나님의 임재를 표현한다
하나님 인격의 비유적 표현으로 기능한다. 때로 그분의 인격적 뜻을 표현하기도 한다. 그분의 임재와 권위를 상기하게 한다.
따라서, 성스럽다
계시의 도구로 보호받는다. 가벼운 장난이나 농담 혹은 불경스럽게 사용해서는 안 된다. 그 이름으로 서약할 때에 신중하게 접근해야 함을 의미한다.

이 해석에는 실제적 시사점이 있다. 이를테면 '예수님의 이름으로' 기도함은 무슨 뜻인가? 성경에는 이런 표현이 그대로 나온 적이 없는데도, 어떤 사람은 '예수님의 이름으로'가 마치, 헌금으로

바꿔 쓰라는 백지수표의 서명처럼 여기며, 하나님께 무엇이든 원하는 것을 얻어내는 공식이라고 건너짚는다. '예수님의 이름으로' 기도한다는 말의 진짜 의미는, 마치 예수님께서 우리를 통해 기도하시는 것처럼 기도하는 것이다. 우리의 기도는 구주의 뜻에 맞게 조정되고 그것을 대변함으로써, 그분의 강력한 임재가 우리 가운데 중재해야 한다. 그것은 우리를 교만하지 않고 겸손하게 한다. 그 이름은 우리 자신이 아니라 주님의 임재와 뜻, 능력과 승리를 대표한다.

셋째, 하나님의 이름은 성스럽다. 텔레비전이 처음 나왔을 때의 이야기를 들은 우리 딸이 하루는 아내와 내게 와서 우리가 자랄 때 세상은 흑백이었는지 물었다. 뭐, 어떤 면에서는 그런 셈이다. 그때는 공중 매체에서 욕(주로 알파벳 네 글자로 이뤄진)이 금지되었고, 옳고 그름이 일반적으로 더 명확하고 솔직하게 다뤄졌었다. 그 이후 수년을 북미 바깥에서 살다가, 미국에 방문할 때마다, 기독교의 하나님과 예수 그리스도에 대한 노골적인 모독과 비난이 공공연하게 가속화되는 것에 놀랐다.

하나님의 이름은 그분의 인격과 임재를 나타내기에 계시를 드러내는 거룩한 수단으로서 보호받아야 한다. 십계명의 세 번째에서, "너는 네 하나님 여호와의 이름을 망령되게 부르지 말라. 여호와는 그의 이름을 망령되게 부르는 자를 죄 없다 하지 아니하리라"(출 20:7)라고 명령하셨다. 오늘날 문화는 음란이나 욕설, 신성모독이 너무나도 팽배해서, 일이 우리 뜻대로 되지 않으면 우리 입술로는 내뱉지 않더라도, 상습적으로 하나님께 불경하게 반응한다. 고의로 하나님을 모독하는 것은 극도로 심각한 문제다 (참고. 레 24:10~23).

그러나 '주의 이름을 망령되이 일컫는 것'은 노골적으로 하나님을 저주하는 것에만 한정되지 않는다. 그분의 이름으로 맹세하거나, 성경에 손을 얹고 "그러니 하나님 나를 도우소서!"라는 서약은, 이러한 맹세나 서약이 지켜지지 않았을 때 그에 합당한 결과를 초래한다. 성경 전체에서 신성모독이라는 용어는, 비방이나 모욕, 조롱 섞인 농담이나 하나님의 영광을 손상하는 모든 행동을 의미한다. 문화적으로 잘 적응해 있는 것처럼 보이려고, 우리 앞에서 하나님의 이름이 모욕당할 때 거기에 직접 참여하거나 혹은 침묵하고 방조함으로써 하나님을 모욕하고 있을지 모른다. 우리는 율법주의나 세상과의 극단적 분리주의는 다 제대로 거절하면서도, 하나님의 명예를 노골적으로 훼손하는 일에 참여함으로써 여전히 그분의 이름을 더럽힐 수 있다. 내 견해를 겸손히 밝히자면, '주의 이름을 망령되이 일컫는 것'에는 하나님에 대해 농담하거나 경박하게 구는 것도 포함된다. 이것은 다른 사람에게 조롱당하는 것을 피하기보다 하나님을 높여 드리겠다는 각오로 겸손히 접근해야 할 문제다. 거룩한 것을 평범하게 다루는—즉, 속되게 하는—것은 심각한 일이다.

많은 이들이 '주기도문'이라 부르는 기도에서, 예수님은 제자들에게 "하늘에 계신 우리 아버지여 이름이 거룩히 여김을 받으시오며, 나라가 임하시오며 뜻이 하늘에서 이루어진 것 같이 땅에서도 이루어지이다."(마 6:9~10)라고 기도하도록 가르치셨다. 우리 시대에는 희귀한 단어가 된 '거룩히 여기다(hallowed)'는 '거룩하게 하다', '따로 떼어놓다', '영예를 주다' '경외하다'를 뜻한다. 우리는 세상에서 하나님의 이름을 '거룩하게 해야' 한다. 이 기도를 하시기 직전 예수님께서는 하나님 앞에서나 사람 앞에서나 '헛되이 맹세하는 것', 곧 경솔하게 맹세하는 것에 엄중하게 경고하셨다(5:33~37). 세 번째 계명의 수행 명령은 신약성경에서 현대 신자에 이르기까지 계속해서 메아리쳐 울린다.

하나님의 이름은 그분의 인격을 계시하며 그분의 임재를 대표하기에 거룩하다. 우리는 이 하나님의 이름들을 거룩히 여겨야 하고, 우리 자신의 삶에서 보호하며, 최선을 다해 오용되는 것을 막아야 한다.

> ### 성경 암송 4
>
> 출애굽기 20:7
>
> "너는 네 하나님 여호와의 이름을 망령되게 부르지 말라. 여호와는 그의 이름을 망령되게 부르는 자를 죄 없다 하지 아니하리라."

본문 5: 유일무이하신 하나님 (신명기 6:4)

신실한 유대인들이라면 지금도 아침과 저녁 기도 때 '쉐마(Shema)'를 반복하는데, 그것은 구약의 요한복음 3:16이라고 할 수 있다. "이스라엘아 들으라(히브리어로 '쉐마 이스라엘'[Shema Yisrael]), 우리 하나님 여호와는 오직 유일한 여호와이시니 너는 마음을 다하고 뜻을 다하고 힘을 다하여 네 하나님 여호와를 사랑하라"(신 6:4~5). 그러나 비평 학자들은 종종 유대교의 이 핵심항목이, 야웨(YHWH)가 유일하게 이스라엘에게 열방의 다른 신들보다 높은 하나님을 의미하는지(henotheism), 아니면 주 하나님만이 유일한 참된 신(유일신, monotheism)을 뜻하는 것인지를 논쟁하지만, 신명기 4:39은 이 문제를 확실하게 정리해 준다. "그런즉 너는 오늘 위로 하늘에나 아래로 땅에 오직 여호와는 하나님이시오. 다른 신이 없는 줄을 알아 명심하고." 소위 말하는 다른 '신들'(예. 모압의 그모스[Chemos]나 바벨론의 마르둑[Marduk])은 우주에서 있을 곳이 없다. 이스라엘의 하나님만이 창조주, 주권자, 유일하게 참된 하나님이시다.

쉐마는 "여호와는 하나이시다"라고 진술한다. 고전적 기독교 신앙 바깥에 있는 사람은 하나님이 한 분이시라면 세 위격으로 존재할 수 없다고 말한다. 그러나 히브리어 '하나(에하드[ehad])'는 복합적 단일체, 곧 많은 것으로 이루어진 하나(one-in-many)를 가리킬 수 있다. 이 단어의 어근은 '연합하다'를 뜻하며, '하나 됨에서 다양성을 인정하는 통일성'이라는 의미를 강조한다.8 그래서 아담과 하와를 예로 들면, 그들은 함께 '한(에하드[*ehad*]) 몸'을 이루었다(창 2:24). 주목할 만한 것은, 다른 히브리어 '야히드(*yahid*)'는 '단 하나인, 단독의'를 뜻하며, 이 단어는 한 번도 하나님에게 사용되지 않았다. 달리 말해, 하나님의 유일성에 대한 구약성경의 주장이 하나님의 삼위적 일체성을 배제하지 않는다. 신약성경의 추가적 계시 역시 구약의 유일신론(monotheism)을 계속해서 지지하며, 이는 이슬람이나 유니테리언주의(Unitarianism)에서 믿는 '단일 위격(single-person)'의 단일신론이 아니다.

앞서 우리는 '하나님'을 뜻하는 히브리어(엘로힘—문자적으로 '능력 있는 자들')가 복수형태지만, 이 단어가 유일한 참 하나님이신 야웨를 가리킬 때는 단수형의 동사와 수식어가 따라옴을 살폈다. 이는 **아도나이**(*Adonai*, 문자적으로 '나의 주인들')라는 칭호에서도 같은데, 거의 450번에 걸쳐 주 하나님을 지칭하면서 단수 명사로 쓰였다. 일반적으로 히브리어에서는 이렇게 복수형태를 사용해서 하나님의 광대하심과 찬연한 광채를 나타낸다. 성경의 다른 곳에서 하나님은 문자적으로 우리의 '창조주'(전 12:1), 우리를 '지으신 분'(욥 35:10, 시 149:2), '지극히 거룩하신 분'(잠 9:10), '지극히 높으신 분'(단 7:18, 22, 25)로 묘사된다. 이사야 54:5는 "너를 지으신 이가 네 남편이시라. 그의 이름은 만군의 여호와이시며"라고 선언한다. 이러한 히브리어 형태들은 (모두 복수형이지만) 결코 복수의 의미로는 **번역**되지 않는데, 이는 다수의 하나님을 의미하지 않기 때문이다. 이 복수형태를 통해 한 하나님의 증폭된 위대함을 강조한다.

사실, 복수형으로 표현된 하나님의 유일성(unity)을 가리키는 구약성경의 어휘적 증거는 풍부하다. 게다가 많은 사람이 "우리의 형상을 따라 우리의 모양대로 우리가 사람을 만들자"(창 1:26; 참고. 사 44:24)라는 하나님의 선언에서 신성 안의 신비한 연합을 시사하는 것으로 본다.

더 나아가 여호와(*YHWH*)의 '숨'이나 '영', 성령은 창조세계에 생명과 질서와 아름다움을 주심으로써, 하나님처럼 행하고 말씀하신다. 그 영은 단순히 행하시는 하나님으로 보일 때도 있다. 또 다른 곳에서는 성령은 하나님의 인격적 대리인으로서 스스로 생각하시고(사 40:13~14), 가르치시며(느 9:20), 때론 근심하기도(사 63:10) 하시는 분으로 분명히 구별된다.

또한 '야웨의 지혜'(잠 8:22~31)는 하나님의 곁에 있는 자로서 세상을 창조하시고 생명을 움직이시는 분으로 나타난다. 바울은 세 번이나 그리스도를 '하나님의 지혜'(고전 1:24, 30; 골 2:3)로 묘사하여, 많은 해석가가 그리스도를 구약성경에서 인격화된 하나님의 지혜와 연관 짓게 했다.

게다가 우리는 하나님처럼 직접 말하고 행하는 '야웨의 사자'(출 3:2)도 봤다. 놀랍게도 유대교의 오랜 전통은 주님의 사자를 '제2의 하나님'으로 언급했다.9 또한, 메시야적 '다윗의 자손'은 찬양의 언어로 '하나님'(시 45:6~7), 주(*Adonai*, 시 110:1), "'전능하신 하나님'(사 9:6), 심지어 '그들이 찌른' 야웨(슥 12:10)라고까지 선언된다.

분명히 해두자. 구약성경만 보면 성 삼위일체의 교리를 분명하게 본질에서는 같되 위격에 있어서는 구별되는 성부, 성자, 성령의 성 삼위일체 교리를 분명하게 공식화할 수는 없다. 그러나 구약성경은 '유일성 속의 복수성'이라는 개념을 배제하지 않을 뿐 아니라 도리어 신약성경의 예수 그리스도에 관한 더 분명한 계시를 위한 모든 조각을 다 담고 있다. 히브리 성경은 삼위일체 신학과 절대로 모순되지 않고 오히려 일맥상통한다.

이것을 다르게 말하면, 초기 계시에서는 무대가 마련되었고 후기 계시에서 조명이 켜진 것이다. 그리스도의 광채 속에서 구약의 풍부한 색채와 디자인이 더욱 선명하게 드러난다.

성경 암송 5
신명기 6:4
"이스라엘아, 들으라. 우리 하나님 여호와는 오직 유일한 여호와이시니"

본문 6: 하나님의 큰 속성 분류하기 (시편 139)

시편 139편에서 다윗은, "주님, 주님께서 나를 샅샅이 살펴보셨으니, 나를 환히 알고 계십니다. 내가 앉아 있거나 서 있거나 주님께서는 다 아십니다. 멀리서도 내 생각을 다 알고 계십니다... 주님께서 나의 앞뒤를 두루 감싸 주시고, 내게 주님의 손을 얹어 주셨습니다"(1~2, 5절 『새번역』)라고 말한다. 이에 그치지 않고 "주님께서 내 장기를 창조하시고, 내 모태에서 나를 짜 맞추셨습니다. 내가 이렇게 빚어진 것이 오묘하고 주님께서 하신 일이 놀라워, 이 모든 일로 내가 주님께 감사를 드립니다. 내 영혼은 이 사실을 너무도 잘 압니다."(13~14절 『새번역』)라고 고백한다. 그러더니 갑자기 "하나님, 주님의 생각이 어찌 그리도 심오한지요? 그 수가 어찌 그렇게도 많은지요? 내가 세려고 하면 모래보다 더 많습니다. 깨어나 보면 나는 여전히 주님과 함께 있습니다."(17~18절 『새번역』)라고 고백한다.

여기서 두 가지를 관찰할 수 있다.

첫째, 다윗은 이례적으로 개인 관점에서 주 하나님을 표현했다. 야웨는 추상적이거나 멀리 계신 분이 아니다. '스스로 계신 분(I AM)'께서 다윗을 감싸주신다. 그분이 다윗의 마음을 살펴 아신다. 그리고 다윗은 주님의 관대한 보살피심, 친밀한 아심, 정밀하신 솜씨, 언약적 사랑으로 기뻐한다. 우리는 이러한 하나님의 속성들을 이해할 수 있을 뿐 아니라 닮을 수도 있다. 하나님께서 인격적인 분이신 것처럼, 시편 기자 역시 그분을 알고 그분께 사랑을 되돌려 드릴 수 있는 존재로서 응답한다.

둘째, 다윗은 우리 인간이 경험하거나 경험할 **가능성**이 있는 것과는 근본적으로 다른, 하나님의 무한하신 활동에 기뻐하는데, 모든 것을 아시고, 어디나 계시며, 모든 것을 하실 수 있다는, 하나님께만 속한 속성들이다. 다윗은 '이러한 깨달음'이 "내게는 너무 놀랍고 너무 높아서, 내가 감히 측량할 수조차 없습니다"(6절)라고 고백한다. 하나님의 전지, 편재, 전능은 우리의 직접적인 유한한 경험세계 밖에 있다. 주께서는 인격적인 동시에 또한 절대적인 하나님이시기도 하다.

하나님을 어떻게 설명할 것인가?	
인격/성품	본성/본질
누구이신가(Who He is)	**무엇이신가**(What he is)
공유적 속성	비공유적 속성

신학자들은 종종 하나님의 신적 속성을 두 범주, 곧 공유적 속성과 비공유적 속성으로 나눈다. 하나님의 본성 자체가 분열되거나 나뉜다는 말이 아니다. 이런 범주들 덕분에 우리는 하나님을 창조세계와 관련하여 더 정확하게 이해할 수 있다. 공유적 속성은 하나님의 인격적 특성들로서 인간이 경험을 통해 적어도 부분적으로나마 알 수 있는 것이다. 이 속성들은 하나님이 그 인격적 특성에 있어서 어떤 분이신가를 말해준다. 곧, 하나님은 선하시고 신실하시며, 거룩하고 의로우시며, 공평하시며, 지혜롭고, 사랑이 많으신 분이다. 하나님께만 있는 완벽함에는 못 미치지만,

우리 인간도 이런 특징들을 나타내 보일 수 있다.

다른 특징들은 하나님의 어떠함을 최대한 광대하거나 무한한 것으로 표현한다. **비공유적**이라는 명칭은 우리가 이 속성들에 대해 말할 수 없다는 것을 뜻하지 않는다. 이는 '피조물에게 적용될 수 없는 하나님의 주된 속성들'을 가리키는데, "그것들은 하나님으로부터 피조물에게 소통되거나, 돌려지거나, 부여되거나, 공유될 수 없다."10 비공유적 속성은 무한하신 하나님을 그의 창조세계와는 명확하게 구분한다.

하나님은 스스로 존재하신다. '스스로 존재하시는 분(I AM)'은 창조되지 않은 창조주로서 시작이 없으시며, 자기 존재를 위해 어떤 사람이나 사물에 의존하지 않으시는데(사 40:12~28; 요 5:26; 딤전 6:13~16), 이것은 창조세계의 그 누구나 그 무엇이 가진 어떤 것과도 전혀 다른 특징이다. 스스로 존재하는 것을 일컫는 전문 용어인 **자존성**(Aseity)은 자신에게 속한, 자신에 의한, 자신으로부터 존재하는 것을 가리킨다.

하나님은 단순(simple)하시다. 하나님의 '단순성'은 그분의 신적 속성들이 그분이 존재로부터 분리될 수 없고, 그분의 존재는 속성들을 총합도 아니라는 뜻이다. 그보다 하나님 자신은 그 본성에 속한 모든 것이 균열 없는 조화를 이룬다는 의미다.

하나님은 하나이시다. 하나님의 단순성이 하나님의 거룩한 본성의 전체성과 연관되는 반면, 하나님의 일체성은 세 위격성과 관련된 것으로 볼 수 있는데, 성부, 성자, 성령을 진정한 한 하나님으로 보는 것이다. 각 위격(person)은 개별 위격의 구별점만 제외하고는 완전하신 하나님이시다.11 따라서 하나님은 그 본성상 단순하시면서, 동시에 신성한 위격들의 본질적 연합이라는 점에서 신비로우시다.

하나님은 자기 충족적(self-sufficient)이시다. 하나님 자신 안에 아무것도 부족한 것이 없으시기에, "무엇이 부족한 것처럼 사람의 손으로 섬김을 받으시는 것이 아니니, 이는 만민에게 생명과 호흡과 만물을 친히 주시는"(행 17:24~25; 참고. 욥 41:10~11; 시 50:9~12; 90:2; 계 4:11) 분이시다. 거룩하신 분은 자신이 외롭거나 영광을 갈망했기 때문에 창조하신 것이 아니다. 오히려 자신의 아름다우신 성품과 자신 안에 있는 영광을, 그가 은혜로 지으신 우리와 나누시려고 이 우주를 존재하게 하셨다. 시편 139편에 있는 다윗의 말은 우리에게 창조주의 '귀하신' 생각과 '뛰어난' 작품을 보고 여기에 합당하게 반응하라고 우리를 초청한다.

하나님은 영원하시다. 그분은 영원히 존재하시는 하나님(창 21:33)이시며, 알파와 오메가, 처음과 나중이며 시작과 끝이시다 (계 1:8, 17; 21:6; 22:13; 참고. 욥 36:26; 시 90:1~4; 요 8:58; 벧후 3:8~9). 하나님께서 믿는 사람에게 영원히 지속할 생명을 주시기는 하지만, 그분 자신의 신적인 영원성은 그저 과거와 미래를 끝없이 연장하는 화살표가 표시된 시간표상의 영속성(everlastingness) 이상을 의미한다. 그렇다면 우리는 이것에 대해 어떻게 생각**해야만 할까**? 하나님은 완전히 무시간성 속에 계시는가? 삼위일체 관계 내에 어떤 '신적인 시간'의 형태가 존재하는가? 하나님께서 창조세계와 연결되시려 어떻게든 자진해서 자신을 시간 속에 제한하셨는가? 신학자들과 철학자들이 다양한 의견을 고려하고 토론했지만,12 마이클 버드(Michael Bird)가 이를 다음 말로 잘 표현했다. "하나님께서 시간을 유지하시며 시간 속에 편만하게 들어오기에, 모든 순간이 하나님의 영원성에서 나오는 심장박동으로 고동치고 있다."13

하나님은 불변하신다. "나 여호와는 변하지 않는다"(말 3:6). 하나님께는 "변하는 것이나 움직이는 그림자가 없다"(약 1:17). 또 그리스도는 "어제나 오늘이나 영원토록 동일하시다"(히 13:8). 하나님의 불변성 교리는 하나님의 속성들, 완전함, 목적들과 약속들은 절대 변하지 않음을 의미한다. 하지만 잠깐, 하나님이 불변하신다면, 그렇다면 성육신은 어떻게 된 일인가? 영원하신 하나님의 아들이 어떻게 인간의 본성을 취하실 수 있는가? 정답: 유한한 인간의 본성과 연합되었지만, 성자의 신적인 본성은 변하지 않은 채 남아있다. 그리스도는 완전한 하나님이시면서 완전한 인간으로 독특하게 존재하신다.

하나님은 무감동적(impassible)인 동시에 열정적(impassioned)이시다.[14] 하나님은 열정에 취약하시거나 우주의 어떤 힘에 상처를 입거나 변화될 수 없지만, 그분 말씀은 하나님과 창조물과의 '감정적' 교감을 충분히 이야기한다. 하나님은 세상을 사랑하시고, 연민과 자비를 보이시고, 그의 백성들을 향해 질투하시며, 자신의 계획을 왜곡시키는 것을 싫어하시고, 자신의 정의와 거룩함의 표현으로써 분노를 드러내신다(렘 31:20을 보라). 많은 사람이 하나님의 초월적인 **무감동성**(impassibility)과 그의 피조물에 개입하시는 막대한 **열정** 사이에 보이는 명백한 역설을 이해하려 노력해왔다. 어떤 신학자는 하나님의 감정을 묘사하는 성경 구절이 신인동형론(anthropomorphisms: 하나님을 인간 관점에서 묘사하는 비유법)적 표현이라 주장했다. 이와는 반대로 다른 학자는, 세상에 대한 하나님의 진정한 감정적 개입을 주장하면서, 신적 무감동은 그리스 철학의 영향으로 기독교를 왜곡한 것으로 일축했다. 주권자께서는 자신의 형상을 따라 만드신 대상들에게 의존하거나 자신 안에 어떤 내적 결핍을 갖지 않으시면서, 완전히 자유롭게 그들을 돌보시고 감정적으로 교류를 나누실 수 있다는 사실을 깨닫기만 한다면 두 진리 사이에 모순은 없어질 것이다. 웨인 그루뎀(Wayne Grudem)이 언급했듯이, "하나님은 어떤 경우에도 우리나 혹은 다른 창조물을 필요로 하시지 않지만, 우리와 다른 창조물은 그분께 영광을 돌리고 기쁘시게 할 수 있다."[15]

하나님은 자유로우시다. 하나님은 자신 외의 어떤 것에도 구속받지 않으신다. 하나님은 자신의 본성과 성품과 목적에 따라 외부의 어떤 통제나 제약을 받지 않고, 자신이 선택하는 대로 세상 속에서 자유롭게 행하신다(시 115:3). 찰스 라이리(Charles Ryrie)는

"하나님은 스스로 먼저 의무를 지기로 선택하지 않으시는 한, 우리에게 아무런 의무도 없으시다. 하나님께서 하기로 선택하신 게 아니라면, 우리를 위해 그분은 아무것도 하실 필요가 없다. 그러므로 우리는 하나님을 우리에게 빚진 자가 되게 할 수 없다."라고 말한다.[16] 우리 하늘 아버지는 천상의 자동판매기가 아니다. 하나님은 기도에 자유롭게 응답하시되 언제나 인격적으로 응답하시며, 절대로 기계적으로 응답하시지 않는다.

하나님은 무한하시다. 하나님 한 분만이 제약이 없으시며, 그분의 모든 속성에서 하나님은 완전히 풍성하고 충만하시다. 더욱이 하나님은 유한한 공간이나 시간에 구속되거나 갇히지 않으시는 무한한 영이시다(요 4:24). 성부, 성자, 성령 하나님은 그 본성상 무한한 영이시나, 성자께서는 그의 무한한 신적 본성에 유한한 인간의 본성을 덧입으셨다.

하나님은 전지하시다. 고정관념에 박힌 '남자다운 남자'는 길 묻기를 거부하고, 사용 설명서를 읽지도 않는다. 그는 스스로 길을 찾아내거나 조립할 수 있지만... 종종 처참한 결과를 초래한다. 다윗은 잘못된 인생의 선택을 저질렀고, 되돌릴 수 없는 결과에 대해 고백했다. "내가 앉아 있거나 서 있거나 주께서는 다 아십니다. 멀리서도 내 생각을 다 알고 계십니다... 내가 혀를 놀려 아무 말 하지 않아도 주께서는, 내가 그 혀로 무슨 말을 할지를 미리 다 알고 계십니다."(시 139:2, 4 『새번역』). 하나님은 이 시편 기자의 모든 것을 아시는 듯하다(16절). 또한, 그분은 우리의 모든 것을 아신다—우리의 행동, 우리의 말, 심지어 우리가 말하지 않은 생각까지도(욥 21:27 시 147:4~5; 사 41:22~23; 42:9; 행 15:17~18; 롬 11:33~34을 보라).

인간인 우리는 "내가 알기만 했더라면..."라고 말하지만, 하나님께는 해당하지 않는 일이다. 하나님의 전지성이란 교리는, 하나님께서 과거와 현재 그리고 미래를 철저하게 아시며, 어떤 일이 일어날지(또는 일어났을 수 있는지)에 대한 거의 무한한 가능성을 다 완전하게 아심을 의미한다. 요컨대 하나님을 놀라게 할 수 있는 것은 없다. 이사야 46:9~10는 "나는 하나님이다. 나밖에 다른 신은 없다. 나는 하나님이다. 나와 같은 이는 없다. 처음부터 내가 장차 일어날 일들을 예고하였고, 내가, 이미 오래전에, 아직 이루어지지 않은 일들을 미리 알렸다. '나의 뜻이 반드시 성취될 것이며, 내가 하고자 하는 것은 내가 반드시 이룬다'라고 말하였다."(『새번역』)라고 기록한다. 초기 교부 때부터 계속해서 기독교는 언제나 하나님이 모든 것을 아신다고 단언해왔다.

그런데 일이 일어나기도 전에 하나님이 모든 것을 다 아신다면, 피조물들은 그 일을 할 수밖에 없는 '운명에 처한" 것이 아닌가? 하나님의 예지는 인간이 선택할 자유를 박탈하는가? 이 질문에 대한 다양한 답이 있었지만, 그중 토마스 오든(Thomas Oden)이 그리스도인 사이에 가장 보편적 답을 정리했다.

> 내가 나중에 무엇을 할지 하나님이 아신다면, 내 자유가 **빼앗기는가**? 처음엔 그렇게 보일지 모르지만, 기독교의 고전적인 가르침은 공통으로 아니라고 답한다. 하나님께서 미리 아시더라도 인간의 자유는 자기 결정권이라는 의미에서 여전히 자유롭다.[17]

하나님은 편재하신다. 집 주위에 감시카메라를 설치하는 광적인 부모나, 주 7일 24시간 내내 연락 중인 사업가라도 어디에나 있을 수는 없다. 하나님은 그렇게 **하시며**, 어디에나 **계신다**. 다윗은 "내가 주의 영을 피해서 어디로 가며, 주의 얼굴을 피해서 어디로 도망치겠습니까?"(시 139:7 『새번역』)라고 묵상했다. 주님은 모든 곳에 계신다. '천상', '스올(*Sheol*, 죽은 자들의 지하세계)', 동쪽 지평선 멀리 '새벽 날개'와 지중해 서쪽 끝을 넘어 '바다 끝'의 모든 장소에 계신다(8~9절). 다윗이 경험할 수 있는 모든 범위를 넘은 "거기에서도 주의 손이 나를 인도하여 주시고, 주의 오른손이 나를 힘있게 붙들어 주십니다"(10절). 물리적인 어둠(11~12절) 속이나 흑암과 같은 상황에서, 우리가 하나님을 찾든지 피하든지, 그분은 거기 계셔서 "주님 앞에서는 어둠도 어둠이 아니며, 밤도 대낮처럼 밝으니, 주님 앞에서는 어둠과 빛이 다 같습니다"(12절).

후에 다윗의 아들 솔로몬이 예루살렘에 첫 히브리 성전을 봉헌하면서 감격스럽게 외쳤다. "하나님이 참으로 땅에 거하시리이까? 하늘과 하늘들의 하늘이라도 주를 용납하지 못하겠거든 하물며 내가 건축한 이 성전이오리이까?"(왕상 8:27).

하나님의 임재에는 다양한 성경적 관점이 들어있다. 그분의 **초월성**(transcendence)은 하나님께서 모든 지상과 천상의 창조세계 위에 분리되어 존재하신다는 것을 의미한다. 그로 인해 무한자는 유한한 존재들이 이해할 수 있는 범주에서 은혜로 주신 자기 계시를 떠나서는 결코 알 수 없다.

반대로 하나님의 **내재성**(immanence)은 그분의 창조세계 어디나 계시면서 그분의 능력으로 그것을 붙드시되, 그것과 혼합되지 않으심을 뜻한다. 이런 의미에서 창조주는 그의 창조세계 도처에 계시지만 그것으로부터 구별된다. 바울이 아테네에서 설교했듯이 "우주와 그 안에 있는 모든 것을 만드신 하나님은 하늘과 땅의 주님이십니다… 그분은 모든 사람에게 생명과 호흡과 모든 것을 주시는 분이십니다… 사실, 하나님은 우리 각 사람에게서 멀리 떨어져 계시지 않습니다. '우리는 하나님 안에서 살고 움직이고 존재하고 있습니다'"(행 17:24~28 『새번역』). 무한하신 하나님께서는 창조세계 바깥에 거하시며(초월성), **동시에** 모든 것을 존속시키는 분으로 창조세계로 들어오신다(내재성).

하나님께서 '임재'하시는 열 가지 방식	
1. 창조세계 외부에 홀로 **초월적으로** 존재하신다.	요 17: 5
2. 천사들과 성도들로 에워싸인 하늘 보좌에 **높이 들리셔서** 존재하신다.	욥 1:6; 사 6:1~3; 단 7:9~10; 계 4~5장
3. 지성소, 시온산, 거룩한 땅(The Holy Land)과 같은 구체적인 장소에 **인식할 수 있게** 임재하신다.	민 10:33~35; 삼하 6:2; 시 26:8; 46:5; 48:1~3; 욜 3:16~17
4. 신적 현현을 통해 **가시적으로** 임재하신다(예., 불타는 가시떨기, 쉐키나[Shekinah]의 영광)	출 3:2~5; 33:18~34:7; 민 12:5~8; 왕상 8:10
5. 성육신을 통해 **인격적으로** 임재하신다.	요 1:14, 18; 행 7:56; 골 2:9; 히 1:3; 계 5:7; 22:1~4
6. 교회 안에 **공동체적으로**(corporately) 임재하신다.	마 18:20; 고전 3:16~17; 엡 2:12~22; 벧후 2:5
7. 각 신자안에 내주하심으로 **친밀하게** 임재하신다.	요 14:23; 롬 8:9~11; 고전 6:19
8. 신자들을 돌보시고 권능을 주시며 **실질적으로** 임재하신다.	행 7:55; 참고. 4:8, 31; 10:44~45; 골 1:17
9. 그의 능력으로 모든 피조물을 존속하시며 **내재적으로** 임재하신다.	시 19:1~6; 사 40:25~26
10. 새 하늘과 새 땅의 그의 백성 가운데 **영광스럽게** 임재하신다.	계 21:1~4

하나님은 전능하시다. 1톤이 조금 넘는 수소 폭탄의 파괴력은, 120만 톤에 해당하는 TNT(강력 폭약)와 맞먹는다. 이렇게 생각해보라. 감지할 수도 없는 물질 입자의 분열이, 보이는 모든 것을 초토화하는 연쇄반응으로 이어진다면, 전체 창조세계 자체에는 어떤 힘이 내재되어 있을까? 이 에너지의 광대함을 헤아릴 때 비로소 우리는 광대하신 하나님의 능력을 어렴풋이 보기 시작한다. 그러나 시편 139편에서 다윗이 기도하며 묵상한 것은 하나님의 파괴적인 능력이 아니라 사람의 골격을 조합하실 때의 섬세한 돌보심이었다(14~16절).

하나님의 전능하심을 선포함으로써 그리스도인들은 하나님 외부의 어떤 것으로도 그분의 능력을 제한할 수 없다고 주장한다(시 135:5~6; 사 45:7; 렘 32:17; 마 19:26; 엡 1:4~11; 히 2:10; 계 4:11을 보라). 창조주시며 보존자이신 하나님은 자신의 본성과 성품, 계획과 일치하는 그 무엇이든 다 하실 수 있다. 웨인 그루뎀이 관찰하듯, 성경의 증언에 의하면, 하나님은 어떤 것을 하지 않으신다. "하나님은 거짓말하거나, 죄를 짓거나, 자신을 부정하거나, 악의 유혹을 받으실 수 없다. 하나님은 존재하기를 멈추시거나 하나님이시기를 그만두실 수 없으며, 자신의 속성 중 어떤 것과도 상반되는 방식으로 일하실 수도 없다."[18]

다윗은 하나님의 전능하심에 대해 한 단계 더 나아간다. "나에게 정하여진 날들이 아직 시작되기도 전에 이미 주의 책에 다 기록되었습니다"(시 139:16 『새번역』). 그러나 이는 하나님의 절대적 주권과 인간의 책임 사이에 모순을 만들어 내지 않는가? 신학자들이 천 년 동안 관심을 두어온 이 문제를 여기서 다 해결하려는 만용을 부리지는 않을 것이다. 그러나 하나님의 주권과 인간의 자유의지 사이의 긴장을 다루려면, 다음의 세 가지 성경적 진리를 함께 고려해야 한다.

첫째, **하나님은 온전히 주권적이시다.** 성경의 수많은 본문이 하나님은 전능하시다고 주장한다. 하나님의 통치나 권한, 계획을 벗어나는 것은 아무것도 없다.[19]

둘째, **인간의 의지는 어떤 면에서 자유롭다**. 다만 우리의 유한성과 타락을 포함한 많은 요인이 자유를 제한한다.[20]

셋째, **하나님은 도덕적 악을 범하지 않으신다**. "하나님은 빛이시라. 그에게는 어두움이 조금도 없으시니라"(요일 1:5). 그분 안에는 악의 그림자도 없다(약 1:13~17). 하나님은 어떤 악도 **행하지** 않으시지만, 자신의 목적과 궁극적으로 자신의 영광을 위해, 악이 생겨나는 것을 주권적으로 허용하셨다.

이 모든 것을 종합하면, 주권과 자유의지를 다룰 때는 만물을 다스리시는 하나님의 주권, 인간의 본성에 제약받는 실질적인 인간의 자유, 하나님이 허용하신(만드신 것이 아니라) 악의 실재라는 성경적 진리의 세 반석 사이에 자리 잡아야만 한다.

> 우리가 하나님을 전능하시다고 말하는 것은 하나님이 원하시는 대로 행하시기 때문이지, 원치 않는 일을 하지 않으시기 때문이 아니다... 또한 우리가 원할 때는 자유의지로 원한다고 할 필요가 있다고 말할 때 우리는 의심할 여지가 없는 진실을 말하고 있는 것이며 또한 우리는 자유를 파괴하는 필연성에 우리의 의지를 따르게 하지 않는다고 말하는 것이다. 따라서 우리가 원하는 것들은 **의지로서 존재하며**, 무엇이건 우리가 원하는 대로 행하게 하며, 우리가 원하지 않으면 아무것도 행하지 않게 한다... 그러므로 하나님의 미리 아심을 유지하려면 자유의지는 제거해야 한다거나, 자유의지를 유지하려면 하나님께서 미래의 일을 아신다는 것을 부정해야 한다는 불경스러운 논리를 우리를 결코 받아들일 수 없다. 오히려 우리는 둘 다 인정하고, 신실하고 진실되게 두 가지 모두를 고백한다. 전자는 우리가 잘 믿기 위함이고 후자는 우리가 잘살기 위함이다.[21]

따라서 하나님의 **비공유적** 속성—자존성, 자기 충족성(자족성), 영원성, 불변성, (열정적이지만) 무감동성, 절대적 자유, 무한성,

전지성, 편재성, 그리고 전능성—은 하나님께만 속한 것이며, 하나님의 무한한 특성을 모든 피조물로부터 구별한다.

하나님의 **공유적** 속성은 다른 범주에 속한, 하나님의 완전하심을 구성하며, 우리와 연관될 수 있는 특징이다. 우리는 어디에나 존재하거나 전능하게 될 수 없지만, 하나님께서 우리를 자신의 형상으로 만드셨기에(창 1:26~27) 진실성과 지혜, 거룩함, 의로움과 자비 면에서 성장할 수 있다. 아래의 이사야 6장에 관한 논의에서 우리는 이러한 공유적 속성을 탐구하겠다.

성경 암송 6

시편 139:7~10

7 내가 주의 영을 떠나 어디로 가며, 주의 앞에서 어디로 피하리이까. 8 내가 하늘에 올라갈지라도 거기 계시며, 스올에 내 자리를 펼지라도 거기 계시니이다. 9 내가 새벽 날개를 치며 바다 끝에 가서 거주할지라도 10 거기서도 주의 손이 나를 인도하시며 주의 오른손이 나를 붙드시리이다.

본문 7: 하나님이 거룩하시니, 우리도 거룩해야 한다 (이사야 6:1~8)

이사야는 환상에서 주 하나님을 뵙고 절대적인 공포에 휩싸였다.

> 웃시야 왕이 죽던 해에, 나는 높이 들린 보좌에 앉아 계시는 주님을 뵈었는데, 그의 옷자락이 성전에 가득 차 있었다. 그분 위로는 스랍들이 서 있었는데, 스랍들은 저마다 날개를 여섯 가지고 있었다. 둘로는 얼굴을 가리고, 둘로는 발을 가리고,

나머지 둘로는 날고 있었다. 그리고 그들은 큰소리로 노래를 부르며 화답하였다. "거룩하시다, 거룩하시다, 거룩하시다. 만군의 주님! 온 땅에 그의 영광이 가득하시다." 우렁차게 부르는 이 노랫소리에 문지방의 터가 흔들리고, 성전에는 연기가 가득 찼다. 나는 부르짖었다. "재앙이 나에게 닥치겠구나! 이제 나는 죽게 되었구나! 나는 입술이 부정한 사람인데, 입술이 부정한 백성 가운데 살고 있으면서, 왕이신 만군의 주님을 만나 뵙다니!"(사 6:1~5 『새번역』)

성경은 반복해서 하나님이 거룩하시다고 인정한다. 구약성경과 신약성경 모두 천상의 피조물들이 그분의 보좌를 둘러싸고 "거룩하시다, 거룩하시다, 거룩하시다 만군의 주님"이라고 외치는 것을 묘사하는데(사 6:3; 계 4:8), 그것은 무한히 거룩하심을 강조하는 삼성송(Trisagion, '거룩함을 세 차례 외침')이다. 하나님은 거룩하시고, 만물을 거룩하게 하시며(창 2:3), 믿는 사람이 거룩하게 살도록 부르신다(레 19:2; 고후 7:1; 히 2:11; 12:14; 벧전 1:15~16). '거룩'이라는 히브리어 단어는 신성한 목적을 위해 '따로 떼어 놓은, 성별된'을 의미한다. 신약성경의 관련어들은 삼위일체 하나님께 사용되었을 뿐 아니라 '성도들'이나 '거룩한 백성'이라 불리는 그분의 백성에게도 사용되었다. '거룩'하다는 것은 죄와 악에서 분리된다는 의미다. 하나님은 종종 자신의 도덕적 완전함 때문에 '거룩하신 분'이라고 불리셨고, 이 칭호는 또한 예수 그리스도께도 돌려졌고(사 1:4; 막 1:24), 주의 영도 거룩하신 영이시다(사 63:10~11; 눅 1:15, 35, 41, 67).

하나님은 순전한 빛이시다(약 1:17; 요일 1:5). 그는 의로우시며 정결하게 하시는 능력이다. 따라서 직접적으로든 간접적으로든 하나님의 거룩함은 필연적으로 만유의 대법관으로서 그분의 의로움, 정의, 심판을 포함하게 된다. 역대하 20:21은 하나님의 거룩하신 광채를 말한다. 하나님의 시각과 성경의 관점에서 거룩은 하나님 성품이 지닌 최고의 아름다움이다. 주님께서는 자신의 거룩함을 두고 맹세까지 하신 것은(시 89:35), 아더 핑크(Arthur Pink)가 덧붙였듯, "그 어떤 표현보다 하나님 자신에 대한 최고의 표현이기 때문"이다.22 또한 그리스도는 교회가 '거룩하고 흠이 없게 하시려고' 교회를 위해 죽으셨다(엡 5:27). '자존자'께서 거룩하시니, 교회로서 그의 성도들도 개인적으로나 공동체적으로나 거룩해야 한다.

성경 암송 7
이사야 6:3
서로 불러 이르되 "거룩하다, 거룩하다, 거룩하다, 만군의 여호와여 그의 영광이 온 땅에 충만하도다 하더라."

본문 8: 하나님은 사랑이시다 (요한일서 4:7~16)

로맨틱한 감정주의나 육체적 에로티시즘과 같이 '사랑'에 대해 기만적이고 사악한 생각들이 현대 사회 곳곳에 넘쳐나며, 이것들이 교회 안으로까지 스며들어와, 믿는 사람의 생각에서조차 하나님의 사랑의 본성을 흐려놓고 있다. 카슨(D. A. Carson)은 "요즘 사람들에게 하나님께서 당신을 사랑하신다고 말하면 그들은 놀라지도 않는다. 당연히 하나님은 나를 사랑하시지... 하나님이 왜 날 사랑하지 않겠어? 나는 귀여운 편이고, 최소한 내 옆 사람 만큼 착한데."23라고 말한다. 하나님에 관한 적지 않은 책들이 하나님의 속성 전체를 본질적으로 사랑으로 축소한다. 예전에 종교 간 대화 모임에서 만난 한 저명한 모슬렘 율법학자가 실제로 내게 와서 "기독교인은 모두 다 '사랑, 사랑, 사랑!'만 떠들어대는데, 율법은 어디에 있소?"라고 불평한 적이 있다. 대중적 기독교에서 하나님의 사랑은 진리, 거룩함, 의로움과 정의는 물론 다른 모든 속성을 능가한다. 가면 갈수록, 기독교 강단에서부터 전 세계에 이르기까지 **사랑**은 점점 더 그 외 다른 모든 것들에 결정적인 승리를 거둔다.

그런데도 하나님의 속성을 더 넓은 맥락에서 보면, 성경은 하나님의 사랑이라는 표현으로 흘러넘친다. 사도 요한은 이렇게 기록한다.

> 사랑하는 여러분, 서로 사랑합시다. 사랑은 하나님께로부터 오는 것입니다. 사랑하는 사람은 다 하나님에게서 났고, 하나님을 압니다. 사랑하지 않는 사람은 하나님을 알지 못합니다. 하나님은 사랑이시기 때문입니다. 하나님의 사랑이 우리에게 이렇게 드러났으니, 곧 하나님께서 당신의 독생자를 세상에 보내 주셔서, 우리로 하여금 그로 말미암아 살게 해주신 것입니다. 사랑은 여기에 있으니, 곧 우리가 하나님을 사랑한 것이 아니라, 하나님께서 우리를 사랑하셔서, 당신의 아들을 보내주시고, 우리의 죄를 속하여 주시려고, 속죄제물이 되게 해주신 것입니다. (요일 4:7~10 『새번역』)

하나님의 사랑은 하나님의 거룩한 공의를 만족시키려 십자가에서 죽으신 하나님의 아들을 통해 증명되었다. 그리스도의 피가 인간의 죄를 향한 하나님의 진노를 잠재운다. "세상의 구원자이신 하나님의 아들"(14절)을 인정함으로써 성령으로 태어난 사람(13절)은, "하나님께서 그들 안에 계시고 그들이 하나님 안에 거하시는데"(15절), "하나님은 사랑이시기"(16절) 때문이다.

하나님의 사랑은 다른 사람에게 자신을 인자하게 내어주심을 가리키는데, 삼위일체의 세 위격 상호 간에, 또한 창조세계를 향해 나타난다. 하나님의 창조행위에 표현된 하나님의 사랑(과 창조세계를 향한 그분의 사랑)은, 성부, 성자, 성령 간의 서로를 향한 무한한 사랑을 드러낸다. 생 빅토르의 리샤르(Richard of St. Victor)는 하나님이 사랑이시려면 하나님은 단일 위격일 수 없다. 적어도 두 위격이 필요하며, 삼위일체이라면 최적이라고 말했다.[24]

하나님의 사랑은 성경 전체에서 찾아볼 수 있는데, 실제 용어에서도 그렇지만 은혜와 사랑이라는 반복된 행위에서도 볼 수 있다. 시편 107:1은 "주님께 감사하여라. 그는 선하시며, 그의 인자하심이 영원하다."(『새번역』)라고 시작한다. 시편 136편의 26개 구절은 이스라엘을 위한 하나님의 승리에 대한 감동적인 역사적 회고로 구성되는데, 합창의 후렴마다 "그의 인자하심이 영원하리로다!"라고 노래한다. 구약용어인 헤세드(*hesed*)는 248회나 등장하며, '사랑'(129회), '친절'(41회), '인자'(32회) 등으로 다양하게 번역된다.25 신약성경에서 사랑을 뜻하는 용어로 유명한 동사인 아가파오(*agapao*, 143회)와 그 명사형 아가페(*agape*, 116회)는 타인을 향한 자비롭고 희생적인 사랑을 나타낸다. 상대적으로 덜 사용된 필레오(*phileo*, 25회)는 '사랑하다'의 의미로 필라델피아(*philadelphia*, 6회)와 같은 형태로 쓰여 '형제간의 사랑이나 호의', 가족과 같은 사랑이나 깊은 관계를 함축하는 사랑을 지칭한다.

성경 암송 8

요한1서 4:13~16

13 그의 성령을 우리에게 주시므로 우리가 그 안에 거하고 그가 우리 안에 거하시는 줄을 아느니라. 14 아버지가 아들을 세상의 구주로 보내신 것을 우리가 보았고 또 증언하노니, 15 누구든지 예수를 하나님의 아들이라 시인하면 하나님이 그의 안에 거하시고 그도 하나님 안에 거하느니라. 16 하나님이 우리를 사랑하시는 사랑을 우리가 알고 믿었노니 하나님은 사랑이시라.

하나님은 창조세계를 향한 자신의 사랑을 많은 관련된 형태인 선함, 인자, 오래 참음, 은혜, 자비, 연민 등으로 표현하신다. 얼핏 보면 역설적으로 보일지 모르지만, 하나님의 삼위일체 내부의

사랑과 창조세계를 향한 돌보심은 아마 하나님의 진노와 심판으로도 표현되었을 수 있는데, 그것을 통해 하나님은 창조세계를 정화하시며, 새롭게 하시고, 다시 이것을 자신의 설계에 맞추신다. 하나님은 너무나도 사랑하시기 때문에 악이 승리하도록 허용하시지 않는다. 결국엔, 심판에서조차 사랑이 **이길 것이다**.

본문 9: 성부 하나님 (에베소서 1:3~14)

당신은 '아버지'라는 단어를 들을 때 어떤 생각이 떠오르는가?

'아버지'라는 단어는 어떤 사람에게는 인도, 공급, 애정 등을 기억나게 한다. 하지만 많은 사람이 이 단어에서 실망감을 연상한다. 분명 특별히 행복한 시간들도 있었지만, 대부분 피곤해하는 아버지와 단조로운 시간들, 그리고 아마도 쓰라리고 고통스러운 위기의 순간이 있었을 것이다. 북아메리카 아이의 절반은 친아버지가 없이 살고, 절반은 아예 아버지가 없는 가정에서 살고 있다. 그리고 어떤 형태로든 학대받은 아이에게, 아버지에 대한 기억은 혐오감을 불러일으킨다.

우리는 그보다 훨씬 더 나은 것들을 동경한다.

'자존자'는 구약성경에서 많은 이름과 칭호를 가지고 있지만, 그중 아주 드문 하나는 아버지로서의 하나님이다. 성경은 이스라엘의 하나님을 풍요의 신들과 배우자들, 자식들과 동일시하는 것을 강력하게 부인한다. 그러면, 왜 기독교인들은 히브리 성경을 읽을 때 하나님을 '우리의 아버지'라고 전제할까? 그것은 신약 성서가 하나님을 250번 이상 '아버지'로 묘사한 덕분이다.

가장 강력하게 삼위일체적이고 예배적인 성경 본문의 하나가 에베소서 1:3~14이다. 거기서 바울은 장엄한 파노라마로 성부, 성자, 성령이 어떻게 구원을 위해 함께 일하시는지 선보인다. "찬송하리로다 하나님 곧 우리 주 예수 그리스도의 아버지께서 그리스도 안에서 하늘에 속한 모든 신령한 복을 우리에게 주셨다"(3절). 사랑 안에서 자비로운 설계자인 성부께서 "우리를 예정하사 자기의 아들들이 되게 하셨다"(5절). 그분의 사랑하는 아들을 통해서 그 안에서 "우리는 그의 피로 말미암아 속량, 곧 죄 사함을 받았다"(7절). 성부께서 그리스도 안에서 우리를 아들과 딸이 되게 하셨을 때, 우리는 성령에 의해 인치심을 받는데, 그분은 "우리 기업의 보증이 되신다"(14절).

신성의 각 위격은 신자의 구원을 이루고 보장하며, 각각 이 세상에서 하나님의 구원하시는 목적을 완성하려고 강력하게 활동하신다. 성부, 성자, 성령은 구원 경륜에서 구별된 역할과 함께 조화를 이루며 일하신다. 그 개요는 놀랍다. 이것은 우리를 숨 막히게 하는데, 이 본문이 하나님께서 세상을 창조하신 이유를 밝히는 상부구조가 되기 때문이다.

이 말에 주목하라. "하나님 곧 우리 주 예수 그리스도의 아버지께서"(1:3), "영광의 아버지께서"(1:17), "하나님도 한 분이시니, 곧 만유의 아버지시라 만유 위에 계시고 만유를 통일하시고 만유 가운데 계시도다"(4:6). 야고보는 하나님을 '빛들의 아버지'로 묘사했다(약1:17). 예수님은 우리에게 "하늘에 계신 우리 아버지"께 기도하라고 가르치신다(마 6:9). 요한복음은 하나님에 대한 기독교적인 용어를 '아버지'로 가장 굳히는데, 122번 이 칭호를 사용했고, 이 횟수는 신약성경 전체에서 '아버지'를 사용한 횟수의 약 절반에 해당한다. 아버지 하나님께는 특히 창조자(행 17:24~29), 주권적 통치자(딤전 6:15~16), 거룩한 심판자(벧후 3:7), 인정 많은 화해자(고후 5:18~19), 그리고 모든 것이 돌아갈 분(고전 15:24~26)으로서 역할이 돌려진다. 삼위의 다른 위격도 이 사역을 함께 공유하지만, 성부께서 이 역할들을 탁월하게 감당하신다. 영원하신 아들의 아버지인 성부 하나님은 지상의 모든 부모가 모방해야 할 본으로도 생각될 수 있다. 물론 하나님은 그분의 완전함 가운데 무한하시지만, 인간 아버지와 어머니들은 분명 그렇지 못하다(히

12:9~10). 이상적인 아버지이신 성부는 우리의 가장 깊은 필요들을 채워 주신다.

성경 암송 9
에베소서 1:3, 13
3 찬송하리로다. 하나님, 곧 우리 주 예수 그리스도의 아버지께서 그리스도 안에서 하늘에 속한 모든 신령한 복을 우리에게 주시되... 13 그 안에서 너희도 진리의 말씀, 곧 너희의 구원의 복음을 듣고 그 안에서 또한 믿어 약속의 성령으로 인치심을 받았으니

본문 10: 육신을 입으신 하나님 (요한복음 1:1~18)

기독교 신앙고백의 모든 중심은 예수 그리스도께서 하나님의 영원한 아들이고 육신을 입으신 하나님이라는 것이다. 그분의 신성과 인성을 표명하는 으뜸 본문은 요한복음의 서론인데, 가장 직접적이고 명쾌하게 예수는 참된 인성을 취하신 영원한 하나님이심을 확증한다. 여기서 세 가지 중대한 사실들이 대두된다.

첫째, **예수는 완전한 하나님이시다**. 창세기 1:1이 하늘과 땅의 창조를 언급하는 것처럼, 요한복음 1:1은 같은 언어를 취하여 하나님 자신을 제외하고 아무것도 존재하기 전의 상태를 말씀한다. 요한은 다음과 같은 불멸의 단어들로 시작한다. "태초에 말씀이 계시니라. 이 말씀이 하나님과 **함께** 계셨으니, 이 말씀은 곧 **하나님이시니라**"(저자 강조).

하나님의 아들을 '로고스(말씀)'로 칭한 것이 단지 몇 차례만 있었지만,[26] 이것은 히브리어와 헬라어 모두에 함축하는 바가 큰 단어이다. 구약성경에서 히브리어 동격어인 '다바르(davar)'는 그분의 명령을 수행하고, 창조하며, 생명을 주고, 심지어 심판하려고 나가는 하나님의 말씀이다. '말씀'은 때로 우리가 감지할 수 있는 형태로 나타나기도 했던 것으로 보인다(창 15:1, 4~5; 렘 1:4~5, 7, 9). 또 요한이 복음서를 쓸 때, 헬라인은 로고스(말씀)를 모든 것을 존재하게 하는 우주의 신성한 구성 원리로 간주했다. 그렇다면 로고스는 당시에 잠재적인 의미가 충만한 용어였다.

본문에서는 두 번(요 1:1~2) 다른 모든 것 이전에 로고스가 이미 하나님과 함께(헬라어 pros) 있었다고 진술한다. 이것은 근접성뿐만 아니라 개인적 친밀한 교제도 내포한다. 그리고 가장 결정적으로, 로고스는 하나님이셨다―그 아버지에, 그 아들이다. 문법과 문맥에 따라 '데오스(theos, '하나님')'라는 용어는 일반적으로 '신성'을 의미하거나 성부의 위격을 의미한다. 요한은 두 번째 의미를 먼저 적용하고("이 말씀이 하나님[성부]와 함께 계셨으니"), 그다음 첫 번째 의미 역시 적용했다. "이 말씀은 하나님이셨다(『새번역』, 본성에 있어서 완전한 신성)." 그래서 성자는 바르게 하나님으로 진술되었고, 그분의 신성을 분명하게 밝히는 용어로 묘사되었다.

- "진실로 진실로 너희에게 이르노니 아브라함이 나기 전부터 내가 있느니라." (8:58)
- "나와 아버지는 하나이니라." (10:30)
- "도마가 대답하여 이르되, '나의 주님이시오, 나의 하나님이시니이다.'" (20:28)
- "하나님이 자기 피로 사신 교회를 보살피게 하셨느니라." (행 20:28)
- "조상들도 그들[이스라엘 민족]의 것이요. 육신으로 하면 그리스도가 그들에게서 나셨으니 그는 만물 위에 계셔서 세세에 찬양을 받으실 하나님이시니라. 아멘." (롬 9:5)
- "그 안에는 신성의 모든 충만이 육체로 거하시고" (골 2:9)
- "이는 하나님의 영광의 광채시오. 그 본체의 형상이시라. 그의 능력의 말씀으로 만물을 붙드시며" (히 1:3)

성부와 성자 모두 주님이시자, 전능한 하나님이시고(사 9:6; 10:21), 만왕의 왕이요, 만주의 주이시며(딤전 6:15. 계 19:16), 알파와 오메가(계 1:8; 22:13)이시다. 이런 이유로 초대 교회는 예수님을 하나님으로 예배했다. 그러나 성경은 똑같이 두 하나님, 또는 다수의 하나님이 아니라 유일하신 참 하나님(약 2:19)임을 주장한다. "나의 전에 지음을 받은 신이 없었느니라. 나의 후에도 없으리라. 나, 곧 나는 여호와라. 나 외에 구원자가 없느니라"(사 43:10~11).

둘째, **성부와 성자는 구별된 위격이다**. 성부와 성자는 각각 본성에 있어서 완전한 하나님이시고 특별한 위격적 통일 가운데 계신다. 요한복음 1:14은 "말씀[성부가 아닌]이 육신이 되어 우리 가운데 거하시매 우리가 그의 영광을 보니 아버지의 독생자의 영광이요 은혜와 진리가 충만하더라."라고 말한다. 요한은 두 위격에 관해서 다음과 같이 신선하고 명료하게 서론을 끝맺는다. "본래 하나님을 본 사람이 없으되, 아버지 품속에 있는 독생하신 하나님이 나타내셨느니라"(1:18).

복음서를 통해서 예수님은 다른 모든 것들과 구별되는, 아버지와 자신과의 관계를 말씀하신다. 선재하신 아들은 성부에 의해 보내져 하늘에서 왔고, 아버지가 하시는 대로 정확히 일하셨고, "창세 전에 내가 아버지와 함께 가졌던 영화"(17:5)를 받으려고 돌아가셨다. 성부와 성자는 너무 가까워서 위격이 혼동됨 없이 서로 안에 내재한다고 한다. "내가 아버지 안에 거하고, 아버지는 내 안에 계신다"(14:10).

셋째, **성자를 통해서 모든 것이 창조되었다**. 아들이 하나님의 첫 번째 창조물이라거나 말씀이 단지 **하나의 신**(god)이고 완전한 신이 아니라고 주장하는 사람들에게, 요한복음 1:3은 그런 주장이 불가능하다고 말한다. "만물이 그로 말미암아 지은 바 되었으니, 지은 것이 하나도 그가 없이는 된 것이 없느니라." 만약 성자가 창조된 존재라면, 그는 자신을 스스로 만들어야 했었다. 왜냐하면 어떤 존재도 그분 없이 만들어진 것은 없기 때문이다. 요한의 서론은 성자가 창조된 존재라는 것을 필연적으로 부인하기 때문에, 그분은 하나님 아버지와 동등하게 영원하신 것이 틀림없다. 두 분 다 똑같이 하나님이시다.

성경 암송 10

요한복음 1:1~3, 14, 18

1 태초에 말씀이 계시니라. 이 말씀이 하나님과 함께 계셨으니, 이 말씀은 곧 하나님이시니라. 2 그가 태초에 하나님과 함께 계셨고 3 만물이 그로 말미암아 지은 바 되었으니, 지은 것이 하나도 그가 없이는 된 것이 없느니라... 14 말씀이 육신이 되어 우리 가운데 거하시매 우리가 그의 영광을 보니 아버지의 독생자의 영광이요, 은혜와 진리가 충만하더라... 18 본래 하나님을 본 사람이 없으되, 아버지 품 속에 있는 독생하신 하나님이 나타내셨느니라.

본문 11: 창조 이전 (그리고 창조세계 위에 계신) **성자** (골로새서 1:15~19)

한 언어에서 다른 언어로 소통할 때 개념들이 뒤죽박죽될 수 있다는 것을 상기하게 하는 재미있는 이야기가 많다. 그것은 어떤 성경 단어에도 해당하는데, 골로새서 1장에 나오는 '먼저 나신(firstborn)'이 그러하다. "그는 보이지 아니하는 하나님의 형상이시오, 모든 피조물보다 먼저 나신 이시니"(15절). 이 용어는 부모의 첫째 자녀—예수님이 마리아의 첫째 자녀였던 것처럼(눅 2:7, 시간 순서로 가장 먼저)—또는 아버지 유산의 최고 후계자, 서열에서 탁월한 자를 의미할 수 있다(시 88편; 참고. 신 21:15~17). 두 의미 모두가 유대인과 이방인 문화에 통용된다. 그러나 문맥은 "이는 친히 만물의 으뜸이 되려 하심이요"(골 1:18)라는 말씀처럼, 성자를 모든 피조물보다 높은 '먼저 나신' 후계자로서 볼 것을 요구한다.

그러나 이 구절이 예수님께서 첫 번째로 창조된 존재라는 것을 의미할 수는 없을까? 그럴 수 없다.

첫 번째로, 바울은 이미 성자를 보이지 않는 하나님의 볼 수 있는 형상(헬라어로 *eikon*)이라고 표현했다. 십계명의 제2계명(출 20:4~6)은 우상숭배를 금하지만, 여기에서 살아계신 하나님의 형상으로 묘사된 자가 있고, 그 안에 '신성의 모든 충만'(골 1:19; 2:9)이 거하며, 즉 그는 성육하신 온전한 신이다. 그러므로 성자께 모든 예배를 드림은 마땅하다.

두 번째로, 성자는 부분적으로 신이거나 또는 일종의 먼저 난, 천사 같은 피조물일 리가 없다. "만물이 그에게서 창조되되 하늘과 땅에서 보이는 것들과 보이지 않는 것들과 혹은 왕권들이나 주권들이나 통치자들이나 권세들이나 만물이 다 그로 말미암고 그를 위하여 창조되었고, 또한 그가 만물보다 먼저 계시고 만물이 그 안에 함께 섰느니라"(1:16~17). 바울은 '만물'을 네 차례 반복해서 말했다. 이 '만물'의 영역 밖에 있을 수 있는 유일한 존재는 창조자 하나님 자신뿐이다. 그리고 그 존재는 정확히 성자를 말한다. 더욱이 성자는 '만물'보다 앞서 있을 뿐만 아니라 만물을 지탱하신다. 오직 하나님만이 이렇게 하실 수 있다.

이 얼마나 고귀한 기독론인가? 요한복음의 서론(요 1:3)과 히브리서(1:2)의 서언과 유사하게, 바울은 유대인이 '자존자' 외에는 그 어느 존재에 대해서도 말하지 않을 표현들, 곧 근원, 보존자, 모든 창조물의 통치자와 같은 칭호를 성자께 돌린다. 그분은 완벽한 하나님이시다.

그리고 가장 놀라운 것으로 성자 하나님은 인간의 육체를 취하셨다.

> **성경 암송 11**
>
> 골로새서 1:15~19
>
> 15 그는 보이지 아니하는 하나님의 형상이시오, 모든 피조물보다 먼저 나신 이시니, 16 만물이 그에게서 창조되되 하늘과 땅에서 보이는 것들과 보이지 않는 것들과 혹은 왕권들이나 주권들이나 통치자들이나 권세들이나 만물이 다 그로 말미암고 그를 위하여 창조되었고, 17 또한 그가 만물보다 먼저 계시고 만물이 그 안에 함께 섰느니라. 18 그는 몸인 교회의 머리시라. 그가 근본이시오, 죽은 자들 가운데서 먼저 나신 이시니, 이는 친히 만물의 으뜸이 되려 하심이요. 19 아버지께서는 모든 충만으로 예수 안에 거하게 하시고

본문 12: 성육신하신 아들의 겸손 (빌립보서 2:6~11)

많은 학자는 빌립보서 2:6~11이 본래 신약 교회들이 예배 찬송가로 불리던 것을 바울이 자신의 편지에 넣은 것이라고 믿는다. 만약 그렇다면 사람들이 약 AD 50년까지 이 노래의 가사를 불러왔을 것이다. 이러한 이유로 이 본문은 라틴어 악구 *Carmen Christi*(그리스도께 바치는 찬송)에 의해 알려졌다. 사도는 이것과 다른 본문들에서 그리스도의 신성을 전제하는 것으로 보이며, 주목할 것은 1세기 교회들도 점점 더 적대적인 유대인과 이방인 비평가들 사이에서 그리스도의 신성과 인성에 관해 폭넓게 일치된 목소리로 말했다. 신학적으로 미묘한 차이는 나중에 조율해야 했지만, 교회에서는 예수님이 주님이시고 아들 하나님이시라는 기본적인 교리적 신념에 대해 어떠한 의문의 목소리도 나오지 않았다.

그리스도의 신성이란 교리를 이 본문의 배경으로 받아들이면서 바울은 빌립보 교회 지체들 가운데 자기중심성과 말다툼에 대해 말한다. 겸손을 통해 하나 됨을 이루라는 권유를 강화하려고, 바울은 성도들이 따라야 할 모델로서 그리스도의 신성과 성육신에 대한 그들의 공통 믿음에 호소한다.

> 너희 안에 이 마음을 품으라. 곧, 그리스도 예수의 마음이니, 그는 근본 하나님의 본체시나 하나님과 동등됨을 취할 것으로 여기지 아니하시고, 오히려 자기를 비워 종의 형체를 가지사 사람들과 같이 되셨고. (2:5~7)

잠시만 한 걸음 물러서서 생각해보자. 우리가 핵심 본문들을 개관하면서 초점은 성자의 완전한 신성에 맞추고 있다. 비록 기독론이 성서적 증거의 두 가지 흐름, 곧 예수의 신성과 인성 모두를 함께 어우르고 있지만 말이다. 성경은 구약의 가장 앞장들에서부터 남자아이를 통해 희망을 약속했는데, 여인의 후손으로서(창 3:15) 아브라함과 사라(창 17:19~21), 유다(창 49:8~10), 다윗(삼하 7:11~16)으로 이어졌다. 이 '기름부음 받은 자(메시아)'는 뱀을 패배시키고, 이스라엘을 다스리고, 영원한 왕국을 통치할 것이다. 다윗의 보좌에 앉아 영원히 통치할 다윗의 자손은 '하나님의 아들'(시 2:7~12), '하나님'(시 45:6~7), '주님', '만국의 심판자'(시 110:1~6)로 불릴 것이다.

때때로 인간적, 신적 특성들은 합쳐진다. 이사야 선지자는 대언했다. "이는 한 아기가 우리에게 났고, 한 아들을 우리에게 주신 바 되었는데, 그의 어깨에는 정사를 메었고, 그의 이름은 기묘자라, 모사라, 전능하신 하나님이라, 영존하시는 아버지라, 평강의 왕이라 할 것임이라"(사 9:6). 후에 다니엘은 어떤 영화의 제작자도 도전해 볼 만한 환상을 보고 혼란스러워했다. 옛적부터 계신 분의 하늘 보좌에서 불이 흘러내렸고 그분 앞에 1억 이상의 천사들이

서 있었다. 그때 '사람의 아들처럼 보이는 자'가 구름을 타고 와서 다음 것을 받았다. "권세와 영광과 나라를 주고 모든 백성과 나라들과 다른 언어를 말하는 모든 자들이 그를 섬기게 하였으니, 그의 권세는 소멸되지 아니하는 영원한 권세요, 그의 나라는 멸망하지 아니할 것이니라"(단 7:13~14). 그분의 마지막 때에, 대제사장으로부터 대답을 요구받았을 때, 나사렛 예수님은 자신을 하늘의 인자라고 밝혔고, 거기에 대해 시기하던 종교 지도자들은 격렬히 분노했다(마 26:63~68). 만약 그들이 그때 신성과 인성이 메시아 예수 안에서 연합한다는 성경 약속들을 깨달았더라면 좋았을 것이다.

빌립보에서 다투던 신자들에게, 성자의 겸손은 탁월한 본보기이다. 만약 '본성이 하나님이신' 예수님께서 자기 이득을 위해 신적 속성들을 과시하지 않았는데—그분은 그렇게 하실 모든 권리가 있었다—어떻게 우리가 감히 이기적으로 자기의 것만 추구할 수 있겠는가? 알려지지 않은 하나님이셨던 예수님은 자신이 누구인가를 증명하는 인상적인 행위를 하기 보다[27] 전형적으로 그분의 정체성을 숨기셨다. "오히려 자기를 비워 종의 형체를 가지사 사람들과 같이 되셨다"(빌 2:7).

그리고 그분은 진정한 겸손으로 가장 낮은 곳으로 내려가셨다. "사람의 모양으로 나타나사 자기를 낮추시고 죽기까지 복종하셨으니 곧 십자가에 죽으심이라"(빌 2:8). 성자 하나님은 자신을 두 배로 낮추셨는데, 첫째로는 인간이 되신 것이고, 둘째로는 당시에 알려진, 가장 수치스럽고 고통스러운 죽음을 경험하시는 것이었다. 우리 인간의 본보기로서 그분께서 순종하셨기 때문에,

> 이러므로 하나님이 그를 지극히 높여 모든 이름 위에 뛰어난 이름을 주사, 하늘에 있는 자들과 땅에 있는 자들과 땅 아래에 있는 자들로 모든 무릎을 예수의 이름에 꿇게 하시고, 모든 입으로 예수 그리스도를 주라 시인하여 하나님 아버지께 영광을 돌리게 하셨느니라. (빌 2:9~11)

이 강력한 본문에서 헬라어 단어 *kenosis*(케노시스)가 나왔는데, 이것은 인성을 취하려고 신적인 성자의 '자기 비움'을 말한다. 그리스도가 자신을 '비웠다'라는 말은 무슨 의미일까? 그분은 인간이 되려고 무엇을 포기하셨을까?

우리는 어떻게 답을 하든 몇 가지 신학적인 지뢰들을 피해야 한다.

먼저, 바울은 예수께서 자신의 신성을 포기했다고 뜻으로 말하지 않았다. 생각해보라. 만약 예수님이 하나님이 아니라면, 그때 바울의 예는 이치에 맞지 않는다. 어떤 인간 또는 강력한 천사가 하나님처럼 행동하지 않는 것을 고결하다고 생각할 수 있을까? 정확히 말하면, 예수님이 하나님이셨고 하나님이시기 **때문에** 그분의 겸손은 진짜이며, 그래서 그분은 최고가 되셨고, 비교할 수 없는 겸손의 본보기가 되셨다.

둘째, 예수님은 '자기 비움'을 위해 무엇을 했는가? 어떤 의미에서 그분은 자신을 아무것도 아닌 것으로 만들었는가? 만약 성육신 과정에서 그분이 자신의 신성, 예를 들어 그분의 신적 속성들의 일부를 포기했다고 한다면, 그분은 신성의 모든 충만으로 몸에 거할 수가 없다(골 2:9). 교부들은 예수님께서 십자가에서 종이자 구원자로서 가장 깊은 수치를 당하셨어도 항상 완전한 하나님이셨음을 깨달았다. 그렇다면 예수님의 자기 비움(*kenosis*)은 하나님의 아들의 자발적인 겸손을 말할 것이며, 무한한 그분의 신성에 완전한 인성(그래서 한계가 있는)을 **더하고** 그 행동에 필연적으로 수반되는 고통과 죽음에 복종한 것을 포함한다. 이 궁극적인 겸손은 비유적으로 그분의 '자기 비움'이라고 불린다. 단지 필멸의 인간인 우리는 다른 이들을 위해 그분을 따르고 우리 자신을 비워나가야 한다.

셋째, 만약 예수님이 완전한 하나님이시라면, 어떤 의미에서 그분은 진정한 인간일 수 있는가? 그분은 단지 겉은 사람이고 속은 하나님이라는 뜻인가? 4세기 라오디케아의 주교였던 아폴리나리우스가 그렇게 생각했다. 하지만 문제는 만약 예수님이 **완전한 인간**이 아니라면, 어떻게 그분이 우리의 대리자이자 마지막 아담이 될 수 있는가? 어떻게 그분의 죽음이 진실로 완벽하게 우리를 대신할 수 있다는 말인가?

넷째, 우리는 예수 그리스도를 두 본성으로 분리하여(네스토리우스주의 같이) 한 몸에 두 위격이 있다 하거나, 두 본성이 혼합되고 섞여서(유티케스주의 같이) 그리스도의 인성이 그분의 신성 안으로 섞여 들어갔거나 그 반대가 되었다고 생각해서는 안 된다.

성경 암송 11

빌립보서 2:6~11

6 그는 근본 하나님의 본체시나, 하나님과 동등됨을 취할 것으로 여기지 아니하시고, 7 오히려 자기를 비워 종의 형체를 가지사 사람들과 같이 되셨고, 8 사람의 모양으로 나타나사 자기를 낮추시고 죽기까지 복종하셨으니, 곧 십자가에 죽으심이라. 9 이러므로 하나님이 그를 지극히 높여 모든 이름 위에 뛰어난 이름을 주사 10 하늘에 있는 자들과 땅에 있는 자들과 땅 아래에 있는 자들로 모든 무릎을 예수의 이름에 꿇게 하시고, 11 모든 입으로 예수 그리스도를 주라 시인하여 하나님 아버지께 영광을 돌리게 하셨느니라.

오히려 칼케돈 공의회(AD 451년)는 예수 그리스도가 한 위격(헬라어 *hypostasis*) 안에서 완전한 하나님과 완전한 인간이라고 즉시 공언했다. 위격적 연합(*hypostatic union*)인 두 본성의 결합은 분리된 것도 아니고 혼합된 것도 아니다. 영원한 성자는 인간 본성을 이 세상에서 체류할 때뿐 아니라, 메시아, 어린양, 우리 하나님이자 형제로서 영원히 취하셨다. 하나님의 아들은 인간의 본성을

영원히 취하였지만, 그 본성에 의해 제한받지 않는다.

기독교 신앙의 놀라운 신비가 바로 여기에 있다.

본문 13: 성령은 하나님이시다 (요한복음 14~17장)

십자가로 가시기 몇 시간 전에, 예수님은 논쟁의 여지가 있지만 복음서에서 가장 깊은 계시라 할 수 있는 다락방 강화를 통해 제자들이 상상도 못 할 사건들에 대처하도록 준비시키셨다. 이것이 삼위일체 계시의 진원지다. 예수님은 분명하게 성부와 하나됨을 주장하셨다. "나를 본 자는 아버지를 보았거늘"(14:9). 성부와 성자는 신성에서 하나이고 위격에서는 구별되신다. "내가 아버지 안에 거하고 아버지께서 내 안에 계신다"(10~11절). 성부는 성자를 사랑하시고 성자는 성부를 사랑하신다. 더욱이 삼위일체 하나님은 창조 사역에서 질서 있는 방법으로 일하시는데, 성부는 머리의 역할을 맡고, 성자는 자발적으로 성부의 뜻에 복종하며(17:4), 그분과 동등한 영광으로 되돌아가는 것에 궁극적인 목표를 둔다(17:1, 5).

그러나 예수님은 두 신적 위격의 이위 일체론 교리를 말씀하신 것이 아니라, 자신과 같은 '또 다른 보혜사(헬라어 *parakletos*)'를 약속하셔서 '진리의 영'(14:16~17)으로 믿는 자들과 영원히 함께 있게 하실 것이라고 하셨다. 성령이 그 이전 시대에 활동하지 않으셨던 것은 아니다. 성령의 활동은 구약의 처음(창 1:2)부터 시작되어 계속 이어지며 복음서들을 통해서까지도 명확하게 나타나기 때문이다. 구체적으로 예수님은 하나님께서 예수님을 신뢰하는 자들의 삶에 능력을 주기 위해 새로운 방법으로 이 세상에 성령을 보내실 것을 말씀하셨다.

성령이 하나님 능력의 비인격적인 능력으로 축소될 수 없다. "보혜사, 곧 아버지께서 내 이름으로 보내실 성령 그가 너희에게 모든 것을 가르치고 내가 너희에게 말한 모든 것을 생각나게 하리라"(요 14:26). 성령은 세상의 죄, 의, 심판에 대해서 책망하실 것이다(16:8~11). 사실은, "그러나 진리의 성령이 오시면 그가 너희를 모든 진리 가운데로 인도하시리니… 장래 일을 너희에게 알리시리라"(16:13). 가르치기, 상기시키기, 죄를 깨닫게 하기, 안내하기, 영화롭게 하기 등은 모두 고도의 **인격적** 활동이지 비인격적인 능력의 위업이 아니다.

성령의 위격적인 구별과 완전한 신성에 대한 증거들은 성경 전체로까지 확장된다. 성령은 믿는 자들을 위해 중보하신다(롬 8:27). 그분은 하나님의 가장 깊은 것들을 아시고, "성령께서 가르치신"(고전 2:13) 말씀으로 이 진리들을 밝히신다. 우리는 성령을 슬프게 하고, 거짓말하며, 심지어 모욕할 수도 있다(엡 4:30; 행 5:3; 히 10:29; 참고. 사 63:10). 성령은 말씀하시고 가르치시며(행 8:29; 13:2), '그의 뜻대로'(고전 12:11) 교회에 영적 은사를 주신다. "성령도 우리의 연약함을 도우시나니, 우리는 마땅히 기도할 바를 알지 못하나, 오직 성령이 말할 수 없는 탄식으로 우리를 위하여 친히 간구하시느니라"(롬 8:26). 이 모든 활동은 성령께서 지성과 의지와 감정을 널리 비추는 삼위일체의 세 번째 위격임을 나타낸다.

성부와 성자에 속하는 모든 신적 속성들이 성령께도 속한다는 것은 그리 놀랄만한 일이 아니다. 성령은 창조 때 일하시고(창 1:2; 사 40:12), 세상의 죄를 억제하시며(창 6:3), 하나님의 말씀에 숨을 불어 넣으시고(딤후 3:16), 성육신이 일어나게 하시며(눅 1:35), 모든 그리스도인을 구원하고 성숙시키는 과정에서 강력하게 역사하신다(요 3:5~7; 롬 8:1~16). 모든 관점에서 볼 때, 성령은 하나님이시고 성부와 성자로부터 구별된 한 위격이시다.

왜 성경은 "성령은 하나님이다"라고 **말하지** 않을까? 어떤 경우에 성경은 진실로 그렇게 말한다. "주는 영이시니, 주의 영이 계신 곳에는 자유가 있느니라. 우리가 다 수건을 벗은 얼굴로 거울을 보는 것 같이 주의 영광을 보매, 그와 같은 형상으로 변화하여 영광에서 영광에 이르니, 곧 주의 영으로 말미암음이니라"(고후 3:17~18). 그리고 베드로는 성령께 거짓말하는 것을 하나님께 하는 것과 동일시한다(행 5:3~4). 여기서 그리고 다른 곳에서, 성령은 성부와 성자가 교회와 세상에 임재하도록 중재한다. 성령은 야웨의 영, 성부의 영, 예수의 영, 아들의 영이다.

진리의 영은 '또 다른 보혜사'(요 14:16)로서 성자와 같이 성부로부터 보내졌다. 성자가 요청했을 때, 성부는 이 땅에 대한 그분의 사역을 진척하려고 '보혜사 성령'을 보내셔서 제자들에게 '모든 것'(14:26)을 가르쳐 주실 것이다. 요한복음 15:26은 우리에게 한 단계 더 깊은 진리를 말한다. "내가 아버지께로부터 너희에게 보낼 보혜사, 곧 아버지께로부터 나오시는 진리의 성령이 오실 때에 그가 나를 증언하실 것이요." 교부들은 예수님께서 하나님 아버지로부터 성령을 보낼 권한을 요청했다는 것을 빠르게 인지했다. 만약 성령이 하나님이라면, 성자는 그러한 권한을 실행하기 위해서 하나님이셔야만 한다. 성령은 성부로부터 '나온다(proceeds)'—이 용어는 나중에 한 하나님 안에 있는 성령과 성부의 영원한 관계를 정의하는 것으로 받아들여 졌다.

숨 막히는 놀라운 진리는 성령 하나님이 예수님을 하나님의 아들이자 우리의 구원자로 믿는 모든 사람 안에 거하신다는 사실이다. 성령은 우리 안에 거하시는 하나님이시다. 물론 우리가 하나님이 되는 것은 아니다. 오히려 성령이 하나님의 경이로운 은혜로 우리에게 내재하신다. 성령의 효과적이고 활력 넘치는 임재는 우리를 거듭나게 하시고 하나님 안에서 인치시고(요 3:5~8; 엡 1:13), 예수님이 제자들의 삶에서 작용하신 것처럼 성도들 안에서 일하신다. 성령 하나님은 안내자, 상담자, 지지자, 훌륭한 스승, 도전자, 주님… 그리고 하나님으로서 성자 하나님의 사역을 실행하신다.

> ### 성경 암송 13
>
> 요한복음 14:16-17; 15:26
>
> 14:16 내가 아버지께 구하겠으니, 그가 또 다른 보혜사를 너희에게 주사 영원토록 너희와 함께 있게 하리니. 17 그는 진리의 영이라. 세상은 능히 그를 받지 못하나니, 이는 그를 보지도 못하고 알지도 못함이라. 그러나 너희는 그를 아나니, 그는 너희와 함께 거하심이요, 또 너희 속에 계시겠음이라... 15:26 내가 아버지께로부터 너희에게 보낼 보혜사, 곧 아버지께로부터 나오시는 진리의 성령이 오실 때에 그가 나를 증언하실 것이요.

본문 14: 아버지와 아들과 성령의 이름으로 (마태복음 28:19)

많은 그리스도인은 신약성경이 적어도 117개 구절에서 여러 가지 형태로 성부, 성자, 성령을 함께 언급한다는 사실을 거의 모른다.28 성부, 성자, 성령의 실재는 신약성경의 거의 모든 책을 가득 채운다. 그렇지만 마태복음을 마무리하는 '지상명령'은 침례 공식과 함께 역사적인 삼위일체 교리 발전의 모판이다. "그러므로 너희는 가서 모든 민족을 제자로 삼아 아버지와 아들과 성령의 이름으로 침례를 베풀고." 예수님과 같은 유대인에게(저자 마태에게도) 하나의 '이름' 안에 세 구별 된 위격을 포함함은 신성모독과 같을 것이다—만약 그것이 절대로 진리가 아니라면!

성부를 하나님에 포함하는 것은 전혀 놀랄 일이 아니다. 성부가 완전한 하나님이라는 것은 논란의 여지가 없다. 예수님도 죽음에서 부활하심으로 자신이 하나님의 아들이자 하늘의 인자이심을 증명하셨다(마 26:63~68; 27:43). 지상적 사명을 입증받으신 까닭에, 이제 '하늘과 땅의 모든 권세'(마 28:18)를 행사하신다. 그래서 한 이름 아래의 두 번째 위격이, '아들'이라는 사실 역시 어떤 제자도 놀라게 하지 않았을 것이다.

	한 본성	세 위격
삼위일체		
그리스도	한 위격	두 본성

그러나 침례 공식의 세 번째 위격인 '성령'은, 적어도 성령에 관해서 잠시 생각하기 전까지는, 허를 찌른 것일지도 모른다. 성령은 구약성경에서 하나님의 대리자이자 '활동하시는 하나님'(God-in-action)이셨음을 기억하라. 성령은 동정녀 마리아에게 오셔서 '우리와 함께 하시는 하나님'을 잉태하게 하셨다(마 1:18~23). 침례자 요한은 메시아가 성령으로 침례를 주실 것이라고 선포했고(마 3:11), 하나님의 영은 예수님의 침례 때 '비둘기처럼' 내려왔다(3:16). 후에 예수님이 제자들을 두 명씩 파송하셨을 때, 예수님은 그들이 해야 할 말을 성령께서 말씀해 주실 것이라고 약속하셨다(10:20).

마태는 독자에게 하나님께서 자신의 영을 그리스도에게 주신다는, 이사야의 메시아 예언을 상기시켰다(마 12:18; 참고. 사 11:1~3; 42:1). 성령의 활동에 관한 추론이 충분히 명확하지만(참고. 마 22:43), 성령 자신에 대한 언급은 상대적으로 거의 없다. 이제 부활하신 그리스도께서 하늘로 올라갈 준비를 하셨을 때, 또 다른 이가 신성한 이름을 공유함을 알아야 한다고 선포하셨다. 만약 신성한 존재가 성부와 성자를 포함한다면, 성령도 역시 신성 안에서 구별되는 위격이다.

우리는 성부 하나님과 성자 하나님께 하는 것처럼 성령도 예배해야 하는가? 다음은 토레이(R. A. Torrey)의 말이다.

> 성령이 우리의 경배, 믿음, 사랑, 전적인 항복을 받을 가치가 있는 신성한 위격인지, 또는 성령이 하나님에게서 나오는 영향력 또는 하나님이 우리에게 전하시는 능력 또는 깨달음 같은 것인지를 우리가 결정하는 것은… 가장 중요한 문제다. 만약 성령이 하나의 위격, 곧 신성한 위격인데, 우리가 그분을 그와 같이 알지 못한다면, 우리는 신적인 존재에게 마땅히 돌려야 할 예배와 믿음과 사랑과 그분께 대한 순복을 도둑질하는 것이다.[29]

그래서 우리는 아버지와 아들과 성령의 이름으로 침례를 준다. 우리는 아버지와 아들과 성령의 이름으로 기도하고 예배한다. 우리는 아버지와 아들과 성령을 신뢰하고 순종한다. 사실상 모든 것들이 성부로부터, 성자를 통해, 성령에 의해서 나온다. 그리고 모든 영광과 명예, 힘과 능력이 성부에게, 성자를 통해, 성령에 의해서 돌아간다. 이것이 유일하신 참 하나님, 세 위격의 하나님, 복되신 삼위일체다.

성경 암송 14
마태복음 28:19
19 그러므로 너희는 가서 모든 민족을 제자로 삼아 아버지와 아들과 성령의 이름으로 침례를 베풀고

역사로 회고한 성부, 성자, 성령

마이클 J. 스비겔 Michael J. Svigel

값진 보물을 가득 채운 긴 열차처럼, 성도에게 단번에 주어진 믿음은 승객이 알지 못하는 미래를 향해 1세기의 역을 뒤뚱거리며 출발했다. 천상에 속한 그 화물의 중요한 것은 삼위일체 신학이라는 원석들이었다.

- 유일하신 한 하나님을 믿고 흔들림 없이 헌신
- 하나님을 아버지요 창조자로 인정
- 예수 그리스도를 똑같이 영원한 하나님인 성자로 고백
- 성령님을 신성한 생명의 원천으로 경험
- 비록 분명히 구별되지만, 성부, 성자, 성령이 그 신성에 있어 모두 하나임을 앎

오늘날 어떤 사람은 삼위일체 교리가 '발전된' 것이라고 굼뜨게 말하지만, 사실 삼위일체 신학을 구성하는 기본적인 신념들(beliefs)은 이미 교회의 초기 시대에 온전히 보존되어 있었다. 우리는 이해의 증진과 설명의 정교화를 기본적인 가르침 그 자체의 변화와 혼동해서는 안 된다. 정통 교리 열차가 역에서 출발하여 속도를 붙이는 데 시간이 좀 걸린 것은 맞다. 그러나 5세기에 이르면 그 기관차는 궁극적으로 교부들의 시대로부터 추진력을 얻게 된다—마르키온의 병행 트랙과 발렌티누스의 우회로를 지나, 프락세아스(Praxeas)와 사벨리우스(Sabellius)라는 장애물을 건너뛰어, 심지어 아리우스(Arius)라는 거대한 방어벽을 뚫고서. 거기서 시작해서 그 기관차는, 가끔 그 앞길을 막아선 이단적 부랑자들에 의해 거의 방해받지 않은 채 자유롭게, 중세시대와 종교개혁시대를 거

쳐 현대시대로 천천히 모든 것을 헤치고 나아갈 것이었다.

성부, 성자, 성령 교리의 역사에 관해 이리저리 떠도는 너무나 많은 신화와 오해가 있으므로, 정통 개신교 복음주의 전통을 고수하는 사람들은 이 중요한 교리의 진정한 이야기를 알고 또 받아들여야 한다. 고전적 정통주의에 관한 한, 과거를 기억하는 것은 미래를 보존하는 것이다. 그것은 다가올 미래에 전체 열차를 앞으로 계속 추진할 연료이다.

교부시대(100~500년)

어떤 사람들은 사도 시대 이후 2세기 동안 교회가 원래 화물의 일부가 아닌 새로운 교리를 실은 화물칸을 계속 추가했다고 주장하지만, 온전한 열차의 승객들이 자기들이 이미 수송하던 바로 그것들을 좀 더 잘 이해하려고 애썼던 시대로서 교부시대를 보는 것이 좀 더 정확하다. 비록 1세기 말까지 모든 칸에 기본적인 삼위일체 주장이 실린 것을 보지만, 교회 안의 승객과 바깥의 구경꾼에게는 그 기관차의 크기와 궤적이 불확실한 것처럼 보였을 수 있다. 그렇지만, 우리가 살펴볼, 삼위일체에 대한 교회의 기본적인 고백은 교회의 가장 초기에 이미 존재했고 여러 세기를 거쳐 더 분명해졌다. 그 교리는 삼위일체를 믿지 않는 그리스도인들이 몇 세기 (아니 몇십 년) 동안 존재한 이후에 비로소 생겨난 것이 아니다.

교회 시작 이후, 사도들이 회심자를 교회에 입회시킬 때 그들에게 "성부와 성자와 성령의 이름으로" 침례를 주었다(마 28:19). 초기 교회가 이 삼위일체적 침례를 어떻게 주었는지에 관한 다양한 이야기를 살펴보면, 그들이 관습적으로 성부와 성자와 성령에 대한 새신자의 믿음에 관하여 세 차례 '인터뷰'한 것을 알 수 있다. 다음은 전형적인 침례 고백이다.

"당신은 하늘과 땅의 창조주이신, 전능하신 성부 하나님을 믿습니까?"

"제가 믿습니다."

"당신은 성령으로 잉태하사 처녀 마리아에게 나시고 본디오 빌라도 하에 고난 당하사 십자가에 못 박혀 돌아가셔서 장사지낸 바 된 분, 삼 일만에 죽은 자들 가운데서 다시 살아나시고 하늘에 오르사 전능하신 아버지 하나님 오른쪽에 앉아 계시다가, 거기로부터 산 자와 죽은 자를 심판하시려고 다시 오실 분, 성부 하나님의 독생자요 우리 주님이신 예수 그리스도를 믿습니까?"

"제가 믿습니다."

"당신은 성령님, 거룩한 공교회, 성도의 교제, 죄 사함, 몸의 부활, 그리고 영원한 삶을 믿습니까?"

"제가 믿습니다."[1]

우리는 침례식 전에 성부, 성자, 성령에 관한 어떤 종류의 교육이 있었으리라 추측할 수 있다—비록 그것이 창조와 구속의 계획을 실행하는 삼위일체 하나님의 조화로운 행위들에 초점을 맞추었을 가능성이 크지만. 그런데도 기초적인 삼위일체 신학의 씨앗들이 공개적 회심의 순간에 신자의 마음과 지성에 심기고 있었다. 창조와 구속 이야기에 대한 기본적 교리의 요약으로 사용된, 이 '믿음의 규범(rule of faith)' 또는 '진리의 표준(standard of the truth)'은 하나님의 본성과 삼위일체의 고유하지만 분리될 수 없는 위격들(persons)을 포함한 가장 중요한 교리 내용을 신자들에게 계속 상기시키곤 했을 것이다.

그리고 교회의 삼위일체 고백의 중심에, 성육한 신인(the incarnate God-Man)이신 예수 그리스도의 죽음과 부활이 있었다. 사실, 그리스도에 대한 초기 신자의 고백은 그들을 하나님의 세 위격(three persons)에 대한 고백으로 이끌었다. 그래서, 교부의 삼위일체 믿음을 살필 때, 삼위일체의 두 번째 위격으로서 예수 그리스도에 주로 초점을 맞추겠다.

교회의 초기 시기부터, 중간 시기를 지나, 우리 자신의 시대에 이르기까지, 그리스도인들을 애먹인 '기독론적 질문'은 매우 단순하다.

"그리스도 안에서 신성과 인성은 어떻게 결합합니까?"

그 질문에 그리스도의 온전한 신성을 받아들이는 쪽으로 대답하면, 그 대답은 하나님에 관한 교리에 영향을 주어 '삼위일체 질문'이 된다.

"만약 아버지가 하나님이시고,
예수님이 하나님이시며,
성령님이 하나님이시라면,
어떻게 한 하나님이 계실 수 있습니까?"

기독론적 질문에, 네 가지 관련 고려 사항이 있다: 그분의 신성 상태, 그분의 인성 상태, 이 본성들의 연합, 그리고 이 본성들의 구별. 교부시대에, 성자(the Son)가 온전히 신성을 지니고 있는가는 문제가 니케아 공의회(Councils of Nicaea, 325년)와 콘스탄티노플 공의회(381년)에서 주로 다뤄졌는데, 특히 후자에서는 그리스도의 온전한 인성도 확언했다. 인성과 신성의 연합과 구분에 대한 문제는 에베소 공의회(431년)과 칼케돈 공의회(Chalcedon, 451년)에서 주로 다뤄졌다.

니케아 공의회 이전 3세기 동안, 믿는 사람들은 예수 그리스도의 신성과 인성을 어떻게 가장 잘 이해하고 설명할 수 있을지를 고민했다. 초기의 한가지 경향은 인성을 지나치게 강조하고 신성을 부정하는 것이었다. 명백히 이것은 에비온파(the Ebionites)로 알려진 유대 기독교인의 교리였는데, 그들은 성자의 성육신 이전의 인격적 존재를 부정하고, 예수님의 동정녀 탄생을 부정했으며, 예수님을 하나님이 이스라엘의 메시아로 선택하신 대단히 의로운 사람이었다고 믿었다. 잘못된 많은 교사 중에서, 이 그릇된 견해와 연관된 것은 '양자설(adoptionist)' 기독론이었는데, 이것은 마치 마귀가 어떤 사람을 사로잡듯이, 그리스도의 신성한 영(혹은 성령)이 인간 예수 안에 내려와 거했다고 믿는 견해였다.

초기 기독교 지도자들이 직면한 또 하나의 오류는 그리스도의 신적 본성과 하나님이심을 선호하면서 이 땅에서 그리스도의 인성을 경시하는 것이었다. '가현설(docetism, '그런 것처럼 보인다'는 헬라어에서 비롯함)'이라고도 불리는 이 견해는 그리스도가 단지 천상의 몸만 가지고 있으며 (다른 사람들이 보기에) 사람인 것처럼 '보이기만' 했을 뿐이라고 주장했다. 1세기 후반 어느 즈음에, 신약성경의 책들이 이미 이런 문제 일부를 다루는바, 적어도 요한복음과 요한 서신들은 예수님의 육체적 존재라는 실재를 강조했다(예. 요 1:1;, 1:14; 요일 1:1).

2세기 초, 사도적 신앙을 물려받은 안디옥의 이그나티우스(Ignatius of Antich, 110년 즈음 사망)는 가현설에 맞섰다. 예수 그리스도의 신성과 인성에 대한 그의 단순하지만 완전한 확언은 수 세기 후 빚어질 더 전문적이고 미묘한 뉘앙스를 지닌 표현에 대한 전조가 됐다. "유일하신 의사는 육신임과 동시에 영이시고, 태어났으나 태어나지 않으셨으며, 사람 속의 하나님이시고, 죽음 안의 참된 생명이시며, 마리아와 하나님 양쪽으로부터 나셨고, 처음에는 고난을 받았으나 후에는 그것을 넘어서신, 예수 그리스도 우리 주님이시다."[2]

이 성서적 균형은 얼마 지나지 않아 도전받기 시작했다. 2세기 중반 무렵, 정통 교리에 대한 두 개의 주요 적이 나타났다. 먼저, 마르키온(Marcion)은 그리스도가 단지 천상의 영적 몸만 가지고 있어서 (자신이 믿기에) 구약성경의 악한 '신(god)'에 의해 창조된 물질적 세상의 고난으로부터 구별된다고 가르쳤던 것으로 보인다. 두 번째, 영지주의자 발렌티누스(Valentinus)는 구세주가 인성의 어떤 것—구속될 영적 부분—을 취하셨지만 (그가 믿기에) 순전히 영적인 하나님에 의해서도 구속받지 못할 인간의 악하고 육신적인 부분, 즉 몸을 입지는 않으셨다고 명백히 주장했다.

몇몇 교부는 예수 그리스도 안에서 인성과 신성의 관계에 대한 이런 견해를 반박하는 글을 썼는데, 그들은 구약성경과 사도들의 저술은 물론 사도들에게서 그들에게 전수된 전통적 가르침에 근거하여 그렇게 했다. 리용의 이레나이우스(Irenaeus of Lyons, 200년 즈음 죽음)는 그리스도에 대한 영지주의적 견해와 유대적 견해 둘 다를 반박하면서 더 복잡한 용어들로 그리스도의 신성과 인성 둘 다를 긍정적으로 확언했다. 또한, 테르툴리아누스(Tertullian)와 히폴리투스(Hippolytus) 같은 또 다른 정통 교사들을 따르면서, 서방 라틴 전통은 예수 그리스도가 한 위격 안에 연합된(united) 두 본성을 가지셨다는 단순한 관용적 표현을 채택했다.

아리우스주의 논쟁과 니케아 공의회(AD 325년)의 무대를 마련할, 몇몇 중요한 교사들과 기독론적 질문들에 대한 중요한 해결책들이 3세기에 나타났다. 오리게네스와 알렉산드리아 학파는 명상적으로 성부에 대한 성자의 종속(subordination)을 강조했다. 플라톤 철학에 의지하여, 시간을 초월한 영역에서 성부로부터 성자의 영원한 출생(eternal generation) 개념을 창도했다. 비록 오리게네스의 언어가 후에 아리우스주의 방향으로 발전할 것이지만, 오리게네스 자신은 예수 그리스도의 나아오심(generation, 출생)을 성부의 존재(being)에 영원히 의존하는 것으로 본 듯하다. 즉, 성자는 영원히 성부의 아들인 것이고, 성부는 영원히 성자의 아버지인 것이다.

3세기 중엽, 사벨리우스(Sabellius)는 알렉산드리아의 디오니시우스(Dionysius of Alexandria)를 한 하나님이 아니라 세 하나님을 믿는다고 비난했는데, 그 이유는 그가 호모우시오스(*homoousios*, '같은 본성')라는 용어를 거부했기 때문이었다. 그러자 이번에는, 로마의 디오니시우스와 알렉산드리아 사람들이 사벨리우스가 세 위격이 마치 한 단일 위격인 것처럼 암시하는 방식으로 호모우시오스라는 용어를 씀으로 성부, 성자, 성령을 구별하지 못했다고 비난했다. 로마의 디오니시우스는 신성(Godhead) 안에 세 휘포스타시스(*hypostases*, '신원' 또는 '위격, 인격')가 있다고 말했는데, 이것이 사벨리우스를 따르는 사람들에게는 세 분리된 존재가 있음을 의미하는 것처럼 느껴졌다. 우리는 이 이슈를 의미론(semantics)으로 평가절하해서는 안 되는데, 왜냐하면 두 용어 다 오해(misunderstanding), 오류적 해석(misinterpretation), 심지어 오역(mistranslation)을 불러오기 때문이다.

4세기 초에 알렉산드리아 교회의 장로였던 아리우스(Arius, 336년 죽음)는 성부에 대한 성자의 관계가 시작이 있는 것으로 보았다. 그와 그의 지지자들 그리고 추종자들은 성자를 하나님이 최초에 창조한 가장 영광스러운 피조물로 보았다. 그들 생각에, 성자는 문자 그대로 시작이 있고, 성자가 성부에게서 나오기 전에 성자는 존재하지 않은 것으로 보았다. 말할 필요도 없이, 이런 견해는 성경, 초기 교부들, 교회의 오랜 믿음과 양립할 수 없는 것이었다. 이런 잘못된 가르침들이 쓸모없는 장신구들로 정통신학의 귀중한 보석들을 대치하려고 했다.

그런 상황이었지만, 정치적 술수와 대중에게 호소를 통해, 아리우스의 교리는 동력을 얻었다. 제국의 종교적 통일성을 위협하는 논쟁을 끝내려고, 최근 기독교에 호의적으로 돌아선 로마 황제 콘스탄티누스(Constantine)는 온 세계의 감독들(bishops)을 니케아(소아시아 북서부)로 불러 모았다. 제국의 거의 모든 곳에서 250~300명가량의 감독이 이 문제를 토의하려고 모였다 (또한 1,500명가량의 동반한 사제들[priests]과 집사들과 보조자들[acolytes]도). 니케아 공의회는 석 달 동안 계속되었고, (아마도 예루살렘에서 유래한) 이전의 침례 고백에 기초한 신조가 편집-채택되었다. 성자가 "성부의 본질(ousia)로부터" 나오심, 성자가 "참된 하나님으로부터 나오신 참된 하나님(true God from true God)"이심과, 그분이 "만들어진 것이 아니라 나신(begotten)" 것으로 적절히 표현되실 수 있음, 그리고 그분이 "성부와 동일 본질

(one substance[homoousios])이심"을 믿는 믿음을 단언하는, 그리스도의 신성에 대한 몇 가지 분명한 표현이 추가되었다. 그리고 그 공의회는, 성자가 창조된 존재라고 말하거나 성부와는 다른 본질을 가졌다고 말하는 자들을 정죄했다.

그러나 아리우스는 자신이 탈선시키려 한 그 정통 열차에서 하차하라는 말을 들었지만, 그와 그 일당은 속임수를 쓰면서까지 못된 정치적 수단을 동원해 주도권을 쥐려고 했다. 이어진 몇 가지 논쟁은 381년의 또 다른 공의회가 열리게 했다. 황제들의 호의를 얻음으로써 아리안주의 감독들은 그들의 분노를 참된 신자들에게로 돌릴 수 있었는데, 그 결과 이단이 교회의 주도권을 쥐었고, 참된 신자들은 자주 유배를 가야 했다. 정통 신자들이 성부, 성자, 성령 사이의 관계에 대해 이미 교회가 늘 믿어왔고 가르쳤던 것들을 묘사하려고 적절한 표현이 무엇인지를 논쟁하는 동안, 아리우스주의자들은 그러한 불일치를 전 세계적인 교회에 자신들의 발판을 놓는 데 이용했다.

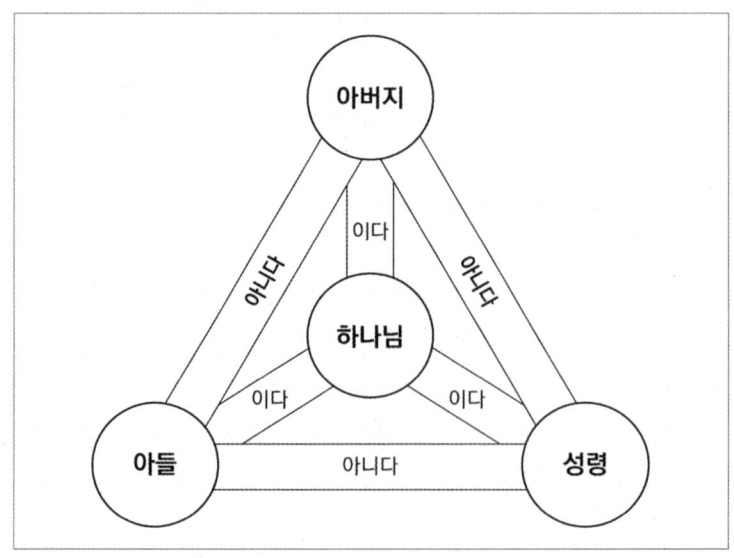

게다가, 니케아 신조를 받아들이는 사람 중에서조차, 온전한 하나님이신 성자가 그분의 인성과 어떻게 연합하는지를 두고 새로운 논쟁들이 일어나기 시작했다. 라오디게아의 아폴리나리우스(Apollinarius)와 어떤 사람들은 이른바 '말씀-육신(Word-flesh[헬라어 *logos-sarx*])' 기독론을 개진했는데, 그것은 신성한 성자(말씀: the Word)가 완전한 인성을 입으신 것이 아니라 단지 인간의 육체(the flesh)만 입었다는 견해이다. 게다가, 그리스도의 신성을 받아들인 다른 일단의 잘못된 교사들은 성령을 온전한 하나님으로 혹은 구별된 위격(인격)으로 묘사하기를 주저했다. 오히려 그들은 성령을 천사와 같은 존재이거나 심지어 (비인격적인) 하나님의 능력으로 생각했다.

이러한 논쟁들에 대한 반응으로, 궁극적으로 아리우스주의자들을 열차에서 쫓아내고, 아폴리나리우스주의자들을 침묵시키며, 성령님의 영광을 재확정할 영웅들이 출현했다. 가이사랴의 바실(Basil of Caesarea), 니사의 그레고리(Gregory of Nyssa), 나지안주스의 그레고리(Gregory of Nazianzus) 같은 카파도키아 교부들(Cappadocian Fathers)은 아리우스주의자들을 대적해서 니케아 신학과 언어를 옹호했을 뿐 아니라 또한 모든 주체를 만족시키는 헬라어와 라틴 용어들로 정통 진영을 연합시키고 단결시켰다.3 그들은 대략 일 세기 전의 테르툴리아누스와 서방교회가 썼던 것과 비슷한 공식적 표현을 사용했다. 성부, 성자, 성령은 같은 본질(헬라어 *ousia*, 라틴어 *substantia*)을 갖고 계시나 위격(헬라어 *hypostasis*, 라틴어 *persona*)은 구분된다.

정통 교리의 승리는 381년의 콘스탄티노플 공의회(the Council of Constantinople)에서 공식화됐다. 예수 그리스도의 온전한 인성과 온전한 신성이 한 인격 안에 계심, 그리고 성령님의 온전한 신성이 긍정됨에 따라, 아리안주의자들은 최종적으로 패배했고 아폴리나리우스적 견해들은 거절되었다. 그래서 모든 것이 성서적인 견해, 초기 교회의 역사적 견해와 일치하게 되었다.

삼위일체 용어	
성부, 성자, 성령의 **연합**(unity)을 확언하는 용어들	성부, 성자, 성령의 **구별**(distinction)을 확언하는 용어들
본질(*ousia*, 헬라어) 본성(*physis*, 헬라어) 본성(*substantia*, 라틴어) 본질(*essentia*, 라틴어) 본성(nature) 존재(being) 본성(substance) 본질(essence)	위격(*hypostasis*, 헬라어) 형상/위격(*prosopon*, 헬라어) 위격(*persona*, 라틴어) 위격(person) 자존성(subsistence)

콘스탄티노플 공의회 이후 수십 년 동안, 신성과 인성의 확연한 구별을 강조하는 한 기독론이, 한 본성에는 해당하지만 다른 본성에는 해당하지 않는 행위나 경험을 말하는 용어들로 표현되었다. 단지 그리스도의 신성과 인성을 **구별**하는 것이 아니라, 이러한 신학은 그 둘을 **분리**하려 했다. 콘스탄티노플의 감독인 네스토리우스(Nestorius)는 마리아를 전통적 용어인 '하나님의 어머니(God-bearer, *Theotokos*)'가 아니라 '그리스도의 어머니(Christ-bearer, *Christotokos*)'로 언급함으로 혼란과 논쟁을 일으켰다. 이것은 교리적으로 그리스도의 두 **본성**(nature)을 너무 심하게 나눠 두 **위격**(persons)으로 만든 것이라고 많은 사람이 느꼈다. 그리스도의 출생, 생애, 고난, 죽음, 그리고 부활을 단지 인성의 측면에서만이 아니라 **한** 위격에 일어났던 사건들로 말하는 것, 신인(God-Man)을 **한** 위격으로 예배하는 것이 올바른 것이라고 그들은 말했다. 마침내, 네스토리우스와 그의 지지자들은 431년의 에베소 공의회에서 정통 열차에서 쫓겨났다.

그러나 그 공의회가 그리스도의 두 본성을 과격하게 나누는 것을 거부했지만, 그들 자신의 해결책은 두 본성을 하나로 혼합하는 경향을 지닌, 본성의 연합에 대한 여지를 두고 있었다! 콘스탄티노플의 인기 있는 설교자였던 유티케스(Eutyches)는 그리스도의 신성이 인성을 흡수하여 그분 안에는 한 본성(즉 신성화된 인성)만 있다고 가르쳤다. 본질에서, 이것은 한 새로운 본성을 지닌 한 위격을 주장하는 기독론에 해당하는데, 실로 이러한 가르침은 두 본성 간의 관계에 대한 정의가 충분치 않아 생긴 현상이었다.

그 반응으로, 마르키아누스(Marcian) 황제는 500~600명의 감독이 참석한 칼케돈 공의회(450~451년)를 소집했다. 그들은 유티케스를 호되게 정죄하고, 그리스도의 두 본성 간의 관계를 설명한, 로마의 감독 레오가 쓴 글을 채택했다. 그리고는 하나의 정의(definition)를 서술했는데, 거기서 이전의 니케아 신조와 콘스탄티노플 신조를 설명하고, 예수 그리스도가 한 위격 안에 두 본성(인성과 신성)을 가진다는 것, 그리고 그 두 본성의 연합이 "혼란 없는, 변화 없는, 나누임 없는, 분리 없는" 것임을 분명히 했다. 기독론적 질문에 '완전한 대답'은 아니었지만, 충분한 정의가 주어져서 사람들이 커다란 오류에 빠지지 않게끔 했다.

500년에 이르러서, 정통 열차는 교부시대 동안 그토록 많은 위협이 그 열차를 올라타려 한 불안한 지역을 달려 빠져 나왔다. 그 열차는 셀 수 없이 많은 도적, 위조범, 납치범들을 떨쳐냈다. 삼위일체와 그리스도의 신성과 인성이라는 왕권 상징 보석들이 갈등들을 통과하면서도 지켜졌고, 이 보석들은 이 여러 세기에 걸쳐 더 높은 안전성과 더 큰 영민함과 명료함을 가졌고, 후에 악당들이 교회의 너무나도 귀중한 교리적 소유물들에 함부로 손대지 못하게 했다.

교부시대 주요 공의회

	장소	연도	주요 반대자	다룬 주요 논제	확언과 정죄
1	니케아	325	아리우스주의자	하나님의 아들의 온전한 신성	성자는 무에서 나온 존재가 아니며, 성부와 같은 본질이시다
2	콘스탄티노플	381	아리우스주의자, 아폴리네리우스주의자	성자와 성령의 온전한 신성	성령은 성부, 성자와 함께 예배되고 영광받으셔야 한다. 성자는 단지 몸이 아니라 온전한 인성을 입으셨다.
3	에베소	431	네스토리우스주의자, 펠라기우스주의자	그리스도 안에서 신성과 인성의 연합	그리스도는 두 본성, 즉 신성과 인성이며, 두 위격으로 나뉠 수 없다.
4	칼케돈	451	유티케스 지지자	그리스도 안에서 신성과 인성의 구별	그리스도는 신성과 인성의 두 본성이시고, 한 본성으로 혼동되거나 혼합될 수 없다.

중세시대(500~1500년)

"*In nomine patris, et Filii, et Spiritus Sancti.*"

"성부와 성자와 성령의 이름으로"라는 의미의 이 라틴어 어구, 그리고 같은 의미의 헬라어 표현은 침례식 동안, 또한 기도, 탄원, 공적 선언, 축복, 심지어 정치적 선언 등 많은 경우에 반복되었다.[4] 삼위일체 하나님에 대한, 널리 알려진 이 공식적 고백은 중세 유럽 문화의 상존하는 맥박이 되었다. 교황들과 군주들로부터 농부와 서민에 이르기까지, 갈수록 기독교화되어가는 유럽에 태어난 모든 사람이 "성부, 성자와 성령"을 알고 있었다.

게다가, 성상들(icons), 동상들, 다른 예술 형식들과 이미지들을 통해, 중세 교회는 그 회원들에게 삼위일체의 구별되는 사역과 예수 그리스도의 위격과 사역을 끊임없이 상기시켰다. 모든 사람이 하나님이 창조주이시고 심판자이심을 알았다. 그리스도는 동정녀 마리아에게서 나셨고, 기적을 행했으며, 고난받고 죽으셨다가 죽은 자 가운데서 다시 살아나셨으며, 심판주와 왕으로 다시 오신다. 그들은 성령님이 오순절 날에 주어졌으며 교회의 예전(sacraments) 참여를 통해 계속 수여됨을 믿었다. 사실, 화체설(transubstantiation)의 교리가 생겨남과 함께, 성자 하나님의 성육신은 거룩한 성체 성사(Holy Eucharist)에 참여로 경험하는 실제(fact)가 됐다. 물리적 수단을 통해 영적 생명을 부여할 수 있도록 빵과 포도주가 되려고 하나님이 육신이 되셨던 것이었다. 그래서, 그림에서부터 수난의 연극에 이르기까지 셋-이-하나인 신학(Three-in-One theology)과 신인 기독론(God-and-Man Christology)이 중세의 문화와 사회에 너무나 퍼져서 거의 상투적으로 되었다.

열차 유비로 되돌아가서, 2등석 객차에 타고 있는 대부분 그리스도인은 별로 큰 논쟁 없이 화물칸의 사실들을 받아들였다. 그들이 들었고 반복했던 것을 얼마나 잘 **이해**했느냐 하는 것은 이론의 여지가 있지만, 그들이 그것을 듣고 반복했다는 사실에는 이론의 여지가 없다. 그렇지만, 일등석 칸의 엔진 기사들, 차장들, 그리고 승객들—중세 전반에 걸친 교황들, 주교들, 사제들, 수사들, 교수들—은 삼위일체 신학과 성육신 기독론에 관련된 점증하는 심오한 신학적, 철학적, 실제적 문제들과 씨름했다. 마치 여객 칸을 나누는 휘장들과 문들이 있는 듯, 학문적 토론들은 토론자들 사이에서만 머무는 듯했고 대중들에게는 거의 흘러내려가지 않았는데, 그들은 삼위 하나님과 성육신한 신인(God-Man)에 대한 훨씬 단순한 믿음을 계속 받았고, 믿었고, 그리고 고백했다.

이 시대 초기에, 처음 네 차례 교회 공의회(ecumenical councils) 결정들은 신학자들의 생각을 계속 지배했다. 그다음 공의회들은 이미 그들이 이루었던 결정들을 변경시키는 것이 아니라 주로 강화하는 기능을 했다. 553년의 2차 콘스탄티노플 공의회는 테오도레(Theodore of Mopsuestia)의 저작 하나를 네스토리우스적이라고 정죄했는데, 결국 이로 인해 네스토리우스 교회들(페르시아/앗시리아)이 나뉘어 오늘날까지도 존재하는 기독교의 한 분파가 되었다.

3차 콘스탄티노플 공의회(680~681년)에서는, 그리스도가 하나의 의지를 갖고 계시는지, 아니면 두 의지를 갖고 계시는지의 문제에 칼케돈 공의회 결정이 적용되었다. 이것은 콘스탄티노플의 세르기우스(Sergius)와 교황 호노리우스(Honorius)에 대한 정죄로 귀결되었는데, 그들이 그리스도가 단지 한 의지를 갖고 있다고(monothelitism) 주장했다는 것이었다. 의지란 것이 인간됨(personhood)의 특성이 아니라, 본성(nature)의 소유된 특성(property)이라고 생각해서, 그 공의회는 예수 그리스도가 인간 본성과 신적 본성 둘 다를 가지셨으므로, 마찬가지로 틀림없이 두 의지 모두를 가지고 계신다고 확언했다.

2차 니케아 공의회(787년)에서, 그리스도와 성인들의 상(이미지)이 예배 때 사용될 수 있는가, 즉 성상(icon) 논쟁도 칼케돈 기독론 호소로 해결했다. 성상 지지자들은 예수님이 온전히 신성을 가지고 계시면서 **또한** 온전히 인성을 가지고 계시므로 하나님이 그리스도 안에서 보인 것이라고 주장했다. 그러므로 성육하신 신인(God-Man)의 상(이미지)들은 예수 그리스도가 단지 영적 본성이 아니라 실재적이고 육체적이며 실체적인 인간 본성을 가지고 계심을 충분히 전달할 수 있었다.

후속편들이 본편보다 좋은 적이 거의 없다고 자주 말하는데, 오늘날 많은 사람은 그것이 2차 콘스탄티노플 공의회와 2차 니케아 공의회의 경우라고 믿는다. 후속되는 콘스탄티노플 공의회들에서 결정들이 교리를 정의하기보다는 교리적으로 단련하는 정도였는데, 심지어 칼케돈 정통 교리를 새로운 환경들에 적절히 적용하는 정도였다. 성상을 숭상하기로 한 2차 니케아 공의회의 결정들에 관하여 많은 개신교인은 이 공의회가 논제를 잘못 다뤘다고 생각한다.

아마도 중세 삼위일체 신학의 **진정한** 분수령은, 서방교회가 신조에 라틴어 필리오케(*filioque*) 삽입을 놓고 동방 정교회와 서방 로마가톨릭 교회가 서로를 정죄하고 분열한 1054년일 것이다. 원래 콘스탄티노플 공의회는 성령이 "성부에게서 나온다"라고 고백했는데, 이제 로마는 주로 교황의 권위에 호소하면서 "그리고 성자에게서"라는 뜻을 가진 용어(필리오케)를 추가했다.

어떤 사람이 볼 때, 이것은 성부, 성자, 성령 사이의 관계에 대한 우리 이해를 극적으로 변화시켰다. 이전 개념에서는, 성자와 성령은 성부와 영원한 관계, 즉 성자는 성부의 언제나 계시는 아들로서의 영원한 출생(eternally begotten) 때문에, 성령은 영원히 성부에게서 영원한 발현 때문에, 온전한 신성을 가지셨던 것이다. 이 본래 개념에서, 성부는 성자와 성령을 위한 영원한 '신성의 원천(*fons divinitatis*)'으로 여겨졌다. 그러나 로마의 리믹스에서 필리오케의 추가로, 성령은 성부**와** 성자 양자의 영원한 발현(procession)이 되었다. 동방 교회는 초기 버전을 계속 강조했지만, 로마가톨릭 신학자들은 그들 학문을 교황의 교리 칙령을 변호하는 데 활용했다.[5]

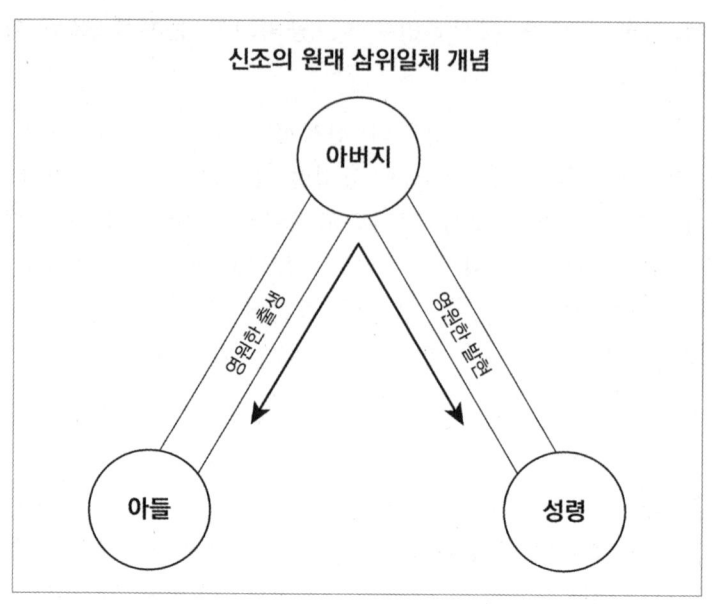

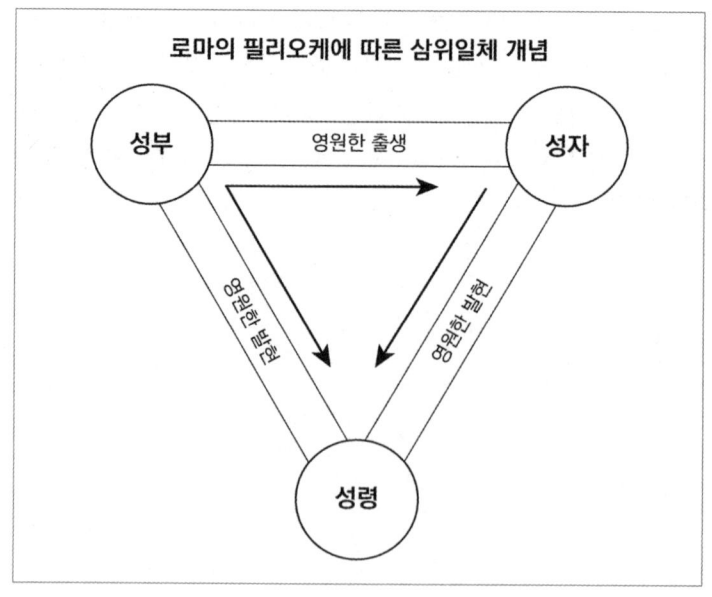

아리스토텔레스의 저작 재발견 그리고 최상의 철학과 최상의 신학 통합에 새로운 관심과 함께, 중세 학자들은 신성, 삼위일체, 그리고 기독론에 대한 철학적 논제를 새로운 범주로 생각하기 시작했다.6 예를 들어, 캔터베리의 안셀무스(Anselm, 1033~1109년)는 존재론적 논증에서 순전히 논리적이고 이성적인 방법으로 하나님의 존재를 주장했다. 그는 또한 *Cur Deus Homo*(『왜 하나님은 인간이 되셨는가』)에서 신성한 계시와는 별개로 이성에 의지해서 성자의 성육신의 논리적 필연성을 증명하려고 시도했다.7 아마도 그 시대의 가장 존경받는 로마가톨릭 신학자인 토마스 아퀴나스(1225~1274년)는 그 시대의 가장 영민한 철학에 호소해서 하나님의 존재에 관한 논리적 논증들을 열거하고 삼위일체 신학을 변호했다. 비록 대부분의 토론이 대학 문턱을 넘지 않았지만, 그런데도 그들은 고전적 정통주의에 대해 어떤 때는 받아들이기 힘든 표현들 사용에 문을 열면서 신학 사상에서 전환(shift)과 표류(drift)를 보여주었다. 이것은 영지주의의 하나님 개념을 포함했고, 하나님의 하나이심에 대한 모슬렘이나 유대교 사상을 용납했으며, 신성의 특징적인 삼위일체 개념을 경시했다.8

또한, 이 시대에 특별히 동방 교회에서 삼위일체 하나님과 성육신한 그리스도는 신비주의를 통한 친밀한 경험의 대상이 되었다.9 '하나님과 개인적 관계' 강조는 나중에 개신교 개혁자들과 그들 추종자에게 심대한 영향을 끼친다.

종교개혁 시대(1500~1700년)

교회 역사가 존 해나(John Hannah)는 대략 기원후 500년과 1500년 사이의 정통주의 전통 열차 여행 전체를 다음 말로 요약한다.

> 아타나시우스에 의해 논증되고, 니케아 공의회에서 선언되고, 카파도키아 교부들에 의해 명확해졌고, 콘스탄티노플 공의회

에서 재진술되었으며, 어거스틴에 의해 서방에서 반복된 것은 천 년 이상 교회에서 도전받지 않는 가르침이 되었다. 10

다른 말로 해서, 중세 천 년 동안 삼위일체 합의에 그 어떤 큰 위협도 믿음에 생채기가 나고 홈이 파이게 하는 것 이상의 충격을 주지 못했다. 마르틴 루터, 울리히 츠빙글리, 장 칼뱅 같은 주요한 개혁가들은 처음 네 차례 공의회의 신학과 표현을 확언했다.11 동시에, 정통 교리를 변호하려고 성경 언어와 성경만을 사용하는 그들의 점증하는 성향은 어떤 사람들이 그 공의회들에서 빚어져 나온 전문용어에 관심을 덜 두게 하고 성경의 언어 혹은 심지어 일상생활 언어로 정통 교리를 표현하는 데 더 많은 관심을 두게 했다.

그러나 개신교 종교개혁은, 반전통주의적 흐름을 일으켰고 어떤 사람들은 이것을 극단적으로 몰고 갔다. 개혁자 대부분은 중세시대에 정통 기관차의 인간 운전자들이 부주의해 잘못된 선로로 몰고 갔다고 믿었다. 그들은 또한 로마가톨릭이 일곱 성사, 성인 숭배, 연옥, 행위로 의롭게 됨같이 오도한 잘못된 교리들을 정통 교리에 한 칸 한 칸 덧붙였다고 정죄했는데, 그 모든 것은 열차의 속도를 늦추었고 적절한 속도와 궤적을 회복하는 일을 어렵게 만들었다.

그러나 개혁자들이 주의 깊게 그 열차를 원래의 선로로 다시 몰고 오고 과적한 화차들을 떼어냈는데, 그다음에 다른 부주의한 혁명가들은 과잉 보상 심리에 젖어서 새롭지만 잘못된 방향으로 가려는 위협과 함께 심지어 말할 수 없이 귀중한 삼위일체 신학과 기독론적 정통 교리를 포함한 차량까지 떼어내려 했다. 그리고, 장 칼뱅이 스위스 제네바에서 목회자로 섬기는 동안 그 도시 의회는 정통 삼위일체 교리를 귀에 거슬리도록 고집스럽게 부정하려한 미카엘 세베르투스(Michael Servetus)를 처형하려 했고, 실제로 처형했다. 그러나 그 견해 지지하는 사람들을 멈추게 할 수 없었고, 반(反)삼위일체주의자들은 세르베투스의 죽음을 순교로 여겼다. 이 일로 그 운동은 유럽의 다른 지역에서 더욱 대담해졌다.

개신교 종교개혁이 기울기 시작하고 정치적, 종교적, 문화적 전쟁이 진정되기 시작했을 때, 회의론자들과 비평가들이 출현하여 고전적 정통주의 요소들에 계속 도전했다. 유럽 대륙과 영국의 지성계에서, 이신론(deism)이 인기리에 부상했는데, 이것은 하나님이 우주를 창조하시고 그것에 물리적 도덕적 법칙을 부여하셨다 해도 그분은 멀리 계시고 세상 일상사에 간여하지 않으신다고 가르쳤다. 그분은 자연법과 도덕성 이외의 다른 방식으로는 자신을 계시하지 않으셨는데, 그러므로 모든 사람에게 각자 책임이 있다. 용납되어 결국 존중받은 또 하나의 이단은 유니테리언주의(Unitarianism)이었는데, 그것은 고전적 양태주의(modalism) 혹은 아리우스주의와 비슷한 형태를 취한 세련된 반(反)삼위일체 신학이었다.

현대 시대(1700년~현재)

철학, 과학, 정치, 역사 등에 변화를 일으킨 근대시대와 계몽주의의 도래로, 정통신학은 심각한 타격을 입었다. 맞다, 정통 삼위일체 신학을 이끌고 가는 기관차는 여전히 칙칙 소리를 내며 앞으로 나아가고 있었지만, 수많은 경쟁하는 운송 형태들로 붐비는 근대화되어가는 도시들을 지남에 따라 점점 속도가 떨어졌다. 만약 자동차의 독립성과 리무진의 안락함과 혹은 심지어 모터사이클의 가속도를 경험해 볼 수 있다면, 누가 증기 기관차가 끄는 예스러운 객차를 타려고 하겠는가? 사람이 지성을 기뻐하고, 육체에 탐닉하며, 이성주의, 경험주의, 낭만주의, 초월주의, 다윈주의, 자본주의, 사회주의, 공산주의 등 수많은 현혹하는 '~주의'의 최신 사상으로 영혼을 간지럽힐 때, 어떤 지성인이 니케아, 콘스탄티노플, 에베소, 그리고 칼케돈에 의해 재단되고 마무리 다듬어져 전시된 정통주의라는 고대 보석을 흠모하겠는가.

종교개혁의 급진적 성향과 계몽주의의 비평적 경향을 순화된 문화적 기독교의 개인주의적 경건주의와 결합하면, '자유주의적 기독교'가 태어난다. 이 분파는 성경, 공의회, 신조들의 권위를 거부하며, 대신 지식인의 새로운 과학적 철학적 방법을 선호했는데, 그들은 삼위일체라든가 그리스도의 신성과 인성 같은 교리들을 재빨리 하찮게 만들었으며 심지어 포기했다. '자유주의 신학의 아버지'로 여기는 프리드리히 슐라이어마허(Friedlich Schleiermacher, 1768~1834)가 하나님의 삼위일체를 가장 마지막 자리로 낮추었을 때 다음 말을 했다. "비록 우리가 [삼위일체 같은] 그 어떤 초월적 사실에 대한 지식이 없을 때도 또 비록 그 사실 자체가 다르더라도, 그리스도를 믿는 우리의 믿음과 그분과 살아 있는 교제는 같을 것이다."12

그의 뒤를 따른 사람들처럼 슐라이어마허는 더 인본주의적이고, 도덕적이고, 자연주의적 형태의 기독교에서 삼위일체를 위한 여지를 거의 찾지 않았다.13 현대 신학을 가혹하게 비판하는 한 비평가는 결과적 상황을 표현했다. "이 [자유주의] 신학에서, 하나님을 생각하는 것은 거의 드러내 놓고 인간을 생각하는 것이다... 하나님을 말하는 것은 고조된 소리로 그러나 다시 한번 그 어느 때보다 바로 이 사람을 말하는 것을 의미한다... 그것은 의문의 여지가 없다. 여기에서 하나님은 희생되고 인간이 위대하게 되었다."14

계몽주의에 영향을 받은 신학자들 손에, 고전적 삼위일체 신학은 주변부로 밀려나고, 최소화되었고, 인간화되었다. 동시에, 그리스도의 교리는 면밀하게 조사되며 무효가 되었으며 난도질을 당했다. 알리스터 맥그래쓰(Alister McGrath)는 말한다,

> 계몽주의는 기독교 신앙의 핵심 측면들에 주된 도전을 제기했으며, 기독론의 분야에서 특별히 강력한 힘을 발휘했는데, 그것은 그 운동과 연관된 종교적 비평주의 프로그램이 이 특정한 신학 영역에 집중되어 있고 초점 맞춰져 있었기 때문이다.15

개인의 이성과 경험이 세상을 이해하고 설명하는 데 충분하다는 사상을 개진하는 임마누엘 칸트 같은 철학자들에게, 성육신이나 부활 같은 고전적 기독론의 초자연적 요소들은 점점 더 신화로 들렸다. 성육신은 이성과 모순이지 않았을까? 그리고 부활은 경험과 모순이지 않았나? 계몽주의의 영향을 받은 지성이 볼 때, 인간이 책임을 느껴야 할 예수 그리스도에 대한 그 어떤 진리들도 항상 이성적 존재에게 접근 가능해야만 했다.

자유주의 신학이 특별히 유럽과 북미의 많은 교회와 기관에 큰 피해를 주는 동안, 왜곡된 신학들이 또한 전통적 기독교 안에서 생겨났다. 종교적 무리에서, 이신론과 유니테리언주의이라는 오래되었으면서 번갈아 나타나는 신학들이 동방의 범신론(pantheim, 모든 것이 신이다) 및 범재신론(panentheism, 신은 모든 것 안에 있다)과 합쳐졌다. 다른 사람들은 이신론을 버리고 불가지론이나 무신론을 선택했는데, 그들은 철학과 과학이 우주를 충분히 잘 설명했기 때문에 하나님의 존재가 따로 필요치 않다고 믿었다. 또 다른 사람들은 '자유'의 시대에 부활한 고대 이단들을 선택했다. 아리우스주의는 여호와의 증인에게서, 다신론과 영지주의는 모르몬교에서, 그리고 양태론은 연합 오순절 교회(United Pentecostal Church)에서 새롭게 나타났다. 이 모든 것과 더불어, 시간이 흐르면서 외견상 수많은 다른 종파와 새로운 종교도 고전적 삼위 신학과 기독론을 부정했다.

20세기 초, 삼위일체론과 기독론에 영향을 준 자유주의 신학에 대항하는 반작용이 일었다. 유럽에서는, 칼 바르트(Karl Barth, 1886~1968)가 하나님의 아들(His Son)과 그분의 영(His Spirit)을 통해 자신을 계시하시는 초월적 삼위일체 하나님을 신봉하면서 자기 스승의 많은 이들의 견해를 단호하게 반박했다. 니케아와 칼케돈의 기본적/근원적 틀에서, 바르트는 믿음의 다른 고전적인 교리들은 물론 그리스도의 온전한 신성과 온전한 인성, 동정녀 탄생, 그리고 대리 속죄 등을 긍정하고 확언했다.

동시에, 북미에서는 정통 열차가 복음주의 운동을 통해 좀 더 많은 에너지원을 얻기 시작했고, 새로운 승객들을 태웠는데, 그 운동은 (특별히 전도와 선교에서) 삼위일체 신학, 기독론, 그리고 성령의 사역을 재강조했다. 이는 전 세계적으로 정통 개신교에 새로운 힘을 불어넣었는데, 종종 그것은 세상에서 하나님 영의 현재적 사역에 초점 맞추는 것을 강조하는 은사주의와 오순절 교회의 형태를 띠기도 했다. 다른 때에는 복음주의 부흥이 전통적 교단들의 보수적 지파들이나 혹은 비교파적 교회들과 사역들(단체들)을 통해 일어나기도 했다. 전반적으로, 20세기 복음주의 전통은 세상의 중심에 그리고 인류에게 영광을 돌려왔던 기독교 영역에 삼위일체 하나님의 영광을 다시 회복시키는 데 큰 역할을 했다.

삼위일체 신학의 발전에서 2천 년 이상 세월을 되돌아볼 때, 우리는 흥미진진한 여정의 기록을 본다. 이 믿음의 원자재를 싣고 가는 교회 전통이라는 기관차가 역사의 선로를 따라 칙칙폭폭 나아갈 때, 수많은 악당이 그 진행을 가로막으려 했다. 그러나 그들 노력은 천상 엔지니어의 섭리적 보살핌 앞에서 헛된 것으로 판명되었다. 사실, 고대 이후 계속되는 전통의 객차들에 전수된 삼위일체 신앙에 가해진 공격들의 결과로, 1세기에 적재된 교리적 원자재들은 교회의 구불구불한 여행을 통해 정련되고, 명확해지고, 강화되고, 아름답게 됐다.

교부시대 (100~500년)	중세시대 (500~1500년)	종교개혁시대 (1500-1700)	현대시대 (1700-현재)
• 삼위일체적 "신앙 규범(Rule of Faith)"과 침례 양식이 정통 교육의 표준으로 사용됨 • 신인(God-Man)의 죽음과 부활이 교회	• 2차 콘스탄티노플 공의회(553년)와 3차 콘스탄티노플 공의회(680~681년)가 새로운 도전에 직면해 처음 네 차례 공의회의 교리적 정	• 주요 개혁자들이 삼위일체, 그리스도의 신성/인성, 성령의 위격/인격 교리를 재확언함 • 많은 개신교 신앙 고백이 처음	• 현대 자유주의 신학자가 공의회, 신조, 성서의 권위를 거부함으로써, 삼위일체, 그리스도의 신성과 인성, 동정녀 탄생의 고전적 정통 교리, 다른 핵심인

2부 세 위격이신 하나님: 성부, 성자, 성령

- 신학의 핵심이 됨
- 테르툴리아누스가 삼위일체를 위해 '한 본성/세 위격'을, 그리스도를 위해 '두 본성/한 위격'이라는 전문적 공식 문구를 처음으로 사용함(200년경)
- 교회 지도자들이 가현설(90~200년경), 영지주의(100~500년), 양자론(100~300년), 양태론(200~300년), 아리우스주의 (300~400년), 아폴리나리우스주의(350~400년), 네스토리우스주의(400~450년), 유티케스주의(430~500년)에 반대해서 삼위일체와 그리스도에 대한 정통 가르침들을 변호함
- 니케아 공의회(325년), 콘스탄티노플 공의회(391년), 에베소 공의회(431년), 칼케돈 공의회(451년)가 삼위일체의 명쾌한 답을 제공함

- 의를 활용함
- 2차 니케아 공의회(767년)가 그리스도와 성자들의 이미지를 만드는 것을 '정통'이라고 선언함
- 니케아-콘스탄티노플 신조에 교황이 "필리오케(filioque)"를 덧붙임으로, 로마 가톨릭과 동방 정교회가 분열됨(1054년)
- 캔터베리의 안셀무스가 그의 책 Cur Deus Homo에서 순전히 이성에 근거해 하나님의 존재에 대한 자신의 존재론적 논증과 성육신의 필연성을 증명하기 위한 자신의 시도들을 명확히 표현함 (약 1100년경)
- 아퀴나스가 관찰 가능한 자연에 근거해 하나님의 존재를 주장함(1270년경)

- 네 차례 교회 공의회의 교리 권위를 확언함
- 일부 '급진적 개혁자들'이 삼위일체와 그리스도의 신성의 고전적 교리에 도전함
- 미카엘 세르베투스가 삼위일체를 완고하고 격렬하게 거부했다고 해서 제네바에서 화형틀에서 화형당함
- 이신론과 유니테리언주의가 유럽 대륙과 영국에서 일어남

- 가르침들을 거부함
*이신론, 유니테리언주의, 범재신론, 범신론, 궁극적으로 불가지론과 무신론을 포함한, 고전적 정통 삼위일체론에 대한 대체론이 등장함(1700~1900년)
- 거짓 교사들이 삼위일체적, 기독론적 정통 교리를 거절하며 분파들과 종교 집단들을 설립함(1800-1900년)
- 근본주의가 삼위일체론을 포함한, 믿음의 '근본'을 강조하며 자유주의에 대응함(1900~1950년)

G. R. Evans, "Anselm of Canterbury" in *The Medieval Theologians: An Introduction to Theology in the Medieval Period*, G. R. Evans, ed. (Oxford, England: Blackwell, 2001), 99~100.

반드시 기억해야 할 사실

나(스캇)는 아홉 살짜리였지만 중부 워싱턴주의 우리 농장에서 트랙터를 운전하는 법을 배웠다. 나는 풋 브레이크에 발이 잘 안 닿았으므로 기본적으로 핸드 클러치(한쪽에 있는 큰 레버)가 그 큰 구식 차량을 정지하는 역할을 했다. 금속 좌석은 잘 맞지 않았다. 파워 핸들이나 운전 공간이나 라디오나 GPS도 없었다. 곧 나는 커다란 건초 기계를 끌어다가 열을 지어 있는 마른 목초를 들어 올리고 밀어 넣어 건초더미로 만드는 법을 배웠는데, 그 건초더미들은 기계 뒤로 떨어졌다.

절대로 잊지 않고 싶은 몇 가지 사실이 있었다. 먼저, 앞으로 몰고 가려면 트랙터에 가스를 충분히 넣어야 한다—짐이 많으면 가스를 더 넣어야 한다. 그렇지 않으면 시동이 꺼진다. 둘째, 클러치를 확 밟으면 안 된다. 천천히 작동해야 한다. 특별히 짐을 많이 실었을 때는. 셋째, 평평한 장소에서는 트랙터가 굴러가지 않을 것이므로 기어를 빼라. 그리고 넷째—단 한 번만 이것을 잊어도 다시는 기회는 없다—건초를 뭉치는 장치를 작동할 때, 갈퀴와 나사송곳에 너무 가까이하지 말라. 건초 뭉치가 나사송곳에 걸리면 더 나아가기 전에 포장기를 꺼라.

신학을 할 때는 좀 더 조용하다. 윙윙거리는 모터들이나 작동하는 부품이 그리 많지 않다. 그러나 하나님에 관한 진리들에 주의를 기울이는 것은 트랙터나 건초 기계를 작동하는 것보다 더 큰 결과를 빚는다. 정통 교리의 핵심 논제는 종종 구원과 정죄에 관한 문제이다—기독교와 비기독교. 트랙터 운전에 관한 중요한 원칙을 따르지 않으면 상처를 입거나 몸을 죽이지만, 믿음의 사실들을 올바로 직면하지 않으면 영혼에 상처를 입히거나 죽일 수 있다.

교리적 재앙을 미리 막으려면, 잠시 뒤로 물러서서 우리의 유일하신 참 하나님 성부, 성자, 성령에 관하여 우리가 잊지 않고 반드시 기억해야 할 몇 가지 사실들을 숙고해 보자.

사실 1: 모든 사람에게는 '하나님' 개념이 있다

모든 사람에게는 '하나님' 개념이 있다. 모든 사람에게. 사실, 최근 아동 심리학 연구는 아이들이 직관적으로 설계와 '어떤 설계자(a Designer),' 곧 '거기 있는 어떤 존재'인 초월적 하나님을 믿는 경향이 있음을 보여준다.[1] 우리는 우리보다 더 큰 어떤 존재 혹은 누군가를 믿게 되어 있는 듯하다. 전 세계 대부분의 거점 도시에서, 여행객들은 단지 건축학적 걸작만이 아니라 진실한 믿음의 증거이기도 한 모스크 사원, 신전, 또는 대성당들 사이를 걸을 수 있다. 거의 모든 대학교 캠퍼스에서, 충성을 요구하는 당황하게 하는 선택지들과 함께 포스터와 전단지가 사람들을 종교로 초대하고 있다. 오늘날, 전 세계 인구의 2% 이하만이 무신론자임을 자처한다.[2] 하나님 개념을 거부하는 많은 사람이 인간의 삶과 물리적 우주를 향한 일종의 영적 경외심을 긍정하고 있으며,[3] 무신론자들과 영적 세속주의자들 양자는 자신들이 거부하는 그 하나님을 정의해야만 한다.

모든 사람에게는 하나님 개념이 있다.

심지어, 역사상 가장 무신론적인(그리고 유혈적인) 세기(역주. 20세기를 말함)를 지나고 나서도 인류의 90%가 넘는 사람이 종교적 믿음을 고백하고 있다. 과거 소련연방 공화국이나 본토 중국같이 한때 무신론 나라였던 곳에서 믿음의 각성이 일어나는 것은 많은 사람을 놀라게 한다. 정말, 인류의 절반 이상이 기독교, 유대주의, 이슬람, 혹은 그것들과 연관된 종파들에 반영된, 아브라함의 하나님을 믿는 믿음을 고백하고 있다.

이제, 분명한 것은 하나님에 관해서 각 사람이 가지고 있는 개념(사상) 모두가 우리 목표는 아니다. 그러나 그리스도인은 삼위일체 하나님에 관해 계시된 진리를 제시하려고 '(우리와 차원적으로) 다른 존재(Other)'의 의미, '경외'의 의미, 혹은 심지어 하나님에 관한 빈약한 이해들조차 늘 활용해 왔다. 예를 들어, 아테네(Athens)에서 바울은, 무신론 및 범신론 철학자에 해당하는 사람들을 포함하여, "회당에서는 유대인과 경건한 사람(헬라인)과 또 장터에서는 날마다 만나는 사람들과 변론"했다. "바울은 예수와 부활에 관한 복된 소식을 전했다"(행 17:17~18). 하나님을 믿는 그리스도인의 믿음은 예수 그리스도에게 초점을 맞추는데, 바로 그분의 인격, 십자가에서 죽음, 그리고 부활이다. 그런데도 바울 사도가 기독교 신앙을 설명하라고 당시 철학적 질문과 토론의 진원지였던 아레오바고(Areopagus)로 초대받았을 때, 거기서 그는 다음 방식으로 큰 그림을 정의한다. "우주와 그 가운데 만물을 지으신 하나님은 천지의 주인이시다"(24절).

사실 2: 기독교의 하나님은 무한하시며 인격이시다

작은 하나님들은 통하지 않는다. 그리스인, 로마인, 가나안인, 이집트인, 앗시리아인, 바빌로니아인, 페르시아인, 힌두인 등의 신들 그리고 모든 종족의 종교는 인간이 투영한 상으로 하찮게 보인다. 우리 자신이 만든 할리우드의 우상들(많은 문화적 여신과 신)은 거기에서 오히려 몇 단계 아래에 있다.

만약 하나님이 모든 존재의 최종적(final) 실재라면, 그분은 무한해야만 한다. 초월적인 하나님은 모든 창조 위에 계신다. 그분은 신전 안에 계시지 않고, 사람에게 봉양 받지 않으며, "모든 사람에게 생명과 호흡과 모든 것을 주시는 분"이시다(행 17:25). 그분으로 "우리가 살며 움직이며 존재한다"(28절). 하나님 뒤에는 아무것도 없다—공간도, 시간도, 기회도, 심지어 논리의 법칙도. 절대 주권적 전능자는 "복되시고 유일한 주권자이시며 만왕의 왕이시며 만주의 주시오. 오직 그에게만 죽지 아니함이 있고 가까이 가지 못할 빛에 거하시고 그 어떤 사람도 보지 못하였고 또 볼 수 없는 분"이시다(딤전 6:15~16).

하나님이 우리가 인지할 수 있는 방식으로 자신을 낮추지 않으면 유한한 존재는 무한한 하나님에게 접근하거나 그분을 인식할 수 없다. 생각할 수도 없을 정도로 어마어마한 우주를 창조한 그분이 먼지 알갱이와도 같은 지구 위에 자신을 드러내심이 얼마나 놀라운 일인가. 그분은 모든 피조물 밖에 계시며 쉽게 창조세계를 유지하시지만, 그런데도 우리에게 오셔서 자신을 알게 하시기로 결단하셨다.

이것이 은혜이다.

이처럼, 하나님은 초월적이시지만, 자신을 생생하게 혁명적으로 인격적인 분으로 계시하신다. 그분이 우리의 이미지로 지어지신 것이 아니라, 하나님이 자기 이미지로 우리를 창조하셨다. 그 어떤 말로도 인간의 복잡미묘함을 다 파악할 수 없듯이, 우리는 신성한 인격의 깊이를 다 헤아릴 수 없다. 그런데도 여전히 하나님은 우리에게 자기 말씀을 주시는데, 성경은 우리에게 인격이시되 삼위일체적 존재이신 하나님의 부요함을 묘사하고 알려준다. 모든 창조세계 위에, 성부, 성자, 그리고 성령으로서 우리와 관계를 맺으시는 무한한 하나님이 계신다. 그리고 그분은 우리를 삼위일체 삶을 누리시는 하나님과의 개인적이고 인격적인 교제로 초대하신다.

사실 3: 하나님이 존재하신다는 외적 증거와 논증이 있다

하나님은 자기 신비와 영광을 나타내도록 모든 것을 창조하셨다. 역사적 기독교 신앙은 죄와 악을 제외한 모든 것이 하나님을 향해 가리킨다고 주장한다. "태초에 하나님이 천지를 창조"하셨으며 "그것은 좋았다"(창 1:1, 31).

기독교 신학은 그분이 창조하신 세계를 관찰하고 묵상한 것에 근거해 하나님의 존재에 대한 다양한 증거를 제공했다. (요약 도표를 참고하라.) 이것들과 일반 계시를 통한 다른 논증들은 그 언제보다도 여전히 강력하다. 만약 우리가 증거를 경험적 타당 논리의 반박할 수 없는 결론으로 생각한다면, 그것들은 절대적 증거는 아니다. 오히려, 자연적 증거는 겸손과 창조주를 믿는 믿음을 일깨운다.

하나님의 존재에 관한 고전적 논증

우주적 논증(시 102:25; 히 3:4): 세계에서 관찰한 결과들은 충분한 원인이 있어야 함을 요구한다. 운동은 원래의, 움직이지 않는, 움직이게 하는 존재(original unmoved Mover)를 필요로 한다. 종속적인 시간적 결과들은 상위적이고 무시간적인 원인자(a superordinate atemporal Cause)를 요구한다. 원인 여부에 따르는 존재들은 필수적인 존재(necessary Being)의 존재(existence)를 필요로 한다. 하나님은 충분한 원인(Cause)이시다.

목적론적 논증(시 19:1~6; 94:9~10): 우주의 복잡한 질서와 설계가 지적 설계자(intelligent Designer)를 요구한다. 그런 질서는 우연히 생겨날 수 없다. 설계자(Designer)는 목적을 가지고 질서를 만들어내기에 충분한 지성을 가지고 있어야 한다. 하나님은 지적인 설계자이시다.

인간론적 논증(시 8:3~8): 인간에게 지성과 감정과 의지가 있는 것은 우월한 지적, 감정적, 의지적 존재의 결과물로 보는 것이 가장 타당하다. 지성과 감정과 의지를, 생각이 없고 느낌도 없으며 무작위인 원인의 결과로 보는, 다른 대안은 가능성이 작다. 하나님은 탁월한 지성적, 감정적, 의지적 존재이시다.

도덕적 논증(잠 28:1; 롬 2:14~16): 도덕의식은 일반적으로 개인과 여러 문화에서 발견된다. 이 도덕적 의무감은 사람에게 너무나 강력한 영향을 끼쳐서 순종 혹은 죄책감을 일으킨다. 절대적 도덕적 의무감이 존재한다는 사실은 절대적 도덕적 입법자(absolute moral Lawgiver)가 있다는 것을 암시한다. 하나님이 절대적 도덕적 입법자이시다.

미학적 논증(시 19:1~4; 27:4): 심지어 미(아름다움)의 대상이 아무런 실제적 가치가 없을 때조차 미를 숭상할 수 있는 능력은 만인 공통이다. 미의 특정한 평가는 주관적일 수 있지만, 미의 개념은 보편적이다. 아름다움의 존재는 미의 근거(ground) 혹은 수여자(giver)가 있기 때문이라는 말로 설명되어야 한다. 하나님이 미의 근거 혹은 수여자이시다.

실용적 논증: 하나님을 믿으면 실용적, 개인적 그리고 사회적 유익들 있다. 하나님을 믿는 신앙은 인간의 안녕(well-being)에 긍정적인 심리적 효과를 낸다. 하나님을 믿는 것은 중독을 극복하거나 관계를 치유하는 데 도움을 줄 수 있다. 하나님을 믿는 것은 인류를 유익하게 하는 박애적 행위에 동기를 줄 수 있다. 하나님을 믿는 것이 하나님을 믿지 않는 것보다 더 낫다.

그러한 증거와 논증에 대한 두 가지 최종적 고찰.

먼저, 논증이 참이기 때문에 하나님이 존재하는 것이 아니라, 하나님이 존재하시기 때문에 논증이 참이다. 이것은 중요한 구별인데, 왜냐하면 하나님은 논리적 결론이 아니기 때문이다. 하나님은 논리적 원인이시다. 우주가 그 결과인 것이다.

둘째로, 우리는 불신의 부표 효과(buoy effect)를 기억할 필요가 있다. 물 위에 떠 있는 부표가 파도에 따라 올라가거나 내려가듯, 만약 불신자가 진리를 보고 믿기를 원하지 않으면, 그들은 하나님을 믿는 것을 회피하려고, 심지어 증거가 대양만큼 넘친다 해도, 그 위에 무지하고 고집스럽게 떠 있다. 심지어 똑똑하고 자격을 갖춘 사람들이라도 그들이 우주를 조사하고 하나님의 흔적을 전혀 발견하지 못한다면, 그것은 논증들이 흠결로 구멍이 많이 나서가 아니라 사람(우리 모두) 자신 때문이다. 눈과 마음과 의지를 열어 진리를 보게 하시는 성령님의 사역이 없다면, 영적으로 눈먼 사람들은 하나님을 만유의 창조자로 인정하기를 거부할 것이다. 이런 이유로 하나님의 정죄가 임한다.

> 하나님의 진노가 불의로 진리를 막는 사람들의 모든 경건하지 않음과 불의에 대하여 하늘로부터 나타나나니. 이는 하나님을 알 만한 것이 그들 속에 보임이라. 하나님께서 이를 그들에게 보이셨느니라. 창세로부터 그의 보이지 아니하는 것들, 곧 그의 영원하신 능력과 신성이 그가 만드신 만물에 분명히 보여 알려졌나니. 그러므로 그들이 핑계하지 못할지니라. 하나님을 알되 하나님을 영화롭게도 아니하며 감사하지도 아니하고 오히려 그 생각이 허망하여지며 미련한 마음이 어두워졌나니 (롬 1:18~21)

사실 4: 예수 그리스도는 성육하신 하나님이시며 하나님의 절대적 계시이다

특별계시보다 더 '믿기 힘든' 것이 바로 하나님 아들의 성육신이다. 성령 하나님이 가까이 오셔서 인간 저자가 성경을 기록하도록 영감을 주시는바, 훨씬 놀라운 것은 성자 하나님이 우리 가운데 거하시려고 인간 본성을 입고 세상에 오심이다. 아들(the Son)은 세상에 보내졌는데, 그런데도 그분은 세상의 창조자이시다

(요 1:3; 골 1:16~17; 히 1:2). 그분은 성부 하나님의 모든 속성을 지닌 하나님이시지만, 성부와 구별되신다. 태초부터, 말씀(the Word)은 이미 하나님과 함께 계셨고 하나님이셨다(요 1:1~2). "성자는 하나님의 영광의 광채시오. 그 본체의 형상이시라. 그의 능력의 말씀으로 만물을 붙드신다"(히 1:3). "아무도 하나님을 보지 못했지만, 하나님이시자 아버지와 친밀한 교제 가운데 있는, 한 분이자 유일한 아들이 자신을 나타냈다"(요 1:18, NIV를 번역함). 예수님으로 성육신하신 성자는 성부처럼 온전히 하나님이시다. 성부가 하나님이시듯, 성자도 하나님이시다. 그리고 성부와 성자는 서로를 사랑하신다―의지적으로, 기뻐하면서, 온전히.

니케아-콘스탄티노플 신조의 고전적 표현에 따르면, "하나님의 유일하신 아들은 성부에게서 영원히 출생하시며, 하나님으로부터 나신 하나님, 빛으로부터 빛, 참 하나님으로부터 나신 참 하나님이시다."4 성자는 성부로부터 존재를 가지지만, 그런데도 성부와 동일한 온전함(fullness)으로 계시며 시작은 없으시다. **영원한 출생**(eternal begottenness, 또는 generation)이라는 표현은 성부로부터, 천상으로부터 나와 우리의 세상으로 오시는 성자를 말하는, 성경의 흐름을 정확히 담아낸다. 기독교 역사 대부분에서, 그 표현은 단지 명칭에 있어서만이 아니라(마치 어떻게든 하나님의 명칭들이 상호 교환될 수 있는 듯이), 영원한 기원에 관해서 성부로부터 성자를 구별하는 데 이바지해 왔다. 즉, 하나님의 위격에 있어서 영원한 구별이 있는데, 단지 성자만이 성육신하셨다는 의미로 말이다.

또한, 영광스러운 것은―그리고 여기서 우리는 좀 더 온전히 기뻐할 수 있다―바로, 참된 기독론은 하나님의 형상으로 창조된 우리 인간이 아름답고 본이 되는 성부-성자 관계를 숙고하게 이끈다는 사실이다. 비록 영원한 하나님의 위격들과 유한하고 타락한 개인들로서 우리 사이에는 많은 차이점이 있지만, 그런데도 삼위 각 위격의 사랑―심지어 자신을 주는―은 관계 안에서 인격이 된다는 것이 무엇을 의미하는지를 심오하게 드러낸다. 성부는 성자를 사랑하시고(요 5:20) 모든 것을 아들에게 주시는데(13:3), 그런데도 아들은 모든 것을 아버지께 돌려드린다(고전 15:24~28). 성령님은 아들을 영화롭게 하기를 좋아하시며(요 16:13~15) 항상 아버지를 계시하신다. 성부, 성자, 그리고 성령은 하나처럼 행동하시는데, 그런데도 각 신격(divine person)은 각자 이 세상에서 구별되게 역할을 하시면서도 본질적 조화 가운데 행하신다.

사실 5: 예수 그리스도는 한 위격으로서 온전한 하나님이시자 온전한 인간이시다

하나님이 인간이 되셨다는 이 신비를 긍정할 때, 우리는 묻는다. 이것이 어떻게 가능한가? 그것이 어떻게 기능하는가? 오늘 우리가 그렇듯, 초기에도 그리스도인들은 성경의 증언을 이해하느라 애를 먹었다. 이사야(9:6~7)는 다윗의 보좌 위에서 새로운 왕국을 다스릴 오실 메시아를 미리 말했다. 그는 "태어난 아기", "주신 아들"이었는데 동시에 "전능하신 하나님, 영존하시는 아버지(Mighty God, Everlasting Father)"로 알려질 것이었다. 미가서(5:2)는 이스라엘을 다스리고 대적들을 정복할, 베들레헴에서 나올 한 통치자를 예언했는데, "그 기원이 아득한 옛날, 태초에까지 거슬러 올라간다." 다니엘 7장의 천상의 파노라마는 셀 수 없이 많은 자가 경배하는, 옛적부터 계신 분의 보좌를 묘사한다. 구름을 타고 오시는 이는 우주적 권세와 능력과 영광을 받은 "인자 같은 이"인데, 그는 "모든 백성과 나라들과 다른 언어를 말하는 모든 자들이 경배하는" 분이며 "그의 권세는 영원한 권세이다"(13~14절).

신약은 인간이면서 **동시에** 성자 하나님이신 예수님을 우리 앞에 제시한다. 어떤 저자는 성령의 기름 부으심을 강조하는 쪽으로 살짝 기울어지고(이사야, 마태복음, 시편), 다른 저자는 예수님의 인성의 깊이를 강조하며(마가복음, 누가복음, 히브리서의 저자), 또 다른 저자는 그분의 절대적 신성을 좀 더 강조하지만(요한복음, 바울 사도), 그런데도 성경적 균형은 탁월하다. 우리는 신성과 인성이라는 두 완전한 본성이 예수 그리스도, 다윗의 자손, 성자 하나님 안에서 연합을 본다.

칼케돈의 정의(Chalcedonian Definition, 451년)는 그리스도의 두 본성이 공존하되 각각 온전하며, 그런데도 무한한 하나님이자 유한한 인간인 예수 그리스도의 한 인격적 의식 안에 온전히 함께 있다고 분명히 표현했다. 영원하신 아들은 그분의 위격 안에 인간 본성을 입으셨다. 완전히 구별되는 그 두 본성은, (인간 본성이 녹아들어서 하나님이 되거나, 혹은 그 역으로) 절대로 섞일 수 없고, 마치 영원한 성자에게서 떨어진 인간 인격 예수가 있는 듯 분리될 수도 없다. 그래서 이 본성들은 **위격적 연합**(hypostatic union)으로 영원히 존재하는데, 즉 동정녀 마리아의 수태 때 성자의 위격(the person, 헬라어 *hypostasis*)이 그 자신에게 인간 본성을 입으신 것이다. 하나님이 나중에 나사렛 예수를 입양한 것이 아니다. 성육신을 떠나서는 예수님도 없었을 것이다.

역사적 기독교회의 어떤 위대한 진리—성 삼위일체와 신인(God-Man)으로서 예수 같은—은 성경이 말하는 모든 것을 설명하는 기능을 하지 않는다. 오히려 참된 믿음을 정의하는 신조들은 성경에서 발견되는 신성한 신비들을 신중하게 틀 잡는다. 그래서, 니케아 신조와 칼케돈 정의는 성경적 증언에 맞지 않는 것들을 **배제하**고 우리가 충분히 이해할 수 있는 그 이상으로 이 증거가 수반하는 것을 존중하려고 했다. 삼위 하나님과 그리스도의 두 본성이라는 귀중한 진리는 영원 속에서 영속하도록 우리를 매료시킨다.

사실 6: 예수님은 신인(God-Man)으로서 완전한 구원자시다

온전한 하나님이요, 온전한 인간으로서 예수 그리스도 실재는 우리가 그분 생애와 죽음과 부활을 어떻게 이해할 것인가에 기초이다.

먼저, 완전한 사람이요, 그동안 존재했던 중 가장 탁월한 인간인 예수님은 하나님을 세상에 계시하셨다. "말씀이 육신이 되어 우리 가운데 거하시매 우리가 그의 영광을 보니 아버지의 독생자의 영광이요, 은혜와 진리가 충만하더라"(요 1:14). 예수님은 육신이 되신 하나님이시다. 그분은 하나님이 인간으로 하여금 그렇게 되라고 창조하셨던, 그 모든 것을 성취하신다. 모든 면에서 유혹을 받으셨지만, 그는 죄 없는 삶을 사셨다. 은둔자와 수도자로 은신한 것이 아니라, 인간의 존재 방식을 온전히 받아들이셨고 본을 보이셨다. 곧, 고통받는 사람을 돌보셨고, 밤을 새우는 경성과 기도를 하셨으며, 생동하는 인격, 눈부신 지성, 사랑하는 이들에게 헌신을 드러내셨다. 그리고 무엇보다도, 그분은 아버지 하나님을 절대적으로 순종하셨다. 우리의 주님이요 구주인 예수님은 우리 앞에 나아가서, 우리가 어떻게 살아야 할지를 보여주셨다.

둘째, 예수님은 우리의 구속을 위한 값을 죽음으로 치르셨다. 세계 다른 종교의 창시자들은 섬김을 받았는데—어떤 이는 많이—예수님은 "섬김을 받으려 함이 아니라 도리어 섬기려 하고, 자기 목숨을 많은 사람의 대속물로 주려고" 오셨다(막 10:45). 예수님은 자기 제자들에게 자기 죽음을 반복적으로 말씀하셨는데, 그것은 평범한 죽음이 아니었다. "인자가 대제사장들과 서기관들에게 넘겨지매 그들이 죽이기로 결의하고 이방인들에게 넘겨 주겠고, 그들은 능욕하며 침 뱉으며 채찍질하고 죽일 것이나"(33~34절). 우리가 그리스도 죽음의 많은 측면의 가치를 평가할 수 있겠지만, 구약성경과 신약성경을 통합하는 중심주제는, 온전한 인간이지만 죄가 없는, 하나님의 어린 양으로서 그분이 믿는 모든 사람을 위한 궁극적 희생과 대속물로 자신의 생명을 내려놓으셨다는 것이다. 오로지 무죄한 자만이 죽음으로 정죄된 다른 사람들을 대신할 수 있다. 많은 사람을 위한 그 한 사람(the one for the many)으로서, 성육신한 아들은 우리를 위해 자신의 생명을 주셨다. 하나님으로서, 십자가 위에서의 그분의 죽음은 모든 믿는 자들을 위해 무한한 가치를 가진다.

셋째, 예수 그리스도는 부활과 승천을 통해 죄와 죽음과 사탄의 정복자로 드러난다. 마지막 아담은 인류를 위한 신성한 계획을 가능하게 하고 완성한다. "아담 안에서 모든 사람이 죽은 것 같이 그리스도 안에서 모든 사람이 삶을 얻으리라"(고전 15:22). **승리자 그리스도**(*Christus Victor*)인 예수님은 죽은 자들로부터 첫 번째 난 분으로 또 새로운 인류의 개척자로서 통치하신다.

"하나님이 세상을 이처럼 사랑하사 독생자를 주셨으니 이는 그를 믿는 자마다 멸망하지 않고 영생을 얻게 하려 하심이라"(요 3:16)라는 말씀은, 우리를 하나님의 정죄에서부터 구하기 위한 길을 하나님 스스로 만드셨음을 보여준다. 죗값을 치르는 것은 가볍거나 대충하는 것이 아니다. 우리의 궁극적인 대리자는 세상에 오는 천사도 아니고, 양이나 염소나 황소, 하나님이 보내신 대용물이 아니다. 신적 정의는 예수님이 십자가에서 죽음으로만이 비로소 바로잡혔다. 하나님은 죄를 향한 그분 자신의 정의와 분노를 만족시키셨고(롬 3:23~26), "창세 전부터 미리 알린 바 되신... 오직 흠 없고 점 없는 어린 양 같은 그리스도의 보배로운 피"를 통해 우리의 구원을 위한 모든 것을 온전히 제공하셨다.

예수님이 신인(God-Man)이시므로, 우리의 온전한 구주이심을 절대 잊어서는 안 된다.

사실 7: 성령님은 온전한, 구별된, 인격적인 하나님이시다

"성령님을 느낄 수 있습니까?" 물론, 사도들은 오순절에 성령으로 충만했기 때문에 분명 그럴 것이다. 그렇지만 오늘날 많은 그리스도인은, 성령님의 임재를 느끼거나 계속해서 그분의 능력을 경험하지 못한다면, 성령님이 그들을 떠난 것이라고 가정한다. 그러나 성령님은 환희와 영적 승리의 순간에 임하는 하나님의 능력 이상의 역할을 하신다. 어떤 의미에서 우리 삶에서 하나님이 행하시는 모든 것은 성령님에 의한 것인데, 심지어 위로와 고요의 때에, 유혹과의 갈등 중에서, 기도 훈련에서, 신학을 연구하는 중에, 친구에게 복음을 전하다가 거절당했을 때도 그렇다.

모든 신적 속성이 성부와 성자에게만이 아니라 또한 성령께도 있다. 성자와 마찬가지로, 참 하나님으로부터 참 하나님이신 성령님은 성경에서 자신을 지적인 분으로(롬 8:27; 고전 2:10~13), 인격적 의지를 행사하시는 분으로(행 8:29; 13:2; 15:28; 고전 12:11), 그리고 감정을 나타내는 분으로(엡 4:30; 히 10:29) 드러내신다. 성령님은 "**또다른 보혜사**"(요 14:16), 아버지와 함께 성령님을 보내시는 아들과 구별되면서 아들과 **같은** 분이다(15:26).

마지막으로, 예수님의 경고를 듣자면, 아버지와 아들에게 범하는 모든 죄와 불경은 사함을 얻을 수 있지만, "성령님을 말로 거역하면 사함을 얻지 못할 것이다"(마 12:31). 하나님의 어떤 활동에, 성령님은 현저하게 드러나신다. 성경에서 성자와 성령님은, 성령님 자신이 인격적으로 명백하게 하나님이심을 증거하신다. 성부께서 성령에 충만한 성자를 보내셨듯, 성부는 성자에 의해 매개된 성령을 보내신다. 예수님은 아버지께로 올라가셨지만, 새로운 위로자(new Comforter)는 어디나 계시며 예수의 사역을 대변하고 이어가신다. 성령님은 교회 안의 믿는 자들을 인도하시고, 상담하시며, 가르치시고, 변호하시며, 정죄하시고, 능력을 주실 것이다. 그래서, 성령님은 본성상 하나님이신 모든 것을 나타내며, 그분의 행위는 하나님이 행하시는 모든 것을 반영한다.[5]

우리는 성령님도 온전한, 구별되는, 인격적인 하나님이시라는 점을 잊어서는 안 된다.

사실 8: 성삼위일체는 믿고 신뢰할 수 있는 진리다

삼위일체는, 본성상 동등하고 영광이 같으며 관계에 있어 구별되는 성부, 성자, 성령 등 세 위격으로 영원히 존재하시는 하나이신 참된 하나님으로 정의할 수 있다.

그리스도인은 이스라엘의 하나님, 성경의 하나님이 유일하신 참 하나님이시라는 강한 확신을 유대교에서 물려받았다. 지고하신 분(the Supreme Being)은 온전한 선과 정의와 사랑이시며, 그분은 영원하시고, 모든 것을 아시며, 전능하시고, 어디나 계신다. 무한한 영으로서, 하나님은 물리적 세계와 몸과 성별(gender)을 초월해 계신다. 악에 대한 주권을 가지고 계신 분이시지만, 하나님은 당신의 창조하신 천사들과 인간들에게 부여하신 자유 의지 때문에 악이 일어나도록 허용하시지만 궁극적으로 그것이 그분 자신의 선한 목적들을 이루도록 이용하신다. 이렇듯 그분은 무한하고 너무나 초월적이어서 오로지 그분 자신의 계시를 통해서만 우리가 그분에 대해서 알 수 있다.

삼위의 모든 세 위격이 이러한 절대적인 하나님이심 혹은 신성을 공유하지만, 하나님은 한 분이시다. 몇 가지 중요한 관찰이 우리의 삼위 하나님에 관해 절대로 잊어서는 안 되는 중대한 사실들을 상기하게 한다.

먼저, 동일하게 영원한 아들과 성령은 태초부터 아버지와 함께 있었다. 성부는 성자와 성령을 세상에 보내신다.

둘째, 신성의 각 위격은 다른 위격을 알고 또한 증거한다. 성령은 성자와 성부를 계시하고 영광스럽게 한다. 성자와 성부는 성령을 약속하고 선언한다. 성부는 '이는 내 사랑하는 아들'이라고 선포하시면서 그에게 성령을 보내신다.

셋째, 각 위격은 서로 맺는 관계와 복종 속에서 자유롭게 선택하는 듯하다. 똑같은 신성을 지닌, 성부와 성자와 성령은 자유롭게 서로를 사랑하고 의지적으로 행동한다―그것도 완전히 조화롭게.

넷째, 각 위격은 다른 위격을 향하여 자가공급적인 사랑을 나타낸다. 하나님의 집합적 영광이 모든 창조의 목적인데, 삼위 사이의 사랑에는 '다름(otherness)'이 존재한다. 하나님은 창조세계를 향해서는 물론이고 내적으로도 사랑이시다.

다섯째, 삼위의 각 위격은 혼동 없이 다른 위격 안에 내주하신다. 예수님은 "나는 아버지 안에 아버지는 내 안에 계신다"(요 14:10~11)라고 선언하시지만, 곧 위격의 구별을 분명히 하신다. "아들로 말미암아 아버지가 영광을 얻으시도록"(13절) "내가 아버지께로 갈 것이다"(12절).

반드시 기억해야 할 여덟 가지 사실들

1. 모든 사람에게는 '하나님' 개념이 있다.
2. 기독교의 하나님은 무한하면서도 동시에 인격적이다.
3. 외적 증거와 논증은 하나님의 존재를 가리킨다.
4. 예수 그리스도는 성육신한 하나님이며, 하나님의 절대적 계시이다.
5. 예수 그리스도는 한 인격 안에서 온전히 하나님이시며 온전히 인간이시다
6. 신인(God-Man)으로서, 예수님은 우리의 완전한 구주이시다.
7. 성령님은 온전한, 구별되는, 인격적인 하나님이시다.
8. 거룩한 삼위 하나님은 우리가 믿을 수 있고 신뢰할 수 있는 진리이시다.

삼위일체의 교리는 창세기 1:1~3의 창조로부터 계시록 22:13의 예수 그리스도의 고귀하고 신성한 호칭에 이르기까지 하나님의 말씀에 놀랍도록 일관성을 보인다. 성경이 삼위일체적 믿음을 긍정하는 것이 분명하다. 동시에 초대 교회의 신조 표현들은 인간 이해의 한계를 인지했다. 무한한 인격적 하나님은 우리를 넘어서서 계시는데, 심지어 하나님이 누구이신지에 대해 그분이 계시하셨던 것을 우리가 충실하게 표현하려 해도 그러하다.

피해야 할 위험

수년 전, 나(스캇)는 브라질 상파울루에서 가족과 함께 살았다. 그 초문화적인 경험은 여러 면에서 환상적이었다. 우리 아이 학교는 30개나 되는 민족의 아이들을 교육했다. 나는 주로 중국인, 일본인, 인도네시아인, 독일인 그리고 이탈리아인 계통의 학생들을 대상으로 여러 신학대학원과 수양회에서 가르쳤다. 성서대학교(역주. 성서와 일반교양을 같이 가르치는 대학)와 신학대학원들에는 아프리카, 중동, 동유럽과 서유럽, 그리고 남미 부족들 출신 학생이 있었다. 남미에서 가장 큰 도시인 상파울루에서 삶을 놀라운 모험으로 만드는, 다양한 시야, 취향, 향내, 소리가 어우러진 경이로운 향연이 있었다.

그러나 이런 모든 모험과 함께 위험 또한 있었다.

그 도시에 있었던 내 친구 거의 모두가 도둑을 맞았는데, 어떤 사람들은 공격을 받았고 몇 사람은 상처를 입었다. 마약 갱단, 납치, 폭력과 함께 부패가 깊게 뿌리내려 있었다. 공원에서 저녁 산책을 할 수 없었다(다른 어느 곳에서도). 군중에서 천천히 걷거나 창문을 내리고 운전할 수 없었다. 사실, 밤에는 심지어 신호등에서도 차를 세우기가 겁났다(양방향을 훑어보거나 차를 계속 운전해야 함). 상파울루에서 당신이 거리에서 똑똑해지지 않으면 당하기에 십상이다.

『모든 사람을 위한 조직신학』을 읽을 때, 상파울루 거리를 걷는 것처럼, 매력적인 색상과 질감과 삶을 변화시키는 진리를 한 켠 한 켠 발견해가는 생동감과 흥미를 느낄 것이다. 동시에 우리는 우리 주위를 잘 살피고 흔한 위험 요소를 인지하면서 어떻게 위험을 피할 것인지 알아야 한다. 우리에게는 T. F. 토렌스(T. F. Torrance)의 용어인 '신학적 본능(theological instinct)'이 필요하다.

신학적 지식은 '진품' 롤렉스 시계를 단돈 만 원에 판다는 식의 허위 신학을 파는 신학 행상꾼을 거절하도록 여러분을 돕겠다. 역사의 막다른 골목을 아는 것은, 오랫동안 몰래 숨어들어 나쁜 영향을 준 잘못된 가르침을 피하도록 돕는다. 교리적 분별은 성부, 성자, 그리고/혹은 성령에 대한 교묘하고 비기독교적인 개념에 가면을 씌운 채 정통처럼 들리는 신학적 방언을 말하는 이웃들(즉, 교회들과 교단들)을 피하게 여러분을 돕는다.

미국 국무부는 국외 여행을 계획하는 미국인을 위해 주의 사항을 공표했다. 만약 당신이 국제 여행을 계획하고 있다면 그것은 참고해야 할 중요한 목록이다.[1] 마찬가지로, 기독교 신학을 탐구할 때 우리 모두 주의해야 할, 하나님에 관한 교리와 연관된 몇 가지 위험이 있다.

위험 1: 현혹하는 거짓된 하나님-담론

학문적 신학자들은 종종 '하나님-담론'—하나님에 관한 언어—이라는 말을 쓰는데, 성경에서 의도되거나 기독교 정통주의에서 이해되지 않는 의미로 그렇게 하기도 한다. 슐라이어마허(Friedlich Schleiermacher, 1758~1834) 이후, 어떤 신학자들은 믿음의 의미에 대한 패러다임을 바꾸려고 시도했다. 신학자이자 따뜻하고 헌신된 설교자였던 슐라이어마허는 참된 종교의 정수는 **무엇을** 믿느냐가 아니라, **어떻게** 믿느냐고 말했다. 그는 예수님이 우리 죄를 위해 죽으시고 죽은 자들 가운데서 살아나셨다는 확신에 뿌리내리는 대신, 참된 종교는 '신적 본질(Divine Essence)'에 대한 의존 감정(*Gefühl*)에 초점을 맞춘다고 주장한다. 교리적 진리에 근거한 믿음으로부터 '하나님'에 대한 의존의 감정으로 이러한 전환은 어떤 종교를 믿는 그 누구든 같은 것을 경험할 수 있다는 것을 의미할 것이다. 이러한 현혹하는 재정의에 의하면, '예수'는 미리 존재하는 신성한 하나님의 아들이 아니다. 대신, 그는 궁극적 '하나님-의식(God-consciousness)'에 대한 우리 인간의 모본이었다. 그리고 '삼위일체'는 기독교 정통 교리의 필수적인 기초가 아니고 그리스도인들이 하나님과의 개인적 경험을 설명하는 많은 방식의 하나일 뿐이다.2

그 이후 다른 신학자들은 참된 종교의 본질은 감정에 있지 않고 **윤리**(ethics), 즉 깨끗한 양심을 유지하고, 선을 행하고, 하나님의 사회적 왕국을 건설하는 데 있다고 말해 왔다. 아돌프 하르낙(Adolf von Harnack, 1851~1930)은 선언하길, 인간 '예수'는 '하나님의 왕국'을 선포했다고 했는데, 그것은 하나님의 보편적인 아버지되심과 인간의 형제됨이며 예수님 자신의 신적 아들됨과는 아무 관련도 없다고 했다.3 하르낙이 생각하기에, 그리스도의 신성, 삼위일체... 이런 것들은, 그저 모든 사람이 하나님을 사랑하고 다른 사람을 사랑하기를 원했던 단순한 예수의 단순한 가르침에 후대가 교리적으로 추가한 것들이었을 뿐이다. 마찬가지로, 오늘날 자신을 기독교인이라고 칭하는 많은 사람에게, 종교의 본질은 '좋은' 사람, 이웃, 시민이 되는 것이다.

더 최근에, 다른 신학자들은 '그리스도 사건'—우리의 옛 자아에 대해 죽고 '부활한' 자아를 받아들이는 새로운 실존적 경험—의 가능성이나 우리의 가장 깊은 '존재의 근원(Ground of Being)'으로서 하나님을 발견할 가능성을 선언했다. 이런 식으로 기독교 신앙은 자기 인증(self-authentication)으로 전락한다. 이 오래된 주제들에 대한 수많은 변형이 오늘날 특히 자유주의 교회들이나 교단들에서 통용되고 있는데, 그들 중 많은 사람은 진정한 기독교 신앙을 위해 필수적인 것으로서 역사적 삼위일체 고백을 거부한다. 그리고 믿음의 의미가 변하면, 사용되는 용어의 의미도 또한 변해야 한다.

나의 요점은 이것이다. 기만적인 하나님-담론은 기독교의 닻줄을 삼위일체주의로부터 끊어버린다는 것이다. 그것을 행하는 자들은 전통적 용어를 쓰지만, 그 모든 용어를 훼손한다. 우리에게는 용어들 너머를 듣고 분별하며 문제의 본질에 접근할 수 있는 귀가 있어야 한다. 만약 당신이 이런 사상에 마주치게 되면, 성경에 근거하고 또 정통신학의 신뢰할만한 전통에 근거한 엄밀하고 냉정한 질문을 던지라.

위험 2: 납치되어 왜곡되는 구절

거짓 교사 대부분은 성경을 '사랑'한다. 그들은 성경을 읽고, 연구하며, 인용하고, 또 가르친다. 그러나 그들은 성경을 잘못 해석하고, 비틀며, 왜곡하고, 잘못 적용한다(벧후 3:16). 가장 오래된 속임수의 하나는 어떤 구절에서 문맥을 빼앗아 전혀 의도되지 않은 어떤 것을 말하는 것이다. 가족에게서 불쌍한 희생자를 앗아내어 그가 속하지 않은 곳에 두는 납치범처럼, 이단들은 성경에서 문맥을 제거하고는 자기들 사상에 맞춘다.

예를 들어, 첫째로, 사도 바울이 예수님을 "모든 피조물보다 먼저 나신 이"(골 1:15)라고 묘사함을, 아들(the Son)이 제일 먼저 창조된 존재라고 가르치는 것이다, 이렇게 생각할 수도 있다(4세기 아리우스주의자들이 가르쳤고 오늘날 여호와의 증인이 가르치듯). 그렇지만 우리가 원래의 문맥을 알면, 바울 사도가 헬라어 프로토토코스(*prototokos*)를 약속된 다윗 계열의 왕에게 쓴 용법과 똑같은 의미로 사용함을 안다. "내가 또 그를 장자로 삼고 세상 왕들에게 지존자가 되게 하며"(시 89:27). 골로새서 1장의 문맥 자체는 바울 선생이 "모든 피조물보다 먼저 나신 이"를 '모든 피조물 **위에**'의 의미로 의도한 것임을 보여주는데, 그의 요점은 '모든 것 가운데 그분[예수님]이 으뜸'이라는 것이기 때문이다(18절).

잠언 8:22~25이 문맥을 떠나 예수님에게 적용되면, 마치 그분이 피조물 중 하나님의 첫 번째 작품인 듯 들린다. 그러나 원래의 문맥은 기자(the writer)가 의인화된, 하나님의 **지혜**를 말함을 분명히 한다(1, 12절).

요한복음 14:28에서 예수님은 "아버지는 나보다 크심이라."라고 말씀하신다. 그렇지만, 여기서 예수님은, 특별히 그분의 지상 사역을 통해 보았을 때, 그분이 기능적으로 아버지께 복종을 언급하심이다(빌 2:6~8; 또한 히브리서 2:9를 보라).

잘못된 해석에 선호되는 또 하나의 '희생물'인 계시록 3:14에서, 예수님은 "하나님의 창조의 처음"(『새번역』)으로 불린다. 그러나, '처음'으로 번역한 헬라어 아르케(arche)는 '근원(source, 역주. 『개역개정』은 근본으로 번역)' 혹은 '최고 권위(supreme authority)'를 의미할 수 있으며, 라오디게아교회에 보낸 메시지의 전체 문맥은 모든 것 위에 있는 그리스도의 주권(supremacy)에 관한 것이다(또한 1:5를 보라).

어떤 사람이 잘못된 신학을 옹호하려고 성경 한 토막을 인용할 때, **조심하라**. 우리는 유괴자에게서 그 구절들을 구조해서, 원래의 (문맥적) 제 자리에 되돌려 놓아야 하며, 성경이 진짜 말씀하려는 바를 말씀하게 해야 한다.

위험 3: 단일-속성 과장

"하나님은 사랑이시다"(요일 4:8).

수 세기에 거쳐, 교회는 하나님의 **단일성**(simplicity) 교리를 변호해 왔는데, 그것은 그분의 모든 속성이 완전히 조화롭게 존재함을 의미한다. 그분은, 마치 색채가 풍부한 플라스틱 조각의 합인 레고 구성물 같은, 단순히 개개 속성의 합이 아니다. 하나님은 특성들과 덕들의 조각들로 이루어진 분이 아니다. 그분은 한 완전한 전체이시다.

너무나 자주, 하나님에 대한 인기 있는 개념들은 그분의 어떤 속성은 거부하고 또 다른 속성은 받아들인다. 예를 들어, 진노는 거부하고 자비를 받아들이거나, 혹은 거룩함은 버리고 용서는 붙잡는 식이다. 어떤 경우, 사람들은 하나님의 어떤 속성들끼리 서로 싸움을 붙인다. 예를 들어, 친절함 대 엄격함, 정의 대 은혜, 죄에 대한 분노 대 무조건적 사랑 등이다.

하나님은 양극이 아니시다. 삼위일체 하나님은 해리성 정체 장애(dissociative identity disorder)를 앓는 분이 아니다. 성부는 성미 까다롭고, 성자는 친근하고, 성령은 진솔한... 이런 식이 아니다. 성부, 성자, 성령, 삼위 하나님 안에는 특성들의 절대적 온전함과 기능에 있어 완전한 조화가 있다. 세 위격에는 장엄한 통일성이 있어 우리는 한마음과 한 의지, 그리고 한 통일된 목적을 말할 수 있다.

우리가 선호하는 하나님의 속성들을 강조하거나 과장하고 우리가 불편한 속성들은 경시하거나 대체한다면 (혹은 심지어 거부한다면) 우리는 심각한 실수를 하고 있다. 수 세기 전, 청교도 신학은 하나님의 거룩하심과 정의를 지나치게 강조했는데, 오늘날 인기 있는 신학과 가르침은 하나님의 사랑, 자비, 그리고 은혜를 앞세운다. 그렇지만 구약성경과 신약성경 둘 다 하나님의 이 모든 속성을 긍정한다. 우리는 하나님의 한 속성이 다른 속성을 이기게 하거나 재해석하게 함으로 왜곡하고 변형하는 신학에 반대해야 한다.

위험 4: 믿을 수 없을 정도로 축소된 신

J. B. 필립스가 쓴 『당신의 하나님은 너무 작다』라는 책은 하나님에 관한 편협함(narrow-mindedness)을 극복하라고 경고하는 시의적절한 작은 책자이다.[4] 하나님은 청원 경찰이나, 심기 불편한 부모나, 위엄 있는 노인이나, 상무 이사나, 천상의 품이나, 혹은 우리 자신의 투영된 이미지가 아니다. 캐리커처(역주. 과장하여 우스꽝스럽게 묘사한 그림이나 사진)는 믿어진다기보다는 조롱 되기 때문에 필립스의 이미지들은 오늘날에도 여전히 계속되고 있다. 마땅히 그럴만하다.

그런데, 교회 강단과 신학교 교실을 혼란스럽게 해 온 것은 하나님의 어떤 다른 작고 편협하고 불충분한 이미지들인가?

세상에 있는 죽음, 악, 죄, 그리고 재난으로부터 하나님의 짐을 덜어주려고 어떤 사람들은 그분이 그렇게 좋은 분이 아니며 어두운 면을 갖고 계심을 시사해 왔다. **아마도** 그분은 악을 창조하셨는지 모른다. 그러나 그분 자신의 증언이 아닌 다른 이유라면 모를까, 그런 주장은 성립하지 않는다. "하나님은 악에게 시험을 받지도 아니하시고 친히 아무도 시험하지 않으시느니라"(약 1:13). 그분은 "변함도 없으시고 회전하는 그림자도 없으신 빛들의 아버지"이시다(1:17). 그분은 "거룩 거룩 거룩" 하시다(사 6:3; 계 4:8). 성경과 교회 역사를 볼 때, 하나님은 절대적으로 선하시며, 그러므로 그분은 단지 선만을 행하신다고 결론을 내릴 수 있다.

다른 사람들은 하나님이 선하시지만, 온전히 통제하시지는 못한다는 개념을 받아들인다. 그들은 말하길, 하나님이 전능하시지 않기 때문에 나쁜 일들이 생긴다고 말한다. 그분은 일들이 나쁘게 돌아가는 것을 막으실 수 없다. 심지어 어떤 것을 하시기 원하시더라도 어떻게 된 일인지 그분의 손이 묶여있다. 혹은, 아마도 하나님과 사탄이 끝장날 때까지 싸우고 있어서, 궁극적 결과가 나올 때까지 라운드마다 무슨 일이 생길지 누가 알겠는가? 이신론자(deists) 같은 또 다른 사람들은 하나님이 전능하시지만, 창조세계에서 한 발짝 물러나서 유한한 인간들이 역사의 과정을 결정할 수 있게 하셨다고 생각한다.

그러나 역사적 기독교 신학은, 우리가 악의 문제를 다룰 수 있도록,5 혹은, 삼위일체, 그리스도의 신성과 인성의 신비, 하나님의 주권과 인간의 책임 간의 긴장을 이해하는 일 같은 다른 신학적 난점들을 다룰 수 있게 하려고 하나님을 작은 크기로 축소하려는 모든 시도를 거부해 왔다. 이런 문제들을 다루기가 매우 어렵기는 하지만, 우리가 그런 문제들을 풀도록 돕기 위해 하나님을 축소할 수는 없다. 그분의 말씀은 그분의 선함 **그리고** 절대주권, 신적 일치 **그리고** 세 신적 위격들, 그리스도의 신성 **그리고** 인성을 확언한다.

우리의 사고와 경험에서 모순처럼 보이는 것들과 하나님의 크심과 충만하심을 조화시키는 데서 우리가 얼마나 큰 어려움에 직면하든지 간에, 우리는 믿을 수 없을 정도로 축소된 신으로 그분을 대체하도록 스스로 허용해서는 결코 안 된다.

위험 5: 거룩한 세쌍둥이(삼신론[Tritheism])

교회는 긴장 가운데 있는 세 가지 진리, 곧 성부와 성자 그리고 성령의 통일성, 다양성, 동등성을 유지하려고 늘 애썼다. 이 세 가지의 하나가 포기되면, 오류가 뒤따르게 된다. 동등성과 구별성을 주장하느라 통일성에 대한 믿음이 줄어들면, 그 결과는 삼신론(tritheism)이다. 너무나 구별성이 있어 분리되어 있고, 너무 같아서 세쌍둥이 형제 같은, 엉덩이가 붙은 세 신! 역사 내내, 교회는 이런 어떤 개념도 거부하기 위해 큰 주의를 기울여 왔다. 구약과 신약에서 한 가지는 분명하다—단지 한 참된 하나님이 계시다는 것이다.

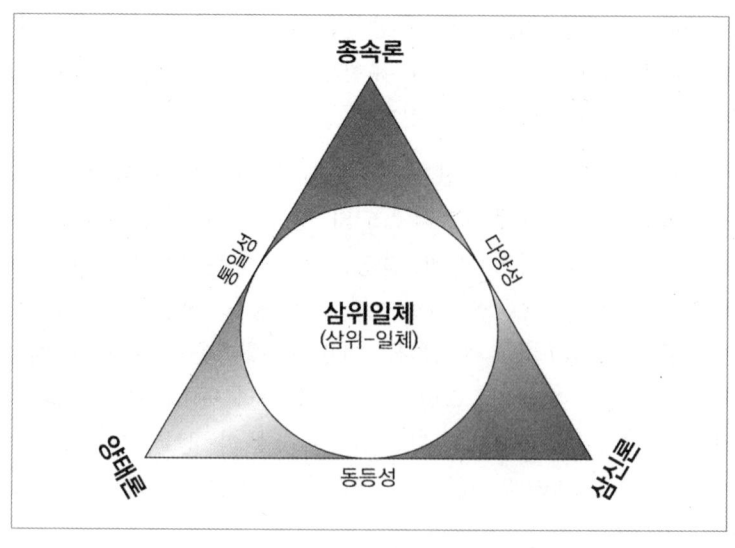

20세기 말, 삼위일체에 대한 사회적 모델의 부흥과 함께, 세 위격의 상호 관계가 주목을 받았다. 이런 논의의 어떤 것은 성부, 성자, 성령의 통일성은 **단지** 삼위의 상호 내주(헬라어 perichoresis)에서만 발견된다. 즉, 이런 일부 교사들과 전통들은 성부, 성자, 성령의 구별성을 너무나 강조한 나머지 삼위를 함께 묶어주는 유일한 것은 서로와 함께 하는 그 관계들뿐이다.

이제, 이런 모델을 대변하는 사람들 대부분은 니케아 신조와 역사적 정통 교리의 틀에서 그렇게 한다. 그리고 삼위의 세 위격은 (분리가 아니라) 구별되며, 그분들은 각각 자유롭게 서로를 기뻐하고 영광스럽게 하며 사랑하신다. 그러나 일부 소위 '기독교' 전통들은 삼신론에 빠졌다. 예를 들어, 조셉 스미스(1844년 죽음)가 창립한 말일 성도 예수 그리스도의 교회(역주. 모르몬교)는 성부, 성자, 그리고 성령이 서로 다른 때에 태어난 세 분의 분리되고 유한한 신들이라고 가르친다. "많은 사람이 한 하나님이 계신다고, 성부와 성자와 성령이 유일한 한 하나님이시라고 말한다. 한 하나님 안에 세 위격 그리고 세 위격이 한 하나님, 이것은 어쨌든 이상한 하나님이다!"6 사실, 모르몬교는 삼신론을 넘어서 다신론으로 나아간다. 그들은 수많은 신이 있다고 주장하는데, 아버지 신은 단지 하나지만, 그 자신이 또 아버지가 있고, 또 그 아버지가 있으며, 또 그 아버지가 있는 식이다. 게다가, (모르몬교를 통해) 자비를 행함으로 자신의 역할을 한 사람들은 그들 자신이 또한 신들이 된다.

모르몬교도들은 자기들이 그리스도인이라고 주장하며 심지어 단일신론 심지어 삼위일체의 어떤 표현을 확언하지만, 조금만 더 파보면 정통 교리인 하나님의 통일성을 강조하지 않고 버린 것을 쉽게 알 수 있다.7

위험 6: 세 개의 이름을 가진 한 위격(양태론)

세 위격의 **다양성**을 부정하면 양태론(modalism)이 되는데, 이는 성부, 성자, 성령이 하나의 단일한 신적 인격의 세 가지 이름, 칭호, 혹은 역할일 뿐이라는 견해이다. 예를 들면, 내가 내 아내에게는 '남편'이요, 내 자녀에게는 '아버지'이요, 내 동료에게는 '친구'가 되는 것처럼, 하나님은 어떤 때는 아버지처럼 행동하시고, 어떤 때는 아들처럼 행동하시며, 어떤 때는 성령처럼 행동하실 수 있다는 것이다.

그렇지만, 요한복음 14~17장을 한번 흘낏 보기만 해도 성부, 성자, 성령이 구별된 위격이요, 같은 위격이 아님이 드러난다. '성부', '성자', '성령'은 다른 때에 다른 역할을 위해 하나님이 쓰는 가면이 아니다. 하나님 각 위격은 다른 위격과 관계에서 구별된 실체적 독립체이다. 성부는 언제나 성자의 아버지이시다. 성자는 언제나 아버지의 아들이시다. 성령은 언제나 아버지의 영이시다.

그러나, 신격의 본체에 있어, 구별성을 너무 강조해서 위험 5의 결과가 빚어지지 않게, 다음 네 가지 중요한 측면을 기억해야 한다.

1. 동등한 존재론(존재)—각 위격은 동일한 신적 본성을 가진다.
2. 구별된 자의식—각 위격은 '나' 그리고 '나를'을 언급하신다.
3. 위격 간의 관계—각 위격에는 다른 위격과 '나/너' 관계가 있다.
4. 상호 내주—각 위격은 서로에게 내주하신다.

20세기에, 한 하나님 오순절주의(Oneness Pentecostalism) 혹은 오직-예수 기독교로 알려진 한 운동은, 하나님이 세 가지 역할, 세 개의 발현, 그리고 세 개의 이름을 가진 한 위격/인격이라는 개념을 대중화시키려 했다. 그것은 1913년 캘리포니아주 아로요

세코(Arroyo Seco)에서 열린 캠프 미팅에서 유래했다. 사도행전 2:38에 대한 한 메시지를 듣고 '예수의 이름'으로 침례를 받고서 존 쉐프(John G. Scheppe)라는 한 사역자는 기도하며 밤을 지새우고 하나님의 성령에게서 한 계시를 받았다고 캠프장을 가로질러 달리면서 다른 참석자들에게 말했다. "성부, 성자, 성령은 실제로는 단지 한 위격이시다."[8] 이 오도된 불똥으로, 새로 형성된 하나님의 성회(Assembly of God)를 거의 파괴할 뻔한 불길이 솟아올랐다. 1916년, 하나님의 성회는 투표해서 하나님의 삼위일체적 본질과 삼위일체 이름으로 받는 침례에 관한 고전적 견해를 옹호하기로 했다. 양태론적 견해를 고수한 사람들은 곧 그들 스스로 분파들을 만들었는데, 그중에 가장 큰 것은 연합 오순절 교회(United Pentecostal Church International, UPCI)이다.

그렇지만, '한 하나님 오순절주의'는 실제로는 새로운 것이 아니었다. 3세기에, 프락세우스(Praxeus), 노에투스(Noetus), 사벨리우스(Sabellius) 같은 잘못된 교사들이 이런 이단 가르침을 이미 전파했다.[9] 그들은 '성부', '성자', 그리고 '성령'으로서 하나님의 위격적 나타남은 하나님이 세상과 관계를 맺는 단지 일시적인 '양태들(modes)'일 뿐이라고 말했다. 마찬가지로, '오직-예수 오순절주의자들'도 성부, 성자, 성령 사이의 진짜 관계를 부정한다. 생각건대, 하나님은 창조 때에 아버지로 나타나셨고, 우리의 구속을 위해 아들로 나타나셨으며, 중생에 있어 그리고 오늘날 교회 안에서 성령으로 드러나신다. 간단히 말해서, 그들은 아버지가 영이신 아들이시라고 말한다.[10]

성부, 성자, 성령 사이의 구별을 부정하는 사람을 조심하라. 양태론은 비성서적인 것으로 줄곧 거절됐지만, 대중적인 몇 '한 하나님' 전도자, 작가, 그리고 음악가는 그 차이를 알아보도록 훈련받지 못한 불운한 (그리고 종종 도움받지 못하는) 복음주의자들 사이에 그들의 미묘한 이단 교리를 퍼뜨리려 한다.

위험 7: 작은 하나님, 2세, 그리고 그의 애완용 새(종속론)

"태초에 말씀이 계셨다. 이 말씀이 하나님과 함께 계셨으니 이 말씀은 곧 어떤 하나님(a god)이셨다."

어떤 하나님(a god)?

여호와의 증인의 신학적으로 왜곡된 『신세계역』(New World Translation of the Holy Scriptures)에서 발견되는, 오류가 있는 이 요한복음 1:1 번역은, 아리우스주의라는 고대 이단이 여전히 살아 있으며 건재하다는 것을 상기하게 한다. 그것을 기억하는가? 알렉산드리아의 아리우스는 예수 그리스도가, 본성상 아버지 하나님과 비슷하지만 같지는 않은, 모든 피조물 중에 가장 높은 존재라고 말했는데, 그러므로 아들은 단지 어떤 한 하나님, 작은 하나님, 혹은 아마도 '하나님 2세'였다. 그는 아버지 뒤에 왔고, 무에서 창조되어 우주에서 가장 위대한 피조물이 되었다… 그러나 하나님은 아니다. 그러면 성령은? 단지 천사와 같은 존재거나, 아마도 하나님의 비인격적인 활동력일 뿐이다.

이 이단은, 너무 끔찍해서 6음절 단어(역주. '종속론'의 영어 단어인 sub-or-di-na-tion-ism이 6음절임)로 불리는데, 성부와 성자 혹은 성령의 본질적 동등성을 부정하는데, 후자는 단지 열등한 존재들이며, "하나님" 혹은 "신적"이라고 칭할 수 없다. (만약 그들이 창조되었다면, 도대체 어떻게 그렇게 되었단 말인가?)

아리우스는 그의 미혹된 제자들에게 다음의 불경스러운 말을 반복하도록 가르쳤다.

- "아들은 하나님의 완벽한 피조물이다."
- "아들이 없었던 때가 있었다."
- "그는 그가 창조되기 전에는 존재하지 않았다."
- "그는 무에서 창조되었다."

- "그는 성부와는 다른 본질이다."[11]

희망하기로 여러분이 이미 충분히 신학적 영민함을 개발해서 이런 종속론적인 그럴싸한 어구 표현들이 칠판 위에 못 소리처럼 공허하게 들리길 바란다. 전승은 말하길, 아리우스주의자들이 니케아에서의 지도자들을 너무 속상하게 해서 뮈라의 니콜라오스(Nikolaos of Myra. '성 니콜라스', '성 닉' 또는 '산타클로스'로 알려진)가 나아가서 아리우스의 코를 한 대 갈겼다고 한다.[12]

종속론은, 성자와 성령의 지상 사역으로 그분들이 성부에게 기능적, 경영적으로 복종 혹은 '종속'하는 것과 혼동해서는 안 된다. 후자는 성서적이며 정통적인 가르침이다—아버지는 아들(요 5:23)과 성령(갈 4:6)을 세상으로 보내셨다. 그러나 마치 직장에서 내가 내 상사의 권위에 복종하는 것이 내가 그보다 덜 인간적이라는 것을 의미하는 것이 아닌 것처럼, 이 자발적 복종과 질서 있는 역할이 아들과 성령이 성부와 다른 본성을 가진 '하나님 2세들'임을 의미하지 않는다.

예수는 또 하나의 미니-하나님(a mini-god)이 아니다. 또한 흰 '비둘기' 같은 성령은 성부의 열등한 애완동물이거나 활동력이거나 혹은 하나님의 명령을 받드는 열등한 존재도 아니다. 성부는 하나님이시고, 성자도 하나님이시며, 또한 성령도 하나님이시라는 것, 그리고 이 셋은 세 하나님이 아니라 한 하나님이시다.

위험 8: 하나님을 프레첼화하고, 계란화하고, 물로 희석하기

질문: 다음 질문에 공통점은 무엇인가?

계란... 프레첼 비스킷... 물... 남자... 삼동 치약.

답: 각각은 삼위일체에 대한 비유로 반복적으로 사용됐다.

계란은 세 부분으로 되어 있다—껍질, 노른자, 그리고 흰자—

그러나 그것은 다 한 계란이다.

프레첼 비스킷은 손가락처럼 긴 반죽을 비틀어 세 동그라미로 만든 비스킷이다. 맞는 조건하에서, 물은 세 가지 다른 형태(modes)—고체, 액체, 그리고 기체—로 동시에 존재할 수 있다.

한 남자는 어떤 사람의 아버지, 다른 사람의 아들, 그리고 또 다른 사람의 남편이 될 수 있다—세 가지 다른 이름들과 역할들이 있지만, 그러나 한 사람이다.

그리고 삼동 치약(triple-action toothpaste)은 치아를 강화하고, 충치를 예방하며, 그리고 좋은 입 냄새가 나게 한다—세 가지 다른 기능이지만 모두 한 튜브에 들어있다!

이 예화들에는 그 외에 공통적인 게 더 있다. 그것들 모두는 삼위일체에 대한 **부정확한** 견해들의 실례이다. 그 어떤 것도 성경과 정통 기독교가 성부, 성자, 성령에 대해 가르치는 바를 온전히 전달하지 못한다. 각각은 부족하며, 비록 어떤 경우 그것들이 삼위일체의 어떤 측면을 설명하는 데 도움이 되긴 하지만, 그것들의 '최고' 예화도 뭔가 부족하며 하나님에 대한 오해와 혼란과 심지어 잘못된 교리로 이끌 수 있다.

삼위일체의 참된 교리는 이것이다. 오로지 한 하나님이 계신데, 그 한 하나님의 통일성 속에 서로 구별(분리가 아니라)되는, 함께 영원히 계시는, 동등한 세 신격, 성부, 성자, 성령이 계심이다. 각 분이 온전히 하나님이시지만, 성부는 성자가 아니다, 성자는 성령이 아니다, 그리고 성령은 성부가 아니다. 신적 본질의 동등함이 있지만, 각 위격은 창조세계에 대한 관계 그리고 서로에 대한 관계에서 고유한 역할을 하신다.

삼위일체의 교리와 관련된 흔한 함정에는 다음 것이 있다: (1) 세 위격을 분리하여 독립적인 신들(independent gods)로 만들기, (2) 세 개의 이름을 묶어 한 위격으로 만들기, (3) 하나님을 나누어 각 위격을 '3분의 1 하나님'으로 만들기, (4) 각 위격을 구별지어 성부만이 진정한 의미에서의 하나님이시고 성자와 성령은 열등한, 출생한(generated) 분들로 만들기.

계란과 프레첼 비스킷 예화 둘 다 하나님을 나눠서 각 부분이 단지 전체의 3분의 1을 나타내게 한다. 물 유비와 여러 호칭을 가진 남자 유비는, 성부, 성자, 성령이 한 사람에 대한 다른 양태 혹은 이름들과 같다는 것이다. 그리고 치약 예화? 그렇게까지는 하지 말자.

역사적으로 보면, 안 좋은 예화를 너무 심각하게 받아들이는 것은 심각한 오류가 생기는 데 일조하곤 했다. 아리우스 자신이 이전 교사들에 의해 만들어진 삼위일체에 대한 잘못된 예화들을 사용하면서 하나님에 대한 그의 교리를 세운 것이, 그의 문제의 부분적인 이유가 되었다. 예를 들어, 알렉산드리아의 디오니시우스(Dionysius of Alexandria)는 성부, 성자, 성령 모두 함께 영원하고 온전한 하나님이라고 가르쳤지만, 동등하지 않은 관계를 암시하는 유비를 사용했다. 그는 성부와 성자의 관계가 선박 제작자와 선박, 혹은 농부와 포도나무 같다고 말했다. 아리우스는 나중에 성부와 성자 사이의 관계에 대한 자신의 견해를 위해 이런 예화들과 다른 비슷한 예화들에 호소했다.[13] 간단히 말해, 그런 예화들은 그가 이단 교리를 확립하는 데 힘을 보탰다.

우리가 삼위일체를 프레첼 비스킷, 피자, 혹은 애플파이로 설명하려 할 때 같은 일이 생길 수 있다. 비록 우리는 신학을 이해하기 쉽게 만들려고 하는 것이지만, 결국 정통 교리를 왜곡하거나 비틀게 된다면 그것은 결코 좋지 못하다. 대신, 성부로부터 성자의 '출생'을 설명하려고 여러 해설을 알아본 뒤에, 신비한 일은 해결되지 않은 채 남겨두자고 우리를 권면한 리용의 이레나이우스(Irenaeus of Lyons)의 견해를 고려해 보자.

> 그러므로 만약 어떤 사람이 우리에게 "성자는 어떻게 성부에 의해 출생했습니까?"라고 묻는다면 우리는 그 사람에게 이렇게 대답해야 한다. 그 누구도 그 출생(production or generation), 혹은 부르심, 혹은 계시를 이해할 수 없으므로, 그 어떤 용어로 그 출생을 묘사하려 하든 그것은 사실 전혀 묘사 불가능하다. 발렌티누스도, 마르키온도, 사투르니누스(Saturninus)도, 바실리데스(Basilides)도, 천사들도, 천사장들도, 정사와 권세들도 이 지식을 가지지 못하고, 오직 출생시킨 성부와 출생하신 성자만 아신다. 그분 출생을 말로 묘사할 수 없는 것이니만큼, 그 출생(production or generation)에 관해 의견을 개진하려고 하는 사람들은 제정신이 아닐 것인데, 묘사 불가능한 것들을 묘사하려고 하는 것이기 때문이다. 14

아마도 우리는 묘사할 수 없고, 이해할 수 없으며, 궁극적으로는 심지어 '예화를 들 수도 없는' 하나님을 우리가 믿는다는 사실을 받아들여야 한다. 이것을 생각해 보라. 계란이나 프레첼 비스킷이나 치약에 의해 그 본질이 정확하고 엄밀하게 묘사될 수 있는, 그런 하나님을 당신은 예배하고 섬기기 원하는가? 삼위일체 교리를 정확하게 가르치기를 원한다면, 우리는 정확하지 않은 예화들을 사용하지 않도록 항상 주의를 기울여야 할 것이다.

위험 9: 기독론을 배수로에 빠뜨리기

자동차 운전자는 본인도 인지하지 못하는 사이에 사소한 진로 교정을 계속해서 한다. 숙련된 운전자들은 심지어 그들이 그렇게 하고 있다는 것조차 인식하지 못한다. 그것은 그저 수년간의 경험에서 오는 것이다. 그러나 어떤 때는 주의해야 한다. 예를 들어, 오른쪽에 작은 턱이 있다. 왼쪽에 미묘하지만, 바퀴를 끌어당기는 뭔가가 있다. 그래도 차는 곧장 꾸준하게 가는 것 같다.

왜 그럴까? 계속되는 그 모든 작은 교정들 때문이다. 만약 어떤 운전자가 오랫동안 운전대를 놓고 있다면, 그 차는 배수로에 처박힌다. (아니면 더 최악의 사태).

그런 맥락에서 그리스도의 신성과 인성에 관한 정통 교리를 생각하라. 만약 우리가 이 양자를 긴장 가운데 유지하지 않으면, 그 결과는 신학적 재난되고 만다. 그러나 만약 칼케돈 운전대를 양팔로 계속 잡고 있으면 우리는 좁지만 곧바른 주행을 계속할 수 있을 것이다. 성경의 가르침과 4세기 동안 기독교 사상과 심사숙고를 아름답고 간결하게 요약한 그 공의회는 예수님이 하나님이신 모든 것, 인간인 모든 것이 되시는 분—동시에—이라고 선언했다. 바울이 기록한 바, "그리스도 안에는 신성의 모든 충만이 육체로 거하신다"(골 2:9).

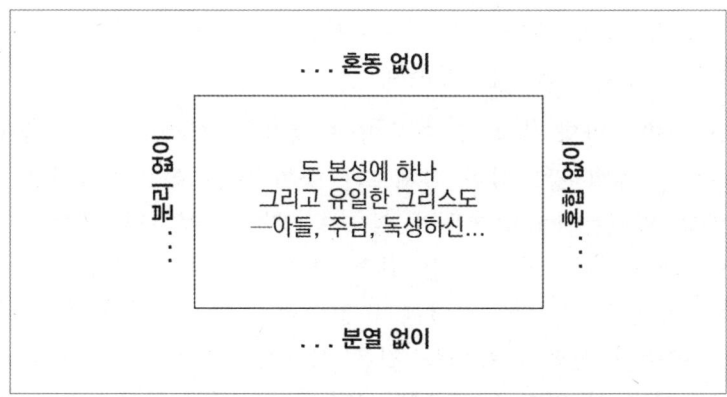

칼케돈 공의회는 예수 그리스도가 한 고유한 위격 안에 두 완전한 본성을 가지고 계신다고 확언했다. 그 공의회는 또한 두 개의 추한 배수로로 위험스럽게 돌진하는 것을 피한다: (1) 두 본성을 두 위격으로 분리하기(네스토리안주의), 그리고 (2) 두 본성을 혼합해 한 본성으로 만들기(유티케스주의). 우리가 지금까지 살펴본, 칼케돈 정의(Chalcedon Definition)는 미래의 정통 신자들이 기독론을 잘못 몰아 배수로에 처박지 않도록 잘 빚어진 특정한 언

어 표현들을 사용했다. 예수님은 분열이나 분리 없는(네스토리우스주의를 피함) 그리고 혼란이나 혼합 없는(유티케스주의를 피함) 두 개의 완전한 본성을 가지셨다.

위험 10: 신인(God-Man)이 아니라, 하나님 아니면 인간

비기독교 종교들이나 세속주의에 대항해서, 기독교는 일반적으로 그리스도의 온전한 신성을 바로 방어할 준비가 되어 있다. 이방 로마에서나, 이슬람에 직면해서나, 칭기즈칸의 야만적인 통치 아래서나, 혹은 스탈린이나 마오 같은 무신론 독재자들 치하에서도, 믿는 자들은 기꺼이 순교를 각오하고 예수를 하나님으로 고백하였다. 비신자들이 이 핵심 교리를 공격하기 때문에, 올바르게도 그리스도인 변증가들, 전도자들, 그리고 교사들은 구주의 온전한 신성을 강조하는 것이다.

그렇지만, 만약 우리가 그분의 인성을 열정적으로 받아들이지 않으면, 그러한 강조점이 실제로는 좋지 않은 쪽으로 갈 수 있음을 알고 있었는가? 칼케돈의 의도는 양자의 성서적 긴장을 조화시키는 것이었다. 한 고유한 위격 안에 있는 두 온전한 본성. 그런데도 그분의 인성을 시야에서 잃어버린 기나긴 전통들 가운데서는, 예수의 신성을 높이는 것은 실제적으로는 그분에게서 우리의 모본이 되실 역할을 배제해 버렸다. "당신이 알다시피, 예수님은 하나님이기 때문에 전혀 유혹도 받으신 적이 없어. 혹은 고난도. 나와는 같지 않지. 그분은 나를 진정으로 이해하지 못하셔... 못하시고말고. 나는 대신에 마리아에게 말할 거야. 그녀는 그분의 모친이면서 은혜로 가득한 진정한 인간이잖아. 그녀가 나를 위해 자기 아들에게 말할 건데, 그분이 자신의 모친을 거절하실 리가 없지."

그리스도 신성의 영광을 높이려는 열망으로부터 자라난 것은 하늘을 온통 인간과 삼위 하나님 사이의 중재자들로 점차 채우는 실용적인 신학이었다. 마리아는, 항상-동정녀인 축복받은 마리아, 그리스도의 어머니, 그러므로 그리스도의 몸인 교회의 어머니―진정, 하늘의 여왕―가 되었다. 베드로와 사도들, 순교자들, 그리고 성인들은 천국으로 가는 인간 통로가 되었다.

어떤 사람들은 그리스도에 대한 견해에 있어서 신성 쪽으로 너무 쏠리는 반면, 다른 사람들은 그분의 인성 쪽으로 너무 기운다. 2세기 동안 자유주의적 기독론의 창궐은, 신성을 무시하거나 완전히 부인하는, 예수의 삶을 그리는 책들을 양산했다. 소위 '역사적 예수'는 '위대한 도덕 교사', 순회하는 랍비, 농부 예언자, 기적을 행하는 사기꾼, 몽상적인 종말론자, 정치적 혁명가, 혹은 냉소적인 현인 등 단지 인간으로서 예수만을 그리고 있다. 어리석게도 스스로 죽음의 길로 들어간 그 나사렛 사람은 사람들의 마음을 끄는 대화와 잔인한 순교적 죽음으로 잘 기억된다. 그리고, 좀 더 최근 세대를 위해서, 남미 자유주의 신학들, 흑인 신학, 여성 신학, 동성애 신학 등은 또 다른 종류의 예수상을 전면에 내세운다. 특정한 관심을 지닌 신학들은 예수를 문화적 선동가, 사회적 전사, 정치적 반란자, 무장한 혁명가, 공산주의자, 개인적 자유의지론자 등 "그들 중 하나"로서 제시한다.

그런 단지 인간적인 풍자화(캐리커처)는 정통신학의 신인(God-Man)의 모습이 **아니다**.

우리가 살펴보았듯이, 그리스도의 신성과 인성에 대한 성서적 균형은 놀랄만하다. 예를 들어, 히브리서 1장이 그분의 신성을 분명하게 한 후에, 다음 몇 장은 성육신한 하나님의 인성을 잘 이해시킨다. 그분은 시편 8:4~6의 성취이시다. "사람이 무엇이기에 주께서 그를 생각하시며, 인자가 무엇이기에 주께서 그를 돌보시나이까. 그를 하나님보다 조금 못하게 하시고 영화와 존귀로 관을 씌우셨나이다... 만물을 그의 발아래 두셨으니." 그런데도 그분은 "죽음의 고난 받으심으로 말미암아 영광과 존귀로 관을 쓰셨고... 모든 사람을 위하여 죽음을 맛보려 하셨다"(히 2:9). 그분은 사람들을 "형제라 부르시기를 부끄러워하지 아니하시고" "혈과 육을 함께 지니심"으로써 자신을 인류와 온전히 동일시하셨는데, 이는 그분이 "범사에 형제들과 같이" 되셨기 때문이었다(2:11~17). 궁극적 모세(역주. 예수님을 말함)는 "승천하신 이, 곧 하나님의 아들이신 큰 대제사장"이신데, 그분은 "우리와 똑같이 시험을 받으신 이로되 죄는 없으신" 분이기 때문에 "우리의 연약함을 동정"하실 수 있으시다(4:14~15).

그러므로, 우리의 인간적 모범으로서 예수 그리스도가 아닌 다른 이들에게 영광을 돌리지 않도록 주의하라. 하나님의 말씀이 전혀 계시하지 않은 다른 중보자로 우리의 큰 대제사장을 대치하지 않도록 조심하라. 그분의 본성 어느 하나를 다른 하나보다 위에 놓는 고장난 기독론을 조심하라. 신인(God-Man)이신 예수 그리스도는 우리의 형제, 온전한 본, 대제사장, 완전한 대속자, 부활하신 주, 오실 메시아, 영원한 구원자, 거룩하신 하나님이신데, 그분은 성부와 함께 영영토록 그분의 왕국을 다스리실 것이다. 아멘.

피해야 할 열 가지 위험

1. 현혹하는 거짓된 하나님-담론
2. 납치되어 왜곡되는 구절
3. 단일-속성 과장
4. 믿을 수 없을 정도로 축소된 신
5. 거룩한 세쌍둥이(삼신론)
6. 세 이름을 가진 한 위격(양태론)
7. 작은 하나님, 2세, 그리고 그의 애완용 생(종속론)
8. 하나님을 프레첼화하고, 계란화하고, 물로 희석하기
9. 기독론을 배수로에 빠뜨리기
10. 신인(God-Man)이 아니라, 하나님 아니면 인간

실천해야 할 원리

나(스콧)는 대학교에서 테니스 수업에서 A학점을 받았다. 테스트에서 말이다.

막상 코트에서는, 모든 사람이 나를 박살을 냈다. 심지어 여학생들조차. 몇 번 시도해 본 끝에, 나는 너무 창피해서 계속할 수가 없었다.

운전 면허증을 따려고 할 때, 우리는 필기시험에 합격하려고 교통법규를 공부한다. 선다형 시험에서 옳은 답을 선택했다고 해서, 우리가 친구들을 가득 차에 태우고 고속도로로 들어갈 수 있는 것은 아니다. 운전에 대해서 **아는 것**은 **행하는 것**과 결합해야 한다.

내 딸은 운전면허 시험에 합격하고 차를 몰고 가다 채 20분도 안 되어 사고를 냈다. 나는 더 심했는데, 아버지 차로 기다란 캐딜락과 평상형 트럭(flatbed truck) 사이에 평행 주차를 하려다가 앞뒤로 충돌하면서 심하게 충격을 받았다.

배운 교훈: **어떻게** 하는지 아는 것은 **잘하는** 것과 반드시 일치하는 건 아니다.

우리가 하나님에 관해서 배울 때는, 더 많은 것의 운명이 걸려 있다. 하나님은 다른 모든 것을 위한 이유(Reason)로서 존재하신다. 그분은 모든 생명과 모든 존재의 설계자, 창조자, 그리고 유지자이시다. 모든 경우에, 우리 삶은 창조주의 선한 의지에 좌우한다. 우리가 존재하는 것은, 하나님이 이기적이지 않으시고 은혜로우시기 때문이다. 그러나 신학 시험에서 A학점을 받는다고 해서 반드시 그것이 어떤 비교 우위를 가져오지는 않는다.

그렇다면, 삼위 하나님에 관한 진리를 살아내려 할 때, 우리는 어디서 시작해야 할까.

원리 1: 하나님을 알수록 그분을 더 배우게 한다

아내와 내(네이선)가 단상에 서서 "서약합니다."라고 말했을 때, 나는 그녀를 잘 안다고 생각했다. 실제로 드러난바, 나는 그녀에게 평생 헌신을 할 만큼은 충분히 알았지만, 내가 지금 아는 만큼 그녀를 알지는 못했다. 폴라인 토머슨(Pauline Thomason)이 말한 것 같은데, "사랑은 눈먼 것이지만, 결혼은 눈을 크게 뜨게 한다."

우리가 결혼하는 과정에서 어떤 놀라운 일이 생긴다. 우리의 헌신—그리고 그 헌신의 일부인, 서로를 실제 더 알려는 욕구—은 우리가 알지 못했던 방식으로 서로를 더 알게 하는 기회들을 제공했다. 내게는 이것이 사물의 정상 질서인 것처럼 보인다. 서로를 위한 우리 사랑은 우리가 그 사랑을 더 많은 것을 알게 한다. 그래서 그 사랑은 우리가 하나님과 가지는 관계에 있어야 한다.

거의 200번이나, 신약성경은 믿음과 신앙과 신뢰가 구원에 필요하다고 말한다. 예수 그리스도를 믿는 것은 우리 창조주 앞에 올바르게(의롭게) 되는 데 필요한 유일한 요구조건이다(요 3:14~18; 롬 5:1~2; 엡 2:8~9).

그렇지만, 그 믿음은 앞으로 나간다, 그렇지 않은가? 그 믿음은 우리가 하나님을 좀 더 알도록 이끌며, 우리가 할 수 있는 한 그분에 대해 더 많은 것을 이해하도록 이끈다. 우리가 할 수 있는 한 그분에 관해 더 많은 것을 얻고 누리도록 하는 것이다. 그리고 이것은 세 위격으로 존재하시는 하나님의 자기 계시를 이해하려는 애씀을 포함한다는 것이 지금쯤이면 분명해졌을 것이다. 우리는 하나님의 구원계획에서 그리고 신자로서 오늘날 우리 삶 안서 성령님의 역할을 위한 증거를 찾아내야 한다. 우리는 성부 하나님의 성자 하나님과 성령 하나님과 관계 그리고 우리와 관계를 새롭게 이해하려고 해야 한다.

여기서 삼위일체적 관점으로 복음을 다시 한번 바라보는 것이 유익하다. 그렇다, 그리스도 중심적인 좋은 소식은 짧은 진술로도 요약할 수 있지만(롬 1:1~3; 고전 15:1~5), 우리가 뒤로 물러서서 이 렌즈를 통해 하나님의 계시 전체를 바라보면, 우리를 구원하시려고 연합 사역을 하시는 성부, 성자, 성령님을 볼 수 있다. 이것이 출발인데, 우리의 영광스러운 삼위 구속자 하나님 사랑하고 그분을 점점 더 알아가는 평생을 시작함이다.

삼위일체 관점에서 본 복음

1. 우주를 창조하신 하나님—성부, 성자, 성령—은 또한 우리를 그분의 이미지로 창조하셨다(창 1:26~27). 하나님이 삼위의 인격/위격이시고 우리를 관계적인 존재로 만드셨기 때문에 우리는 공동체에서 인격들이다. 우리의 첫 번째 조상이 죄를 짓지 않았다면, 그들은 끝나지 않는 불멸의 삶에서 하나님과 관계 그리고 서로와 관계에서 성장했을 것이다.

2. 우리가 삼위 하나님과 관계하도록 만들어졌지만, 우리는 등을 돌리고 떠났다(롬 3:23). 자기 멋대로의 길을 갔기 때문에, 모든 사람은 죄인이고, 따라서 하나님의 정죄 아래 있는 게 옳다. 죄 없는 사람은 아무도 없다. 죄는 최고의 심판자(Supreme Judge)와 관계를 끊어버렸다.

3. 하나님은 삼위일체의 하나님이시므로, 다른 어느 '신'이 할 수 없는 어떤 것이라도 다 하실 수 있다. 먼저, 성부는 성자를 성육신한 신인(God-Man)으로 세상에 보내셨다(요 3:16). 예

수님은 하나님이 어떤 분이시고 우리 인간이 어떤 존재로 의도되었는지를 우리에게 보여주셨다. 그분은 십자가에서 우리 죄를 위한 형벌을 감당하셨다. 그리고 그분은 무덤에서 일어나셔서 죽음을 패배시키시고 우리의 구원을 보증하셨다.

4. 마지막으로, 성령의 사역을 통해, 하나님은 우리가 예수를 믿도록 부르신다(요 20:31). 예수님을 믿는 믿음을 통해, 우리는 하나님과 올바른 관계가 된다. 그러면, 성령 하나님은 우리 삶에 들어오셔서 우리를 하나님의 자녀가 되게 하신다(3:5~8). 우리는 영생(eternal life)의 선물을 받고 성부, 성자, 성령과 놀라운 관계를 경험한다—그것을 위해 우리가 원래 창조된 바로 그 관계.

원리 2: 삼위일체 관점에서, 당신이 돼야 할 모든 것이 돼라

인간이란 무엇인가? 나는 누구인가? 예술, 문학, 영화, 음악, 그리고 좀 더 넓게는 모든 인문학과 과학의 모든 측면에서, 인간의 위기가 만연해 있다. 개념과 이미지를 실어나르는 운반장치는, 인지한 무의미함이라는 불안, "참을 수 없는 존재의 가벼움", 문자적으로 "잃을 게 아무것도 없다"라는 생각을 흐릿하게 만든다. 그렇지만, 세속주의자는 거울을 거의 들여다보지 않기 때문에, 자신이 고작 의식의 생물학적 발작이라는 체계 안에 있을 뿐임을 두려워하지 않는다. 동양에서는, 범신론자들이 자신을, 비인격적이며 모든 것을 포함하는 존재(Being)의 발산(emanations) 혹은 아바타로 본다. 그러나, 이 '우주적 존재'를 경험하려면 우리의 개인적 자아를 초월하고 인간됨을 넘어서야 한다. 인간성(personhood)은 열반(nirvana)에 이르는 길을 가로막는다. 그래서,

많은 사람이 삶의 많은 거대한 질문에 대해 별로 생각하지 않으려 함이 그다지 놀랍지 않다. 그나마 그들이 깨닫는 답은 회피적이고 파악하기 어려우며 우리를 우울하게 만든다.

창세기는 남자와 여자가 **하나님의 형상으로**(in God's image) 창조되었다고 선포한다(1:26~27). 유한한 인격에 지나지 않은 우리 존재가 성부, 성자, 성령 하나님의 모습을 반영함을 깨닫는 것보다 더 충격적인 것이 무엇이 있을까? 성경을 보면, 성부와 성자와 성령 각 분은 생각하시고, 말씀하시고, 의도하시고, 사랑하시고, 서로와 관계하신다. 성경은 공동체에서 우리 자신 인간성의 뿌리를 우리의 창조자에게서 찾을 수 있다고 말한다. 우리는 생각하고, 말하고, 의도하고, 사랑하고, 다른 사람들과 관계를 맺는다.

그리스도인에게 있어서, 우리 자신, 우리의 인간성은, 삼위 하나님 안에서 그 본질 그리고 존재를 위한 이유를 발견한다. 우리에게는 사유의 근거가 있다(We have a reason for reason). 진리는 우리 자신 바깥에 존재하며 문화적 공감대를 초월해 있다. 우리가 의사소통할 수 있도록 창조되었기에 언어 자체가 의미 있는 것이다. 나는 나 자신의 운명만이 아니라 내 주위 다른 사람의 운명에 영향을 주는 진정한 선택을 한다. 삶은 순간순간이 중요하며, 나는 이생에서와 다가올 생 양쪽에서 내 활동의 결과를 감당한다.

예수님이 충만한 인성 가운데 '신성의 충만함'(골 2:9)을 보여주셨기 때문에, 그분이 기쁨이 가득하며, 화내시며, 동정심 있으며, 울어야 할 정도로 슬프며, 영혼의 깊은 갈등을 가지고 계신 것을 볼 때, 나는 나 자신의 감정이 또한 깊은 의미가 있음을 깨닫는다. 이것은 한 인간으로서 나 됨에 있어 본질적이며 고유하다. 내가 다른 사람을 보살피며, 내 배우자를 사랑하며, 내 자녀를 돌보며, 다른 사람과 진솔한 우정과 진실한 교제를 나눌 때—이 모든 것은 성경의 하나님과 진정 연관되어 있다. 그것은 우리의 인간으로서 삶, 하나님의 형상으로 창조된 유한한 존재로서 우리의 삶에 어떤 것이 의도되어 있는지를 선언하는데, 그것도 아주 큰 소리로 선언한다.

아낌없이 인격적인 하나님—생명의 성부 하나님, 길이요 진리요 생명이신 성자 하나님, 그리고 생명의 성령 하나님—을 신뢰할 때, 우리는 개인적으로나 공동체적으로 인간이 된다는 것이 무슨 의미인지를 온전히 경험한다.

원리 3: 완전한 아버지에게서 부모가 되는 법을 배우라

남성과 여성 둘 다 하나님 형상으로 만들어졌기에(창 1:26~27), 우리가 이해하기에 하나님은 성을 초월해서 존재하신다. 하나님은 남성도 여성도 아니시다. 우리는 하나님을 아버지로 그리고 아들을 남성 대명사로 지칭하는데, 그것이 성경과 전통의 언어이기 때문이다. 그리고 성부는 이 세상에서 아버지가 어떠해야 하는지에 대한 본보기이시다. 그분은 아버지의 원형(archetype)이시며, '아빠'에게 배반당하고 학대당하는 사람에게 진정한 아버지가 이시다. 심지어 우리의 지상 아버지 이미지가 역겨운 모습으로 내비칠 때도, 혹은 벽난로가 있는 벽에 '아빠' 사진이 없을 때도, 여전히 우리 주님은 계시지 않는 아빠 그리고 부끄러운 아빠를 대치하신다. 그분은 우리의 하늘 아버지, "아버지 없는 자들의 아버지"(시 68:5)이시다. 그리고 그 역할은 성부 하나님으로서 역할만은 아니다. 성자 또한 다가올 왕국의 통치자요 보호자로서 "기묘자, 모사, 전능하신 하나님, 영존하시는 아버지"(사 9:6)이시다.

삼위일체에서 공유하는 다른 기능처럼, 하나님의 아버지되심 또한 어머니에게도 함축하는 바가 있다. 성경에는 하나님과 여성 사이의 유비(analogies)가 있다(신 32:11~12; 시 22:9~10; 사 66:13). 그리고 모든 믿는 자에게, 바울 사도는 권면한다. "그러므로 사랑을 받은 자녀같이 너희는 하나님을 본받는 자가 되고, 그리스도께서 너희를 사랑하신 것 같이 너희도 사랑 가운데서 행하라. 그는 우리를 위하여 자신을 버리사 향기로운 제물과 희생제물로 하나님께 드리셨느니라"(엡 5:1~2). 모든 믿는 자의 본보기이신 하나님의 품성은 자녀와 관련한 일에서 아버지에게 특별히 적합하다.

성부께서 온전히 선하시므로, 부모들은 그분의 선하심과 순전하심(intergrity)과 순결로 가득해야 한다. 성부께서 성자를 사랑하시므로, 부모도 자기 자녀를 사랑하고 그들의 말을 진심으로 경청해야 한다. 하나님이 영원히 지혜로우시므로, 부모도 가정의 방향을 잡고 교훈하는 데서 그분의 지혜를 구해야 한다. 하나님은 무한히 창의적이시므로, 부모도 자기 후손을 위해 창의성의 본을 보여야 한다. 하나님이 그분의 자녀들을 징계도 하시므로, 부모도 확고하지만 가혹하지 않게 자녀를 인도하고 교정해야 한다(히 12:6~10). 성부께서 우리의 존경을 받으시기에 합당한 분이시므로, 부모도 자랑으로가 아니라 품위로서 존경을 얻는 행동을 해야 한다. 성부께서 피조물을 향해 자신을 주시는 분이시므로, 부모도 서로를 향해, 그들의 자녀를 향해, 다른 사람들을 향해, 관대함과 자기희생을 나타내는 사람이 되어야 한다.

하나님의 아버지 되심은 온전하지만, 인간 부모는 그렇지 않다. 하나님 앞에 우리 겸손은 우리가 타락한 존재임을 인정한다. 우리는 자기 자족적인 존재가 아니다. 우리는 모든 것을 알지 못하며 자주 실수를 한다. 우리에게는 은혜가 필요하다. 그런데도 하나님의 완전한 아버지 되심은, 그분을 닮는 존재로서 부모가 추구해야 할 모습을 빚도록 돕는다.

원리 4: 우리 주님이시며 형제이신 예수님을 따르라

하나님을 닮는 사람이 됨은 우리를 자기희생으로 이끈다. 예수님께서는 선언하셨다. "누구든지 제 목숨을 구원하고자 하면 잃을 것이요 누구든지 나를 위하여 제 목숨을 잃으면 구원하리라"(눅 9:24). 신약성경은 놀라운 비전을 제시한다. 삼위 각 분은 다른 분에게 자신을 주신다. 성부는 모든 것을 성자에게 주신다. 성령은 자신을 영화롭게 하지 않으시고 성부와 성자를 영화롭게 하신다. 그리고 성자는 모든 것을 다시 성부께 돌리신다(고전 15:28). 삼위일체로서 하나님은 자신을 주시는, 무한한 사랑과 나눔의 하나님이시다.

이것을 생각해 보라. 하나님은 성자의 성육신, 사역, 그리고 죽음을 통하여 그분의 인격(character)을 드러내시고 입증하셨다(히 1:2~4). 예수님의 신실함과 희생에서 보인 성자의 아름다움은 삼위일체 하나님의 본성을 드러낸다. 우리는 성자의 사역에서 성부와 성령을 본다. 십자가에서 하나님은 죄에 대한 그분의 증오를 드러내 보이셨는데, 그것은 그분 스스로가 죄에 대한 진노의 결과를 감당하실 정도였다. 십자가 이전에, 우리는 하나님의 친구가 아니라 적이었다(롬 5:8~10). 그런데도 동시에, 거기에서 하나님의 영광스러운 사랑과 은혜가 분출하였으며 세상 속으로 뿜어져 나갔다. 하나님은 의로운 분이고, **동시에** 의롭게 하시는 분으로 드러났다.

예수님이 십자가를 지고 우리에게 똑같이 하라고 부르셨을 때, 그분은 우리 각자가 자아와 이기적인 야망을 버리라고 부르신 것이다. 개인적 이익과 명예를 추구하는 사람은 그들의 영혼을 잃는다. 예수님 따르기는 우리 생명을 얻으려고 우리 자신을 잃는 일이다. 바울 사도가 우리에게 "하나님을 닮는 자들이 되라"라고 권면할 때, 계속해서 다음 말로 설명한다. "그리스도께서 너희를 사랑하신 것 같이 너희도 사랑 가운데서 행하라. 그는 우리를 위하여 자신을 버리사 향기로운 제물과 희생제물로 하나님께 드리셨느니라"(엡 5:1~2). 그 아버지에 그 아들이다. 우리가 하나님의 자녀로서 그분의 약속을 주장하면서 그분을 본받는 행동을 하지 않으면, 그것은 절대 올바른 길이 아니다.

원리 5: 성령을 신뢰하라

성령님을 하나님이라고 고백함은 우리 안에 그분의 증거를 받아들임이다. 구원의 순간에 성령님은 우리를 거듭나게 하신다. 우리는 하나님에게서 태어난다. 우리 안에 성령님이 내주하시고 인을 치신다. 고든 피(Gordon Fee)는 다음 말로 설명한다.

> 바울에게 있어, 성령님을 받아들임은 그리스도인 삶의 필수 불가 요소(*sine qua non*)이다. 성령님의 존재는 신자를 비신자와 본질적으로 구별하며… 그리스도인 삶 시작의 표지이며… 무엇보다 한 사람을 하나님의 자녀로 만든다.[1]

사도 바울은 성령 침례가 우리를 그리스도의 몸에 들어가게 한다고 했고, 다른 데서는 우리에게 "성령 충만케 돼라."라고 권면한다(엡 5:18).

> 무릇 하나님의 영으로 인도함을 받는 사람은 곧 하나님의 아들이라. 너희는 다시 무서워하는 종의 영을 받지 아니하고 양자의 영을 받았으므로, 우리가 아빠 아버지라고 부르짖느니라. 성령이 친히 우리의 영과 더불어 우리가 하나님의 자녀인 것을 증언하시나니 (롬 8:14~16)

함축적으로든 명백하게든, 교회는 신자가 '믿음 안에' 있음을 나타내려고 그들이 따라야 할 외적 행동 목록을 종종 작성한다. 이것이 다 나쁘지는 않다. 신약성경 자체가 죄악된 특정 행위들을 금지하는 많은 명령을 포함하고 있다.

그러나 신약성경은 참된 영성에 대한 기대치를 높일 뿐 아니라, 또한 모델을 완전히 바꾼다. 우리 자신의 의지력으로 규칙을 지키는 것은 세속적인 삶을 사는 것과 별반 다르지 않다. 그것은 자기 섬김의 목적을 위해 오로지 자기 노력을 하는 것이다. 그

대신에, 우리는 새로운 법을 부여받는데, 그것은 성령의 법(갈 5:16, 18; 롬 8:1), 그리스도의 법(갈 6:2), 사랑의 법(롬 13:8~10; 요일 3:21~24)이다. 이 법이 우리 안에 살아계신 하나님의 능력으로 우리 삶을 통제해야 한다.

성령님은 우리 삶에서 어떤 것이 거룩하지 않은 것인지 아시기에, 우리를 파괴하는 것에서 우리를 자유롭게 하는 그분 사역을 시작하신다. 성령님은 우리를 참으로 **영적이게, 그리스도를 닮게, 경건하게** 만드시면서 우리를 성화하신다. 그분은 우리에게서 죄를 제거하도록 우리를 지도하시며, 우리가 복음을 나누거나, 선을 행하려 희생하거나, 은밀하게 기도할 때 우리를 인도하신다. 어떤 영역에서, 믿는 사람이 똑같은 개인적 확신을 느끼지 못해도, 그것은 별문제 아니다. 우리 각자는 서로에게 책임이 있을 뿐 아니라, 또한 하나님에게 직접 책임을 진다. 성령님을 불순종할 때, 우리는 새로운 법을 어기는 것이다.

그러므로 성령님을 신뢰하라, 성령의 법을 신뢰하라. 그렇게 할 때, 당신은 하나님이 당신의 삶을 아름답게 하시고, 채우시고, 능력 주심을 경험한다. 성령의 열매는 우리 안에 계신 하나님의 생명으로부터 형성되기에, 그것은 자연스럽게 맺힌다.

원리 6: 친절하되 속이는 사람과 속은 사람에게는 단호하라

아마 여러분은, 기독교 신앙을 믿는다고 주장하면서도 삼위일체 교리를 옹호하지 않는 어떤 사람을 알고 있을 것이다. 상파울루에서 나(스콧)는 모르몬 교회에서 한 구역밖에 떨어지지 않은 곳에서 살았다. 하얀 셔츠에 검은 넥타이를 맨 젊은 '장로들'이 집 문을 두드리면서 말하곤 했다. "오, 당신처럼 우리도 삼위일체를 믿습니다!" 많은 사람은 만신전의 일부로서 세 분의 분리된, 창조된 신들을 믿는 믿음과 삼위일체를 믿는 정통 기독교 신앙 사이의 차이점을 전혀 생각해 보지도 않는다. 그 젊은이들은 종종 호감이 갔고, 심지어 도덕적이었다. 친절하게 그들에게 성경 말씀을 보여주면, 성령님의 능력에 의해 그들이 삼위일체의 진리에 마음 문을 열 수 있다. 어떤 첨단 기술 회사의 비서실장이었던 한 브라질 여성은 모르몬 지도자의 가정에서 자랐다. 그녀는 보스턴에서 말일 성도 선교 사역을 했다. 그러나 어떤 친구를 여러 차례 만나면서 왜 하나님에 대한 모르몬교 신학이 성경의 증거와 모순되는지를 알았다. 우리 주님은 다른 사람을 성경의 진리로 인내심 있게 설득하는 데 당신을 사용하는데, 그 진리의 가장 중요한 내용은 '거룩한 삼위일체 하나님'이다.

여호와의 증인이 축호 개종 전도(door-to-door proselytization)에 열심인 점에 감탄하지만, 그들이 예수 그리스도가 하나님의 영원한 아들이심을 거부하는 것은 성경 진리에 반대하는 것이며 심지어 적대적인 것이다. 많은 모르몬교도가 정직한 삶을 살며, 도덕적 실제적 문제에는 고전적 기독교와 공동 전선을 펼 수도 있다. 오직-예수 오순절주의자는 하나님에 대한 엄청난 열정과 신뢰를 보이기도 한다. 분명 그들 견해는 하나님에 대한 다른 심히 잘못된 견해보다는 성경적 진리에 좀 더 가깝다. 그러나 그들의 양태론적 신학은 삼위의 구별된 위격을 주장하는 성경의 증거와 일치하지 않는다.

신학은 중요하다. 좋은 사람됨이 핵심이 아니다. 우리가 **무엇을** 믿느냐가 우리 신앙에 중추이며, 우리 믿음을 어떻게 살아내느냐가 중요하다.

그러나 여러분이 중요한 오류에 직면하고 그것을 교정해야 한다면, "온유와 두려움으로 하라"(벧전 3:15). 그런 교리를 반대할 때 사도 바울이 디모데에게 건넨 조언을 우선시해야 한다.

> 주의 종은 마땅히 다투지 아니하고, 모든 사람에 대하여 온유하며 가르치기를 잘하며 참으며 거역하는 자를 온유함으로 훈계할지니, 혹 하나님이 그들에게 회개함을 주사 진리를 알게 하실까 하며, 그들로 깨어 마귀의 올무에서 벗어나 하나님께 사로잡힌 바 되어 그 뜻을 따르게 하실까 함이라 (딤후 2:24~26)

원리 7: 삼위일체 하나님을 영화롭게 하라

좋은 신학은 우리가 우리 모든 것을 다해 하나님을 알고, 사랑하고, 순종하도록 이끈다. 바울은 하나님 계시의 장대함을 마주하고서는, 거의 숨을 쉬지 못한 채, 기뻐해야 할 이유를 하나하나 쌓아 올린다.

> 내가 기도할 때에 기억하며 너희로 말미암아 감사하기를 그치지 아니하고, 우리 주 예수 그리스도의 하나님, 영광의 아버지께서 지혜와 계시의 영을 너희에게 주사 하나님을 알게 하시고, 너희 마음의 눈을 밝히사 그의 부르심의 소망이 무엇이며 성도 안에서 그 기업의 영광의 풍성함이 무엇이며 그의 힘의 위력으로 역사하심을 따라 믿는 우리에게 베푸신 능력의 지극히 크심이 어떠한 것을 너희로 알게 하시기를 구하노라. 그의 능력이 그리스도 안에서 역사하사 죽은 자들 가운데서 다시 살리시고, 하늘에서 자기의 오른편에 앉히사 모든 통치와 권세와 능력과 주권과 이 세상뿐 아니라 오는 세상에 일컫는 모든 이름 위에 뛰어나게 하시고, 또 만물을 그의 발 아래에 복종하게 하시고, 그를 만물 위에 교회의 머리로 삼으셨느니라. 교회는 그의 몸이니 만물 안에서 만물을 충만케 하시는 이의 충만함이니라 (엡 1:16~23)

하나님에 관한 진리는 성부와 성자와 성령과 맺는 우리 관계에 기초가 되고 뼈대를 형성한다. 그러나 우리가 말할 수 있는 모든 것에도 불구하고—말해질 수 있는 모든 것에도 불구하고—주 하나님의 장대하고 엄위하심이 너무 압도적이어서 표현할 길이 없는 때가 많다. 사도는 분출하는 송영으로 고매한 교리 구절들을 끝맺는다.

> 깊도다 하나님의 지혜와 지식의 풍성함이여, 그의 판단은 헤아리지 못할 것이며 그의 길은 찾지 못할 것이로다. 누가 주의 마음을 알았느냐, 누가 그의 모사가 되었느냐, 누가 주께 먼저

드려서 갚으심을 받겠느냐? 이는 만물이 주에게서 나오고 주로 말미암아 주에게로 돌아감이라. 그에게 영광이 세세에 있을지어다. 아멘. (롬 11:33~36)

건전한 교리를 키우면 예배와 사랑을 낳는다. 책상, 책, 컴퓨터, 그리고 길을 가리키는 엄청난 정보 네트워크는 우리가 무릎을 꿇고 살아계신 하나님을 경배하게 이끌어야 한다.

삼위 하나님 예배는 우리의 영원한, 특권적인 존재 이유이다. 개인 예배나 공동체 예배를 절대로 그만두지 말라. 성자 예수님을 통해 성령님의 능력으로 성부 하나님께 기도하라. 신실한 신자들의 공동체(몸)과 함께 성부, 성자, 성령님을 예배하라. 성령의 힘으로 그리스도를 닮아가면서 하나님을 섬기라. 당신이 말하고 행하는 모든 것이 삼위 하나님께 영광이 되게 하라. 하나님의 숨결이 담긴 사도 바울의 말씀이다. "주 예수 그리스도의 은혜와 하나님의 사랑과 성령의 교통하심이 너희 무리와 함께 있을지어다"(고후 13:14).

실천해야 할 일곱 가지 원리

1. 하나님을 알수록 그분을 더 배우게 한다.
2. 삼위일체 관점에서, 당신이 돼야 할 모든 것이 돼라.
3. 완전한 아버지에게서 부모가 되는 법을 배우라.
4. 우리 주님이시며 형제이신 예수님을 따르라.
5. 성령을 신뢰하라.
6. 친절하되 속이는 사람과 속은 사람에게는 단호하라.
7. 삼위일체 하나님을 영화롭게 하라.

2부 세 위격이신 하나님: 성부, 성자, 성령   299

과거와 현재의 목소리

정통 삼위일체에 관한 가르침만큼 세기에 걸쳐 변함없이 지속한 기독교 신앙 교리도 드물다. 로마가톨릭, 동방 정교회, 루터교회, 장로교회, 침례교회, 감리교회, 성공회, 복음자유교회(Evangelical Free Church) 등 지구촌 기독교의 모든 영역에서 온 사람이 성부와 성자와 성령을 찬양한다.

교회의 오랜 역사를 개관할 때, 우리는 하나님에 관한 삼위일체의 개념이 견고하게 유지함을 안다. 여러 다른 목사, 교사, 신학자가 아버지와 아들과 성령의 단일성과 다양성을 표현하려고 서로 다른 용어를 사용했지만, 거의 모두가 삼위일체의 하나님과 예수 그리스도의 신성과 인성에 대한 기본적 진리들을 확증했다.

아래에, 교부시대, 중세시대, 종교개혁시대, 현대시대 등 교회 역사 네 시대에서 하나님의 본질에 관한 교회 교리와 관계된 발췌와 인용을 골라 뽑아 싣는다. 이 글들은, 기독교 역사를 통합하는 몇 항구적인 주제와 그것을 풍성하게 했던 다양한 표현을 교리 연구자가 참고하게 한다. 목사와 교사는 그것들이 설교, 가르침, 저작에 역사적 안목을 더하는 유익을 느낄 것이다.[1]

교부시대(100~500년)

안디옥의 이그나티우스(Ignatius of Antioch, 110년 즈음)

"단 한 명의 의원이 있으시다. 그는 육체와 영 둘 다이시며, 태어나셨으며 태어나지 않으신, 사람 안에 계신 하나님이시며, 죽음 안에 있는 진정한 생명이신, 마리아에게서 나셨고 또한 하나님에게서 나신, 고난을 받으시고 그것을 넘어서신, 예수 그리스도 우리 주시다."2

순교자 유스티누스(Justin Martyr, 150년 즈임)

"비록 모세에게 말씀하셨던 분이 참으로 천사와 사도로 불리는 하나님의 아들이셨지만, 유대인은 줄곧 그에게 말씀하셨던 분이 만유의 아버지이셨다는 견해를 유지했기 때문에, 그들이 아버지도 아들도 모른다고 예언의 성령과 그리스도 자신에게 책망을 받아야 마땅하다. 아들이 아버지라고 확증하는 그들은 아버지를 알지도 못하며 만유의 아버지께 아들—그는 또한 처음 나신 하나님의 말씀으로서 실로 하나님이시다—이 있음을 알지도 못함이 입증되기 때문이다. 그리고 옛날부터 그는 불의 형상으로 그리고 천사와 같은 모습으로 모세와 다른 선지자들에게 나타나셨으나, 지금은... 아버지의 계획에 따라 그를 믿는 자들의 구원을 위해 처녀를 통해 사람이 되시고, 멸시와 고통을 견디셨으니, 이는 죽으시고 다시 사심으로써 사망을 이기기 위함이었다."3

안디옥의 테오필루스(Theophilus of Antioch, 170년 즈음)

"하나님의 모습은 형언할 수 없고, 말로 묘사할 수 없으며, 육의 눈으로 볼 수 없다. 그의 영광은 헤아릴 수 없고, 위대하심은 헤아릴 수 없으며, 높으심은 상상할 수 없고, 능력은 비교할 바 없으며, 지혜는 겨룰 자가 없고, 선하심은 흉내 낼 수 없으며, 친절하심은 말로 표현할 수 없기 때문이다. 그가 빛이시라고 말하더라도 나는 그가 만드신 것을 말할 뿐이고, 그를 말씀으로 부르더라도 나는 단지 그의 주권을 말할 뿐이며, 그를 지성(Mind)이라고 부르더라도 그의 지혜만을 말할 뿐이고, 그가 영이시라고 하더라도 그의 호흡만을 말할 뿐이며, 그를 지혜라 부르더라도 그의 자녀를 말하는 것이며, 그를 힘이라 부르더라도 그의 통치를 말하는 것이며, 그를 능력이라 부르더라도 그의 행위를 언급하는 것이고, 섭리라 하더라도 그의 선하심을 언급할 뿐이며, 그를 왕국이라 부르더라도 그의 영광을 언급하는 것뿐이고, 그를 주라 부르더라도 그가 심판자이심을 언급하는 것이며, 그를 심판자라 부르더라도 그가 정의로우시라고 말하는 것이고, 그를 아버지라 부르더라도 만물이 그로부터 있음을 말하는 것이며, 그를 불로 부르더라도 나는 단지 그의 진노를 언급할 뿐이다."4

"광명체들이 있기 전 3일은 하나님, 그분 말씀, 그분 지혜의 삼위일체를 가리키는 예표들(types)이다."5

리옹의 이레나이우스(Irenaeus of Lyons, 180년 즈음)

"단 한 분 하나님, 창조주가 계시는데, 그분은 모든 지위, 능력, 지배, 권세(Virtues) 위에 계신 분이다. 그분은 아버지, 하나님, 창시자, 조물주, 스스로(즉, 그분의 말씀과 그분의 지혜로) 하늘과 땅과 바다, 그 안에 있는 모든 것을 만드신 창조자이시다. 그분은 정의로우시고, 선하시며, 사람을 지으시고 낙원을 만드시며 세상을 만드신, 홍수를 일으키시고 노아를 구원하신 분이시다. 그분은 아브라함의 하나님, 이삭의 하나님, 야곱의 하나님, 산 자의 하나님이시다. 그분은 율법이 선포하는 분, 선지자가 설파하는 분, 그리스도께서 드러내시는 분, 사도들이 우리에게 알리는 분, 교회가 믿는 분이시다. 그분은 우리 주 예수 그리스도의 아버지이시다. 그분은 자기 아들이신 그분의 말씀을 통해 계시되시며, 그분이 계시되시는 모든 이에게 드러나시고 나타나신다. 아들이 그분을 계시하시는 자들만이 [오직] 그분을 아시기 때문이다. 하지만 예부터, 참으로 태초부터 영원히 아버지와 함께 존재하시는 아들이 항상 아버지를 천사들에게, 천사장들에게, 능력들에게, 권세들(Virtues)에게, 그가 하나님이 계시되기 원하시는 모

든 이에게 드러내신다."⁶

"[영적인 사람]에게는 모든 것이 조화를 이룬다. 그는 만물의 출처가 되시는 한 분 전능하신 하나님과 만물을 존재케 하시는 하나님의 아들, 곧 우리 주 예수 그리스도를 온전히 믿으며, 또한 그와 연결된 경륜들, 즉 하나님의 아들이 사람이 되게 한 하나님의 섭리를 온전히 신뢰하며, 우리에게 진리의 지식을 공급하시고, 아버지와 아들의 경륜들을 선언하시고, 이로 인해 아버지의 뜻을 따라 모든 세대의 사람과 함께 거하시는 하나님의 성령을 확실히 믿는다."⁷

아테네의 아테나고라스(Athenagoras of Athens, 180년 즈음)

"우리는 창조되지 않고, 영원하며, 보이지 않고, 상처 입지 않으며, 불가해한, 무한하신 한 분 하나님을 고백한다—그분은 오직 깨달음과 지성으로 이해되는 분, 말로 표현할 수 없는 빛과 아름다움과 영과 능력에 둘러싸인 분, 말씀(Logos)으로 우주를 창조하시고 질서를 정하시고, 존재하도록 유지하시는 분을 고백한다—나는 충분히 증명하였다. [나는 '그분의 말씀(His Logos)'이라고 말한다], 우리는 또한 하나님의 아들을 고백하기 때문이다. 또한, 하나님께 아들이 있어야 한다는 것이 터무니없다고 생각하지 말라. 시인 자신이 만든 이야기에서 신이 사람보다 낫지 않다고 말하지만, 하나님이나 아들에 관하여 우리가 생각하는 방식은 그들과 다르다. 하나님의 아들은 생각과 실행에서 아버지의 말씀(the Logos, 로고스)이시다. 만물이 그의 본을 따라 그에 의해 창조되었으며, 아버지와 아들은 하나이시기 때문이다. 그리고 하나됨과 성령의 능력으로 아들이 아버지 안에, 아버지가 아들 안에 계시므로 아버지의 이해와 이성이 하나님의 아들이다. 하지만 만일 여러분의 뛰어난 지성 가운데 아들이란 무슨 의미인가라는 의문이 생긴다면 나는 간단히 그가 아버지의 첫 번째 산물(the first product of the Father)이라고 말할 것이다. 이것은 없다가 있게 되었다는 말이 아니다(태초부터 영원한 지성이신 하나님께서 자신 안에 로고스를 가지고 계셨으며, 영원 전부터 로고스로 가득 차 있으셨기 때문이다). 그분이 자연과 같이 속성이 없이 놓여있는 모든 물질적인 것들, 그리고 더 짙은 미립자들이 더 옅은 것들과 섞인 비활성의 땅 가운데 생각과 활기를 돋우는 힘(the idea and energizing power)이 되려고 오셨기 때문이다. 예언의 영 또한 우리의 진술과 일치한다. 그분은 '주께서 그가 일하시는 방식의 시작으로서 나를 지으셨다.'라고 말한다. 우리는 또한 예언자들 안에 활동하시는 성령이 하나님으로부터 유출(effluence), 곧 태양의 광선처럼 그로부터 흘러나와 다시 되돌아가는 존재이시라고 단언한다."8

알렉산드리아의 클레멘스(Clement of Alexandria, 약 200년)

"말씀이 처음부터 계셨기 때문에 그는 만물의 신적 근원이셨고 지금도 그러시다. 하지만 이제 그가 예부터 성별되고 능력을 얻기에 합당한 그리스도라는 이름을 취하셨으므로, 나는 그를 새 노래라고 칭해왔다. 그렇다면 이 말씀, 그리스도, 처음에 우리의 존재의 근거(the cause)가 되셨으며(그가 하나님 안에 계셨으므로), 우리의 행복의 근거이신 분, 바로 이 말씀이 이제 사람으로 나타나셨으며, 그분만이 하나님이시며 사람이시다."9

카르타고의 테르툴리아누스(Tertullian of Carthage, 210년 즈음)

"참으로 항상 우리가 그랬듯이(그리고 좀 더 특별히 참으로 사람을 모든 진리로 이끄시는 보혜사로부터 더 잘 가르침을 받았기 때문에), [우리는] 오직 한 분 하나님이 계심을 믿지만, 이어지는 경륜 [혹은 우리가 부르듯이 오이코노미아(oikonomia)] 아래에서 이 유일하신 한 분 하나님께 그분의 말씀, 하나님 자신으로부터 나아오신(proceeded) 분, 그분으로 만물이 지어졌으며, 그분이 없이는 아무것도 만들어지지 않았던 분이신 아들이 계심을 믿는다. 우리는 그가 아버지에 의해 처녀에게로 보냄을 받으셨으며, 그녀에게서 나신 바, 사람인 동시에 하나님, 사람의 아들인 동시에 하나님의 아들이 되시며, 예수 그리스도라는 이름으로 불리셨음을 믿는다. 우리는 그가 고난을 받으시고, 죽임을 당하셨으며, 성경에 따라 장사되었다가 아버지에 의해 다시 일으킴을 받은 후 하늘로 다시 올림 받아 아버지의 우편에 앉으시고, 산 자와 죽은 자를 심판하기 위해 오실 것을 믿는다. 그는 또한 하늘로부터 아버지로부터, 약속하신 보혜사, 아버지와 아들과 성령을 믿는 자들의 믿음을 거룩하게 하는 자이신 성령을 보내셨다. … 이 경륜의 비밀은 여전히 보호되는데, 그것은 단일성을 삼위일체로 분배하며, 그분들의 질서 안에 세 위격—아버지, 아들, 성령—을 둔다. 지위(condition)가 아닌 등급(degree)에서, 본질(substance)이 아닌 형태(form)에서, 능력(power)이 아닌 양상(aspect)에서 셋이지만, 그가 한 하나님이시므로 한 본질, 한 지위, 한 능력이시다. 그분은 한 하나님이신데, 그로부터 아버지와 아들과 성령의 이름 아래 이러한 등급, 형식, 양상이 판단된다."10

"말씀이 다름 아닌 하나님이시며, 육신이 다름 아닌 사람이시므로 그는 명백히 하나님이신 동시에 사람이신 것으로… 의심의 여지 없이 각 본성에 따라 그 자체의 독특한 속성에서 다른 바, 분명히 모든 점에서 하나님의 아들이신 동시에 사람의 아들이시며, 하나님이면서 사람이시다. 따라서 사도 또한 그가 가진 두 본성을 가르치며 말하기를, '육신으로는 다윗의 혈통에서 나셨고'라고 했으니, 이 말에서 그는 사람과 사람의 아들이시다. 또한 '영으로는 하나님의 아들로 선포되셨으니'라고 했으니, 이 말에서 그는 하나님과 말씀, 즉 하나님의 아들이 되신다. 우리는 명백하게 이중적인 상태를 본다. 이것은 혼동(confound)되지 않으며 한 인격, 즉 하나님이시며 사람이신 예수 안에서 결합(conjoin)된다."11

알렉산드리아의 오리게네스(Origen of Alexandria, 250년 즈음)

"따라서 우리 이해가 그 자체로는 하나님 자신을 그분 모습 그대로 볼 수 없으므로 우리는 그분 작품들과 피조물들의 아름다움에서 세상의 아버지를 안다. 따라서 하나님은 몸이시거나 혹은 몸 안에 존재하시는 것처럼 생각되어서는 안 되며, 그의 안에 어떠한 종류의 것도 더해지지 않았음을 인정하는 가운데 그가 혼합되지 않은 지적인 본성을 가지신 것으로 생각되어야 한다. ... 따라서 신적 본성의 단순함이 그러한 부속물들에 의해 제한되거나 어느 정도 방해를 받는 것으로 보이면 안 되므로, 그리고 만물의 시작인 분이 혼합적이고 다르다고 발견되면 안 되므로, 오직 한 종류의 신성이시기 때문에 모든 유형적(bodily) 혼합물로부터 자유로우셔야 할 분이 많은 것들로 구성되었다고 밝혀지면 안 되므로, 그 지적 본성의 단순함과 온전함이 그것의 운동이나 작용에서 어떤 지연이나 주저함도 허용할 수 없다."[12]

가이사랴의 바실(Basil of Caesarea, 375년 즈음)

"그분에게 우선 가장 적합한 명칭은 무형의, 순전히 비물질적인, 보이지 않는 모든 것에 가장 특별히 적합한 이름인 성령이다. ... 그분은 성화의 근원이시며, 진리를 찾으려고 자기 능력을 사용하는 모든 사람에게 깨달음의 빛을 주시는 영적인 빛이시다―그리고 그분이 주시는 깨달음의 빛은 그분 자신이다. 그분 본성은 접근하기 어렵다. 오직 그분의 선하심을 통해 그분 본성에 가까이 갈 수 있다. 그분은 만물을 그의 능력으로 채우시지만, 가치 있는 자만이 그것을 공유할 수 있다. 그분은 받는 사람의 믿음에 비례하여 자기 에너지를 분배하시며, 그것을 한 번으로 제한하지 않으신다. 그분은 존재함에서 단순하시지만, 그분 능력은 다양하다. 그분은 모든 곳에 모든 것에 온전히 존재한다. 그분은 분배되시지만 변하지 않으신다. 그분은 나누어 주시지만 온전한 채로 남으신다. 햇살 유비를 생각해 보라. 햇살의 쾌적한 빛을 받는 각 사람은 해가 자신만을 위해 존재하는 것처럼 기뻐하지만, 그것은 육지와 바다를 비추며, 대기의 주관자다. 같은 방식으로 성령은 그를 받아들이는 모든 사람에게 주어진다. 마치 그가 그 사람만의 소유인 것처럼. 하지만 그분은 우주를 채우는 데 충분한 은혜를 내려보내신다."13

콘스탄티노플 신조(The Constantinopolitan Creed, 381년)

"우리는 한 분 하나님, 전능하신 아버지, 하늘과 땅과 보이는 것과 보이지 않는 모든 것을 만드신 분를 믿는다. 그리고 우리는 한 분 주 예수 그리스도, 하나님의 독생자를 믿는다. 그분은 만세 전에 아버지로부터 출생하셨고, 빛으로부터의 빛이시며, 참 하나님으로부터의 참 하나님이시다. 그분은 출생하셨으나 만들어지지 않으셨고, 아버지와 동등 본질이시며, 그분으로 말미암아 만물이 있게 되었다. 우리 인간을 위해, 우리를 구원하시려고, 하늘에서 오시고, 성령으로 말미암아 처녀 마리아에게서 성육신하셨으며, 사람이 되셨다. 우리를 위해 본디오 빌라도 치하에서 십자가에 못 박히셨고 고난을 받으시고 장사되셨다가 성경대로 사흘 만에 부활하셨으며, 하늘에 오르셔서 아버지 우편에 앉으셨다. 그분은 영광 가운데 다시 오시어 산 자와 죽은 자를 심판하신다. 그분의 나라는 끝이 없다. 그리고 우리는 주님이시며 생명의 수여자이신 성령을 믿는다. 그분은 아버지에게서 오셨고, 아버지와 아들과 함께 경배와 찬양을 받으시는 분이시며, 예언자들을 통해 말씀하신 분이시다."14

밀란의 암브로스(Ambrose of Milan, 400년 즈음)

"율법서와 예언서 그리고 성경의 나머지 부분에서 발견하는 그대로, 우리는 하나님이 선하시고 영원하시며 완전하시고 참되심을 믿어야 하는데, 그렇지 않고는 하나님이 없기 때문이다. 하나님이신 분이 선하지 않을 수 없다. 온전한 선이 하나님의 속성의 한 부분임을 우리가 알기 때문이다. 또한, 시간을 만드신 하나님이므로 시간 안에 계실 수 없다. 또한, 불완전하실 수 없는데, 더 열등한 존재가 명백히 불완전하기 때문이며, 열등한 존재는 더 우월한 것에 비견되려고 필요한 어떤 것이 모자라기 때문이다. 이것이 우리의 신앙에 대한 가르침이다. 하나님은 악이 없으시며, 불가능한 것이 없으시고, 시간 안에 존재하지 않으시며, 어느 것 아래에도 있지 않으신다는 것이다."15

"믿음은 한 분 하나님이 계시다고 선언한다. 구약성경과 신약성경 모두에서 한 믿음이 있음을 알기 때문이다. 은혜는 온전히 거룩하신 한 분 성령이 계시다고 증언한다. 삼위일체의 이름으로 한 침례가 있기 때문이다. 하나님의 목소리를 선지자들은 선언하고 사도들은 듣는다."16

"전능하신 아버지, 주님께 눈물로 아룁니다. 주님은 다가갈 수 없으며, 이해할 수 없으며, 헤아릴 수 없는 분이시라고 기꺼이 말했습니다. 하지만 주님의 아들이 주님보다 열등하다고는 감히 말하지 않았습니다. 그가 주님의 영광스러운 빛, 주님 인격의 형상이시라는 말을 읽을 때, 주님 인격의 형상이 열등하다고 말하는 가운데, 아들이 그 형상이 되는 주님의 인격이 열등하다고 말하는 것으로 보일까 봐 저는 두렵습니다. 왜냐하면, 삼위일체로서 하나님의 온전함이 온전히 그 아들 안에 있기 때문입니다."17

히포의 아우구스티누스(Augustine of Hippo, 420년 즈음)

"성경, 즉 구약성경과 신약성경 모두를 해설한 전체 기독 교회(Catholic)의 모든 해설자, 곧 내가 읽을 수 있었고, 나보다 전에 하나님이신 삼위일체에 관해 글을 썼던 사람들은, 성경을 따라 이 교리를 가르치려고 했다. 그들은 말한다. 하나님이 불가분의 동등함 가운데 동일한 하나의 본성으로 신적 단일성을 가지고 계시며, 따라서 세 하나님이 아닌 한 분 하나님이심을, 아버지와 아들과 성령께서 암시하셨다. 하지만 아버지께서 아들을 낳으셨기에 아버지이신 분은 아들이 아니며, 아들이 아버지에 의해 출생하셨기에 아들이신 분은 아버지가 아니고, 성령은 아버지도 아들도 아닌 아버지와 아들의 성령이시며, 그 자신 또한 아버지와 아들과 동등하시고, 삼위일체의 하나됨에 적합하시다. 하지만 이 삼위일체가 처녀 마리아에게서 나시고 본디오 빌라도에 의해 십자가에 못 박히셨으며, 장사되신지 사흘 만에 부활하시고 하늘로 오르신 것이 아니라, 오직 아들만이 그렇게 하셨다. 또한, 예수께서 침례 받으셨을 때 이 삼위일체가 그분 위에 비둘기 형상으로 내려오신 것이 아니며, 주께서 하늘로 오르신 후 오순절 날 '하늘로부터 급하고 강한 바람 같은 소리가' 들렸을 때 동일한 삼위일체가 '마치 불의 혀처럼 갈라지는 것들이 그들에게 보여 각 사람 위에 하나씩 임하여' 있었던 것이 아니라, 오직 성령께서 그렇게 하셨다. 아들이 요한에 의해 침례/ 받으실 때, 세 제자가 그와 함께 산 위에 있을 때, 그리고 '내가 영화롭게 하였고 또 영화롭게 할 것이다'라고 말하는 목소리가 들렸을 때, 이 삼위일체가 하늘로부터 '너는 내 아들이라'고 하셨던 것이 아니며, 그것은 오직 아버지가 아들에게 하신 말씀이었다. 하지만 아버지와 아들과 성령은 나뉠 수 없기에 나뉠 수 없게 역사하신다. 이러한 것들이 그들의 가르침이며 또한 나의 믿음이다. 그것이 전체 기독 교회 [즉 전체 그리스도인] 신앙이기 때문이다."[18]

칼케돈 신조(Chalcedonian Definition, 451년)

"교부들을 따라, 우리는 한목소리로 [하나님의] 아들, 우리 주 예수 그리스도는 동일한 한 분 [인격]이심을 고백해야 한다고 가르친다. 그분은 신성에 있어 완전하시며 인간임에서 완전하시다. 그는 분별하는 영과 [인간의] 몸으로 구성되시고, 신성에 관하여 아버지와 동질이시며, 인성에 관하여 우리와 동질이셔서 실로 하나님이시며 실로 사람이시다. 그는 모든 것에서 우리와 같이 되셨으나 죄는 없으시다. 신성에 관하여는 세상이 있기 전에 아버지로부터 출생하셨지만(begotten), 인성에 관하여는 이 마지막 날에 우리 사람과 우리 구원을 위하여 하나님의 어머니(the Mother of God) 처녀 마리아에게서 [세상에] 태어나셨다. 옛 예언자들이 그분에 관해 말한 대로, 주 예수 그리스도께서 우리에게 가르쳐 주신 대로, 그리고 교부들의 신조가 우리에게 전달된 대로, 이 동일하신 한 분, [하나님의] 독생자 예수 그리스도는 혼동되지 않는 방식으로, 변하지 않고, 나뉘지 않으며, 분리할 수 없도록 [연합된] 두 본성으로 존재하심을 고백할 필요가 있으며, 그러한 연합에 의해 본성들 사이의 구분이 없어지지 않으며, 오히려 한 인격(one Person)과 자존성(subsistence)에서 각 본성의 고유한 성질이 보존되고 연합되며, 두 인격으로 분리되거나 나뉘지 않는, 동일한 한 분 아들 독생자, 말씀이신 하나님, 우리 주 예수 그리스도이심을 고백해야 한다."19

중세시대(500~1500년)

보에티우스(Boethius, 520년 즈음)

"기독교 신앙의 존엄성을 가졌다고 주장하는 사람이 많다. 하지만 그 신앙의 권위를 확증하는 규정과 교리의 보편적인 특성 때문에, 그리고 그 규정과 교리가 표현되는 예배가 온 세상에 전파되기 때문에, 보편적 혹은 우주적이라고 불리는 그러한 형태의 신앙이 정당할 뿐 아니라 그것만이 유효하다. 단일성과 삼위일체와 관련하여 이러한 신앙이 믿는 바는 다음과 같다. 아버지는 하나님이시며, 아들은 하나님이시며, 성령은 하나님이시다. 이러한 일치를 말할 수 있는 것은 다름이 없기 때문이다. 통일성에 더하거나 빼는 자들은 다름이라는 필연적인 결과에 도달하며 그것은 결코 회피될 수 없다."20

"기독교와 가톨릭으로 불리는 이 우리 신앙은 주로 다음의 단언에 기초한다. 영원부터, 즉 세상이 있기 전에, 그리하여 시간이 의미하는 모든 것이 시작되기 전에, 아버지와 아들과 성령의 한 신성한 본성이 존재했으며, 그것은 우리가 아버지 하나님, 아들 하나님, 성령 하나님이라고 고백하지만, 세 분 하나님이 아닌 한 분 하나님이라고 고백하는 그런 방식으로다. 따라서 아버지께 아들이 있었는데, 그 아들은 아버지의 본질로부터 나시고 그분만이 아시는 방식을 따라 그분과 영원히 공존하시는 분이시다. 우리는 그가 아버지와 동일하지 않다는 의미에서 그를 아들로 고백한다. 또한, 아버지는 아들인 적이 없으셨다. 인간의 생각은 영원 전까지 이어지는 신적 계보를 상상해서는 안 되기 때문이다. 또한, 아들은 같은 특성이어서 아버지와 영원히 공존하는 분이시지만, 아버지가 된 적이 없으시다. 신적 계보가 영원 후까지 이어질 수 없기 때문이다. 성령은 아버지도 아들도 아니며, 따라서 비록 같은 신적 본성을 가지셨어도, 태어나지도 낳지도 않으시나 또한 아들처럼 아버지에게서 나아오신다(proceeding). 하지만 그러한 발현(Procession)이 어떤 방식으로 이루어지는지는, 사람의 생각이 어떻게 아들이 아버지의 본성(substance)로부터 출생(generation)하는지 이해할 수 없는 것처럼, 우리가 더는 분명하게 설명할 수 없다. 하지만 이 논설을 기록함은 구약성경과 신약성경에 의해 우리의 믿음을 굳게 하려 함이다."21

"이제 마지막 때에 하나님께서 자기를 기쁘게 하는 예언자들과 다른 사람들 대신 자신의 독생자 아들이 처녀에게서 나게 하심으로, 첫 사람의 불순종으로 잃어버려진 인류의 구원이 신인(God-Man)에 의해 회복되게 하셨으며, 처음 남자를 설득하여 죽음을 가져온 죄를 짓게 했던 사람이 여자였던 것만큼 생명(Life)을 주시는 분을 인간의 태로부터 낳을 이 두 번째 여자가 있게 하셨다. 또한, 하나님의 아들이 동정녀(a Virgin)에게서 나신 것이 무가치한 일이라고 생각하지 말라. 그가 잉태되고 출생하신 것은 자연의 경로에서 벗어나기 때문이다. 당시 동정녀(Virgin)로서 그녀는 잉태하였으며, 성령에 의해 하나님의 아들이 육신이 되었다. 동정녀로서 그녀는 그를 낳았고, 그가 나신 후에도 계속해서 그녀는 처녀였다. 그리고 그는 사람의 아들(the Son of Man)이 되셨고 마찬가지로 하나님의 아들이셔서, 그 안에 신적 특성의 영광이 빛나는 동시에 그가 친히 취하셨던 인간의 연약함이 알려졌다."22

다마스커스의 요한(John of Damascus, 740년 즈음)

"창조되지 않음, 시작이 없음, 죽지 않음, 무한함, 영원함, 물질(육체)가 아님, 선함, 창조적임, 정의로움, 깨달음의 빛을 비춤, 불변함, 정욕(욕정)에서 자유, 제한받지 않음, 헤아릴 수 없음, 끝이 없음, 정의되지 않음, 보이지 않음, 상상할 수 없음, 아무것도 부족함이 없음, 스스로 규칙과 권위가 됨, 모든 것을 다스림, 생명을 줌, 전능, 무한한 능력, 우주를 포함하고 유지하며 모두를 위해 공급함―하나님은 이 모든 것과 그 속성을 자연적으로 소유하시며, 그것들을 다른 곳으로부터 받지 않으실 뿐 아니라, 친히 모든 선한 것을 각자 수용 능력에 따라 그의 피조물에게 나누어 주신다. 이 자존자들은 서로 안에서 거하시고 확립되신다. 그분들은 분리될 수 없고 서로에게서 떠날 수 없으며, 서로 합쳐지거나 혼합됨 없이 서로에게 연합하는 가운데 서로 안에서 분리된 행로들을 유지하기 때문이다. 아들은 아버지와 성령 안에 있고, 성령은 아버지와 아들 안에 있으며, 아버지는 아들과 성령 안에 있지만, 유합(coalescence)이나 혼합(comingling)이나 혼동(confusion)이 없다. 그리고 동일한 하나의 움직임이 있다. 피조물에서 볼 수 없는 세 자존들의 한 추진력(impulse)과 한 움직임이 있기 때문이다."23

오르바이스의 고트샬크(Gottschalk of Orbais, 865년 즈음)

"우리 주 예수 그리스도는 하나님이시며, 사람, 하나님의 아들이시며, 사람의 아들이시다. 그는 두 본성(two natures)로부터 한 인격이시며 두 본성(two natures) 안에서 연합되고 완전해지신다. 이는 명백하고 뚜렷하다. ... 네스토리우스가 짖어댔듯 두 아들이나 두 그리스도, 하나님과 사람이 존재한다고 믿거나 이해하거나 고백하지 말자. 그분은, **사위일체**(quaternity) 개념이 삼위일체 하나님에게 도입되도록 그런 목적으로 인간을 창조하지 않으셨다. 그런 일은 없을 것이다! 삼위일체는 이전처럼 유지하지만, 그러나 그리스도 안에는 유티케스가 상상했던 것과 같이 한 본성이 아니라, 두 본성이 있다. 따라서 네스토리우스의 배반 행위를 거부한 전체 기독교 교회(catholics)는 하나님이신 한 그리스도와 사람이신 또 다른 그리스도가 존재하는 것이 아니라, 하나님이며 사람이신, 동일한 한 분 그리스도가 존재하신다고 다 함께 옳게 확증하고 말한다."24

캔터베리의 안셀무스(Anselm of Canterbury, 1077년 즈음)

"그리하여, 주님, 믿음에 이해를 주시는 주님께서 그 유익함을 아시는 대로, 주님이 우리가 믿는 대로이시며, 주님이 우리가 믿는 분이시라는 것을 제가 이해하게 해 주십시오. 그리고 참으로 우리는 주님이, 주님보다 더 큰 어떤 것을 생각할 수 없는, 그런 분이심을 믿습니다. 혹은, 어리석은 자가 그 마음에 이르기를 하나님이 없다고 해서 그러한 본성이 존재하지 않는 것입니까? 하지만 어쨌든 바로 이 어리석은 자는 제가 말하는 이 존재—더 큰 것을 생각할 수 없는 존재—에 관해 들을 때에 자신이 듣는 것을 이해하며, 그가 이해하는 것은 그의 이해 안에 있습니다. 비록 그가 그것이 존재한다는 것을 이해하지 못하더라도 말입니다."

"사물이 이해 안에 있는 것과 그 사물이 존재한다고 이해하는 것은 별개이기 때문이다. 어떤 화가가 자신이 후에 실행할 어떤 것을 처음 생각할 때에 그는 그것을 그의 이해 안에 가지고 있지만, 그는 아직 그것이 존재한다고 이해하지 않는다. 아직 그것을 수행하지 않았기 때문이다. 하지만 그림을 완성한 후에 그는 그것을 자신의 이해 안에 가지고 있으며 그것이 존재한다고 이해한다. 그가 그것을 만들었기 때문이다."

"따라서 어리석은 사람도 최소한, 더 큰 어떤 것을 생각할 수 없는 어떤 것이, 적어도, 이해 안에 존재한다는 것을 깨닫는다. 그가 그것을 들을 때에 그것을 이해하기 때문이다. 이해되는 것은 무엇이든지 그 이해 안에 존재한다. 그리고 더 큰 어떤 것을 생각할 수 없는 그것은 이해 안에서만 존재할 수 없음이 분명하다. 더 큰 그것이 이해 안에서만 존재한다면 그것은 실제로 존재한다고 생각될 수 있기 때문이다. 더 큰 것 말이다."

"따라서 만일 더 큰 어떤 것을 생각할 수 없는 그것이 이해 안에서만 존재한다면, 더 큰 어떤 것을 생각할 수 없는 바로 그 존재는 더 큰 어떤 것을 생각할 수 있는 한 존재다. 하지만 분명히 이것은 불가능하다. 따라서 더 큰 어떤 것을 생각할 수 없는 한 존재가 존재하며 그것은 이해와 실재 모두에서 존재한다는 것을 의심할 수 없다."[25]

"이 선(good)이 당신, 하나님 아버지 당신이십니다. 이것은 주님의 말씀, 즉 주님의 아들이십니다. 주님이신 것 외에 어떤 것, 혹은 주님보다 더 크거나 작은 어떤 것도 주님께서 자신을 스스로 표현하시는 말씀 안에 있을 수 없기 때문입니다. 주님이 참되신 것과 같이 주님의 말씀은 참되시기 때문입니다. 그러므로 주님께서 그러신 것처럼 말씀은 그 자체로 진리이시며, 주님 외에 다른 어떤 진리도 아닙니다. 주님은 단순한 본성이시기에 주님으로부터 주님이신 것 외에 다른 어떤 것도 태어날 수 없습니다. 바로 이

선이 주님과 주님의 아들이 공유하시는 한 사랑, 즉 주님과 말씀으로부터 발현하는 성령이십니다. 주님께서 주님 자신과 말씀을, 말씀은 자신과 주님을, 주님의 존재와 말씀의 존재 전부를 다해 사랑하시는 것을 볼 때, 이 사랑은 주님이나 주님의 아들에게 동등하기 때문입니다. 또한, 주님과 동등하며 말씀과 동등한 것 외에 다른 무언가가 주님과 말씀으로부터 발현하지 않습니다. 혹은 그것이 발현하는 근원이 되시는 이분의 본성과 다른 그 어떤 것도 최고의 단순(the supreme simplicity)으로부터 발현할 수 없습니다."

"하지만 따로따로 각자가 최고의 단순한 합일이며, 배가하거나 변화될 수 없는 최고의 하나의 단순 외에 다른 것이 아님을 볼 때, 각자가 따로따로 지닌 본성, 이것이 동시에 아버지, 아들, 성령의 삼위일체 모두이다. 단 한 분 필연적인 존재가 존재하신다. 실은 이분은 그 안에 모든 선(good)이 있는 분—뿐만 아니라 그분은 모든 선, 하나의 전체 선, 그리고 유일한 선이심—이며 단 한 분 필연적인 존재이시다."26

"우리는 주 예수 그리스도가 참 하나님과 참 사람, 두 본성 안에 있는 한 인격, 그리고 한 인격 안의 두 본성이시라고 말한다. 따라서 우리가 하나님이 수치와 약함을 견디셨다고 말할 때, 우리는 고통 받을 수 없는 그러한 본성의 위엄보다 그가 입으신 인간의 본질이 가진 연약함을 말하는 것이다. 따라서 우리의 믿음에 반대할 아무런 근거가 없다. 이러한 방식으로 우리는 신성을 저하하기보다 한 인격에 신성과 인성이 모두 있음을 가르치기 원한다. 하나님의 성육신으로 신성이 낮추어지기보다 사람의 본성이 높아졌다고 우리는 믿는다."27

토마스 아퀴나스(Thomas Aquinas, 1260년)

"지금까지 말한 것에서, 우리는 신적 본성에 아버지와 아들과 성령의 세 위격이 존재하며, 이 셋은 다만 관계에 의해서만 서로 구분되는 한 하나님이라고 추측할 수 있다. 아버지는 부성(paternity)의 관계에 의해, 그리고 누구에게서도 태어나지 않음에 의해 구별되신다. 아들은 부자 관계에 의해 아버지와 구별되신다. 발출(spiration, 숨을 쉼)에 의해 아버지와 아들은 성령과 구별되신다. 성령은 사랑의 발현(procession of love)에 의해 그 두 분과 구별되시는데, 성령은 그 사랑의 발현으로 아버지와 아들로부터 나아가신다(발현)."28

"신적 삼위일체와 유사한 것을 인간의 마음(mind)에서 관찰할 수 있다. 그러한 마음은 실제로 그 자체를 이해하는 것에 의해 그 자체 안에서 그것의 '말'을 잉태하며, 그 '말'은 마음에 존재하는 '지적인 표현'이라 불리는 것 외에 다른 것이 아니다. 그 마음은 이어서 그 자체를 사랑하기 시작하면서 사랑을 받는 대상으로서 의지 안에서 그 자체를 만들어낸다. 그것은 더 나아가지 않고, 사랑에 의해, 원래 그 자신의 본성(본질)로 돌아옴으로써 한정되며(confined) 원을 완성하는데, 사실 거기로부터 그 본질(본성)의 '지적 표현'의 형성에 의해 그 과정이 원래 시작되었다. 하지만 그 자체를 사랑하는 지성(mind)이 그 자체를 넘어 어떤 행동으로 나아갈 때, 외적 효과를 끼치려고 나아가는 한 과정이 있다. 따라서 우리는 마음에서 세 가지 것을 인지하고 언급한다. 그것은 그 자체의 본성 안에서 그 과정을 시작하는 장소가 되는 지성 자체, 이해 안에서 품어지는 마음, 의지 안에서 사랑을 받는 마음이다. 그리하여 우리는 신적 본성에 신성 전 과정의 근원이 되시는, 태어나지 않으신 하나님이신 아버지가 계시며, 이해의 과정에서 마음에 품어지는 '말'과 같은 방식으로 태어나시는(begotten) 하나님, 즉 성자가 계시며, 그리고 사랑의 방식에 의해 발현하시는 하나님이신 성령이 계심을 우리는 알았다. 성령 외에 신적 본성 내에서 더 이상의 발현이 없으며 오직 외부 효과로의 진행이 있다. 하지만 아버지와 아들과 성령이 한 본성이며 그들 각자 완전한 인격인 것에 관하여, 신성한 삼위가 우리 안에 표상

(representation)되는 것은 부족하다. 그래서 사람의 마음에 하나님의 '형상'이 있다고 말해지는 것이다. '**우리의 형상을 따라 우리의 모양대로 우리가 사람을 만들자**(창 1:26).'"29

"하나님께서 만드신 모든 것 가운데 성육신(Incarnation)의 신비가 가장 이성을 초월한다. 참 하나님이요 하나님의 아들이신 이가 참 사람이 되는 것보다 더 놀라운 것을 하나님께서 행하신다고 생각할 수 없다. 이 놀라운 일에 비하면 다른 모든 것은 부수적이다. 우리는 요한복음 1:14와 빌립보서 2:6~11에서의 신적 권위의 가르침 아래 이 놀라운 성육신을 고백한다. 우리 주 예수 그리스도께서 하신 말씀 또한 그것을 선포한다. 그 말씀 가운데 때때로 그는 자신이 겸손하다고 하시며, 예를 들면, '**아버지는 나보다 크심이라**'(요 14:28), '**내 마음이 매우 고민하여 죽게 되었으니**'(마 26:38)와 같은 인간적인 것을 말씀하신다. 이것들은 그가 취하셨던 인성 안에서 그에게 속했던 것들이다. 다른 때에 주님은 예를 들면, '**나와 아버지는 하나이니라**'(요 10:30), '**무릇 아버지께 있는 것은 다 내 것이라**'(요 16:15)와 같은 높고 신적인 것을 말씀하셨다. 이것들은 그의 신적 본성 안에서 그에게 속한다. 그리고 그에 관해 기록된 행위들이 동일한 이중적인 본성을 보여준다. 그가 두려움, 슬픔, 배고픔, 죽음을 경험하신 것은 그의 인간적인 특성에 속하며, 그가 능력으로 병자를 고치시고 죽은 자를 일으키시며 비바람을 효과적으로 명하신 것과 귀신을 내쫓으시며 죄인을 용서하시고 원하셨던 때에 죽음에서 일어나시며, 마지막으로 하늘에 오르신 것은 그 안에 있었던 하나님의 능력을 보여준다."30

시에나의 카테리네(Catherine of Siena, 1370년)

"오, 영원하신 삼위일체! 오, 하나님! 주님이 아들의 피를 가치 있게 했습니다. 영원한 삼위일체이신 당신은, 더 깊이 들어갈수록 더 많은 것을 발견하며, 더 많이 발견할수록 더 많은 것을 탐구하게 되는 깊은 바다입니다. 영혼이 주님의 심연에서 누리는 만족이 끝이 없는 것은 주님의 빛 안에 있는 빛으로 주님을 보기를 열망하는 가운데 영혼이 계속해서 영원한 삼위일체의 주님을 갈망하기 때문입니다. 사슴이 생수의 샘을 갈망하듯이 저의 영혼은 이 어두운 몸이라는 옥을 벗어나 진리 안에 계신 주님을 보기 원합니다. 오! 불과 사랑의 심연이신 영원한 삼위일체시여, 얼마나 오래 당신의 얼굴이 제게서 감춰진 채 있을까요? 저의 몸을 덮은 구름이 즉시 사라지게 해 주십시오. 주님의 진리 가운데 주님께서 저에게 주신 주님에 관한 지식이 제가 제 몸의 무거움을 버리고 주님의 이름의 영광과 찬양을 위해 저의 삶을 드리기를 강권합니다. 제가 주님의 빛 안에 있는 지식의 빛으로 영원한 삼위일체이신 주님의 심연과 주님의 피조물의 아름다움을 맛보고 알게 되었기 때문이며, 주님 안에서 저 자신을 보는 가운데 저 자신이 주님의 형상이며, 저의 삶은 영원한 아버지이신 (오!) 주님의 능력과 주님의 독생자 아들에게 속한 주님의 지혜에 의해 저에게 주어졌음을 제가 보았기 때문입니다. 그 지혜는 저의 지성과 저의 의지 안에 빛나며, 주님의 성령과 하나인데, 그 성령은 주님과 주님의 아들로부터 발현하시고, 그 성령을 통해 저는 주님을 사랑할 수 있습니다. 영원한 삼위일체이신 주님은 저의 창조자이시며, 저는 주님의 피조물이고, 주님의 아들 피로 주님께서 저에게 주신 새로운 창조를 통해 저는 주님께서 당신이 친히 만드신 것(역주. 새로이 창조된 구원받은 영혼들)의 아름다움에 반해 있음을 압니다."[31]

종교개혁 시대(1500~1700년)

아우구스부르크 신앙고백(Augsburg Confession, 1530년)

"우리 가운데 공통적인 일치에 따라 교회들은 신적 본질의 통일성과 세 위격에 관한 니케아 종교회의 법령이 참이며 의심의 여지 없이 그것을 신뢰할 수 있다고 가르친다. 즉, 하나님이라 불리고 하나님이신, 영원한, 몸이 없는, [부분이 없어] 나뉠 수 없는, 무한한 능력의, 지혜와 선이신, 보이는 것과 보이지 않는 모든 것을 만드시고 보존하시는, 하나의 신적 본질이 존재하신다는 것, 그런데도 같은 본질과 능력의 세 위격이 존재하며, 그들은 영원히 공존하시는 아버지와 아들과 성령이시다."32

메노 시몬스(Menno Simons, 1550년)

"성경을 통해 우리는 이 유일하고, 영원하며, 전능하신, 말로 나타낼 수 없는, 보이지 않는, 이루 다 형언할 수 없는, 설명할 수 없는 하나님이 영원한, (다) 이해할 수 없는 아버지이심을, 그의 영원한, (다) 이해할 수 없는 아들과 그의 영원한, (다) 이해할 수 없는 성령과 함께 믿고 고백한다. 우리는 아버지가 진정한 아버지이심을 믿고 고백하며, 아들이 진정한 아들이시며, 성령을 육체를 가진 이해 가능한 존재가 아닌, 영적이며 (다) 이해할 수 없는 진정한 성령이심을 믿고 고백한다."33

장 칼뱅(John Calvin, 1559년)

"그렇다면, 건전함을 사랑하고 믿음의 분량으로 만족하는 사람들은 그들이 알면 도움이 되는 것을 간단히 받아들이라. 그것은 다음과 같다. 우리가 한 하나님을 믿는다고 고백할 때 그 이름에 의해 하나님은 세 인격 혹은 본질들(hypostases)을 포함하는 한 단순한 본질로 이해된다. 따라서 하나님의 이름이 명확하지 않게 사용될 때마다 아버지보다 그 이상, 즉 아들과 성령까지 의도된다. 하지만 아들이 아버지와 밀접하게 연결될 때 관계가 보이게 되며, 따라서 우리는 위격들 사이를 구별한다. 하지만 위격적 자존자는 그들 안에 규칙이 있으며, 원리와 근원이 아버지 안에 있기에 아버지와 아들, 혹은 아버지와 성령이 함께 언급될 때마다 하나님이라는 이름은 특별히 아버지에게 주어진다. 이러한 방식으로 본질의 통일성은 유지되며, 질서는 존중되는데, 그 질서는 아들과 성령의 신성에 의해 어떤 점에서도 훼손되지 않는다. 그리고 사도들이 하나님의 아들을 모세와 선지자들이 분명 야웨라고 선언한 분라고 선언하는 것을 우리가 이미 보았기 때문에, 우리는 항상 본질의 통일성에 도달할 수 있다."34

"하나님의 아들이셨던 분이 사람의 아들이 되셨는데, 이는 본질의 혼란이 아닌 인격의 통일성으로 이루어졌다. 신성과 인성, 각 본성의 고유한 성질들이 모두 온전히 남으면서도 두 본성들이 오직 한 그리스도를 구성하도록 신성이 인성과 결합되고 연합된다고 우리가 주장하기 때문이다. … 그렇게 성경은 그리스도에 대해 말한다. 성경은 때때로 특별히 그의 인성에 대해 언급되어야 하는 속성들이 그에게 있음, 그리고 때때로 특별히 그의 신성에 적용될 수 있는 속성들이 그에게 있음을 말하고, 때로는 특별히 어느 한쪽에만 해당하지 않고 두 본성 모두를 포함하는 속성들이 그에게 있음도 말한다. 성경은 그리스도 안에서의 이러한 이중적인 본성의 조합을 주의 깊게 표현함으로써 성경의 각 책은 때때로 그 속성들을 다른 책들과 함께 공유하는데, 옛사람들이 '속성의 전달'(*idiomaton koinonia*, a communication of properties)이라 부른 비유적인 표현이 그것이다."35

영국 교회(Church of England, 1571년)

"살아계신 진정한 한 분 하나님이 계시다. 그분은 영원하시며, 육체나 지체들이나 욕정이 없으시고, 무한한 능력, 지혜, 선하심을 가지신, 모든 보이는 것과 보이지 않는 것을 만드시고 보존하시는 이시다. 이 삼위일체의 통일성 가운데, 하나의 본질, 능력, 영원성을 가지신 아버지, 아들, 성령 세 위격이 계시다."36

"아버지의 말씀이시고, 영원부터 아버지로부터 출생하신, 진정으로 영원한 하나님이시며, 아버지와 한 본성(substance, 본질)이신 성자가 복된 동정녀의 태에서 그녀의 본성로부터 인간의 본성(nature)을 입으셨다. 그리하여 두 개의 온전하고 완전한 본성들, 즉 신성과 인성이 한 인격 안에서 함께 연결되었는데, 절대 나뉘지 않을 것이며, 따라서 그분은 진정 하나님이시며 진정 사람이신 한 그리스도시다. 그분은 진정으로 고난을 받으셨고, 십자가에 달리셨으며, 죽으셨고, 장사되셨으니, 이는 원죄(original guilt)뿐 아니라 사람의 모든 실제 죄들을 위한 희생이 되기 위함이고 또 그분의 아버지를 우리와 화해시키기 위함이다."[37]

"그리스도는 진정으로 죽음에서 부활하셨고, 살과 뼈와 사람의 본성을 완성하는 모든 것으로 된 그분의 몸을 다시 입으셨으며, 그것으로 하늘로 오르셔서 마지막 날에 모든 사람을 심판하러 다시 오실 때까지 거기 앉아 계신다."[38]

"아버지와 아들로부터 발현하시는 성령은 아버지와 아들과 한 본성, 위엄, 영광이시며, 바로 그 영원한 하나님이시다."[39]

웨스트민스터 신앙고백(Westminster Confession, 1646년)

"오직 한 분, 살아계시며 참되신 하나님이 계신다. 그는 존재와 완전함에서 무한하시고, 가장 순수한 영이시며, 보이지 않으시고, 몸과 지체들과 욕정이 없으시며, 변하지 않으시고, 광대하며, 영원하며, 이해할 수 없으며, 전능하시며, 가장 지혜로우시며, 가장 거룩하시며, 가장 자유로우시며, 가장 절대적이시며, 변경할 수 없으며, 가장 의로운 자기 뜻에 따라 자기 영광을 위하여 만물을 움직이시는 분이시다. 그는 사랑이 가장 많으시고, 은혜로우시며, 자비로우시고, 오래 참으시며, 선함과 진실이 풍성하시고, 불법과 위반과 죄를 용서하시는 분이시다. 그는 자신을 부지런히 찾는 사람에게 상을 주는 분이시나, 동시에 심판에 있어서 가장 정의로우시고 무서운 분이시며, 모든 죄를 결코 해소하려고 하지 않는 자들과 모든 죄를 미워하시는 분이시다."40

"하나님의 통일성 가운데, 한 본질(substance), 능력, 영원성을 가진 세 위격이신 성부 하나님, 성자 하나님, 성령 하나님이 존재하신다. 성부 하나님은 누구에게서도 말미암지 않으시며, 태어나지도 발현하지도 않으신다. 아들은 영원히 아버지에게서 나시며, 성령은 영원히 아버지와 아들로부터 발현(proceeding)하신다."41

블레이즈 파스칼(Blaise Pascal, 1660년 즈음)

"모호함[하나님의 감추심]이 없다면 사람은 자신이 타락했다고 느끼지 않을 것이다. 빛이 없다면 사람은 치료에 대한 소망을 가질 수 없을 것이다. 따라서 하나님이 부분적으로 감추어지시고 부분적으로 드러나시는 것은 옳을 뿐 아니라 유용한 일이다. 사람이 자신의 비열함을 알지 못한 채 하나님을 아는 것은 하나님을 알지 못한 채 자신의 비열함을 아는 것과 동일하게 위험한 일이기 때문이다."42

"만약 하나님이 계시다는 아무런 신호도 나타난 적이 없다면, 사람은 신성(divinity)을 알 가치가 없는 존재라는 사실과 관련하여, 인간이 가진 그러한 영원한 상실은 불명료해지고, 마찬가지로 신성의 부재 탓으로 돌려지곤 할 것이다. 하지만 그[하나님]가 때때로 나타나시되 항상 그렇게 하지 않으신다는 사실은 모든 불명료함을 제거한다. 만약 그가 한 번이라도 나타나시면, 그는 영원히 존재하시는 것이다. 따라서 가능한 유일한 결론은 하나님이 계시며, 사람은 그분께 합당하지 않다는 것이다."43

데이비드 클락슨(David Clarkson, 1680년 즈음)

"하나님의 명칭은 사실상 약속이다. 하나님이 해, 방패, 견고한

망대, 피난처, 분깃으로 불리는 것, 그리스도의 명칭이 세상의 빛, 생명의 떡, 길, 진리, 생명인 것, 성령의 명칭이 진리의 영, 거룩함의 영, 영광의 영, 은혜의 영, 간구의 영, 인침, 증언하는 영인 것을 보면 그것은 사실이다. 약속만큼이나 이것들로 믿음이 완성된다. 주님은 해이신가? 그렇다면 그는 나에게 영향을 미치신다, 등등. 그리스도는 생명이신가? 그렇다면 그는 나에게 생기를 북돋우신다."44

현대 시대(1700년~현재)

조나단 에드워즈(Jonathan Edwards, 1750년 즈음)

"나는 이것이 우리가 성경에서 읽는 복된 삼위일체라고 생각한다. 아버지는 최초로 존재하시는 분(the Prime), 즉 시작이 없으며 가장 절대적인 양식으로 존재하는 신격, 혹은 직접 존재하는 신격이시다. 아들은 하나님의 이해에 의해 산출되는, 혹은 자신에 대한 생각을 가지며 그 생각 안에 존재하는 신격이시다. 성령은 행위 안에 존재하는, 혹은 하나님의 무한한 사랑으로부터 흘러나오고 호흡되어 나오는, 스스로 기뻐하는 신적 본질(divine essence)이시다. 나는 온전한 신적 본질(divine Essence)이 신적 사랑(divine Love)의 신적 개념(divine Idea) 안에서 둘 다 참되게 그리고 구분되어 존재한다는 것을 믿는다. 또한, 그들은 각각 정당하게 별개의 위격들임을 믿는다."45

사무엘 홉킨스(Samuel Hopkins, 1790년 즈음)

"성경은 이 한 하나님 안에 셋이 존재한다고 우리에게 가르친다. 세 분 하나님이 아니다. 그것이 모순일 것이기 때문이다. 하지만 이 무한한 존재는, 세 개로 구별되는 자족자 혹은 위격이 있지만, 그런데도 한 하나님이신 그런 방식으로 존재하신다고 성경은 가르친다."46

찰스 하지(Charles Hodge, 1870년 즈음)

"성경에서는 하나님의 모든 명칭과 속성을 아버지와 아들과 성령에게 동등하게 돌린다. 같은 하나님에 대한 예배가 그분들에게 드려진다. 하나는 다른 분만큼이나 예배, 사랑, 확신, 헌신의 대상이시다. 아버지가 하나님이신 것이 분명한 만큼이나 아들이 하나님이신 것도 분명하다. 또한, 아버지와 아들의 신성이 계시된 만큼이나 성령의 신성도 분명히 계시 됐다."47

아우구스투스 스트롱(Augustus H. Strong, 1907년)

"한 하나님의 본성에 세 영원한 구별(distinction)이 있는데, 그러한 구별은 위격들의 형태로 우리에게 묘사되며, 이들 셋은 동등하다."48

벤자민 워필드(Benjamin B. Warfield, 1930년)

"한 분 유일하고 참된 하나님이 계신다. 하지만 삼위일체의 통일성 안에 영원히 공존하며 동등한 세 위격(persons)이 있다. 그들은 본질(substance)에서 동일하지만, 자존성(subsistence)에서 구별된다."49

"하나님이 삼위일체이시라는 근본적인 증거는, 사실은 삼위일체의 근본적인 계시에 의해, 말하자면 성자 하나님께서 성육신하신 것과 하나님께서 성령을 부어주시는 것을 통해 우리에게 주어진다. 한마디로, 예수 그리스도와 성령은 삼위일체 교리의 근본적인 증거다. 이것은, 어떤 종류든, 출처가 어디든, 예수 그리스도가 육신으로 나타나신 하나님이시며 성령은 신적 위격이시라는 모든 증거가 삼위일체 교리의 확실한 증거가 된다고 말하는 것과 같다. 또한, 그것은 신약에서 삼위일체의 증거를 찾을 때 우리는 단지 삼위일체에 대한 산발적인 암시들—비록 그것들은 수많은, 도움이 되는 것들이지만—보다는 기본적으로 신약에서 그리스도의 신성과 성령의 신적 위격을 말하는 엄청난 양의 증거에서 그것을 찾아야 한다고 하는 것과 같다. 우리가 이것을 말했을 때, 사실상 신약 전체가 삼위일체의 증거라고 말한 것이다."50

루이스 벌코프(Louis Berkhof, 1938년)

"성경은 하나님이 한 분이시지만 아버지와 아들과 성령으로 불리는 세 위격으로 존재하신다고 가르친다. 이들은 그 단어가 가진 통상적인 의미로 세 위격이 아니다. 그들은 세 명의 개인들이 아니다. ... 동시에 그들은 개인적인 관계 안으로 들어올 수 있는 그런 성질의 존재다. 아버지는 아들에게 말할 수 있으며, 그 반대도 가능하고, 두 분 모두 성령을 보내실 수 있다. 삼위일체의 진정한 비밀이 여기 있는데, 이 위격들이 각자 온전한 신적 본질(essence)을 소유하며, 그 본질은 그 위격들 밖에서 그들을 떠나 존재하지 않는다는 것이다. 그 셋은 상호 관계에서 종속적이지 않다—비록 존재의 순서에서 아버지가 첫째이시며, 아들이 둘째이시고, 성령이 셋째이시며, 그 순서는 또한 그들의 사역에서 반영된다고 할 수 있지만."51

토마스 오덴(Thomas Oden, 1987년)

"하나님은 만물의 근원과 결말이시다. 그분보다 더 큰 것을 생각할 수 없는 존재; 창조되지 않은, 충분하며, 필연적인 존재; 무한한, 헤아릴 수 없는, 영원한 한 분; 아버지, 아들, 성령이시다. 그는 편재, 전지, 전능하시며, 모든 것에게 힘을 주시는 창조자, 구속자, 만물을 완성하시는 이; 초월적인 동시에 내재하시는, 우리 가운데 계시는 거룩하신 이; 개인적인 존재의 방식이 비할 데가 없이 자유로우시고, 스스로 결정하시며, 영적이고, 반응하시는, 그리고 스스로 일치하는 분; 그 행위가 비할 데 없이 선하시고, 거룩하시며, 의로우시고, 공정하시며, 자비심 많고, 사랑하시며, 자비로우시고, 관대하시며, 친절하신, 그리하여 영원히 복되신, 영원히 즐거워하시는, 그 거룩함이 아름다움에 있어 비할 데 없으신 분이시다."52

제임스 패커(J. I. Packer, 1993년)

"진정으로 어려운 것, 복음에서 우리가 직면하는 최고의 비밀은... 예수 수난일의 구속 메시지도, 부활절의 부활 메시지도 아니라, 성탄절의 성육신 메시지다. 진정 경이로운 기독교의 주장은 나사렛 예수가 하나님이며 사람이라는 것—삼위일체의 두 번째 위격이 인간의 운명을 정하시는, 인류의 두 번째 머리인 '둘째 사람'(고전 15:47)이 되셨다는 것과 그가 신성을 잃어버리는 일 없이 인성을 입으셨으며, 그리하여 나사렛 예수가 사람이신 만큼이나 진정으로 온전히 하나님이셨다는 것이다."

"여기 한 번에 두 개의 비밀이 있다. 하나님의 단일성 안에 복수의 위격이 있으며, 예수의 인격 안에 하나님이심과 인간임의 연합이 있다."53

리처드 스윈번(Richard Swinburne, 1996년)

"과학자와 역사가 그리고 탐정은 자료를 관찰하고 그것으로부터 이들 자료가 생긴 이유를 가장 잘 설명하는 어떤 이론으로 나아간다. 우리는 특정 이론이 다른 이론보다 더 자료의 지지를 받는다고 하는—즉 그 자료들을 근거로 좀 더 사실일 가능성이 크다는—결론에 이르는 데에서 그들이 사용하는 기준을 분석할 수 있다. 그러한 같은 기준들을 사용하여, 우리는 하나님이 존재한다는 견해가 일부 좁은 영역의 자료뿐 아니라 우리가 관찰하는 **모든 것**을 설명함을 발견한다. 그것은 사람이 기적을 보고하고 종교적인 경험을 가진다고 하는 좀 더 특별한 자료뿐 아니라, 우주가 적어도 존재하며, 과학의 법칙들이 그 안에서 작용하고, 우주가 복잡하고

난해하게 구성된 몸을 가지고 의식이 있는 동물들과 사람을 포함하며, 우리에게 자신과 세상을 발전시킬 많은 기회가 있다는 사실을 설명한다. 과학적인 원인과 법칙들이 이러한 것들을 설명하는 한에 있어서(그리고 부분적으로 그것들은 그렇게 한다) 바로 이들 원인과 법칙들은 설명이 필요하며, 하나님의 행위는 그것들을 설명한다. 과학자들이 자신의 이론에 이르려고 사용하는 바로 그 동일한 기준들이, 우리가 그러한 이론들을 넘어 만물을 그 존재 안에 유지하시는 창조주 하나님께로 나아가도록 이끈다."[54]

웨인 그루뎀(Wayne Grudem, 1999년)

"하나님은 아버지와 아들과 성령의 세 위격으로서 영원히 존재하시고, 각 위격은 온전히 하나님이시며, 한 분 하나님이 존재하신다."[55]

밀라드 에릭슨(Millard Erickson, 2000년)

"성경의 모든 본문을 진지하게 받아들일 때, 삼위일체의 교리가 나온다. 그것은 하나님이 한 분이시며, 유일하신 분이시라는 것, 그리고 그분이 참되고 존재하시는 유일한 하나님(the only God)이심을 분명히 가르친다. 그것은 온전한 신성의 세 위격, 아버지와 아들과 성령이 있다고 직접적으로나 간접적으로 가르친다. 또한, 그것은 간접적으로 암시에 의해, 이들 셋이 하나라고 가르친다."[56]

서재에 꽂아 두고 읽어야 할 책

이 책은 광범위한 정통 개신교 복음주의적 관점에서 주요 기독교 교리에 관한 기본적 개관과 중심주제 및 필수 본문을 알려준다. 이 주제에 관해 심층적인 연구를 하려는 독자를 위해 다음 책을 추천하니, 서재에 꽂자 두고 연구에 참고하기 바란다. 각 서적 내용을 간략히 소개하고 독서 난이도—[초급], [중급], [고급]—도 표시한다.

삼위일체에 관한 고전

Anselm, *Why God Became Man*. In *Anselm: Proslogium; Monologium; An Appendix in Behalf of the Fool by Gaunilon; and Cur Deus Homo*. Sidney Norton Deane, trans. Reprint ed. Chicago: Open Court, 1926. 『신 존재 증명』. 전경연 옮김. 서울: 한국신약학회, 1997. 계시를 제외하고 이성에만 의지하여, 하나님 아들이 성육신하셔야 하는 필요성을 증명하는 고전적 시도. [고급]

Athanasius. *On the Incarnation*. Intro. by C. S. Lewis. New ed., C.S.M.V., trans. and ed. Crestwood, NY: St. Vladimir's Seminary Press, 1998. 저명한 삼위일체 교리 옹호자가 작성한, 완전한 하나님이신 예수 그리스도에 대한 짧은 변론이다. 온라인으로 다양한 번역본을 볼 수 있다. [초급]

Augustine. *The Trinity*. Intro, notes by Edmund Hill, trans. John E. Rotelle, ed. Brooklyn: New City, 1991. 서구 기독교 신학의 최고 권위자가 기록한, 삼위일체적 하나님에 대한 기본을 이루는 글. 온라인으로 다양한 번역본을 볼 수 있다. [중급]

Basil the Great. *On the Holy Spirit.* David Anderson, trans. Popular Patristics Series. Crestwood, NY: St. Vladimir's Seminary Press, 1980. 카파도키아 교부가 쓴 성령의 인격성에 관한 초기 변론이다. [중급]

Boethius. *The Trinity Is One God, Not Three Gods. In The Theological Tractates, The Consolation of Philosophy.* H. F. Stewart and E. K. Rand, trans. The Loeb Classical Library. London: Heinemann, 1918. 『철학의 위안』, 박문재 옮김. 현대지성, 2018. 교부시대에서 중세시대로 이행하던 시기의 저명인사가 기록한 철학적이고 신학적인 고찰이다. [고급]

Calvin, John. *Institutes of the Christian Religion.* Henry Beveridge, trans. Edinburgh, Scotland: T.&T. Clark, 1863. 삼위일체론적 관점이 우세한 개신교 개혁신앙의 고전적 총체로, 1권은 주로 신론을, 2권에서는 그리스도의 인격과 사역을 다룬다. [고급]

Edwards, Jonathan. *An Unpublished Essay of Edwards on the Trinity.* New York: Scribner's, 1903. 하나님의 섭리와 영광에 관한 에드워드의 훌륭한 저작들을 더 찾아보게 만드는 정교한 작품이다. [고급]

Gregory of Nazianzus. *On God and Man: The Theological Poetry of St. Gregory of Nazianzus.* Peter Gilbert, trans. Crestwood, NY: St. Vladimir's Seminary Press, 2001. 4세기 카파도키아 교부가 쓴 고전 논문 시리즈이다. [고급]

Owen, John. *Of Communion with God: The Father, Son and Holy Ghost.* Kelly M. Kapic and Justin Taylor, eds. Wheaton, IL: Crossway, 2007. 하나님의 각 위격과 교제가 어떻게 동시에 삼위 하나님과 교제가 되는지를 다룬 1657년 작 청교도 고전이다. [중급]

Simons, Menno. *A Confession of the Triune, Eternal, and True God, Father, Son, and Holy Ghost. In The Complete Works of Menno Simons.* Vol. 2. Elkhart, IN: John F. Funk, 1871. 유명한 재침례교 지도자가 쓴 삼위일체 교리서이다. [중급]

Tertullian. *Against Praxeas.* In *Alexander Roberts and James*

Donaldson, eds. *The Ante Nicene Fathers: The Writings of the Fathers Down to AD 325*. Vol. 3. New York: Christian Literature, 1885. Reprint, Peabody, MA: Hendrickson, 1994. 양태론과 성부수난설을 공격한 글로, 테르툴리아누스가 나중에 니케아와 칼케돈 정교회에서 사용된 용어인 '세 위격, 한 본질을 지니신 하나님'과 '한 사람이시나 두 본질이신 그리스도'를 처음으로 사용했다. [고급]

Thomas Aquinas. *Summa Contra Gentiles*. In Joseph Rickaby, ed. and trans. *Of God and His Creatures: An Annotated Translation (with Some Abridgement) of the Summa Contra Gentiles of Saint Thomas Aquinas*. London: Burns & Oates, 1905. 후기 중세 로마가톨릭 학자가 신론을 다룬 글이다. [고급]

하나님과 삼위일체에 관한 일반 서적

Feinberg, John. *No One Like Him: The Doctrine of God*. Wheaton, IL: Crossway, 2001. 성경적, 역사적으로 깊이 있게 기독교 유신론을 설명한 최고 해설서의 하나로, 파인버그의 대표작이다. [중급]

Frame, John M. *The Doctrine of God: A Theology of Lordship*. Phillipsburg, NJ: P & R, 2002. 『신론』. 김재성 옮김. 서울: P&R. 2014. 성경적 설명과 역사적 세부사항을 풍성히 담은, 종합적이고 뛰어난 개혁주의 관점의 신론 책이다. [중급]

Lewis, C. S. *Beyond Personality: The Christian Idea of God*. London: Geo rey Bles, 1944. 처음에는 제2차 세계대전 동안 라디오 프로그램을 통해 소개되었던 글로, 성육신한 성자와 삼위일체를 포함한 특정 핵심 교리들을 평이하게 제시한 루이스의 작품이다. [초급]

Oden, Thomas C. *Classic Christianity: A Systematic Theology*. New York: HarperOne, 2009. 삼위일체론적 고백에 맞춰 세 부분으로 짜인 작품으로, 특히 1권에서는 성서적이고 역사적(특히 초기 교부적) 신학을 장대하고 일률적으로 결합한 신론을 집중적으로 다룬다. [중급]

Packer, J. I. *Knowing God*. London: Hodder & Stoughton, 1973. 『하나님을 아는 지식』. 정옥배 옮김. 서울: IVP. 2018. 영적 지혜와 견고한 신학으로 잘 알려진 패커의 가장 유명한 저작물로, 독자에게 하나님을 이해하고 신뢰하도록 요청한다. [초급]

Piper, John. *Desiring God: Meditations of a Christian Hedonist*. Sisters, OR: Multnomah, 1996. 『하나님을 기뻐하라: 하나님 안에서 행복을 누리는 법』, 박대영 옮김. 서울: 생명의말씀사. 2016. 하나님을 알고 그분을 사랑하는 것을 우리 삶의 중심으로 삼고, 이로써 가장 깊은 갈망을 채우라고 강력히 초청하는 책이다. [초급]

Ware, Bruce A., ed. *Perspectives on the Doctrine of God: Four Views*. Paul Helm, Roger E. Olson, John Sanders, Bruce A. Ware, contributors. Nashville: B & H, 2008. 하나님의 본성, 그리고 이와 함께 창조세계, 인간, 자유로운 선택과 관계를 다룬 복음주의적 논쟁을 설명한다. [중급]

Yancey, Philip. *Reaching for the Invisible God: What Can We Expect to Find?* Grand Rapids, MI: Zondervan, 2000. 믿음과 그들의 드러난 삶 사이에 명백하게 보이는 단절을 놓고 고군분투하는 이들에게 주는 실제적이고 노련한 지침서이다. [초급]

하나님의 존재에 관한 책

Beckwith, Francis J., William Lane Craig, and J. P. Moreland, eds. *To Everyone an Answer: A Case for the Christian Worldview*. Downers Grove, IL: InterVarsity Press, 2004. 기독교의 하나님과 믿음에 관한 기초 논의를 다룬 변증론자들의 인상적인 글 모음집이다. [중급]

Keller, Timothy. *The Reason for God: Belief in an Age of Skepticism*. New York: Dutton, 2008. 『팀 켈러 하나님을 말하다: 하나님에 대한 오해와 진실』. 최종훈 옮김. 서울: 두란노서원. 2017. 켈러는 설득력 있게 하나님의 존재에 반하는 논의를 다루면서 신앙의 기본 근거들을 제시한다. [초급]

McGrath, Alister E. *The Unknown God: Searching for Spiritual Fulfillment*. Grand Rapids, MI: Eerdmans, 1999. 『목마른 내 영혼』. 이종태 옮김. 서울: 복있는사람. 2005. 회의론적 독자를 위한 책으로, 맥그래스는 인간이 지닌 채워지지 않는 깊은 갈망이 기독교의 하나님을 향한 길을 보여준다고 주장한다. [초급]

Meister, Chad, and James K. Dew, eds. *God and Evil: The Case for God in a World Filled with Pain*. Downers Grove, IL: InterVarsity Press, 2013. 중요 저작물로, 하나님과 악의 문제를 다룬 최고의 문집이다. [고급]

Plantinga, Alvin. *God, Freedom and Evil*. Grand Rapids, MI: Eerdmans, 1974. 악의 문제에 철학적으로 답하는 해석을 단순히 제시하므로, 기독교 신정론에 대한 합리적인 변론으로 유명하다. [중급]

Strobel, Lee. *The Case for a Creator: A Journalist Investigates Scientific Evidence that Points toward God*. Grand Rapids, MI: Zondervan, 2004. 『창조설계의 비밀』. 홍종락 옮김. 서울: 두란노. 2015. 존경받는 학자들의 대중적이며 실제적인 변증론적 인터뷰들로 이뤄진 책이다. [초급]

Swinburne, Richard. *The Existence of God*. 2nd ed. Oxford, England: Clarendon, 2004. 합리적 변론의 본질을 설명하는 고전적 논의에 근거하여, 기독교 유신론을 다룬 변증서로 높이 평가받는 작품이다. [고급]

_____. *Is There a God?* Rev. ed. Oxford, England: Oxford University Press, 2010. 하나님의 존재를 다룬 어려운 논의를 개작한, 유용하고 대중적 눈높이의 입문서이다. [초급]

하나님의 이름과 속성들에 관한 책

Beilby, James, and Paul R. Eddy, eds. *Divine Foreknowledge: Four Views*. William Lane Craig, Paul Helm, Gregory A. Boyd, David Hunt, contributors. Downers Grove, IL: InterVarsity

Press, 2001. 열린 신론에서부터 예정론의 예지에 이르기까지 견해를 비교한 글이다. [중급]

Carson, Donald A. *The Difficult Doctrine of the Love of God*. Wheaton, IL: Crossway, 2000. 하나님 사랑의 5가지 측면을 자세히 논한 정밀하고 통찰력 넘치는 보배작이다. [초급]

Erickson, Millard J. *God the Father Almighty: A Contemporary Exploration of the Divine Attributes*. Grand Rapids, MI: Baker, 1998. 하나님과 그 속성을 폭넓게 논의한 글이다. [중급]

_____. *What Does God Know and When Does He Know It? The Current Controversy Over Divine Knowledge*. Grand Rapids, MI: Zondervan, 2003. 열린 신론 논쟁에 대응한 책이다. [중급]

Ganssle, Gregory E. *God and Time: Four Views*. Paul Helm, Alan Padgett, William Lane Craig, Nicholas Wolterstor, contributors. Downers Grove, IL: InterVarsity Press, 2001. 하나님과 시간에 관한 철학적 논의를 다룬다. [중급]

Helm, Paul. *The Providence of God*. Contours of Christian Theology. Gerald Bray, ed. Downers Grove, IL: InterVarsity Press, 1993. 『하나님의 섭리』. 이승구 옮김. 서울: IVP. 2004. 하나님의 섭리에 연관된 주제를 다룬 복잡하지만 읽기 쉬운 작품이다. [중급]

Lister, Rob. *God Is Impassible and Impassioned: Toward a Theology of Divine Emotion*. Wheaton, IL: Crossway, 2013. 하나님의 무감각성에 대한 정의와 변론으로, 이것이 파토스를 향한 하나님의 자유를 확언한다. [고급]

삼위일체 하나님에 관한 책

Bray, Gerald L. *The Doctrine of God*. Contours of Christian Theology. Downers Grove, IL: InterVarsity Press, 1993. 『신론』. 김재영 옮김. 서울: IVP. 2015. 하나님의 본질, 속성들과 삼위의

결합을 다룬 복잡하지만 이해하기 좋은 책이다. [중급]

Collins, Paul M. *The Trinity: A Guide for the Perplexed*. London: T. & T. Clark, 2008. 간략하고, 비교적 간단한 삼위일체 소개서이다. [초급]

Emery, Gilles, and Matthew Levering, eds. *The Oxford Handbook of the Trinity*. Oxford, England: Oxford University Press, 2011. 삼위일체설에 관한 거의 모든 측면을 다루는 논문을 광범위하게 모아놓은 책이다. [고급]

Edgar, Brian. *The Message of the Trinity*. The Bible Speaks Today. Downers Grove, IL: InterVarsity Press, 2004. 삼위일체 교리에 대한 핵심 성경 구절들을 원숙하게 설명해낸 글이다. [중급]

Erickson, Millard J. *God in Three Persons: A Contemporary Interpretation of the Trinity*. Grand Rapids, MI: Baker, 1995. 삼위일체 교리를 성서적, 역사적, 신학적, 실제적으로 철저하게 종합한 글이다. [고급]

―――. *Making Sense of the Trinity: Three Crucial Questions*. Grand Rapids, MI: Baker, 2000. 삼위일체는 성서적인가? 이해가 능한가? 중요한가? 이에 대해 간단하고도 평이하게 답한다. [초급]

Fairbairn, Donald. *Life in the Trinity: An Introduction to Theology with the Help of the Church Fathers*. Downers Grove, IL: InterVarsity Press, 2009. 우리 모두에게 교부들이 어떻게 삼위일체적 고백을 명확하게 했는지 통찰력 있게 소개한다. [중급]

Holmes, Stephen R. *The Quest for the Trinity: The Doctrine of God in Scripture, History, and Modernity*. Downers Grove, IL: InterVarsity Press, 2012. 아마도 단권으로는 가장 정교하게 이 주제를 다룬 글이다. [고급]

Letham, Robert. *The Holy Trinity: In Scripture, History, Theology, and Worship*. Phillipsburg, NJ: Presbyterian & Reformed (P & R), 2004. 하나님에 관한 가장 훌륭하고 충만한 연구로 많은 이가 추천하는 서적이다. [중급]

Lossky, Vladimir. *The Mystical Theology of the Eastern Church*. Reprint. Crestwood, NY: St. Vladimir's Seminary Press, 1976. 삼위일체를 중요시하는 동방 정교회를 궁금해하고 이해하려는 독자가 먼저 읽어야 할 책이다. [중급]

Reeves, Michael. *Delighting in the Trinity: An Introduction to the Christian Faith*. Wheaton, IL: Crossway, 2012. 일상적 삶과 헌신에 활기를 불어넣는 정통 교리를 소개한다. [초급]

Sanders, Fred. *The Deep Things of God: How the Trinity Changes Everything*. Wheaton, IL: Crossway, 2010. 『삼위일체 하나님이 복음이다』. 임원주 옮김. 서울: 부흥과개혁사, 2016. 구원 교리에 중심을 둔 삼위일체와 복음주의의 관계를 다룬 놀랍도록 신선한 접근이다. [초급]

Toon, Peter. *Our Triune God: A Biblical Portrayal of the Trinity*. Wheaton, IL: Bridgepoint, 1996. 읽기 쉬운 이야기체로 삼위일체설의 성서적 토대를 제시한다. [중급]

Torrance, T. F. *The Trinitarian Faith*. Edinburgh, Scotland: T. & T. Clark, 1993. 초기 교부들과 니케아 신조를 다룬 탁월한 작품이다. [고급]

성자 하나님에 관한 책

Beilby, James K. *The Historical Jesus: Five Views*. Downers Grove, IL: InterVarsity Press, 2009. 예수님 생애를 얼마나 알 수 있는가에 관해 여러 면에서 논의한다. [중급]

Bock, Darrell L. *Jesus according to Scripture: Restoring the Portrait from the Gospels*. Grand Rapids, MI: Baker, 2002. 『복음서를 통해 본 예수: 사복음서에서 말하는 예수는 어떤 분이신가』. 신지철 · 김철 공역. 솔로몬. 2012. 구세주를 각 복음서가 어떻게 소개하는지에 관한 심층 연구서이다. [고급]

Bowman, Robert M. Jr, and J. Ed Komoszewski. *Putting Jesus in His*

Place: The Case for the Deity of Christ. Grand Rapids, MI: Kregel, 2007. 대중적이고 활력있는 변론을 기술한다. [초급]

Erickson, Millard J. *The Word Became Flesh: A Contemporary Incarnational Christology.* Grand Rapids, MI: Baker, 1991. 그의 저서 *God in Three Persons*의 의미와 표현을 유지한 채 기독론에 초점을 둔 글이다. [고급]

Hurtado, Larry W. *Lord Jesus Christ: Devotion to Jesus in Earliest Christianity.* Grand Rapids, MI: Eerdmans, 2003. 『주 예수 그리스도: 초기 기독교의 예수 신앙에 대한 역사적 탐구』. 박규태 옮김. 서울: 새물결플러스, 2010. 초기 그리스도인이 이해한 그리스도의 신성에 관해 철저하고 원숙하게 펼쳐낸 주장이다. [고급]

Komoszewski, J. Ed, M. James Sawyer, and Daniel B. Wallace. *Reinventing Jesus: How Contemporary Skeptics Miss the Real Jesus and Mislead Popular Culture.* Grand Rapids, MI: Kregel, 2006. 성서의 신뢰성과 그리스도를 향한 맹공격에 탁월하게 대응한다. [초급]

Macleod, Donald. *The Person of Christ.* Contours of Christian Theology. Downers Grove, IL: InterVarsity Press, 1998. 『그리스도의 위격』. 김재영 옮김. 서울: IVP. 2001. 역사적 논점을 강력하게 띤 이해하기 쉬운 기독론 논의이다. [중급]

Nichols, Stephen J. *For Us and for Our Salvation: The Doctrine of Christ in the Early Church.* Wheaton, IL: Crossway, 2007. 빠른 진행으로 교부시대 기독론을 다룬 가독성 좋고 정보가 풍부한 논의이다. [초급]

Pelikan, Jaroslav. *Jesus Through the Centuries: His Place in the History of Culture.* New Haven, CT: Yale University Press, 1985. 『예수의 역사 2000년: 문화사 속의 그리스도의 위치』. 김승철 옮김. 서울: 동연, 1999. 예수님에 관한 견해를 바라보는 시각으로 널리 찬사받는다. [중급]

Pentecost, J. Dwight. *The Words and Works of Jesus Christ.* Grand Rapids, MI: Zondervan, 1981. 생각을 촉진하며, 교훈적이다. [중급]

Strobel, Lee. *The Case for Christ: A Journalist's Personal Investigation of the Evidence for Jesus*. Grand Rapids, MI: Zondervan, 1998. 『예수는 역사다』. 윤관희·박중렬 옮김. 서울: 두란노, 2002. 그리스도의 인격과 사역 주장에 대한 근거 탐구. [초급]

Ware, Bruce A. *The Man Christ Jesus: Theological Reflections on the Humanity of Christ*. Wheaton, IL: Crossway, 2013. '신인(God-Man)'이 어떻게 하나님과 우리의 동행에 대한 예시가 되는지를 다룬 이해하기 쉬운 논고이다. [중급]

Warfield, Benjamin B. *The Person and Work of Christ*. Samuel G. Craig, ed. Philadelphia: P&R, 1950. '신인(God-Man)'과 그의 구속 사역을 다룬 논문 편집본이다. [고급]

Wright, N. T. *The Resurrection of the Son of God*. Christian Origins and the Questions of God, Vol. 3. Minneapolis: Fortress, 2003. 『하나님의 아들의 부활: 기독교의 기원과 하나님의 문제』. 박문재 옮김. 서울: CH북스. 2014. 그리스도의 부활을 역사적으로 변론하는 종합적이며 전문적인 책이다. [고급]

성령에 관한 책

Fee, Gordon D. *Paul, the Spirit, and the People of God*. Peabody, MA: Hendrickson, 1996. 『바울 성령 그리고 하나님의 백성』. 길성남 옮김. 서울: 좋은씨앗. 2001. 저자의 학술적 연구서적을 대중적이고 실제적인 한 권으로 통합한 책이다. [초급]

Ferguson, Sinclair B. *The Holy Spirit*. Contours of Christian Theology. Downers Grove, IL: InterVarsity Press, 1996. 『성령』. 김재성 옮김. 서울: IVP. 1999. 복잡하지만 읽기 좋은 성령론 교과서이다. [중급]

Keener, Craig S. *Gift and Giver: The Holy Spirit for Today*. Grand Rapids, MI: Baker, 2001. 성령의 은사들과 같은 문제들에 차이를 기술하는 동시에 실제적인 의견일치를 이루려는 노력이 담긴,

융합적이고 정보를 담은 유익한 책이다. [초급]

Ryrie, Charles C. *The Holy Spirit*. Rev. ed. Chicago: Moody, 1997. 이해하기 좋은 동시에 성서적으로 심오한, 세월이 검증한 작품이다. [초급]

Thiselton, Anthony C. *The Holy Spirit—In Biblical Teaching, through the Centuries, and Today*. Grand Rapids, MI: Eerdmans, 2013. 성령을 다룬 가장 철저하면서 도전을 주는 책이다. [고급]

삼위일체, 인간, 사회, 문화에 관한 책

Jowers, Dennis W., and H. Wayne House, eds. *The New Evangelical Subordinationism? Perspectives on the Equality of God the Father and God the Son*. Eugene, OR: Pickwick, 2012. 하나님의 대인관계 본성과 이것이 인간관계를 해명하는가에 관한 견해를 전반적으로 모아놓은 글이다. [중급]

Lightner, Robert P. *The God of the Bible and Other Gods: Is the Christian God Unique Among the World Religions?* Grand Rapids, MI: Kregel, 1998. 유용한 도표들로 비교 및 대조하며 주제를 풀어낸다. [초급]

Macleod, Donald. *Shared Life: The Trinity and the Fellowship of God's People*. Fearn, Scotland: Christian Focus, 1994. 그리스도인 교제의 모델이 되는 삼위일체를 다룬 글로 즐겁게 읽기 좋은 책이다. [초급]

Ware, Bruce A. *Father, Son, and Holy Spirit: Relationships, Roles, and Relevance*. Wheaton, IL: Crossway, 2005. 삼위일체 안의 관계를 교회와 그 가족 간의 관계에 비교한, 경건하며, 강력하며, 논의하는 책이다. [초급]

계시, 성경, 삼위일체 용어 해설

가톨릭(Catholic) '전체적, 보편적'이라는 의미를 지닌 헬라어 *katholikos*에서 유래했다. 처음에는 '전체의'와 동의어로 사용되었기에, 오랫동안 가톨릭교회는 단순히 '전체 교회'를 의미했다. 훨씬 나중에서야 이 용어가 로마 가톨릭교회를 약칭했다.

가현설(Docetism) 초대 교회의 이단으로 이미 1세기 후반에 이단이라 입증되었고, 2세기에 영지주의와 마르키온주의를 통해 인기를 얻었다. 가현설을 따르는 자들이 거룩한 천상의 그리스도는 인간의 몸인 것처럼 보인다고 말했듯, '보이다'라는 뜻의 헬라어 단어에서 가현설이라는 용어가 파생했다. 물리적 세계는 악한 것으로 인식되었으므로, 신적 존재가 성육신하여 참 인간의 몸을 입었다는 것은 상상도 할 수 없는 일이었다.

개혁파(Reformed) 일반적으로 장 칼뱅의 추종자들과 연관된 신학적 접근으로, 특히 도르트의 종교회의(1618년)에서 발생한 칼뱅주의 형태다. 칼뱅의 사상과 같이 개혁파 신학은 특히, 하나님의 구원계획을 이해하는 면에서 하나님의 주권을 강조하는 특징이 있다(예를 들면, 하나님을 따르기로 선택하는 데 하나님의 예정과 인간의 무능력이 전형적이다).

경륜적 삼위일체(Economic Trinity) 성부, 성자, 성령의 세 위격이 창조, 계시, 구속 사역에서 연합하고 협력하되, 일관된 질서로 기능함을 주목하여 본다. 모든 실제적 활동은 성부에게서 나와 성자를 통해, 성령에 의해/안에서 일어난다. 때로, '내재하는' 또는 '존재론적인' 삼위일체와 구별하려고 '기능적 삼위일체'로 불린다.

계시(Revelation) 하나님이 자신을 드러내시는 것으로서, 자신을 드러내는 그의 행동, 수단 또는 결과물을 나타낸다. 계시의 내용은 하나님 자신, 그의 일들, 그리고 그의 뜻에 관련된다. 전통적으로, 신학자들은 **일반 계시**와 **특별 계시**를 구분해 왔다.

고대성(Antiquity, 정경성 기준) 성경의 기원을 사도 시대가 막을 내리기(A.D. 100 년경) 이전으로 호소하는, 성경의 정경성에 대한 주장이다. 이에 근거하여, 사도시대 이후에 기록된 것으로 알려진 책들은 명백히 사도성이라는 기준에 미치지 못하므로 보통 정경에서 제외하곤 했다.

공유적 속성(Communicable Attributes) 하나님의 속성 중에서, 제한적이기는 해도 최소한 공유가 가능한 속성들(예. 사랑, 은혜, 자비)로, 비공유적 속성과 대조를 이룬다.

공의회 권위(Conciliar Authority) 로마가톨릭 교황의 권위와 개신교의 성경적 권위와 구별하는 용어로, 최종 교리와 실천에 대한 권위는, 각기 동일한 권위를 지닌 교회 주교들이 적법하게 부름을 받아 모인 공의회에 있다는 믿음이다. 동방 정교회는 7대 세계공의회(4세기부터 8세기 사이에 있었던)의 신조들과 행동강령에 구속력 있는 권위가 있다는 견해를 고수한다. 공의회주의자들은 성경의 절대적 권위를 옹호하지만, 공의회를 통해서 성령께서 성경을 권위 있게 해석해 주신다고 믿는다.

교리문답 신학(Catechetical Theology) 특정한 교파 또는 전통의 교리와 실천에 들어맞는, 신자들의 학문이다.

교부(Fathers of the church) 교부시대(사도 이후 약 500년까지의 세대)의 지도자(목사, 교사, 장로, 주교)이다. 몇몇 전통은, 교부들이 사도들에 가까운 시기에 존재했으며, 정경의 최종 승인, 삼위일체론과 기독론적 용어 및 신조를 발전시킨 정통신앙의 최대 형성기에 있었음을 근거로 교부들의 증언에 더 큰 권위를 부여한다.

교부시대(Patristic Period) 교부들과 연관된 기초 시대(약 100~500년)로, 이 시대에 정경이 결정되고, 주요 에큐메니칼 공의회들이 소집되고, 삼위일체와 그리스도에 관한 주요 신경들이 형성되었다. 그리고 교회는 박해에서 벗어나 로마제국 공식 종교라는 특권적인 지위를 인정받았다.

교부 신학(Patristic Theology) 교회사의 초기 시대, 곧 교부들의 시대(약 100~500년)에 초점을 둔 역사신학의 한 분야이다.

교의학(Dogmatic Theology or Dogmatics) 특정 기독교 교파와 전통을 권위 있게 견지하고 가르치는 신학 분야이다.

교황의 권위(Papal Authority) 교부시대와 중세시대에 걸쳐 점차 발전한 견해로, 최종 교리적 권위는 교황에게 있고, 교황에게 전 세계 기독교 교회를 지도하는 권리와 책임이 있다고 본다. 이 관점은 자주 공의회의 권위 및 성경의 권위와 대조되지만, 로마가톨릭은 성경의 의심의 여지 없는 권위와 공의회의 교리적 권위를 굳게 믿는다. 그러나 공의회를 소집하고 승인하며 성경을 바르게 해석하는 최종 권위를 로마 주교에게 부여한다.

교회론(Ecclesiology) 교회(지역 및 우주적 교회)의 본질과 기능에 관한 연구로, 하나님의 구속 계획에서 목적, 구조, 치리의 주제를 다룬다.

구원론(Soteriology) 구원의 본성과 범위에 관한 연구로, 속죄 교리와 함께 회심, 부르심, 회개, 믿음, 선택, 칭의, 중생, 구원의 보장과 같은 주제를 포함한다.

군주론(Monarchianism) 초대 교회 때 양태론의 동의어이다. 후대의 역사가는 여기에서 양자론(adoptionism)으로 정의되는 개념에 '양자론적' 또는 '역동적 군주론(dynamic monarchianism)'이라는 용어를 사용하기도 한다. 모두가 하나님의 다양성을 희생하면서 성부의 단독(*mono*) 지도권(*arche*) 강조하고자 했다.

그리스도의 무결성(Impeccability of Christ) 인간의 모습을 한 신인께서 유혹을 받았을 때 죄를 지을 수 없었다는 믿음이다. 예수님은 완전한 인성 때문에 다른 사람들처럼 모든 방법으로 유혹을 받을 수 있었지만, 그의 완전한 신성 때문에 죄를 지을 수 없었다. 그렇지 않으면 그분의 성육신(한 위격 안에 두 본성)은 진정으로 실재하지 않았을 것이다.

그리스도의 현현(Christophany) 하나님의 현현과 유사한 의미이다. 성육신 전에 하나님의 아들의 나타남이다. 하나님의 아들이 물질세계와 상호작용하려고 일시적으로 육체적 형태를 취함이다. 역사 이래, 대부분 초기 교부들 및 많은 그리스도인이 구약성경에서 주의 천사 등장(예 창 16:7~14; 삿 6:11~23)을 그리스도의 현현으로 해석했다.

근본주의(Fundamentalism) 본래는 『근본적인 것들(*The Fundamentals*)』 (1910~1915)이라는 출판물을 기반으로, 또 지지하면서 형성된 운동인데, 여기에 수록된 책들은 19~20세기 주류 교단들에서 일어난 부정적인 자유주의의 발흥에 반대하여 분명한 선을 그은 것이었다. 이것은 고전적 정통 개신교의 핵심 교리, 곧 교회사의 시작 때부터 만들어진 교리들의 본질을 재표명하고 수호하고자 했다.

긍정신학(Cataphatic Theology) '긍정'이라는 뜻을 가진 헬라어 단어에서 비롯됐다. 비록 하나님의 무한하고 이해할 수 없는 부분을 표현하기에는 인간의 언어가 한계가 있음을 인정하지만, 긍정신학은 하나님을 긍정적인 언어로, 특히 성경 언어에서 하나님이 자신을 드러내신 것에 근거하여 설명한다(예를 들면, 영원하고 거룩하고 사랑이신 하나님). 긍정신학은 부정신학과 대조된다.

기독론(Christology) 그리스도의 인격에 관한 연구이다. 특히 그리스도의 성육신 이전의 존재, 신성, 성육신, 인간성, 두 본성, 그리고 그의 인격과 사역의 관계 등을 연구한다.

내재성(Immanence) 자신의 창조세계 안에, 또한 함께 계시는 하나님의 임재로, 하나님의 **초월성**과 대비를 이룬다.

내재적 삼위일체론(Immanent Trinity) '존재론적 삼위일체'와 같은 의미다. 성부, 성자, 성령 사이에 내부적(내재적)인 관계를 나타낸다. 이것은 전통적으로 경륜적 삼위일체를 위한 존재론적 기반으로 가정되었다.

네스토리우스주의(Nestorianism) 네스토리우스가 주장했다고 알려진 이단교리로, 그는 그리스도의 완전한 인성과 완전한 신성을 가르쳤지만, 이 두 본성을 너무나도 분리하여 신인(God-Man)의 한 위격성을 놓친 것으로 보인다. 네스토리우스는 인성이 경험하는 것들(예를 들면 출생이나 죽음)로부터 신성은 분리되어 있다고 가르쳤다는 비난을 받았다. 그래서 에베소 공의회(431년)에서 이단으로 정죄 되었지만, 오늘날까지 아시리아의 기독교로 남아있다.

니케아 공의회, 제1차(Nicaea I, Council of) 첫 번째 에큐메니칼 공의회(325년)로, 하나님의 아들이 창조된 존재라는 아리우스의 일탈한 가르침을 거부하고 그리스도의 완전한 신성을 확정했는데, 특히 성부와 성자 모두가 공유한 하나의 본성을 나타내기 위해 '같은 본질의'(*homoousios*) 라는 용어를 사용했다.

니케아 공의회, 제2차(Nicaea II, Council of) 주교들이 그리스도, 마리아, 천사들, 성자들의 성상과 이미지를 예배 때에 사용하기로 확정한 공의회(787). 헌신을 돕는 수단으로 사용하기 위한 변호로서, 많은 이들이 하나님의 진정한 성육신은 물리적 실체의 그림에 의해 대표되었다고 말했다.

다신론(Polytheism) 많은 신을 믿는 믿음으로, 신들에게 보통 같거나 비교적 같은 능력이 있다고 믿는지만, 종종 다른 신들 위에 최고의 한 신이 다스리는(단일신교) 계급의 형태로 간주되기도 한다.

단성론(Monophysitism) 유티케스주의(Eutychianism)와 합성론(Miaphysitism)을 참고하라.

단의론(Monothelitism) 헬라어 '하나의 의지'를 뜻하는 단어에서 비롯됐다. 그리스도가 오직 하나의 의지를 가진다는 7세기 어떤 이들의 그릇된 믿음이다. 제3차 콘스탄티노플 공의회(680~681년)에서 단성론(Monophysitism)의 한 형태로 정죄 되었다.

단일신교(Henotheism) 신들의 계급을 인정하지만, 보통 더 큰 힘으로 신들을 다스리는 최고의 신을 믿는 다신교의 수정 형태이다.

동방 정교회(Eastern Orthodox Church) 개신교와 로마가톨릭 교파와는 구별되는 이 전통은, 주로 그리스 정교회/콘스탄티노플의 주교가 다스려왔다.

동일본질(*Homoousios*) '같은 본질(본성)의'라는 뜻을 가진 헬라어로 'consubstantial'과 같은 뜻이다. 성자가 하나님 아버지와 동일한 신성을 공유하고 있다는 믿음을 표현하는 가장 적절한 용어라고 정통 그리스도인들은 합의했고, 또한 우리와 동일한 인성을 공유하고 있는 성자를 표현할 때도 사용되었다. 성부와 성자가 같은 위격이라는 의미는 아니다.

동일 본질의(Consubstantial) '같은 본질로'라는 의미를 지닌 헬라어 *homoousios*의 번역이다. 성부와 *homoiousios*(유사한), *heteroousios*(이질적인), *anomois*(다른) 실체라는 개념에 반대하고, 성부와 성자의 동일한 신적 본질을 설명하고자 니케아 신조(AD 325)에서 사용한 용어이다. 본질(essence), 같은 본질(*homoousios*), 본성(nature), 실재(*ousia*), 실체(substance)라는 용어들을 보라.

로고스 기독론(Logos Christology) 성자를 선재하는 하나님의 신성한 말씀(*Logos*, '이성', '말', '계시' '표현'이라는 뜻을 지닌 헬라어)으로 보는 그리스도론으로, 특히 네 번째 복음의 서언(요 1:1~3, 14)에 기초한다. 2세기에 몇몇 기독교 변증가는 히브리어, 헬라어에 모두 존재하는 '이성'이면서 '말'인 로고스의 두 개념을 가져다가 하나님의 영원한 '이성' 또는 '사고'인 성자가 하나님이 창조 작업을 시작할 때 '나왔다'라는 것을 사색했다. 따라서 로고스는 하나님의 존재 안에 영원히 숨어 있다가 후에 하나님의 활동을 통해 구별된 위격으로서 드러났다.

로마가톨릭(Catholic, Roman) 교황을 수장으로 하는 로마 교회와 함께하는 교파를 지칭한다. 로마가톨릭을 구성하는 교리들에는 다양한 개신교 교회들과 구별되는 독특한 교리들이 많다.

로마 가톨릭교회(Roman Catholic Church) 교황이 지도하는 로마 교회와 교제하는 사람을 묘사하는 용어이다. 다양한 개신교회와 동방 정교회로부터 이것을 구별하는 교리적 특징은 **교황의 권위**, 연옥, 화체설 등이다.

마귀론(Demonology) 사탄과 그의 마귀들을 포함하여 타락한 천사들을 연구하며, 특히 하나님 왕국의 대적인 마귀들의 기능과 영적 전쟁에 대해 강조한다. 종종 '악마론'이라 불리기도 한다.

마르키온주의(Marcionism) 2세기 중반 가현설주의자 마르키온이 일으킨 이단 사상으로, 그는 불완전한 물질세계를 창조하고, 율법을 주며, 사람들을 심판하는 구약성경의 하나님은, 사랑하시고 은혜로우시며 자기 아들을 구원자로 보내신 '순전히 영적인' 신약성경의 아버지와 다르다고 가르쳤다. 마르키온은 교회에 대한 구약성경의 권위를 부정했고, 유대교 특성을 제거하려고 신약성경 본문을 상당히 편집했다.

몬타누스주의(Montanism) 몬타누스의 교리로, 그는 2세기 소아시아의 이교에서 개종한 사제로서, 방언으로 예언하면서 성령님의 특별한 기름 부음을 받았다고 주장했고, 엄격한 도덕적 기준을 가지고 당시의 '해이한' 교회에 도전했다. 삼위일체와 그리스도에 대한 관점에서는 정통적이었지만, 몬타누스주의자들은 거짓 예언들을 내놓았고 다른 기독교인들로부터 분리되었다.

무감각성(Impassibility) 하나님이 해를 입거나 고통으로 고생할 수 없음을 나타내는 속성이다.

무결성(Impeccability) 하나님이 죄를 지을 수 없음을 나타내는 속성이다.

무신론(Atheism) 하나님이나 신들, 신성한 존재는 존재하지 않는다는 믿음이다. 무신론자 대부분은 어떤 초자연적 존재나 이해할 수 없는 영적 존재, 혹은 형체 없는 실재의 존재도 부인한다.

무오성(Inerrancy) 영감된 성경의 완전한 진실성을 뜻한다. 이것은 성경이 진리라고 단언하는 모든 것에서 그릇되게 말할 수 없다는 점을 강조한다. 이것은 **영감** 교리의 분명한 암시로 여겨지며, 종종 **무류성**과 구별된다.

무류성(Infallibility) 자유주의 발생 이전에, 이 용어는 무오성(inerrancy)과 서로 호환되어 사용되었다. 오늘날 이것은 성경이 영적, 교리적 그리고 도덕적 문제들에 관해서 신뢰할 수 있고 권위가 있지만, '영적으로 중요하지 않은' 문제들(예를 들면, 역사, 과학, 지리)에 대해서는 인간적인 실수의 대상이 될 수 있다는 비무오성 관점과 연관되어 있다.

문자주의(Literalism) 청중에게 전하려 한 원래 의도대로 성경 단어들의 정상적, 역사적, 문법적인 의미의 규명을 추구하고, 본문 깊이 숨겨져 있는, 영적, 상징적 또는 풍유적 의미들을 찾는 것을 멀리하는 성경해석 접근법이다.

반성령파(Pneumatomachians) '성령 반대파(Spirit-fighters)'라는 뜻을 가진 헬라어에서 왔다. 콘스탄티노플의 마케도니우스와 연합한 사람들을 말하는데, 그들은 성부와 성자의 *homoousios*(동일 본질)를 주장했지만, 성령의 개별적 신성을 부인했다(기본적으로 삼위일체론라기 보다는 이위일체론적). 콘스탄티노플 공의회(381년)에서 이 가르침을 이단으로 정죄했다.

방법론(Methodology) 원하는 결과를 산출하려고 의도한, 보통은 질서 있고 계획적인 과정을 포함하는 원리들과 절차들이다. 신학에서 방법론은 해석 과정, 연구 방법, 정보 출처 적절한 통합 등을 포함한다.

범재신론(Panentheism) 유신론과 범신론의 교차점에 있다. 이것은 신성이 친밀하게, 불가분적으로, 모든 창조물에 가장 큰 것부터 가장 작은 것에 이르기까지 내재한다고 말한다. 모든 것이 하나님과의 계시적 만남이다/이 된다.

범신론(Pantheism) 신이 모든 것이고 모든 것이 신이라는(창조자와 창조물 사이에 차이점이 없다) 일원론의 한 형태이다. 범신론자는 모든 것을 포괄하는 자와 일치하려고 개별적 의식을 부인(초월)하기를 원한다. 범신론의 몇몇 형태는 세상이 환상이고 실제적 존재는 오직 신밖에 없다고 이해한다. 그리고 다른 형태들은 세상을 신 그 자체와 동일시한다.

변증학(Apologestics) 기독교 신앙과 실천에 대한 특정 공격이나 비난, 구체적 질문이나 관심사를 변호하거나 명확하게 답하는 것으로, 신앙에 대해 합리적으로 설명하려고 종종 철학, 과학, 역사나 다른 자료들을 사용한다.

보편성(Catholicity, 정경성 판단 기준) 책이 영감받고 권위 있는 것이라고 교회 전체가 인정하고 승인한다고 호소하는 성경의 정경성 자격에 대한 논거이다.

복음주의(Evangelicalism) 예수 그리스도의 인격과 사역을 믿음으로 맺는 하나님과 개인적 관계를 강조하는 개신교 초교파적 운동이다. 신앙과 실천 문제에 최종 권위로, 영감된 성서가 가장 중요함을 주장하며, 하나님, 그리스도, 구원에 관한 핵심 교리를 고수하고, 복음전도와 선교로 세상과 관계 맺기를 추구한다.

본성(Nature) 어떤 것을 구성하는 근본 속성, 잠재된 실재 또는 내적 특성이다. 삼위일체 신학에서 '본성(헬라어 *physis*)'는 삼위가 공통으로 가진 존재, 본질 또는 실체를 의미한다. 일반적으로 본질(*essence*), 정수(*ousia*) 또는 실체(*substance*)와 동의어이다. '동질의(*Consubstantial*)'과 '같은 본질의(*Homoousios*)'를 참고하라.

본성(Substance) '기저에 있는 실재', '본질', '본성'을 뜻하는 라틴어 *substantia*의 영어 번역이다. 헬라어 *ousia* 또는 *physis*와 같은 뜻으로 여긴다. 본성 또는 신적 본질은 성부, 성자, 성령이 공통으로 공유하지만, 자존성(subsistence)은 구별되는 것을 나타내 데 이 단어가 사용되었다. 세 위격들은 실체(본질)에서 같은 것으로 여기지만 자존성에서는 구별된다.

본질(Essence) 어떤 것을 구성하는 근원이 되는 기초적이고 핵심적인 실재. 삼위일체 신학에서, 헬라어 *ousia*나 라틴어 *substantia*은 영어에서 공통으로 '본질'로 번역하며, 이는 (하나님의 '신성'과 같이) 신적 존재의 기본 성질, 실체, 근본 특징을 이루는 것을 의미한다.

본질(*Ousia*) '존재' 또는 '실체'를 의미하는 헬라어이다. 라틴어 *substantia*와 같은 말이다. 본질(Essence), 본성(Nature), 실체(Substance)를 참고하라.

부정신학(Apophatic Theology) 부정적 신학 또는 부정하는 방식으로 진술한 신학을 지칭하는 말로, '하나님은 ~이 아니다'라는 진술 방식을 사용하여 하나님을 정의한다(부인 또는 부정을 의미하는 헬라어에서 파생). 예를 들어, "하나님은 무한하시고(한계가 없고), 불변하고(변화하실 수 없고), 결점이 없다(죄를 지으실 수 없다)"와 같은 진술이다. 인간의 언어로는 하나님의 형언할 수 없는 위대함을 표현할 수 없다고 믿는 사람이 부정신학을 발전시켜 왔으며, 긍정신학과 대조를 이룬다.

불가지론(Agnosticism) '알지 못함'이라는 의미를 지닌 헬라어 단어에서 왔다. 이 견해는 유신론과 무신론 사이를 불확실하게 떠돌며, 하나님의 존재 혹은 그 존재나 부재에 대한 증거에 대해서도 결론을 내리지 못한다.

불가해성(Incomprehensibility) 피조물이 하나님을 부분적으로 이해할 수 있지만, 완전히 이해할 수는 없다고 보는 교리이다. 이것은 유한한 존재가 결코 무한한 존재를 완전히 이해할 수 없다는 논리에 서 있다.

불변성(Immutability) 하나님이 자신의 신적인 본성 또는 특성을 바꾸거나 유한한 환경과 사건들에 의해 변화될 수 없음을 나타내는 속성이다.

비공유적 속성(Incommunicable Attributes) 인간과 공유될(전달될) 수 없고, 오직 하나님에게만 속한 속성이다(예를 들면, 전능, 무한성, 자존성). **공유적 속성**과 대조해 보라.

사도적 교부들(Apostolic Fathers) 주님의 사도들과 직간접적으로 연관되며, 주의 사도들 이후 첫 지도자 세대에 속하는 교회사의 인물들이다. 오늘날 사도적 교부라는 말은 사람들이나 그 사람들의 작품을 가리키기도 하는데, 예를 들어 사도적 교부들의 글 모음집도 **사도적**(또는 초기) **교부들**이라 불리곤 한다.

사도성(Apostolicity, 정경성의 기준) 기록물의 정경적 지위에 대한 논거로, 참되다고 인정된 사도(또는 예언자)가 기록했거나, 최소한 그 권위의 영향력 아래에서 기록되었다는 주장이다.

사벨리우스주의(Sabellianism) 3세기 리비아의 사벨리우스가 대중화한 양태론 유형으로, 이 이단적 가르침은 삼위일체의 구별된 세 위격을 부정했고, 어떤 이들이 추측하기로는, 하나님은 구약시대의 성부에서 시작하여 복음서의 성자로, 사도행전과 현시대의 성령까지 연속적인 세 가지 양태로 자신을 나타내셨다고 한다.

삼신론(Tritheism) 삼위일체 신학에서 일탈한 그릇된 견해이다. 이것은 성부, 성자, 성령의 완전한 신성을 주장하지만, 위격들의 통일성을 경시하거나 믿지 않아서 분리된 세 하나님으로 간주한다(세 개체의 연합도 없고 분리할 수 없는 위격들도 아니다). 삼신론자의 언어를 피하려고, 삼위일체 신자들은 '구별되는 세 위격들'이라는 관용구를 사용한다('분리된 세 위격들', '다른 세 위격들', 또는 특히, '세 하나님'이라고 표현하기보다는).

삼위일체의 사회적 모델(Social Model of Trinity) 인간관계의 용어로 삼위일체를 설명하는 모델이다. 예를 들어, 아담, 이브, 셋(가이사랴의 바실); 사랑하는 자, 사랑받는 자, 사랑 그 자체(아우구스티누스)이다. 동방 정교회는 본질의 단일성보다 세 위격(*hypostases*)을 우선시했고, 각 위격은 같은 속성들을 공유하고, **상호 내재성**에 신적 연합을 위치시켰으며, 종종 성부에게 성자와 성령의 완전하고 영원한 신성의 영원한 근원(*fons totius divinitatis*)으로서 우위성을 두었다. **카파도키아 교부들**을 참고하라.

삼위의 상호 내재성(Perichoresis) 헬라어 *peri*(주위에)와 *choreuo*(합창 속의 춤)에서 유래했다. 카파도키아인 사이에서 분명했고 다마스쿠스의 존에 의해 발전된 교리로 하나님의 각 위는 위격적 구분의 혼란 없이 역동적으로 내재하거나 상호침투한다는 것이다(요 14:9~11; 17:21). 비슷한 라틴어 개념인 성삼위 상호내재성(Circumincession)을 참고하라.

삼위일체(Trinity) 신성의 하나됨 속에는 영원히 공존하고 동등한 세 위격인, 성부, 성자, 성령이 있다는 독특한 기독교 교리이다. 각 위는 완전히 신성하지만, 성자는 성부와 같은 위격이 아니고, 성령도 성자와 같은 위격이 아니고, 성부도 성령과 같은 위격이 아니다. 비록 구별되지만, 성부, 성자, 성령은 서로 분리된 세 신이 아니고 영원히 한 하나님이다.

삼위일체론(Trinitarian[ism]) 유일한 참 하나님에 관하여 삼위일체 교리를 주장하는 정통 기독교 유신론의 한 형태이다.

삼위일체의 심리적 모델(Psychological Model of Trinity) 아우구스티누스가 표명한 견해로, 인간 존재가 하나님 형상으로 창조되었고, 하나님은 삼위일체이기 때문에, (활동으로 표현되는) 인간의 본성은 세 요소를 반영할 것이다. 예를 들면, 마음, 지성, 자기애 등이다. 대조적으로, '삼위일체의 사회적 모델'을 참고하라.

서론(Prolegomena) 조직신학의 업무를 시작하기 전에 신학의 제일원리(예를 들면, 신학적 진리의 본질과 자료)를 포함한 전제들과 방법론을 논의할 필요가 있다는 서론적 언급이다.

석의(Exegesis) 본문을 해석하는 기술이자 학문을 일컫는 용어로, 보통 연구, 분석, 종합, 가설 및 검증을 포함한 방법으로 수행한다.

성경론(Bibliology) 성경론은 신적 계시로서 성경의 지위, 자연(일반) 계시와 특별 계시와 관계, 권위, 영감, 정경성을 포함한 성서에 관한 모든 연구를 뜻한다.

성경 신학(Biblical Theology) 주제가 특정 본문(예. 창세기 신학), 혹은 저자(예. 바울 신학), 혹은 성서(예. 구약 신학)나 전체 정경(예. 성서신학)에 무관하게, 성경의 언어, 역사, 장르에 대한 주제와 가르침들을 정리한 것이다.

성경의 권위(Biblical Authority) 믿음과 실천의 모든 문제에 대한 최종적 권위가 교황의 판결(교황의 권위)이나 종교회의의 선언(종교회의 권위)에 있지 않고, 오직 성경에만 있다는 견해이다. 개신교도는 성경 해석에서 교부들, 종교회의들, 신조를 인정하나, 오직 성경을 통해서만 성령이 무오하게 말씀하셨음을 믿는다.

성경의 영감(Theopneustos) '하나님이 숨을 불어 넣은'이라는 뜻을 가진 헬라어로 디모데후서 3:16에서 쓰였는데, 이것은 성경 말씀

자체에 적용되었다. 영감(Inspiration)을 참고하라.

성령론(Pneumatology) 성령의 위격과 사역에 관한 연구로 성령의 인격적 특성, 신성, 구원과 성화에서 참여 등을 포함한다.

성령의 발현(Procession) '다른 것에서 발산하다'를 뜻하는 헬라어 *ekporeuomai*(요 15:26)와 라틴어 *procession*을 번역한 말로, 삼위일체 신학에서 성자가 성부로부터 영원히 출생했듯이('영원한 출생'을 참고하라), 성령도 성부로부터 영원히 나온다는 교리인데 콘스탄티노플 공의회(AD 381년)에서 표명되었다. 서방교회는 라틴어 단어 *filioque*('그리고 아들로부터')를 추가하여, 성령은 성부와 성자 모두에게서 나온다고 가르쳤다. 필리오케(*Filioque*)를 참고하라.

성부론(Paterology) 삼위일체의 첫 번째 위격인 성부에 관한 연구로, 성부의 구별된 기능들을 강조한다.

성부수난설(Patripassianism) 성부(*patri*)가 성육신하고, 처녀에게서 태어나, 고난을 받고(*passion*), 십자가에서 죽었다고 믿는, 양태론과 연관된 이단적 믿음이다. 성부와 성자 사이의 영원한 위격적 구분을 부인한다. 양태론(Modalism)과 사벨리우스주의(Sabellianism)을 참고하라.

성삼위 상호 내재성(Circumincession) 하나님의 세 위격 상호관계, 상호 내재, 상호침투를 기술하는 라틴어 용어이다. 세 위격마다 특수성이 있지만, 그 안에서 아버지와 아들과 성령의 연합된 일치를 강조한다. 이 연관성이 한 위격의 모든 행위에는 세 위격이 함께 현존한다는 진술의 근거가 된다. 헬라어를 사용하는 교회들은 이 개념을 전달하기 위해 *perichoresis*(상호 내재성)이라는 더 역동적인 용어를 사용했다.

성육신(Incarnation) '육체 안에서'를 뜻하는 라틴어에서 온 용어이다. 이것은 하나님의 영원하고 무한하고 신성한 아들이 그의 신성을 잃거나, 인성을 무효로 하거나, 또는 신성과 인성이 섞이는 일 없이, 완전한 인간의 인성을(육체와 영혼을 포함한) 취한 행동을 나타낸다. 인간의 몸을 입은 신인, 예수 그리스도는 일시적으로 인간 안에 머무른 신성이 아니라, 성자 하나님의 신격이 사람의 본성을 그의 존재에 영구적으로 더한 것이다. 그 결과 완전한 두 본성을 가진 한 인격이 되셨다.

스콜라 신학(Scholastic Theology) 대학이 생기면서부터 르네상스를 거치는 시기(1200~1500년)까지 서양의 스콜라 전통에 초점을 두는 역사신학 분과이다.

신론(Theology Proper) 하나님 자체에 관한 연구로, 하나님의 존재, 유일신론의 변호, 하나님의 이름과 속성, 그리고 하나님의 삼위일체성 등을 포함한다.

신앙의 규범(Rule of Faith) *Regula Fidei*(신앙 규범) 또는 canon of truth(진리의 법규)로도 불린다. 삼위일체의 창조와 구속 이야기에 대한 간략하지만, 총체적인 요약으로, 성부 하나님의 천지 창조로 시작되고, 성자 하나님의 구원을 위한 성육신, 죽음, 부활, 승천과 재림에 대한 기대로 표명되며, 마지막은 성령 하나님께서 하나님 백성을 만드시고, 변하게 하시고, 부활과 영광 가운데 완성하신다. 초대교회는 이것을 가르침을 위한 출발점과 그 자체의 이야기와 강조점들에 비추어 성경을 읽는 안내서로 사용했다. 나중에 이것은 더욱 고정된 신앙고백과 신경을 만드는 기초가 되었다.

신인 동형론(Anthropomorphism) 보통 인간적 특징, 감정이나 활동들에 빗댄 성서적 신학적 은유법으로, 하나님께 사용하며, 그 본질상 문자적으로 해석하지 않고 비유나 은유적으로 다룬다(이를테면, 하나님의 '팔'이나 하나님께서 '돌이키신다'라는 표현들).

신정론(Theodicy) '하나님을 정당화하는 것'을 뜻하는 헬라어에서 비롯했다. 도덕적으로 완벽하고, 전능하고, 전지한 하나님에 의해 창조된 이 세상 가운데 어떻게 악, 죄, 고난, 죽음, 파괴가 존재할 수 있는지 설명하고자 한다.

신정통주의(Neo-Orthodoxy) 19세기 자유주의에 대한 20세기 반응으로, 비록 성경의 영감성과 무오성이라는 전통적 관점을 받아들이지 않았지만, 삼위일체, 그리스도의 신성과 인성, 구원하는 은혜의 필요성 등의 정통 교리를 다시 주장했다. 칼 바르트와 에밀 브루너와 같은 신학자들과 연관된다.

신플라톤주의(Neo-Platonism) 3세기에서 6세기까지 지배적이었던 그리스 철학으로, 플로티누스가 주창했고, 모든 존재가 형언할 수 없는 어떤 것—단일하고 비인격적이고 초월적인 근원—에서 나온다고 했다. 이것은 철학적 성향이 강한 몇몇 교부에게(예를 들면, 아우구스티누스와 중세 신학자들) 영향을 주었다고 여겨지며, 이것의 영향력은 영지주의 이단이 후대 발전된 모습에서 더욱 분명하게 나타났다.

신학(Theology) 일반적으로 신적 존재에 관한 모든 담화이다. 기독교 신학은 특히 인간과 창조세계 전체와 관련하여 삼위일체 하나님을 연구하는데, 종종 성경의 창조와 구속 이야기의 문맥에서, 역사 전체를 반영하며 이루어진다.

신학 자료(Sources of Theology) 하나님, 창조 또는 인간에 관한 진리가 신학적인 반성을 하는 자들에게 전달되고 발견되는 모든 수단이다. 기독교 신학자들은 으뜸가는 자료로서 성경과 특별 계시를 강조하지만, 역사를 통틀어 신자 대부분은 다른 자료들도 끌어왔다(예를 들면, 철학, 과학, 전통, 역사, 경험, 이성, 문화).

실천 신학(Practical Theology) 실천적인 관심을 가지고 개인적, 목회적, 사회적, 도덕적 또는 교회적 문제를 반성하는 신학이다.

아리우스주의(Arianism) 알렉산드리아 교회의 장로인 아리우스(250~336년 즈음)의 가르침을 바탕으로 한다. 예수 그리스도는 피조물의 가장 높은 존재로, 본질상 하나님과 비슷하기는 하나 동일하지는 않다는 이단적 믿음이다. 이 관점에서 성자는, 인간의 관점에서만 거룩하거나 '신성할'뿐 성부의 영원하고 신적인 본질에서는 그렇지 않다.

아폴리나리우스주의(Apollinarianism) 라오디케아의 아폴리나리우스(310~390년 즈음)가 주장한 이단적 교리이다. 예수 그리스도는 완전한 신이며, 무형의 영적 '혼'이 결여해 완전한 인성을 갖추지 않았다고 주장했다. 다시 말해, 예수는 그 내면으로는 하나님이고 외면으로는 인간인, 고차원적 비물질적 존재로서만 신적이라고 주장했다.

악마론(Diabology) '마귀론'을 보라.

양자론(Adoptionism) 1세기 말과 2세기 초에 이단으로 입증된 교리이다. 나사렛 예수는 다른 인간들과 똑같이 태어난 사람으로, (아마도 침례 때에) 거룩한 그리스도, 혹은 성령이 그에게 임하여, 하나님의 능력이 그 안에 충만히 내재하게 되었고, 이에 하나님께서 그를 메시아요 선지자로 기름부으시며, 아들로 양자삼으셨다고 설명했다.

양태론(Modalism) 종종 노에투스(Noetus) 및 사벨리우스(Sabellius)와 연관된 3세기 이단으로, 성부, 성자, 성령의 신성을 주장했지만, 그 구별성을 흐리게 했는데, 특히 하나님의 복수성을 희생하여 유일성을 강조했다. '성부', '성자', '성령'의 이름은 본질적으로 동일한 한 신적 위격의 다른 행동들 혹은 '역할들'—창조자, 구속자, 완성자—에 대한 세 가지 이름이 되었다. 이것은 삼위일체 안에 군주(monarchy)를 강조했기 때문에 단일신론(monarchianism)으로도 불린다.

에베소 공의회(Ephesus, Council of) 소아시아의 에베소에서 열린 공의회(AD 431년)로, 그리스도의 신성과 인성을 분리된 두 위격으로 보고, 신적 본질에서 분리된 인성의 본질이 탄생이나 죽음과 같은 것들을 경험한다고 주장하는 네스토리우스의 가르침을 정죄했다 (여러 면에서 양자론과 비슷하나 참으로 성육신한 기독론을 부인한다).

에비온주의(Ebionism) 초기 유대인 기독교 정통성에서 벗어나, 그리스도의 신성, 동정녀 탄생을 부인하여 결과적으로 신인의 성육신을 부인했다. 에비온주의는 예수가 마리아와 요셉 사이에서 태어난 평범한 사람이었으나, 하나님으로부터 통치 권한을 받아 돌아오기로 예정된 메시아였다고 가르친다. 유대교 율법을 고수하여 바울의 사도권과 그의 저작을 거부했다.

영감(Inspiration) 인간 대리인(종종 예언자로 불리는)을 통한 하나님의 영의 초자연적인 사역으로써 그분은 종종 감추어진 섭리를 통해 쓰는 과정을 감독하셔서 인간 저자가 하나님의 거짓 없는 (infallible) 진리를 전달할 특정 단어들을 선택하도록 감동되었으며 그 결과 성경에는 하나님의 메시지가 담겼을 뿐 아니라 하나님 자신이 말하고 쓰신 것과도 같이 하나님 자신의 말씀이 되었다.

(성자의) 영원한 출생(Generation, Eternal) 오리게네스(185~254년 즈음) 시대 이래로, 정통 기독교 전통은 시편 2:7("오늘 내가 너를 낳았도다")와 신약성경에 있는 그것의 인용들을 근거로 "하나님 아버지로부터 난 성자의 영원한 출생"을 확언해 왔다. 몇몇 사람은 성자의 영원한 출생에 대한 해석상의 근거에 의문을 품었지만,

삼위일체를 믿는 그리스도인은 그 기본적인 주장이 건전하다는 것에 동의한다. 성자는 영원토록 하나님 아버지의 아들이었고, 하나님 아버지는 영원토록 성자의 아버지였다.

역사신학(Historical Theology) 교회사 전반에 걸쳐 교리적 발전과 일탈을 포함하는, 연속성과 불연속성에 관한 연구이다.

역사 서술(Historiography) 학문적인 역사적 연구로, 대체로 조사, 분석, 종합, 추측 그리고 발표를 포함한 방법론과 연관된다.

영지주의(Gnosticism) 1세기 말과 2세기 초에 발생한 이단으로, 이원론적 세계관을 주장하여 육체적인 것보다 영적인 것이 더 가치 있고, 순수하게 영적인 하나님 아버지는 물질적인 세계로부터 영적인 본성을 구원하는 것에만 관심이 있다고 주장했다. 구원에 있어서 영지주의의 핵심은 '지식'(헬라어로 *gnosis*)으로써 진리에 대한 순전히 정신적이고 지적인 앎을 가리키는데, 그것은 영적인 선민을 육체/세계의 구속으로부터 해방시켜 영적인 발현의 단계를 거슬러 올라가 모든 완전한 존재의 근원에까지 다가가는 것이다. 예수는 육체를 입은 하나님이 아니라, 영적인 세계의 비밀스런 지식을 전하려고 하나님 아버지가 보낸 신적인 발현(divine emanation)이었다. 그의 성육신은 임시적인 가현설적 실재이거나, 그렇지 않다면 실재하지 않는 것이다.

예언(Prophecy) 널리 선포하기(현재 세대에게 하는 도덕적 메시지, 보통은 회개하지 않는다면 심판이 있을 것이라고 경고)와 예언하기(미래의 사건들 예상) 둘 다 포함하는 예언자의 메시지이다. 성경은 널리 선포하는 것과 예언서를 예언하는 사역이므로 예언적이다.

예언적인(Prophetic) 하나님의 참된 선지자와 관련되거나 그의 기원을 발견하는 것이다. '예언의 기록'(롬 16:26)과 '예언의 말'(벧후 1:19)은 진정으로 하나님이 부르신 선지자에게서 나온 성경을 말한다.

오직 성경(*Sola Scriptura*) '오직 성경'을 뜻하는 라틴어이다. 개신교 전통에서, '믿음과 실천의 모든 문제에 있어서 최종적 권위는 무엇인가?'라는 질문에 대한 답이다. 이것은 가끔 개인적인 계시들, 과학과 철학, 경험, 교회 전통 또는 교황의 가르침을 동일한 수준에 두려는 자들에게 도전받았다. 이것은 성경이 진리의 유일한 원천이거나 신학을 하기 위한 유일한 정보의 출처가 된다는 뜻은 아니다.

외경(Apocrypha) '숨겨진' 또는 '감춰진'을 의미하는 헬라어 단어에서 파생된 외경(또는 외경적 기록들)이라는 말은, 교회가 미심쩍게 여기는 비밀리에 내려온 기록들을 가리킨다. 외경은 70인역(히브리어 성경의 헬라어 번역본)에는 포함되었으나 유대인들은 영감되지 않은 것으로 간주하는, 정경에 포함되지 않은 특정 기록들을 의미한다. 교부시대와 중세시대의 권위자들은 대부분 이 책들이 유익하기는 하나 권위는 없다고 보았지만, 로마 가톨릭교회와 동방정교회는 그들의 구약 정경에 포함시켰다.

웨슬리의 사변형(Wesleyan Quadrilateral) 웨슬리안 전통(존 웨슬리의 발자취를 따른 신학적 전통)에 따르면, 하나님에 관한 우리 지식의 네 가지 원천이 있다고 하는데, 그것은 성경, 전통, 이성 그리고 경험이다. 그래서 '사변형'이다.

위격(Person) 헬라어 *prosopon* 또는 *hypostasis* 그리고 라틴어 *persona*에서 파생된 영어단어다. 삼위일체 관점에서, 다른 이들과의 관계에서 자의식의 중심체로서, 다음을 의미한다: (1) 완전한 자아의식 ['스스로 존재하는 자(I am)']. (2) 다른 인격체로부터 구별된 자아의 실체인, 나/당신 ['말씀이 하나님과 함께 계셨다']. (3) 삼위의 상호내재적(*perichoresis*) 능력 ['나는 아버지 안에 있고 아버지는 내 안에 계신다']. *Hypostasis*(위격), Substance(실체)를 참고하라.

위격(Hypostasis) 고전 및 코이네 헬라어에서 교회가 전문용어로 사용하기 전에는 다양하게 '인격', '정체성', '실체', 또는 '실재' 등을 의미했다. 히브리서 1:3에서 이 단어는 어떤 것의 완전한 실재를 말한다. 카파도키아인들은 처음에 성부, 성자 그리고 성령의 위격들을 가리키려 이 단어에 더욱 미묘하고 기술적 의미를 부여했다. 그래서 콘스탄티노플 공의회에서(381년) *ousia*(본질)라는 단어는 세 위격이 공통으로 공유하는 신성을 나타내려고 사용되었고, 반면에 *hypostasis*(위격)는 성부, 성자, 성령의 구별을 나타내려고 사용했다.

위경(Pseudepigrapha) 유명한 예언자들이나 사도들에 의해 기록되었다고 거짓으로 주장되지만, 다른 방식으로는 정경적 성서에 의해 지지될 수 없는 교리와 실천을 확립하기 위해 사칭자들에 의해 작성된 글들이다.

유니테리언주의(Unitarian[ism]) 교회사 전체에서 다양하게 나타났지만, 특히 16세기 유럽과 미국의 이성주의자들 사이에서 가장 활발하게 나타났다. 삼위일체와 그리스도의 신성을 부정하는 이 단적인 믿음으로, 유일신론(monotheism, 이슬람교, 유대교 같은), 양태론(modalism) 또는 종속설(subordinationism)처럼 오직 한 위격인 하나님을 주장한다.

유신론(Theism) 무신론(신들 혹은 하나님은 없다)과 범신론(모든 것이 신이다)과 대조적으로, 하나님 혹은 신들의 존재를 믿는 관점이다. 모든 삼위일체 신자는 하나님에 대한 믿음 때문에 유신론자들이지만, 모든 유신론자가 삼위일체 신자이지는 않다.

유일신론(Monotheism) 다신론, 단일신론(henotheism), 범신론과 대조되는, 유일한 참 하나님을 믿는 믿음이다. 기독교 삼위일체 유일신론은 유대교, 이슬람교, 유니테리언교의 교리에서 발견되는 모든 다른 형태의 유일신론과 구별된다.

유티케스주의(Eutychianism) 콘스탄티노플의 장로였던 유티케스(380~456년 즈음)가 주장한 것으로, 그리스도가 원래 두 본성을 가지고 있었으나 성육신 이후 하나의 본성만 가졌다는 주장이다. 이 견해는 예수님을, 인간 같기도 하고 하나님 같기도 한 3의 개체로 보며, 그리스도를 완전한 인간도, 완전한 하나님도 아닌, 두 본질의 융합체로 설명하는 것이 최선이라고 본다. 칼케돈 공의회(451년)에서 공식적으로 거부됐으며, '한 본질'을 의미하는 헬라어에서 기인하여 '단성론(monophysitism)'이라 불리기도 했다.

이단(Heresy) '정통'과 대조되어, 성부, 성자, 성령의 삼위일체, 그리스도의 신성과 인성, 그의 속죄의 죽음과 부활 등의 정통 근본 교리로부터 의식적이고 의도적인 일탈을 가리킨다. 이단자는 정의상 그리스도인이 아니다.

이신론(Deism) 세상을 창조한 최고의 존재가 창조 이후에는 세상에 거의 관여하지 않는다고 보는 관점을 식별하려고 17세기에 등장한 용어이다. 따라서 하나님을 아는 지식은 신적 계시가 아니라, 자연 이성(창조 질서에서 관찰되거나 하나님이 주신 양심을 통해 드러나는)에서 얻는다. 이 견해에서 인간은 주어진 도덕 양심에 따라 윤리적으로 살며, 최종적인(사후 발생할) 신의 심판에 따라 죄를 회개하며, 오직 창조주만 영화롭게 할 의무를 지닌다.

이위일체론(Binitarianism) 하나님은 성부와 성자로만 구성되었다고 믿어 성령의 구별된 위격이나 완전한 신성을 부인하는 견해이다. 초대교회에서 이 견해가 얼마나 널리 퍼졌는지는 확실히 알 수 없으나, 초기 교부들의 성령에 대한 진술의 수가 많지 않거나 모호한 것으로 보아, 하나님에 두 위격만 존재한다는 이 믿음은 명확한 진술 형태로가 아니라, 암암리에 주장되어왔음을 알 수 있다.

인류학(Anthropology) 인간에 관한 연구로, 인간과 하나님의 나머지 창조물과의 관계, **하나님의 형상**(*imago Dei*)에 대한 개념, 영적이고 육체적인 존재로서 인간의 구조를 포함한다.

인식론(Epistemology) 지식의 본질을 탐구하는 철학의 분야로, 지식의 전제, 토대와 지식의 범위 및 유효성을 다룬다.

일반 계시(General Revelation) 창조를 통해서나(롬 1:19~20), 양심을 통해서(롬 2:15) 모든 시대의 모든 사람에게 주어지는 하나님의 계시다.

일원론(Monism) 힌두교나 신비주의에 전형적으로 나타나는 종교적이고 철학적인 믿음으로서, 물질적이건 비물질적이건, 창조물과 창조주를 포함한 모든 것들이 실제로는 하나라고 본다. (범신론을 보라.)

자연 신학(Natural Theology) 자연과 인간에서 보이는 일반적인 계시에서 유추한, 하나님에 관한 체계적 지식으로서, 모든 생각할 줄 아는 이성적 인간이 접근할 수 있는 일반 신학으로 간주했다.

자유주의(Liberalism) 현대 계몽주의로부터 싹튼 전통(특히 19~20세기 유럽과 북아메리카에서)으로, 기독교의 믿음과 신학을 새로운 철학, 과학, 지적인 기준에 맞춰 개정하려고 했다. 자유주의 신학은 성경의 영감성, 무오성, 그리스도의 신성과 인성, 그리고 삼위일체를 포함한 고전적인 정통기초들을 경시하거나 부정했다.

자존성(Aseity) '자신에게서 기원하는'이라는 의미로, 하나님의 '스스로 존재하심'과 '자족(스스로 충분하심)'하시는 속성을 뜻한다.

자존성(Subsistence) 본질(substance)에 구분되는 성부, 성자, 성령의 위격들(persons 혹은 *Hypostases*)을 묘사하려는 데 사용한 영어 단어이다. 삼위의 세 위격들이 본질(substance)에서 같은 것으로 여기지만, 자체적인 존재성(subsistence)으로는 구별되는 것으로 여겨진다.

전능(Omnipotence) '모든 것을 할 수 있음'이라는 뜻이다. 하나님의 본성과 일치하며(예를 들면, 거짓말을 할 수 없다), 논리적으로 불가능한 것을 포함하지 않는(예를 들면, 비존재를 존재하게 하다) 어떤 것도 할 수 있음을 묘사하는 속성이다.

전수(Transmission) 고대 기록들을 보존하고, 더 널리 전파하며, 다음 세대로 전하려고 그것들을 복사하는 과정이다. 인쇄기가 나오기(1450년 경) 전에, 이것은 필사로 구약성경과 신약성경에 이루어졌는데, 거룩한 기록들의 원본 형태를 결정하는 데 참고할 많은 사본이 있다.

전지(Omniscience) '모든 것을 알고 있음'을 뜻한다. 과거, 현재, 미래에 속한 실제적이고 가능한 모든 것을 아시는 하나님을 묘사하는 속성이다.

정경(Canon) '기준', '규범'을 의미하는 헬라어 단어이다. '정경의'라는 용어는, 신적이고 예언자적인 기원이 있어 기독교 신앙의 규범이나 기준으로 인정받은 글들을 가리킨다.

정경성(Canonicity) 구약성경 또는 신약성경 정경으로, 영감되고 권위 있는 기록이라는 교회의 인정과 승인을 의미한다. 초기 신자들은 특정 책이 지닌 사도성, 영감성, 고대성, 정통성, 보편성, 사도들이 세운 교회에서 그 책이 전통적으로 사용 등을 들어, 책의 지위를 설명하거나 변호했다.

정경성의 판단 기준(Canonicity, Criteria for) '정경성'을 보라.

정통(Orthodoxy) '올바른 견해'를 뜻하는 헬라어에서 유래했다. 신학에서는 그리스도인 신앙의 필수적 진리들 또는 핵심 교리들에 관한 올바른 견해를 말한다. 실용적으로는 '모든 곳에서, 항상,

모두에게' 믿어진 것이다. 모든 참된 신자가 고수해야 할 기본적인 교리는 창조자와 구속자로서 삼위일체 하나님(성부, 성자, 성령), 인간의 타락과 그 결과로 손실, 그리스도의 완전한 신성과 인성, 그리스도의 대속하는 죽음과 부활, 믿음을 통해 은혜로 받는 구원, 성경의 영감성과 권위, 인간의 최후 심판과 그리스도 다시 오심과 연관된 회복 등이다.

정통성(Orthodoxy, 정경성의 기준) 성서의 정경적 자격에 대한 논거이다. 이것은 건전한 교리에 대한 일치 및 정통신앙과 실천을 가르치는 데 긍정적인 기여에 호소한다.

정통적 실천(Orthopraxy) '올바른 행동'을 뜻하는 헬라어에서 온 단어이다. 신학에서 이 단어는 기독교 신앙에 적합한 실천을 의미하며, 이는 언제나 모든 정통 신자를 연합하게 한다(예를 들면, 그리스도 중심적 침례, 주의 만찬, 성경 선포, 삼위일체 신자들의 기도와 예배).

조직 신학(Systematic Theology) 고대부터 지금도 진행되는 학문으로, 삼위일체의 하나님과 그분의 창조와 구속 사역에 관한 진리를 성경에 있는 특별 계시, 그리스도를 통한 인격적 계시, 그리고 창조세계에 있는 일반 계시의 관점에서 이해하고, 조직화하며, 표명하고자 한다. 하나님 자신, 창조세계, 인간에 대한 하나님의 계시를 신실하게 표현하려고 신학의 역사와 현대 철학적 문화적 환경에서 시험한 언어로 체계화된 교리들을 설명한다.

존재론적 삼위일체론(Ontological Trinity) 내재적 삼위일체론(Immanent Trinity)을 참고하라. '존재론'은 '존재' 또는 '실존에 관한 연구'를 의미한다.

종교개혁(Protestant Reformation) 마틴 루터의 선언과 함께 1517년에 시작한 교회 운동으로 로마가톨릭 권위에서 탈피해 여러 무리가 나왔다. 로마 교회의 행습에 반대하는 저항으로 형성되었으므로, 프로테스탄트(저항자)라고 불렸다. 가장 잘 알려진 그룹은 루터교, 장로교, 재침례교, 영국 성공회 등이다.

종교개혁 시대(Protestant Period) 프로테스탄트가 로마 가톨릭교회의 교리와 실천이 성경과 초대교회 신앙에서 벗어났다고 판단하고, 그것을 개혁한 것으로 특징지어지는 교회사 시대(약 1500~1700년)이다.

종교개혁 신학(Reformation Theology) 종교개혁 신학의 발전에 초점을 맞춘 역사신학의 분과이다.

종말론(Eschatology) 그리스도인의 궁극적인 소망과 마지막 때에 관한 연구이다. 휴거, 환란, 최종적 부활, 천년왕국, 역사의 흐름에 따른 시대를 향한 하나님 계획의 주제 등을 다룬다.

종속설(Subordinationism) 성자 또는 성령이 본성에서 성부보다 열등하거나 영광에서 부족하다고 여기는 이단적 관점이다. 아리우스주의가 가장 두드러지고 악명 높은 형태였다.

죄론(Hamartiology) 인간의 타락과 그에 따른 부패에 관한 연구로, 죄의 기원, 범위, 결과, 그리고 죄성의 전가를 포함한다.

중세시대(Medieval Period) 약 500~1500년경의 교회사 시대로, 로마 가톨릭교회 교황의 권위가 강화되었고, 동방 교회와 서방 교회가 갈라졌고(1054년), 이슬람교의 발생 및 십자군 전쟁의 발발, 많은 수도회와 대학교가 설립된 것으로 유명하다. 또한, 교리나 실천면에서 교회를 개혁하려는 초기 시도들도 있었다.

중세신학(Medieval Thoelogy) 뚜렷하게 구별되는 동방과 서방 기독교 전통(약 500~1500년)의 발생에 초점을 맞춘 역사신학 분야이다.

천사론(Angelology) 천사의 존재에 관한 연구로, 하나님의 피조물로서 천사의 본성과 하나님을 섬기는 존재로서 천사의 독특한 역할을 포함한다.

철학적 신학(Philosophical Theology) 신학적 질문들을 묻거나 답하려고 철학의 방법, 이론, 개념, 용어, 전제를 사용하는 분야이다.

초월성(Transcendence) 하나님의 창조세계와 분리되고 그것을 뛰어넘는, 하나님의 우월성이다. 하나님은 모든 창조된 존재로부터 특별하게 '다른 존재'이시다.

축자영감설(Verbal, Plenary Inspiration) 성경의 영감에 대해서 가장 일반적인 현대 복음주의 견해로, 하나님의 영감이 각각의 단어(축자적, verbal)와 성경의 모든 본문에까지 확장한다고 주장한다.

칠십인 역(Septuagint) '70'(로마 숫자 LXX로 축약된)을 나타내는 헬라어에서 유래했다. 히브리어 성경의 초기(AD 1세기가 끝나기 전) 헬라어 번역본으로, 외경을 포함했고, 70명의 학자가 번역했다고 여긴다. 초대교회가 사용했고 동방 정교회의 그리스어를 말하는 분파가 여전히 사용하는 공통 구약성경이다.

카파도키아 교부들(Cappadocian Fathers) 대 바질(Basil the Great, 330~379년 즈음), 나지안주스의 그레고리(330~390년 즈음), 니사의 그레고리(335~395년 즈음)와 같은 동방의 신학자를 말한다. 니케아 공의회 이후, 그들 저작물, 가르침, 정치는 삼위일체를 믿는 그리스도인이 이를 설명하고 옹호하는 공통 용어에 의견을 합치하도록 도왔으며, 궁극적으로 아리우스주의를 패배시켰다. 이들은 삼위일체의 '사회적 모델'이라는 용어를 소개하기도 했다.

칼케돈 공의회(Chalcedon, Council of) 칼케돈에서 열린 네 번째 전체 기독교 공의회(451년)로, 동서를 막론하고 일반적으로 인정받은 이 공의회에서, 완전한 신성과 완전한 인성이 그리스도의 한 위격(*hypostasis*) 안에 연합해 있다고 확언하고, 위격적 연합임을 단언했다. 칼케돈 선언에서는 그리스도의 본성을 극단적으로 분리(네스토리우스주의)하거나 극단적으로 결합(유티케스주의)한 견해를 모두 반대한 기독론의 최종 진술을 했다.

케노시스(Kenosis) '비움' 또는 '쏟아 냄'이라는 뜻을 지닌 헬라어에서 유래했다. 이것은 성자 하나님의 자발적인 겸손을 가리키는데, 거기에는 자신의 신성하고 무한한 본성에 완전한 인성(그래서 유한한)을 더하고, 그 행위에 내재한 고통과 죽음에 복종하는 것을 포함했다(빌 2:5~11).

콘스탄티노플 공의회, 제1차(Constantinople I, Council of) 카파도키아 교부들이 니케아(325년)의 신학을 옹호하고 공통 언어로 정통 삼위일체설을 믿는 사람의 지지를 얻은 후에, 이 공의회(381년)에서 아리우스주의에 대한 승리 및 의견일치를 확정했다. 니케아 신조의 개정판인 니케아-콘스탄티노플 신조는, 예수 그리스도, 성령, 동정녀 마리아에 관한 고백을 확장하고 명확하게 하면서, 특히 동방에서 삼위일체 신학을 재확인하고 강화했다.

콘스탄티노플 공의회, 제2차(Constantinople II, Council of) 에베소 공의회(AD 431년)에서 확정한 네스토리우스주의에 대한 정죄를 많은 사람이 네스토리우스주의로 해석한 몹수에스티아의 테오도레의 저작들에 적용한 공의회(553년)로, 여기서 오리게네스와 그 추종자들의 가르침도 정죄했다. 비잔틴 황제 유스티니아누스 1세는 네스토리우스주의를 다시 정죄함으로써 시리아와 이집트의 그리스도 단성론자 교회들의 환심을 얻고 그 지역과의 정치적 동맹 강화를 희망했음이 틀림없다.

콘스탄티노플 공의회, 제3차(Constantinople Ⅲ, Council of) 그리스도의 단의론(그리스도는 단 하나의 의지를 가졌다)과 단일 활동론(오직 하나의 에너지)을 단죄한 공의회(AD 680~681년)이다. 이 교리들은 유티케스의 그리스도 단성론(칼케돈 공의회에서 정죄되었던, AD 451년)과 비슷하다는 의심을 샀는데, 당시 페르시아와 갈등을 겪던 비잔틴이 시리아와 이집트 지역에서 정치적 군사적 지원을 얻으려는 목적으로 그 지역 단성론자들을 달래려고 비잔틴 황제가 이 교리를 옹호했음이 분명하다.

트렌트 공의회(Council of Trent) 이탈리아의 도시 트렌트에서 (임시로 한번은 볼로냐에서), 200명이 넘는 로마가톨릭 주교가 모인 공의회로, **3명의 교황 치하 18년 동안**(1545~1563년) 간헐적으로 열렸다. 이 공의회는 개신교가 일으킨 도전에 대한 로마 가톨릭교회의 반응으로 소위 반종교개혁(Counter-Reformation)이라 불리는 운동을 형성했다. 초기 및 중세 교회에서 많은 사람이 권위를 의심했고, 유대교와 개신교는 성경의 정경에서 배제한 구약의 여러 외경을, 트렌트 공의회가 영감받은 정경으로 승인한 사실은 잘 알려졌다. 또한, 이 공의회에서는 교회의 거룩한 전통의 가르침과 성경 가르침의 권위가 동일하다고(또는 최소한 상호보완적이라고) 보았다.

특별 계시(Special Revelation) 특정 시대에 특별한 사람에게, 즉 시공간적인 제한 속에서 주어지는 신적 계시로, 환상, 꿈, 기적, 하나님 임재의 현현, 성자의 성육신, 역사에서 활동, 예언, 그리고 특별히 정경성 있는 성경 등이다.

편재(Omnipresence) '모든 곳에 있음'을 뜻한다. 모든 때에 모든 곳에 존재하는 능동적으로 임하시는 하나님을 묘사하는 속성이다. 그분 '임재'는 공간과 시간에 제한되지 않는, 그분의 능력과 의지의 효과들을 나타낸다. 어떤 것들이 있는 그곳에, 하나님은 그것들의 지속적인 존재를 의지하심으로 능동적으로 '임하신다.' 때때로 하나님은 그분의 존재를 가시적으로 현현하시기도 한다(예를 들면, 일시적인 하나님의 현현 또는 영구적인 성육신).

플라톤 철학(Platonism) 플라톤(BC 4세기)에 의해 영감된 철학이다. 선의 이데아, 현실 세계 넘어서 있는 영원한 실재, 그리고 세상의 창조 등은 2세기 변론자들이 기독교 신앙을 변호하는 매력적인 다리가 되어 주었다. 몇몇은 신학적 개념들(예. 신적 무감동성) 또는 지식의 이론들(인식론)을 설명하고 발전시키려고 플라톤 사상을 빌렸다. '신플라톤주의(Neo-Platonism)'를 참고하라.

필리오케(*Filioque*) "그리고 아들로부터"를 뜻하는 라틴어다. 이 작은 단어는 톨레도 공의회 때(589년) 서방교회가 성령 하나님이 아버지와 '그리고 아들로부터' 나왔다는 이중 발현에 대한 믿음을 표현하려고 니케아-콘스탄티노플 신경에 넣음으로써 문제가 발생했다. 동방교회 신학자들은 이것이 삼위일체 교리를 근본적으로 바꾼다며 반대했다. 이 논쟁은 로마가톨릭과 동방 정교회가 각기 서로를 정죄하는 동서교회의 대분열(1054년)에서 절정에 다다랐다.

필사본(Manuscript) 성경을 보존하고 후대에 물려주려고 손으로 쓴, 구약성경과 신약성경 문서의 고대 사본을 지칭할 때 종종 쓰는 단어이다. '전수(Transmission)'도 보라.

하나님의 속성(Attributes of God) 자신을 계시하신 하나님을 이해하려고 그분의 특징과 본성을 설명한 것으로, 자존성, 영원성, 무한성, 자유, 단순성, 초월성, 내재성, 거룩함, 무결성, 불변성, 무감각성, 전능성, 편재성, 전지성, 선하심, 사랑, 진실성(진리), 자애, 자비, 연민, 공의, 신실성, 창조성, 주권, 섭리, 질투, 단일성, 복수성을 포함한다. 보통 공유적 속성과 비공유적 속성으로 분류한다.

하나님의 현현(Theophany) 일시적으로 하나님이 어떤 장소에 어떤 시점에 가시적으로 나타나는 것이다. 예를 들어, 인간으로서 하나님의 현현, 떨기나무 가운데서 나오는 불꽃, 불과 구름 기둥이 있다.

합성론(Miaphysitism) '하나의 본성'을 뜻하는 헬라어에서 유래했다. 네스토리우스주의에 대한 반응으로 형성되었다. 반대자들은 이것은 그리스도의 신성과 인성의 분리 없는 연합을 강조하는 단성론의 미묘한 한 형태로 보았다. 합성론자들은 유티케스주의를 지지하지는 않았고, 칼케돈 공의회(AD 451년)의 언어를 받아들이지 않았는데, 너무 네스토리우스 교리에 가까워서 그리스도의 본성들의 연합에 관한 균형 있는 관점을 제공할 수 없다고 보았기 때문이다. 이 관점은 이집트의(콥틱) 전통에서 오늘날까지 지속한다.

해석학(Hermeneutics) 예술작품, 문학, 음악 또는 다른 소통의 형태를 이해하려는 목적으로 해석을 연구하고 실행하는 학문이다.

현대시대(Modern Period) 1700년경에서 현재까지 교회사 기간이다. 이 시대는 전통적 권위(교회, 신경이나 고백들, 성경)를 개인적 권위(인간의 이성)로 대체하는 특징을 지닌 사고구조가 두드러진다. 과학, 철학, 신학이 역사적인 기독교인의 세계관에서 더(혹은 완전히) 세속적인 패러다임으로 이동했다.

현대신학(Modern Theology) 1700~1950년에 현대주의 및 자유주의 사상의 등장에 초점을 맞춘 역사신학의 하위 분야이다.

LXX 70인 역(Septuagint)을 참고하라.

미주

1부 '견고한 토대: 계시, 성경, 진리'

4막으로 구성한 기독교 이야기

1 고대 영웅신화에 관한 고전적 논의는 Joseph Campbell, *The Hero with a Thousand Faces*, 3rd rev. ed., Joseph Campbell Foundation (Novato, CA: New World Library, 2008); 『천의 얼굴을 가진 영웅』, 이윤기 옮김 (서울: 민음사, 2018)을 보라.

2 James Bonnet, *Stealing Fire from the Gods: The Complete Guide for Writers and Filmmakers*, 2nd ed. (Studio City, CA: Michael Wiese, 2006); Christopher Vogler, *The Writer's Journey: Mythic Structures for Writers*, 3rd ed. (Studio City, CA: Michael Wiese, 2007); 『신화 영웅 그리고 시나리오 쓰기』, 함춘성 옮김 (서울: 비즈앤비즈, 2013); Stuart Voytilla, *Myth and the Movies: Discovering the Mythic Structure of 50 Unforgettable Films* (Studio City, CA: Michael Wiese, 1999)을 보라.

3 골로새서 1:15~16; 창세기 1:1~2, 26; 요한복음 1:1~3; 히브리서 1:2.

4 히브리서 1:1~2.

5 예., 에베소서 2:10; 빌립보서 2:12~13; 마태복음 28:19~20.

6 Augustine, *Confessions* (1.1.1), Henry Chadwick, ed. and trans. (Oxford: Oxford University Press, 1998), 3.

조감도

1 Arthur Conan Doyle, "The Boscombe Valley Mystery," Richard Lancelyn Green, ed. in *The Adventures of Sherlock Holmes*, The Oxford Sherlock Holmes, Owen Dudley Edwards, ed. (New York: Oxford University Press, 1993), 95.

² Doyle, "The Man with the Twisted Lip" in *The Adventures of Sherlock Holmes*, 138.

³ 요한복음 14:16~17; 15:26; 16:13을 보라. 성부 하나님, 성자 하나님과 동등하게 성령께서 신성으로 충만하시다는 내용은 2부에서 다룬다.

⁴ Arthur Conan Doyle, "The Sussex Vampire," W. W. Robson, ed. in *The Case-Book of Sherlock Holmes*, The Oxford Sherlock Holmes, Owen Dudley Edwards, ed. (New York: Oxford University Press, 1993), 77.

⁵ Anselm, *Proslogion* 1.1, Sidney Norton Deane, trans. in *St. Anselm: Proslogium; Monologium; An Appendix in Behalf of the Fool by Gaunilon; and Cur Deus Homo*, reprint ed. (Chicago: Open Court, 1926), 6~7.

반드시 알아야 할 성경 본문

¹ 예수님에 관한 교회의 역사적 해석을 더 잘 이해하려면 2부를 보라.

² Stephen R. Spencer, "Is Natural Theology Biblical?," *Grace Theological Journal* 9 (1988): 59~72를 보라.

³ 예., Jack Deere, *Surprised by the Voice of God: How God Speaks Today through Prophecy, Dreams, and Visions* (Grand Rapids, MI: Zondervan, 1998); 웨인 그루뎀, 『예언의 은사 : 신약성경이 가르치고 지금도 사용되는』 김동수 · 김윤아 옮김 (서울: 솔로몬, 2013); Wayne Grudem, *The Gift of Prophecy in the New Testament and Today*, Today, rev. ed. (Wheaton, IL: Crossway, 2000).

⁴ 예., John MacArthur, *Strange Fire: The Danger of Offending the Holy Spirit with Counterfeit Worship* (Nashville: Thomas Nelson, 2013); 『존 맥아더의 다른 불』, 조계광 옮김 (서울: 생명의 말씀사, 2014)을 보라.

⁵ 2부의 반드시 알아야 할 성경 본문에서, 10. 육신을 입으신 하나님 (요한복음 1:1~18)을 보라.

⁶ Charles C. Ryrie, *Basic Theology* (Chicago: Moody, 1986), 71; 『평신도 신학입문』, 이한규 옮김 (서울: 두란노, 2002).

⁷ Wayne Grudem, *Systematic Theology: An Introduction to Bible Doctrine*, 2nd ed. (Grand Rapids, MI: Zondervan, 1995), 127; 『조직신학: 성경적 교리학 입문서』, 노진준 옮김 (서울: 은성, 2009).

미주 373

8 변형(Transfiguration)은 세 개 복음서가 묘사하는 사건을 일컫는 전통적 이름이다. 베드로, 야고보, 요한이 예수님과 함께 높은 산에 갔을 때 예수님께서 "그들이 보는 앞에서 그의 모습이 변하여, 얼굴은 해와 같이 빛나고, 옷은 빛과 같이 희어졌다."(마 17:1~2; 참고. 막 9:2~3; 눅 9:29).

9 Carl F. H. Henry, "Bible, Inspiration of" in Walter A. Elwell, ed., *Evangelical Dictionary of Theology*, 2nd ed. (Grand Rapids, MI: Baker Academic, 2001), 160.

10 '하나님의 영감된 말씀'(1부 조감도에서)과 '고린도전서 2:10~13, 성령으로 가르치신 말씀'(반드시 알아야 할 성경 본문의 6번째)을 보라.

11 Paul D. Feinberg, "Bible, Inerrancy and Infallibility of" in Elwell, ed., *Evangelical Dictionary of Theology*, 2nd ed., 156.

12 원래 표현과 충분한 논의를 위해서는 Paul D. Feinberg, "The Meaning of In-errancy" in Norman Geisler, ed., *Inerrancy* (Grand Rapids, MI: Zondervan, 1980), 298~302를 보라.

13 이 교리 그리고 관련한 더 많은 가르침을 더 보려면, 1부 끝에 제시한 '서재에 꽂아 두고 읽어야 할 책'에서 '성경의 영감과 권위에 관한 책'을 보라.

14 모세의 '율법책'(수 8:31)은 법령 그리고 신명기의 역사 부분도 포함한다(신명기 27:5와 여호수아 8:34를 보라).

15 Josephus, *Contra Apionem* 1.8, in *The Genuine Works of Flavius Josephus*, vol. 6, William Whiston, trans. (New York: Borradaile, 1825), 173.

16 Walter Bauer, F. W. Danker, W. F. Arndt, and F. W. Gingrich, *A Greek-English Lexicon of the New Testament and Other Early Christian Literature*, 3rd ed. (Chicago: University of Chicago Press, 1999)의 항목을 보라. 참고. 『바우어 헬라어 사전: 신약성경과 초기 기독교 문헌의 헬라어-한국어 사전』, 이정의 옮김 (서울: 생명의말씀사, 2017).

17 "The Biblical Canon" in *Hermeneutics, Canon and Authority*, D. A. Carson and J. Woodbridge, eds. (Grand Rapids, MI: Zondervan, 1986), 357에서 B. B. Warfield가 이 원칙을 사용한 것에 관한 David Dunbar의 언급을 보라.

18 성찬식을 돕는 사람이 수놓은 천을 세 번 흔듦으로써 삼위일체적 의미를 내포함에 관한 원전은 그리스 정교회의 예전적 행습의 기원에 대한 추측에서 나왔다. 목회자 시취에서 "천을 휘날려 파리를 내쫓는 것"

은 그럴듯한 설명으로 제시되었다. 그러나 진짜 진실은 역사 속에 (혹은 신비에) 파묻혔다. 내게 실마리를 준 대니얼 요르단(Daniel Jordan) 목사와 티모시 랄스턴(Timothy Ralston) 박사께 특별한 감사를 드린다.

19 Michael J. Svigel, *RetroChristianity: Reclaiming the Forgotten Faith* (Wheaton, IL: Crossway, 2012), 262.

역사로 회고한 성경

1 J. N. D. Kelly, *Early Christian Doctrines*, rev. ed. (New York: HarperCollins, 1978), 52~56;『고대 기독교 교리사』, 박희석 옮김 (서울: CH북스, 2004)에 있는 논의를 보라.

2 Clement of Rome, *1 Clement* 47.1~3 in Holmes, *Apostolic Fathers*, 109.

3 Ignatius, *To the Magnesians* 13.1 in Holmes, *Apostolic Fathers*, 211.

4 Polycarp, *Philippians* 3.2.

5 From Henry Melvill Gwatkin, *Selections from Early Writers Illustrative of Church History to the Time of Constantine* (London: Macmillan, 1897), 83~89. 우리에게 주어진 라틴어 본문으로는 2세기 헬라어 원전이 (1) 베드로전서만 포함하고 베드로후서는 의심했는지, 아니면 (2) 본래 베드로전서나 후서를 언급하지 않고, 논쟁이 되는 본문으로 베드로의 묵시록을 언급했는지 불분명하다. 이는 문서의 마지막이 소실되었기 때문인데, 저자가 원래 히브리서와 야고보서, 요한삼서와 베드로 서신들을 논의했을 가능성이 있지만, 원문이 발견되기 전까지 2세기 로마 교회에서 그 여러 글의 지위는 그저 추측만 할 수 있다.

6 Gregory Thaumaturgus, *Oration and Panegyric to Origen* 13, 15 (ANF 6:34, 36).

7 Tertullian, *Prescription against Heretics* 7 (ANF 3:246).

8 Kelly, *Early Christian Doctrines*, 61.

9 로마 가톨릭교회의 행습인 '고해'와 같은 개념과 그에 대비되는 원래 성경적 의미의 '회개'에 관해서는 1부의 '중세시대'에서 다루겠다.

10 더 자세한 논의는 Alister E. McGrath, *Christian Theology: An Introduction* (Oxford: Blackwell, 1994), 52~53;『신학이란 무엇인가: 알리스터 맥그래스의 기독교 신학 입문』, 김기철 옮김 (서울: 복있는사람, 2014)을 보라.

11 Jaroslav Pelikan, *The Christian Tradition: A History of the Development of Doctrine*, vol. 3, *The Growth of Medieval Theology (600~1300)* (Chicago: University of Chicago Press, 1978), 122를 보라.

12 Michael Robson, "Saint Bonaventure," in *The Medieval Theologians: An Introduction to Theology in the Medieval Period*, ed. G. R. Evans (Oxford: Blackwell, 2001), 189를 보라.

13 Jenny Swanson, "*The Glossa Ordinaria*," in *The Medieval Theologians*, 156을 보라.

14 Benedicta Ward, "Bede the Theologian," in *The Medieval Theologians*, 60을 보라.

15 Pelikan, *The Christian Tradition*, 3:40.

16 Margaret Deanesley, *A History of the Medieval Church, 590~1500*, 9th corrected ed. (London: Routledge, 1972), 224; 『중세교회역사』, 박희석 역 (서울: 기독교문서선교회, 2002).

17 Deanesley, *A History of the Medieval Church, 590~1500*, 254~55.

18 Philip Schaff, *History of the Christian Church, vol. 7, Modern Christianity: The German Reformation* (Grand Rapids, MI: Eerdmans, 1950), 305; Michael J. Svigel, trans. 『독일 종교개혁』, 교회사 전집 7, 박종숙 옮김 (서울: CH북스, 2004)에서 인용하며 윤문함.

19 C. Arnold Snyder, *Anabaptist History and Theology*, rev. student ed. (Kitchener, Ontario: Pandora, 1997), 413~14.

20 Jaroslav Pelikan, *The Christian Tradition: A History of the Development of Doctrine*, vol. 5, *Christian Doctrine and Modern Culture (since 1700)* (Chicago: University of Chicago Press, 1989), viii.

21 Immanuel Kant, "An Answer to the Question: What Is Enlightenment," James Schmidt, trans. in James Schmidt, ed., *What Is Enlightenment: Eighteenth-Century Answers and Twentieth-Century Questions* (Berkeley: University of California Press, 1996), 58.

22 Gary Dorrien, *The Making of American Liberal Theology: Idealism, Realism, and Modernity 1900~1950* (Louisville, KY: Westminster John Knox, 2003), 1.

23 Henry Ward Beecher, *Yale Lectures on Preaching* (New York: Fords, Howard, and Hulbert, 1881), 88.

²⁴ George M. Marsden, *Fundamentalism and American Culture: The Shaping of Twentieth-Century Evangelicalism 1870~1925* (Oxford: Oxford University Press, 1980), 118~23; 『근본주의와 미국문화』, 박용규 옮김 (서울: 생명의말씀사, 1997).

반드시 기억해야 할 사실

¹ 구약성경 예언자는 그 권위를 일부는 모세에게서, 또 일부는 하나님의 초자연적 검증으로 얻은 것으로 보인다. 전자의 유래는 신명기 18장에서 확일할 수 있는데, 하나님께서 모세와 같은 예언자들을 일으키실 것이고, 이스라엘 백성은 그들에게 주의를 기울이라고 말씀하신다. 따라서 하나님은 모세를 통해 예언자 직분의 권위를 세우셨다. 그러나 하나님께 부름받은 예언자 개개인은 주님의 이름으로 신적 인준을 받았던 것은, 주의 이름으로 말할 때 그분 말은 **성취될 것**이고 그렇지 못하면 그는 거짓 선지자였기 때문이다.

² 반드시 알아야 할 본문 일곱 번째인 요한복음 17:17, '하나님의 말씀은 진리다'를 보라.

³ 책 분량을 고려하지 않는다면 이 교리에 관한 완전한 책 한 권을 추가했을 것이다. 대신 우리는 (1부 마지막에 있는) '서재에 꽂아두고 읽어야 할 책'에서, 특히 '성경의 영감과 권위에 관한 책'과 '성경의 정경성에 관한 책' 범주에 있는 책을 읽고 더 공부하라고 강력히 권한다.

⁴ *Doctrinal Statement of Dallas Theological Seminary*, Article I.

⁵ Michael J. Svigel, *RetroChristianity: Reclaiming the Forgotten Faith* (Wheaton, IL: Crossway, 2012), 90~93을 보라.

⁶ ESV 영역본에서 그 어구는 마태복음 7:28; 22:33; 마가복음 1:22; 11:18; 누가복음 4:32에 쓰인다.

피해야 할 위험

¹ The Princess Bride, Rob Reiner, dir. Act III Communications, 1987. Film. 또한 William Goldman, *The Princess Bride* (San Diego: Harcourt Brace Jovanovich, 1973), 105도 보라.

² 이런 접근의 한 가지 예가 신정통주의인데, 그것은 엄밀히 말해 성경을 계시로 여기지 않고, 성령이 인간에게 도달하려는 데 사용하실 수 있는 한 도구라고 말한다. 만약 성령께서 그렇게 하신다면, 그 특정한

상황에서 성경은 하나님의 말씀이 **된다**고 말할 수 있다. James Riley Estep이 설명하듯, 신정통주의에서는 성경이 "하나님의 말씀(그리스도 안에서 육화되고, 성경으로 인증되며, 교회에서 선포되는)으로서 권위가 있다. 그러나 성경은 하나님 계시의 내용이 아니라 계시의 증인으로 여겨진다. 예를 들어, 성경은 인간사 안에 개입하시는 하나님을 기록하지만, 그 자체는 개입이 아니다. 따라서 계시 자체가 아니라 계시적 사건에서 한 단계 뒤로 물러나 있다"(James Riley Estep, "Neoorthodoxy" in *Evangelical Dictionary of Christian Education*, Michael J. Anthony, et al., eds. [Grand Rapids, MI: Baker Academic, 2001], 503. 『기독교 교육학 사전』, 한국복음주의 실천신학회 역 [서울: CLC, 2010]).

3 Søren Kierkegaard, *Attack Upon Christendom* (Princeton, NJ: Princeton University Press, 1946), 120~24를 보라.

4 Kierkegaard, *Attack Upon Christendom*, 121.

5 Kierkegaard, *Attack Upon Christendom*, 123.

6 라틴어로, "이봐요, 방금 내게 말한 것 전부를 이번에는 영어로 다시 해주겠소?"라는 말이다. Henry Beard, *Latin for All Occasions* (New York: Villard, 1990), 35를 보라.

7 시간이 갈수록 기둥은 점점 더 높아졌다.

실천해야 할 원리

1 Jodie Meeks가 2009년에 이 기록을 넘어섰다. 믹스와 메이지의 경력 기록은 상당히 근접하여(각각 .88988과 .88978) 메이시는 그가 놓친 자유투를 한 번만 더 했더라면 그 기록을 유지했을 것이며, 그랬다면 한 번 더 기록수립 시도를 하고 성공했다면, 기록을 수립했을 것이다. wildcatworld.com/kentucky-basketball-statistics/the-record-book/free-throw-records/ (accessed 05/15/14)를 보라.

2 bigbluehistory.net/bb/Statistics/Players/Macy_Kyle.html (accessed 2/26/14)를 보라.

3 앞에서 살펴본 '반드시 알아야 할 본문'에서, '본문 4. 모든 성경은 하나님의 감동으로 된 것이다(디모데후서 3:14~4:4)'도 보라.

4 Frederick W. Robertson, *Sermons Preached at Trinity Chapel, Brighton*, vol. 1 (Boston, MA: Ticknor & Fields, 1857), 335.

5 C. S. Lewis, *Beyond Personality: The Christian Idea of God* (London: Geoffrey Bles, 1944), 9~10.

6 『빈첸시오의 신앙규범(the Vincentian Canon)』에서.

과거와 현재의 목소리

1 특별한 표시가 없는 한, 모든 교부 인용문은 *Ante-Nicene Fathers*(ANF)나, *Nicene and Post-Nicene Fathers*(NPNF)에서 가져왔다. 초기 기독교 문헌 뒤에 삽입된 괄호 안의 인용은 이 자료를 가리킨다. 예를 들면, '(ANF 3:34)'는 Roberts와 Donaldson판 *The Ante-Nicene Fathers*의 3권, 34쪽을 말한다. NPNF는 두 개 시리즈로 되어 있어서 처음 숫자(1 혹은 2)로 시리즈를 표시하고, 이어 시리즈 내 권수, 이후 권의 쪽수로 표기한다. 예를 들어, '(NPNF 1.3:34)'는 첫 시리즈의 3권, 34쪽을 의미한다. 이 문헌의 일부는 더 현대 번역이 존재하지만, 우리가 이것을 택한 이유는 공유저작권 상태이며 온라인에서 쉽게 접근할 수 있기 때문이다(www.ccel.org).

2 Clement of Rome, *First Epistle of Clement to the Corinthians* 45.2~3 in Michael W. Holmes, ed., *The Apostolic Fathers: Greek Texts and English Translations of Their Writings*, 3rd ed. (Grand Rapids, MI: Baker, 2007), 105.

3 Clement, *First Epistle* 47.1~3 in *The Apostolic Fathers*, 109.

4 Polycarp, *To the Philippians* 3.2 in *The Apostolic Fathers*, 283, 285.

5 Athenagoras, *A Plea for the Christians* 9 (ANF 2:133).

6 Irenaeus, *Against Heresies* 2.28.2 (ANF 1:399)

7 Clement of Alexandria, *Stromata* 2.2 (ANF 2:349).

8 Tertullian, *Apology* 39 (ANF 3:46).

9 Tertullian, *Treatise on the Soul* 22 (ANF 3:202).

10 Tertullian, *Against Marcion* 4.5 (ANF 3:349~50).

11 Origen, *On First Principles* 1.3.1 (ANF 4:252).

12 Origen, *On First Principles* 4.1.1 (ANF 4:349).

13 Hippolytus, *Fragments on Susannah* 52 (ANF 5:193).

14 Hippolytus, *Against the Heresy of Noetus* 9 (ANF 5:227).

15 Novatian, *On the Trinity* 30 (ANF 5:642).

16 Lactantius, *Divine Institutes* 5.2 (ANF 7:138).

17 Athanasius, *Festal Letter* 39.3, 6 (NPNF 2.4:551~52).

18 Gregory of Nazianzus, *Orations* 2.105 (NPNF 2.7:427).

19 Augustine, *City of God* 11.3 (NPNF 1.2:206).

20 Augustine, *Letter (to Jerome)* 82.3 (NPNF 1.1:350).

21 Augustine, *Letter (to Jerome)* 28.3 (NPNF 1.1:251~52).

22 Augustine, *On Christian Doctrine* 1.37.1 (NPNF 1.2:533).

23 Gregory the Great, *Moralia in Job* preface 4, Epistle to Leander in Gregory the Great, *Morals on the Book of Job*, vol. 1, parts 1~2, A Library of Fathers of the Holy Catholic Church (Oxford: John Henry Parker, 1844), 9.

24 John of Damascus, *An Exact Exposition of the Orthodox Faith* 4.17 (NPNF 2.9:89).

25 Anselm, Cur Deus Homo 1.18 in Sidney Norton Deane, trans., *St. Anselm: Proslogium; Monologium; An Appendix in Behalf of the Fool by Gaunilon; and Cur Deus Homo,* reprint ed. (Chicago: Open Court, 1926), 220.

26 Bernard, *Sermon 84 on the Song of Songs* 7 in Ray C. Petry, ed., *Late Medieval Mysticism*, The Library of Christian Classics (Philadelphia: Westminster John Knox, 1957), 78; 『중세 후기 신비주의』, 류금주 옮김, 기독교 고전 총서 12 (서울: 두란노 아카데미, 2011).

27 Thomas Aquinas, *Summa Theologica* 1.1.8 in Fathers of the English Dominican Province, *The "Summa Theologica" of St. Thomas Aquinas*, Part 1 (New York: Benziger Brothers, 1911), 13~14.

28 Thomas Aquinas, Summa *Theologica* 1.1.10 in Fathers of the English Dominican Province, *The "Summa Theologica" of St. Thomas Aquinas*, Part 1, 17.

29 Bonaventure, *Collationes in Hexaemeron* 12.17 in José de Vinck, trans., *Collations on the Six Days* (Patterson, NJ: St. Anthony Guild, 1970), 181.

30 Richard Rolle, *The Mending of Life* 9 in Petry, Late Medieval Mysticism, 233; 『중세 후기 신비주의』, 류금주 옮김, 기독교 고전 총서 12 (서울: 두란노 아카데미, 2011).

31 Thomas à Kempis, *The Imitation of Christ* 5, Aloysius Croft and Harold Bolton, trans. (Milwaukee: Bruce, 1940), 8~9.

32 Martin Luther, "To the Christian Nobility of the German Nation Respecting the Reformation of the Christian Estate" 3.25 in Martin Luther, *First Principles of the Reformation, or, The Ninety-Five Theses and the Three Primary Works of Dr. Martin Luther*, Henry Wace and C. A. Buchheim, eds. (London: John Murray, 1883), 82.

33 John Calvin, *Institutes of the Christian Religion* 1.7.5, Henry Beveridge, trans. (Grand Rapids, MI: Eerdmans, 1989), 1:72.

34 Calvin, *Institutes* 1.8.12, in Beveridg, trans., 1:82.

35 Calvin, *Institutes* 4.8.9 in Beveridg, trans., 2:395.

36 John Calvin, "Commentary on Second Timothy 3:16~17," in *Calvin: Commentaries*, Joseph Haroutunian and Louise Pettibone Smith, eds. and trans., The Library of Christian Classics (Philadelphia: Westminster, 1958), 85.

37 The Second Helvetic Confession 1 in *Calvin: Commentaries*, 3:831.

38 *The Thirty-Nine Articles of Religion of the Church of England* 6 in Philip Schaff, *Creeds of Christendom*, vol. 3, *The Evangelical Protestant Creeds*, 4th enl. ed. (Grand Rapids, MI: Baker, 1977), 489. (*Note:* Old English spelling converted to contemporary English spelling.)

39 James Arminius, "Oration III: The Certainty of Sacred Theology" in *The Works of James Arminius*, vol. 1, James Nichols, trans. (London: Longman, Hurst, et al., 1825), 322.

40 *Westminster Confession* 1.4 in Schaff, *Creeds of Christendom* 3:602.

41 Westminster Confession 1.10 in Schaff, *Creeds of Christendom* 3:605~6.

42 John Bunyan, "Of the Trinity and a Christian" in Henry Stebbing, ed., *The Entire Works of John Bunyan*, vol. 2 (London: James S. Virtue, 1860), 534.

43 John Wesley, *Journal*, August 24, 1776 in John Wesley, *The Works of the Rev. John Wesley*, vol. 4, 3rd ed. (London: John Mason, 1829), 82.

44 *Methodist Articles of Religion* 5 in Schaff, *Creeds of Christendom*, 3:808.

45 Louis Gaussen, *Theopneustia—The Bible: Its Divine Origin and Inspiration, Deduced from Internal Evidence, and the Testimonies of Nature, History and Science*, new and rev. ed., David D. Scott, trans. (Cincinnati, OH: George S. Blanchard, 1859), 349~50.

46 Gaussen, *Theopneustia—The Bible*, 350.

47 J. C. Ryle, "Not Corrupting the Word" in *Home Truths: Being Miscellaneous Addresses and Tracts*, 7th series (Ipswich, England: William Hunt, 1849), 232~33.

48 *The Thirty-Nine Articles of Religion of the Reformed Episcopal Church in America* 5 in Schaff, *Creeds of Christendom*, 3:815.

49 Abraham Kuyper, *The Work of the Holy Spirit*, Henri de Vries, trans. (New York: Funk & Wagnalls, 1900), 76; 『성령의 사역』, 김해연 옮김 (서울: 성지출판, 1999).

50 Arthur W. Pink, *The Divine Inspiration of the Bible* (Swengel, PA: Bible Truth Depot, 1917), 7~8; 『성경의 권위: 성경이 하나님의 말씀인 이유』, 정시용 옮김, 아더핑크 시리즈 6, (서울: 프리스브러리, 2017).

51 Louis Berkhof, *A Summary of Christian Doctrine* (Grand Rapids, MI: Eerdmans, 1960; reprint, Edinburgh, Scotland: Banner of Truth Trust, 2005), 12; 『기독교 교리 요약』, 2판, 박수준 옮김 (서울: 소망사, 2005).

52 J. I. Packer, *"Fundamentalism" and the Word of God: Some Evangelical Principles* (Grand Rapids, MI: Eerdmans, 1958), 113~14.

53 Bernard Ramm, *Protestant Christian Evidences*, 4th ed. (Chicago: Moody, 1959), 232.

54 *The Chicago Statement on Biblical Inerrancy*, Short Statement 4 (churchcouncil.org/ICCP_org/Documents_ICCP/English/01_Biblical_Inerrancy_A&D.pdf).

55 Millard J. Erickson, *Christian Theology*, 2nd ed. (Grand Rapids, MI: Baker, 1998), 225; 『복음주의 조직신학』, 신경수 옮김 (서울: CH북스, 1995).

56 Charles C. Ryrie, *Basic Theology* (Chicago: Moody, 1999), 81; 『평신도 신학입문』, 이한규 옮김 (서울: 두란노, 2002).

2부 '세 위격이신 하나님: 성부, 성자, 성령

조감도

¹ Fred Sanders, *The Deep Things of God: How the Trinity Changes Everything* (Wheaton, IL: Crossway, 2010)은 이것을 단순하고도 아름답게 펼쳐 보인다.

² C. S. Lewis, *Beyond Personality* (New York: Macmillan, 1945), 13.

³ 전문적으로 말하면, 325년 니케아 공의회에서 인정된 신조는 381년 콘스탄티노플에서 수정되고 재진술되었다. 여기에서 사용되고 대중적으로 인용되는 니케아 신조는 니케아-콘스탄티노플 신조이다.

⁴ Philip Jenkins, *The Lost History of Christianity: The Thousand-Year Golden Age of the Church in the Middle East, Africa, and Asia—and How It Died* (New York: HarperOne, 2008).

⁵ Basil of Caesarea, *Homilies on the Psalms* 115.1.

반드시 알아야 할 성경 본문

¹ Dennis Covington, *Salvation on Sand Mountain: Snake Handling and Redemption in Southern Appalachia* (New York: Addison-Wesley, 1995), 203~4, cited in Philip Yancey, *Reaching for the Invisible God* (Grand Rapids, MI: Zondervan, 2000), 96.

² John McGuckin이 제안하듯, 니케아 신조가 성자 하나님을 "성령의 능력으로... 동정녀 마리아로부터 성육신하시고 사람이 되셨다"라고 언급은 창세기 1:2과 생명을 주시는 성령의 활동을 연상시킨다, *Ancient Christian Doctrine*, vol. 2, *We Believe in One Lord Jesus Christ*, Thomas C. Oden, ed. (Downers Grove, IL: InterVarsity, 2009), 114.

³ Bruce K. Waltke, *An Old Testament Theology: An Exegetical, Canonical, and Thematic Approach* (Grand Rapids, MI: Zondervan, 2007). 다른 책에서는 그는 야웨와 주를 사용한다.

⁴ 야웨(*YHWH*)는 일반적으로 두 가지 형태 중 하나를 띠는데, 네 글자나 *Yah*이다(이것은, 예를 들면, '할렐루야'에 나타난다). 많은 영어 번역본에서 이 단어를 LORD로 번역한다.

⁵ 가장 신성한 이름인 '야웨'에 대한 공경심에서, 성경 시대 이후와 중세 유대인들은 히브리 성서를 구두로 읽을 때 이것 대신 '아도나이'(보통

LORD보다는 Lord로 읽는다)를 사용했다. 기억할 것은 그들은 아도나이의 히브리어 모음을 야웨의 자음들 위에 붙였다(YaHoWaH). 이 문제는 더욱 복잡해져서 '아도나이'라는 야웨의 발음은 다시 바뀌어 '하셈'('그 이름')이 되었다. 훨씬 후대의 서양 번역본에서 자음과 모음(다른 이유로 e가 a로 바뀌었다)이 혼합된 것을 '여호와'로 오독했는데, 유대인이 의도하거나 구약성경이 암시한 것이 아니었다. 여호와의 증인 같은 다양한 그룹이 이것을 모르고 야웨를 여호와로 바꿔야 한다고 주장했는데, 사용하는 것이 잘못된 것은 아니지만, 성경적 음역은 아니다.

6 창세기 17:15-19, 21; 18:9~15; 21:1~7을 보라.

7 그렇다고 해도 그분은 이스라엘의 아버지(출 4:22; 사 63:16; 64:8; 렘 31:9; 호 11:1), 고아의 아버지(시 68:5), 다윗 왕의 양아버지다(삼하 7:14; 대상 22:10; 시 89:26~27).

8 Herbert Wolf, "61 אֶחָד," R. Laird Harris, Gleason L. Archer Jr., and Bruce K. Waltke, eds., *Theological Wordbook of the Old Testament* (Chicago: Moody, 1999), 30.

9 Margaret Barker (T*he Great Angel: A Study of Israel's Second God* [London: SPCK, 1992], 72)는 주의 사자가 하나님의 한 형태(그러나 하나님과는 구별되는)라는 개념이 적어도 17세기 유대교에까지 남아있었으며, "이것이 소종파의 이탈이 아니라 주된 믿음이었다는 확실한 증거"라고 단언했다. Larry W. Hurtado (*Lord Jesus Christ: Devotion to Jesus in Earliest Christianity* [Grand Rapids: Eerdmans, 2003], 32~36)는 예수님 시대에 유대인들이 천사를 숭배했다거나 두 번째 하나님을 예배했다는 증거는 없다고 주장하면서도, 주의 사자에 대한 그런 경외심은 초대교회에서 예수님을 예배하는 것이 적절했음을 암시할 수 있음을 인정했다. 유대교와 기독교의 역사를 통해 적지 않은 사람들이 어떤 경우 그 사자는 신의 현현, 즉 야웨 자신의 유한한 나타남이 틀림없다고 결론지어왔다(e.g., John M. Frame, *The Doctrine of God: A Theology of Lordship* [Phillipsburg, NJ: P & R, 2002], 633).

10 Thomas C. Oden, *Classic Christianity: A Systematic Theology* (New York: HarperOne, 2009), 40.

11 역사적으로 세 위격의 구분은 특별히 기원에 대한 영원한 관계에 적용되었다. 성부는 비출생적(unoriginated)이시고, 성자는 성부로부터 영원히 출생했고(begotten), 성령은 성부로부터 영원히 발현한다(procedeing). 그 의도는 삼위를 시공간적 연대기나 인과관계를 통해 구분하자는 것이 아니라, 세 위격 모두 영원하시다는 것이다. 또한, 중요성에 있어서 한 위를 다른 위보다 더 높게 하려는 것도 아니다(셋은 동등하게 영광스러우시다). 그러나 교회는 항상 한편으로는 양태론(한 신격이

세 역할을 했다)을 피하고, 다른 한편으로는 삼신론(구분된 세 신이 함께 팀으로 일한다)을 피하려고 성경적 술어를 쓰려고 분투했다.

12 Gregory E. Ganssle, ed., *God and Time: Four Views*, with Paul Helm, Alan G. Padgett, William Lane Craig, and Nicholas Wolterstorff (Downers Grove, IL: InterVarsity Press, 2001); Garrett J. DeWeese, *God and the Nature of Time*, Ashgate Philosophy of Religion Series (Burlington, VT: Ashgate, 2004)을 보라. 하나님이 영원하시고 시간 밖에 머물러 있다(그 안에서 일하시기도 하지만)는 것이 반드시 완전하고 불변하시는 하나님—세 위격의 관계로서—이 순차나 움직임이 없다는 뜻은 아니다. 그렇지만 세 위격의 하나님께서 어떻게 우리가 아는 차원 밖에서 자신과 관계하시는지는 대체로 신비로 남아있다.

13 Michael F. Bird, *Evangelical Theology: A Biblical and Systematic Introduction* (Grand Rapids, MI: Zondervan, 2013), 128.

14 이 어구는 Rob Lister, *God Is Impassible and Impassioned: Toward a Theology of Divine Emotion* (Wheaton, IL: Crossway, 2013)에서 끌어왔다. Lister는 무감동성에 관한 역사적 및 현대적 모델들, 그리고 하나님의 감정뿐 아니라 상처받지 않음(invulnerability)에 대한 성경적 증거를 조사한다. 그는 "이런 성경적인 [창조자/창조물 사이의] 구분과 삼위일체 내의 자기성취와 자발적 낮아지심에 비추어볼 때 하나님의 언약적 애정은 성경에 문자적으로 묘사되어 있지만, 그 동일한 애정은 인간의 언어와 단일한 뜻으로 아니라, 유비적으로 연결되어 있다는 것을 보았다"라고 결론짓는다(282).

15 Wayne Grudem, *Systematic Theology: An Introduction to Biblical Doctrine* (Grand Rapids, MI: Zondervan, 1994), 160; 『조직신학: 성경적 교리학 입문서』, 노진준 옮김 (서울: 은성, 2009).

16 Charles C. Ryrie, *Basic Theology* (Wheaton: Victor, 1986), 37; 『평신도 신학입문』, 이한규 옮김 (서울: 두란노, 2002).

17 Oden, *Classic Christianity*, 50.

18 Grudem, *Systematic Theology*, 217.

19 많은 본문이 다양한 의미로 하나님께서 모든 창조세계를 주권적으로 다스리심을 인정한다(예. 대상 29:11~14; 사 45:5~12; 63:16~17; 요 6:44; 행 4:27~28; 13:48; 롬 9:11~24; 13:1; 엡 1:4~5, 11; 계 17:8).

20 신 30:19; 수 24:15; 삼상 17:8; 대상 21:10~11; 잠 3:31; 롬 7:14~20을 보라.

21 Augustine, *The City of God* 5.10 (NPNF 1.2:92~93).

22 Arthur W. Pink, *Gleanings in the Godhead* (Chicago: Moody, 1975), 38.

23 D. A. Carson, *The Difficult Doctrine of the Love of God* (Wheaton, IL: Crossway, 2000), 11~12.

24 Richard of St. Victor, *De Trinitate*, 1.20.

25 NIV(1984)에서 인용. 사랑에 대한 비슷한 구약 단어는 *ahab*, "사랑, 사랑하다, 연인, 친구들"과 *raham*, "연민을 갖다, 사랑/자비를 보이다." KJV는 종종 *hesed*를 "자비"로 번역한다.

26 요 1:1~2, 14; 요일 1:1; 히 4:12~13; 계 19:13.

27 J. Scott Horrell, *The Center of Everything: The Trinity in Scripture, History, and Life Today* (Grand Rapids, MI: Kregel, forthcoming), appendix listing.

28 예를 들면, Karl Barth, *Gottingen Dogmatics*, vol. 1, Geoffrey Bromiley, trans. (Grand Rapids, MI: Eerdmans), 138을 보라.

29 R. A. Torrey, *The Person and Work of the Holy Spirit* (London: James Nisbet, 1910), 7.

역사로 회고한 성부, 성자, 성령

1 Hippolytus, *On the Apostolic Tradition* 21에 나오는 Justin Martyr, *First Apology*, 61을 보라. Everett Ferguson, *Baptism in the Early Church: History, Theology, and Liturgy in the First Five Centuries* (Grand Rapids, MI: Eerdmans, 2009), 6, 331, 352에 있는 토론도 보라.

2 Ignatius of Antioch, *To the Ephesians* 7.2, Michael W. Holmes, ed., *The Apostolic Fathers: Greek Texts and English Translations of Their Writings*, 3rd ed. (Grand Rapids, MI: Baker, 2007), 189에서 재인용; 참고. J. B. 라이트푸트, 『속사도 교부들』, 마이클 홀메스 편집, 이은선 옮김 (서울: CLC, 1997).

3 삼위일체 언어 개발에 카파도키아 교부들과 그 동료들의 기여에 관한 유익한 토의는 Jaroslav Pelikan, *The Christian Tradition: A History of the Development of Doctrine*, vol. 1, *The Emergence of the Catholic Tradition (100~600)* (Chicago: University of Chicago Press, 1971), 211-25를 보라.

4 Adriaan H. Bredero, *Christendom and Christianity in the Middle*

Ages: The Relations between Religion, Church, and Society, Reinder Bruinsma, trans. (Grand Rapids, MI: Eerdmans, 1994), 331.

5 필리오케(*filioque*) 논쟁에 관해서는 Alister E. McGrath, *Christian Theology: An Introduction* (Oxford, England: Blackwell, 1994), 266~69; 『신학이란 무엇인가?』, 김기철 옮김 (서울: 복있는사람, 2012)을 보라.

6 Margaret Deanesly, *A History of the Medieval Church, 590~1500*, 9th ed. (London: Routledge, 1969), 162~73; A. M. Fairweather, *Aquinas on Nature and Grace*, The Library of Christian Classics (Louisville, KY: Westminster John Knox, 1954), 22~24를 보라.

7 G. R. Evans, "Anselm of Canterbury" in *The Medieval Theologians: An Introduction to Theology in the Medieval Period*, G. R. Evans, ed. (Oxford, England: Blackwell, 2001), 99~100; 『중세 신학과 신학자들』, 한성진·오홍명 옮김 (서울: CLC, 2009).

8 Deanesly, *A History of the Medieval Church*, 216~19.

9 Oliver Davies, "Later Medieval Mystics" in Evans, *The Medieval Theologians*, 221~32.

10 John D. Hannah, *Our Legacy: The History of Christian Doctrine* (Colorado Springs:NavPress, 2001), 86~87.

11 Jaroslav Pelikan, *The Christian Tradition: A History of the Development of Doctrine*, vol. 4, *Reformation of Church and Dogma (1300~1700)* (Chicago: University of Chicago Press, 1984), 322.

12 Friedrich Schleiermacher, *The Christian Faith*, H. R. Mackintosh and J. S. Stewart, eds. (Edinburgh, Scotland: T. & T. Clark, 1928), 741; 『기독교 신앙』, 최신한 옮김 (서울: 한길사, 2006).

13 Jaroslav Pelikan, *The Christian Tradition: A History of the Development of Doctrine*, vol. 5, *Christian Doctrine and Modern Culture (since 1700)* (Chicago: University of Chicago Press, 1989), 300을 보라.

14 Karl Barth, *The Humanity of God* (Richmond, VA: John Knox, 1960), 39; 『하나님의 인간성』, 신준호 옮김 (서울: 새물결플러스, 2017).

15 Alister E. McGrath, *The Making of Modern German Christology: From the Enlightenment to Pannenberg* (Oxford, England: Blackwell, 1986), 9.

반드시 기억해야 할 사실

1 Justin L. Barrett, *Born Believers: The Science of Children's Religious Belief* (New York: Atria/Simon & Schuster, 2012).

2 한 신뢰할만한 통계에 따르면, 2013년 중반에 전 세계적으로 무신론자 추산 수는 1억 3천 2백만 명이며 '비종교적'인 사람 추산 수는 6억 8천 4백만 정도이다. Todd M. Johnson and Peter F. Crossing, "Christianity 2012: Renewalists and Faith and Migration," *International Bulletin of Missionary Research* 36:1 (Jan. 2013), 33을 보라. 또한, 비록 전형적으로 불교가 궁극적 실재인 무(Nothingness)로 하나님을 대체하지만, 불교 신자들은 여전히 수많은 계층의 신들과 보살들(깨달음을 얻는 자들)로 공백을 채우고 있다.

3 Ronald Dworkin, *Religion without God* (Cambridge: Harvard University Press, 2013), 3. Dworkin은 아인슈타인의 말을 중심으로 그의 책을 써나간다. "우리에게 불가해한 것이 실제로 존재한다는 것—우리의 우둔한 재능이 오로지 가장 원시적인 형태로 이해할 수 있는, 지고의 지혜 그리고 가장 빛나는 아름다움을 드러내면서—을 아는 것—이 지식, 이 감정이 참된 종교성의 중심에 있다. 이런 의미에서, 그리고 오로지 이런 의미에서만, 나는 독실하게 종교적인 사람들의 계열에 속한다"(*Living Philosophies: The Reflections of Some Eminent Men and Women of Our Time*, Clifton Fadiman, ed. [New York: Doubleday, 1990], 6.)

4 이 어구는 International Consultation on English Tests (ICET, 1969), adaptation by Thomas C. Oden, gen. ed., *Ancient Christian Doctrine*, 5 vols. (Downers Grove, IL: InterVarsity Press, 2009), 1.xviii에서 인용한다.

5 성령님의 신성에 대한 전통적 변호는 다음을 포함하는데, 즉 성령님이 전지(고전 2:10), 전능(사 40:13~17), 편재(시 139:7~10), 거룩(엡 4:30), 진리(요 14:17), 생명(롬 8:2), 그리고 은혜(히 10:29) 같은 신적 속성을 공유한다는 점이다. 성령님에게 저항하거나(행 7:51), 성령의 불을 끄거나(살전 5:19), 혹은 슬프게 하는 것(엡 4:30)은 하나님께 그렇게 하는 것이다. 성령님은 우주의 창조(창 1:2), 성경의 영감(벧후 1:21), 예수님의 수태(마 1:20), 새로운 출생(요 3:5~7), 성령의 인치심(엡 1:13~14), 성령 침례(고전 12:13), 그리고 신자 안의 내주(롬 8:13~14), 자녀가 되게 하는 것(요일 3:9), 하나님의 성전이 되게 하는 것(고전 3:16) 등의 사역에서 활동하셨고 활동하신다.

피해야 할 위험

1 travel.state.gov/content/passports/english/alertswarnings.html을 보라.

2 Friedrich Schleiermacher, *The Christian Faith*, H. R. Mackintosh and J. S. Stewart, eds. from 2nd German ed. (London: T. & T. Clark, 1999), 738~51; 『기독교 신앙』, 최신한 옮김 (서울: 한길사, 2006)을 보라.

3 하르낙(Adolf von Harnack)은 예수의 메시지를 (1) '하나님의 왕국', (2) '아버지 하나님과 인간 영혼의 무한한 가치', 그리고 (3) '좀 더 높은 의와 사랑의 명령'으로 요약했다(*What Is Christianity?*, Thomas Bailey Saunders, trans. [New York: Harper & Row, 1957], 51; 『기독교의 본질』, 오흥명 옮김 [서울: 한들출판사, 2007]).

4 J. B. Phillips, *Your God Is Too Small* (London: Epworth, 1952); 『당신의 하나님은 너무 작다』, 홍병룡 옮김 (서울: 바이블웨이, 2016).

5 Chad Meister and James K. Dew Jr, eds., *God and Evil: A Case of God in a World Filled with Pain* (Downers Grove, IL: InterVarsity, 2013)에서 전통적 기독교 신론에 관한 상당히 정교한 변호를 보라. 그리스도인 대부분은 아우구스티누스의 신정론(전지하시고 도덕적으로 완전한 창조주를 고려한, 악에 대한 설명), 즉 유한한 인격적 존재들(천사들, 인류)의 자유 의지를 강조한 논증을 따랐다. 즉, 전능하시고 선하신 하나님이 유한한 존재들을 선하게 창조하시고 그들에게 선택의 자유를 주셨다. 하나님은 어떤 자들은 그분을 불순종하는 선택을 할 것을 아셨지만, 그분을 대항하는 그들의 자유로운 선택에 대해 비난받을 이유가 없으시다. 그러므로, 우주의 악은 그런 인격적 선택들의 결과이다. 자연적 재해는 그것이 유발한 결과적인 물리적 심판들을 포함한다(창 3장).

6 Joseph Smith, *Teachings of the Prophet Joseph Smith*, 4th ed., Joseph Fielding Smith, ed. (Salt Lake City: Deseret News Press, 1943), 370.

7 로즈(Ron Rhodes)는 다른 비정통적 기독교 운동과 비기독교 운동에 대한 균형 잡힌 유익한 설명을 한다(*Challenge of the Cults and New Religions* [Grand Rapids, MI: Zondervan, 2001], 51~76).

8 W. J. Hollenweger, *The Pentecostals: The Charismatic Movement in the Churches* (Minneapolis: Augsburg, 1972), 31~32.

9 UPCI의 주요 신학자인 데이빗 버나드(David K. Bernard)는 *Oneness and Trinity: AD 100~300*, 160~61에서 다른 사람들이 프락세우스(Praxeus), 노에투스(Noetus), 사벨리우스(Sabellius) 등을 그 운동의 신학적 대부로 부른다고 말한다.

10 Bernard, *Oneness and Trinity*, 66, 127~28, 131.

11 John H. Leith, ed., *Creeds of the Churches: A Reader in Christian Doctrine from the Bible to the Present*, 3rd ed. (Louisville, KY: John Knox, 1982), 31에서 니케아 신조의 'anathemas(절대 반대하고 절대 싫어하는 것)'을 보라.

12 이 이야기는 출처가 의심스러우며, 거의 확실히, 실제 역사에 있었던 것은 아닐 것이다. 그것은 수많은 중세 삼위일체론자들이 그들의 선호하는 산타클로스 이야기를 말하고, 또 말하는 것을 막지 못했다. 그리고 그것은 우리가 그 이야기를 여기에 포함하는 것을 막지 못한다. 그 신화적 성격에도 불구하고 그것은 늘 살아 있을 필요가 있는 전설의 하나이다.

13 Aloys Grillmeier, *Christ in Christian Tradition, vol. 1, From the Apostolic Age to Chalcedon (451)*, 2nd rev. ed., John Bowden, trans. (Atlanta: John Knox, 1975), 157~58을 보라.

14 Irenaeus, *Against Heresies* 2.28.6 (ANF 1: 401).

실천해야 할 원리

1 Gordon D. Fee, *The First Epistle to the Corinthians* (Grand Rapids, MI: Eerdmans, 1987), 603.

과거와 현재의 목소리

1 특별히 언급하지 않으면, 교부 글은 니케아 회의 이전의 교부(Ante-Nicene Fathers, ANF) 또는 니케아 회의와 그 후 교부(Nicene and Post-Nicene Fathers, NPNF)에서 인용한다. 초대 기독교 저작 다음에 있는 괄호 내용은 이 자료를 가리킨다. 예를 들어, (ANF 3:34)는 로버츠(Roberts)와 도날슨(Donaldson) 편집의 니케아 회의 이전의 교부들 3권 34쪽을 말한다. NPNF는 두 권으로 된 한 시리즈이다. 따라서 첫 번째 숫자는 시리즈 번호(1 또는 2), 다음은 시리즈의 책 번호, 그다음은 그 책의 쪽 번호를 가리킨다. 예를 들어 (NPNF 1.3:34)는 첫 번째 시리즈, 3권, 34쪽을 말한다. 최근에 번역한 자료가 있지만, 공유할 수 있으며 온라인으로 쉽게 접근할 수 있는 번역자료(www.ccel.org)를 인용한다.

2 Ignatius, *To the Ephesians* 7.2, W. Holmes, ed., *The Apostolic Fathers: Greek Texts and English Translations of Their Writings*, 3rd ed. (Grand Rapids, MI: Baker, 2007), 189; 『속사도 교부들』, 마이클

홈메스 편집, 이은선 옮김 (서울: CLC, 1997).

3 Justin Martyr, *First Apology* 63 (ANF 1:184).

4 Theophilus, *To Autolycus* 1.3 (ANF 2:89~90).

5 Theophilus, *To Autolycus* 2.15 (ANF 2:100~1).

6 Irenaeus, *Against Heresies* 2.30.9 (ANF 1:406).

7 Irenaeus, *Against Heresies* 4.33.7 (ANF 1:508).

8 Athenagoras, *A Plea for the Christians* 10 (ANF 2:133~134).

9 Clement of Alexandria, *Exhortation to the Heathen* 1 (ANF 2:173).

10 Tertullian, *Against Praxeas* 2 (ANF 3:598).

11 Tertullian, *Against Praxeas* 27 (ANF 3:624).

12 Origen, *First Principles* 1.1 (ANF 4:243~44).

13 Basil of Caesarea, *On the Holy Spirit* 22, David Anderson, ed. and trans., *St. Basil the Great: On the Holy Spirit* (Crestwood, NY: St. Vladimir's Seminary Press, 1980), 43.

14 Creed of Constantinople (NPNF 2.14:163).

15 Ambrose, *Exposition of the Christian Faith* 1.1.4 (NPNF 2.10:203).

16 Ambrose, *Exposition of the Christian Faith* 1.4.31 (NPNF 2.10:205).

17 Ambrose, *Exposition of the Christian Faith* 5.19.227 (NPNF 2.10:313).

18 Augustine, *On the Trinity* 1.4.7 (NPNF 1.3:20).

19 Chalcedonian Definition (NPNF 2.14:264~65).

20 Boethius, *The Trinity Is One God, Not Three Gods*, 1, Boethius, *The Theological Tractates, The Consolation of Philosophy*, H. F. Stewart and E. K. Rand, trans., The Loeb Classical Library (London: Heinemann, 1918), 6~7.

21 Boethius, *On the Catholic Faith,* Boethius, *The Theological Tractates, The Consolation of Philosophy*, 54~55.

22 Boethius, *On the Catholic Faith*, 66~67.

23 John of Damascus, *An Exact Exposition of the Orthodox Faith* 1.14 (NPNF 2.9:17).

24 Gottschalk of Orbais, "Why the Son Is Sometimes Called Equal

to the Father, Sometimes Less than Him" in Victor Genke and Francis X. Gumerlock, eds. and trans., *Gottschalk and A Medieval Predestination Controversy: Texts Translated from the Latin*, Mediaeval Philosophical Texts in Translation 47, Roland J. Teske, ed. (Milwaukee: Marquette University Press, 2010), 149~50.

25 Anselm, *Proslogion* 2, Sidney Norton Deane, trans., *St. Anselm: Proslogium; Monologium; An Appendix in Behalf of the Fool by Gaunilon; and Cur Deus Homo*, reprint ed. (Chicago: Open Court, 1926), 7~8.

26 Anselm, *Proslogion* 23, 28~29.

27 Anselm, *Why God Became Man (Cur Deus Homo)* 1.8, *St. Anselm*, 190~91.

28 Thomas Aquinas, *Summa Contra Gentiles* 4.26 in Joseph Rickaby, ed. and trans., *Of God and His Creatures: An Annotated Translation (with Some Abridgement) of the Summa Contra Gentiles of Saint Thomas Aquinas* (London: Burns & Oates, 1905), 358.

29 Thomas Aquinas, *Summa Contra Gentiles* 4.26.3 in Rickaby, *Of God and His Creatures*, 359.

30 Aquinas, *Summa Contra Gentiles* 4.27 in Rickaby, *Of God and His Creatures*, 359.

31 Catherine of Siena, "A Treatise on Obedience" in *Dialogue of St. Catherine of Siena*, Algar Thorold, trans. (London: Kegan Paul, Trench, Trubner, & Co., 1907), 331~32.

32 *Augsburg Confession of Faith* in Schaff, Creeds of Christendom, 3:7.

33 Menno Simons, *A Confession of the Triune, Eternal, and True God, Father, Son, and Holy Ghost in The Complete Works of Menno Simons* (Elkhart, IN: John F. Funk, 1871), 2:182.

34 John Calvin, *Institutes of the Christian Religion* 1.13.20, Henry Beveridge, trans. (Edinburgh, Scotland: T. & T. Clark, 1863), 127; 『기독교 강요 (상)』, 원광연 옮김 (서울: CH북스, 2015).

35 Calvin, *Institutes of the Christian Religion* [2.14.1], 415~16.

36 *The Thirty-Nine Articles of Religion of the Church of England* 1 in Schaff, *Creeds of Christendom*, 3.487~88(고대 영어에서 현대 철자로 바꿈).

37 *Thirty-Nine Articles*, 2 in Schaff, *Creeds of Christendom*, 3.488.

38 *Thirty-Nine Articles*, 4 in Schaff, *Creeds of Christendom*, 3.489.

39 *Thirty-Nine Articles*, 5 in Schaff, *Creeds of Christendom*, 3.489.

40 *Westminster Confession* 2.1 in Schaff, *Creeds of Christendom*, 3.606~7.

41 *Westminster Confession* 2.1 in Schaff, *Creeds of Christendom*, 3.607~8.

42 Blaise Pascal, *Pensées*, A. J. Krailsheimer, trans. (New York: Penguin, 1966), 446; 『팡세』, 김형길 옮김 (서울: 서울대학교출판문화원, 2015).

43 Pascal, *Pensées*, 448.

44 David Clarkson, *The Practical Works of David Clarkson,* 3 vols. (Edinburgh, Scotland: James Nichol, 1864-65), 1:187~88.

45 Jonathan Edwards, *Unpublished Essay of Edwards on the Trinity* (New York: Scribner's, 1903), 110. 원서의 본문은 이 출판된 판에서 재생된 사본에 나타난 에드워즈 자신의 속기 약칭을 풀어서 확장하고 또 대문자들을 일관성 있게 하려고 에드워드의 글을 약간 수정했다.

46 Samuel Hopkins, *The System of Doctrines Contained in Divine Revelations Explained and Defended*, 2nd ed., vol. 1 (Boston: Lincoln and Edmunds, 1811), 78.

47 Charles Hodge, *Systematic Theology*, vol. 1 (New York: Scribner's, 1871), 444; 『조직신학 (1)』, 김귀탁 옮김 (서울: 크리스찬다이제스트, 2017).

48 Augustus H. Strong, *Systematic Theology,* vol. 1, *The Doctrine of God* (Philadelphia: American Baptist Publication Society, 1907), 304.

49 Benjamin B. Warfield, "Trinity" in *The International Standard Bible Encyclopedia,* vol. 5, James Orr, ed. (Grand Rapids, MI: Eerdmans, 1930), 3012.

50 Benjamin B. Warfield, "The Biblical Doctrine of the Trinity" in *Biblical and Theological Studies* (Philadelphia: P & R, 1952), 35.

51 Louis Berkhof, *A Summary of Christian Doctrine* (Grand Rapids, MI: Eerdmans, 1960; reprint, Edinburgh: Banner of Truth Trust, 2005), 31; 『기독교 신학 개론』, (서울: 성광문화사, 2008).

52 Thomas C. Oden, *Systematic Theology*, vol. 1 (New York: HarperCollins, 1987), 130.

53 J. I. Packer, *Knowing God*, 20th Anniversary ed. (Downers Grove, IL: InterVarsity Press, 1993), 53; 『하나님을 아는 지식』, 정옥배 옮김 (서울: IVP, 2008).

54 Richard Swinburne, *Is There a God?* (Oxford, England: Oxford University Press, 1996), 2.

55 Wayne Grudem, *Bible Doctrine: Essential Teachings of the Christian Faith*, Jeff Purswell, ed. (Grand Rapids, MI: Zondervan, 1999), 104; 『성경 핵심 교리』, 박재은 옮김 (서울: 솔로몬, 2018).

56 Millard J. Erickson, *Making Sense of the Trinity: Three Crucial Questions* (Grand Rapids, MI: Baker, 2000), 42.